职业院校汽车类“十三五”
规划教材

汽车
机械基础

王俊英 / 主编 / / 曾令全 高素鸽 刘成 / 副主编
肖健 / 主审

人 民 邮 电 出 版 社
北 京

图书在版编目（CIP）数据

汽车机械基础 / 王俊英主编. -- 北京 : 人民邮电出版社, 2016.8
职业院校汽车类“十三五”规划教材
ISBN 978-7-115-41444-1

Ⅰ. ①汽… Ⅱ. ①王… Ⅲ. ①汽车－机械学－高等职业教育－教材 Ⅳ. ①U463

中国版本图书馆CIP数据核字(2016)第025362号

内容提要

本书共分为汽车工程材料、互换性与测量技术和液压与气压传动技术3篇，共15章，主要内容包括金属材料的性能及零件的失效形式、常用金属材料、汽车典型零件材料的选择、非金属材料、尺寸公差与配合、几何公差、表面粗糙度、液压传动基础、液压泵、液压缸和液压马达、液压控制阀、液压系统辅助元件、基本控制回路、汽车典型液压与液力系统、气动技术等。为了让读者及时总结，把握关键知识点，在每章后面都附有丰富的习题供练习使用。

本书既可以作为高职高专汽车类各专业基础课程的教材，也可以作为汽车及工程机械相关行业读者自学的参考资料。

◆ 主　　编　王俊英
副 主 编　曾令全　高素鸽　刘　成
主　　审　肖　健
责任编辑　刘盛平
责任印制　焦志炜

◆ 人民邮电出版社出版发行　　北京市丰台区成寿寺路11号
邮编　100164　　电子邮件　315@ptpress.com.cn
网址　http://www.ptpress.com.cn
大厂聚鑫印刷有限责任公司印刷

◆ 开本：787×1092　1/16
印张：19.5　　2016年8月第1版
字数：500千字　　2016年8月河北第1次印刷

定价：45.00元

前　言

“汽车机械基础”是大部分高等职业院校汽车检测与维修技术等专业开设的一门专业基础课。因此，本书在编写时重点突出以下特点。

（1）针对高职学生的特点，本书紧贴汽车行业的实际要求，对教学内容进行了优化整合，避免冗余，突出对大一下学期或者大二上学期学生分析能力的培养，有利于理解和掌握后续的专业课程。

（2）考虑到大部分高等职业院校在大一上学期已经开设了“机械制图”课程，与本课程同步又开设了“机械设计基础”课程的实际情况，故本书删除了大多数《汽车机械基础》中的“机械制图”“机械设计”“机构受力分析”方面的内容。这使得本书避免了大而全，但都不够深入的缺点。

（3）本书强调专业基础知识在汽车方面的突出应用，能够有效利用学生对汽车的兴趣提高实际的教学效果。

（4）本书设计新颖，每章设有知识准备、学习以及能力目标、教学建议等环节，既便于学生预习、自学，又便于老师使用。

（5）每章之后都配有能力训练与拓展以及复习思考题，既拓宽了本书的知识面，又便于学生课后复习。

（6）本书全面贯彻国家最新标准，体现了教材的先进性。

（7）本书针对第 2 篇和第 3 篇中的重要知识点开发了大量的动画资源，这些资源以二维码的形式嵌入到相关知识点的位置，读者通过手机“扫一扫”功能，可以在手机中直接播放这些动画，加深对知识的理解。

本书由四川工程职业技术学院王俊英担任主编并负责全书的统稿工作，四川工程职业技术学院曾令全、高素鸽以及安徽工贸职业技术学院刘成任副主编，肖健担任主审。参加本书编写的有高素鸽（编写第 1 章、第 3 章）曾令全（编写第 4 章、第 7 章）、李天鹏（编写第 2 章）、黄娟（编写第 5 章、第 6 章）、李斌（编写第 9 章、第 10 章、第 15 章中的第 1 节）、徐化文（编写第 11 章中的第 1 节、第 2 节、第 3 节，第 13 章，第 15 章中的第 2 节、第 3 节、第 4 节）、王俊英（编写第 14 章、第 11 章中的第 4 节、第 15 章中的第 5 节）、刘成（编写第 8 章、第 12 章、附录）。

本书在编写过程中得到了杨林建教授、吴先文教授和冯锦春教授的大力支持，同时本书在编写时借鉴、参考了许多文献资料，在此一并向这些文献的作者及同仁表示诚挚的谢意！

由于编者水平有限，书中难免存在不足，敬请读者批评和指正。

编　者

2016 年 1 月

目　录

第1篇　汽车工程材料

第1章　金属材料的性能及零件的失效形式......3
1.1　金属材料的力学性能......4
1.1.1　强度、塑性和刚度......4
1.1.2　硬度......7
1.1.3　冲击韧性和疲劳强度......9
1.2　金属材料的工艺性能......11
1.3　金属材料的化学性能......13
1.4　机械零件的失效形式......13
能力训练与拓展......15
复习思考题......16
第2章　常用金属材料......17
2.1　金属的结构与结晶......17
2.1.1　金属的常见晶体结构......17
2.1.2　金属的晶体缺陷及其对性能的影响......19
2.1.3　金属的结晶与同素异构转变......20
2.1.4　合金的结构与结晶......22
2.2　铁碳合金......25
2.2.1　碳钢......25
2.2.2　铸铁......27
2.3　合金钢......32
2.4　非铁金属及合金......35
2.4.1　铝及铝合金......35
2.4.2　镁及镁合金......38
2.4.3　钛及钛合金......38
2.4.4　铜及铜合金......39
2.4.5　滑动轴承合金......41
能力训练与拓展......43
复习思考题......45
第3章　汽车典型零件材料的选择......47
3.1　零件材料选择的基本原则及方法......47
3.2　汽车典型零件的选材......48
3.2.1　发动机和变速器典型零件材料的选择......48
3.2.2　轿车车身常用材料......51
能力训练与拓展......53
复习思考题......55
第4章　非金属材料......56
4.1　高分子材料......56
4.1.1　塑料......57
4.1.2　橡胶......58
4.1.3　胶黏剂......58
4.1.4　高分子材料在汽车上的应用......59
4.2　陶瓷材料......62
4.2.1　工程结构陶瓷......62
4.2.2　特种陶瓷材料在汽车上的应用......63
4.3　汽车玻璃......64
4.4　复合材料......66
4.4.1　复合材料简介......66
4.4.2　复合材料在汽车上的应用......68
4.5　车用燃料......69
4.5.1　汽油......69
4.5.2　柴油......70
4.5.3　车用替代燃料......72
能力训练与拓展......72
复习思考题......73

第2篇　互换性与测量技术

第5章　尺寸公差与配合........................77
5.1　互换性........................77
5.2　尺寸公差........................78
5.2.1　基本概念........................78
5.2.2　标准公差、基本偏差与公差带代号........................80
5.2.3　标准公差等级的选用........................87
5.3　配合........................89
5.3.1　配合........................89
5.3.2　配合制度及选择........................91
5.3.3　汽车典型零件配合的选用........................93
能力训练与拓展........................98
复习思考题........................99
第6章　几何公差........................101
6.1　几何公差概述........................101
6.1.1　几何公差特征符号........................102
6.1.2　几何要素的分类........................103
6.2　几何公差带的定义、标注和解释........................104
6.2.1　形状公差带的定义、标注和解释........................104
6.2.2　轮廓度公差带的定义、标注和解释........................106
6.2.3　方向公差带的定义、标注和解释........................107
6.2.4　位置度公差带的定义、标注和解释........................113
6.2.5　跳动公差带的定义、标注和解释........................117
6.3　几何公差的测定方法........................120
6.3.1　形状公差的测定方法........................120
6.3.2　方向公差的测定方法........................128
6.3.3　位置公差的测定方法........................130
6.3.4　跳动公差的测定方法........................132
能力训练与拓展........................134
复习思考题........................136
第7章　表面粗糙度........................139
7.1　表面粗糙度概述........................139
7.1.1　表面粗糙度的术语........................140
7.1.2　表面粗糙度的评定参数........................142
7.2　表面粗糙度的选用........................144
7.2.1　表面粗糙度参数的选用........................144
7.2.2　表面粗糙度参数值的选用........................144
7.2.3　汽车典型零件的表面粗糙度参数选择分析........................145
能力训练与拓展........................146
复习思考题........................147

第3篇　液压与气压传动技术

第8章　液压传动基础........................151
8.1　液压油........................152
8.1.1　液压油的黏性........................152
8.1.2　液压油的种类、选择、使用与维护........................154
8.2　液体传动基础知识........................156
8.2.1　液体静力学基础........................156
8.2.2　液体动力学基础........................159
8.2.3　液压冲击与气穴现象........................165
8.3　液压传动系统概述........................166
8.3.1　液压传动系统的组成、特点及应用........................166
8.3.2　液压传动系统的图示方法........................168
能力训练与拓展........................169
复习思考题........................170
第9章　液压泵........................171
9.1　液压泵概述........................171
9.1.1　液压泵的工作原理........................172
9.1.2　液压泵的主要性能参数........................172

9.2　齿轮泵 174
9.2.1　齿轮泵的工作原理和结构 175
9.2.2　齿轮泵的结构特点分析 176
9.3　叶片泵 177
9.3.1　叶片泵的工作原理 177
9.3.2　限压式变量叶片泵 179
9.4　柱塞泵 180
9.4.1　轴向柱塞泵 180
9.4.2　径向柱塞泵 182
能力训练与拓展 182
复习思考题 184
第 10 章　液压缸和液压马达 185
10.1　液压缸 185
10.1.1　液压缸的类型及特点 185
10.1.2　活塞式液压缸 186
10.1.3　其他液压缸 189
10.2　液压马达 191
10.2.1　液压马达的特点 192
10.2.2　液压马达的工作原理 192
能力训练与拓展 194
复习思考题 195
第 11 章　液压控制阀 196
11.1　方向控制阀 197
11.1.1　单向阀 197
11.1.2　换向阀 198
11.2　压力控制阀 200
11.2.1　溢流阀 200
11.2.2　减压阀 203
11.2.3　顺序阀 204
11.3　流量控制阀 205
11.3.1　节流阀 205
11.3.2　调速阀 206
11.4　汽车典型液压控制阀 206
11.4.1　自动变速器常用控制阀 206
11.4.2　制动力调节阀 211
能力训练与拓展 215
复习思考题 215
第 12 章　液压系统辅助元件 217
12.1　油管及管接头 217
12.2　蓄能器 218
12.3　过滤器 220
12.4　油箱 221
12.5　压力表 222
能力训练与拓展 223
复习思考题 225
第 13 章　基本控制回路 226
13.1　方向控制回路 226
13.1.1　换向回路 227
13.1.2　锁紧回路 227
13.2　压力控制回路 228
13.2.1　调压回路 228
13.2.2　减压回路 229
13.2.3　卸荷回路 231
13.2.4　平衡回路 232
13.3　速度控制回路 233
13.3.1　调速回路 233
13.3.2　增速回路 236
能力训练与拓展 237
复习思考题 238
第 14 章　汽车典型液压与液力系统 240
14.1　汽车液压转向助力系统 240
14.1.1　汽车转向系统概述 240
14.1.2　汽车液压转向助力系统分析 241
14.2　汽车液压制动系统 242
14.2.1　概述 242
14.2.2　制动传动装置 244
14.2.3　制动器 248
14.3　汽车 ABS 液压系统 248
14.3.1　ABS 概述 248
14.3.2　博世 ABS 液压系统分析 252
14.3.3　德尔科 ABS Ⅵ液压系统分析 253
14.3.4　戴维斯 ABS MK Ⅱ液压系统分析 256

14.4 自卸车液压系统 261
14.4.1 自卸车概述 261
14.4.2 自卸车液压系统分析 261
14.5 垃圾车液压系统 262
14.5.1 垃圾车概述 262
14.5.2 垃圾车液压系统分析 262
14.6 汽车起重机液压系统 263
14.6.1 汽车起重机概述 263
14.6.2 QY-8 型汽车起重机液压系统分析 263
14.7 推土机液压系统 265
14.7.1 推土机概述 265
14.7.2 推土机液压系统分析 266
14.8 液力传动及其装置 267
14.8.1 液力耦合器 267
14.8.2 液力变矩器 268
能力训练与拓展 271
复习思考题 272
第 15 章 气动技术 274
15.1 气源装置与辅助元件 274
15.1.1 气源装置 274
15.1.2 辅助元件 276
15.2 气动执行元件 281
15.2.1 气缸 281
15.2.2 气马达 282
15.3 气动控制元件 283
15.3.1 方向控制阀 283
15.3.2 压力控制阀 287
15.3.3 流量控制阀 289
15.3.4 气动逻辑元件 289
15.4 气动压力控制回路 290
15.5 汽车典型气动系统 291
15.5.1 汽车主动空气悬架系统 291
15.5.2 汽车车门气动安全操纵系统 296
能力训练与拓展 297
复习思考题 298
附录 液压气动元件图形符号（摘自 GB/T 786.1—2009） 299
参考文献 304

第1篇

汽车工程材料

第1章 金属材料的性能及零件的失效形式

【知识准备】

汽车常见零部件的名称、常见零部件的材料、材料的物理性质等。

【学习以及能力目标】

（1）掌握：强度的定义及其指标；塑性的定义及其指标；刚度的定义及其指标；硬度的定义及常用硬度测量方法；疲劳及疲劳强度的定义；冲击韧性的定义及冲击韧性的工程意义。

（2）了解：材料的物理、化学性能对材料使用性能的影响；材料的力学性能指标的测定方法；材料的工艺性能。

（3）能独立完成：材料强度、刚度、硬度、塑性的计算；较准确判断常见零件失效的形式。

【教学建议】

（1）教具：生活中常见材料、汽车常见零部件；材料力学实验标件。

（2）建议：尽量利用汽车专业学生对汽车的兴趣，参照实物，结合多媒体课件观察、讲解和分析。

汽车工程材料主要是指制造汽车零部件用的材料。一辆汽车由成千上万个零部件组成，而这些零部件又由上千种不同的材料加工制造而成。在这些众多的材料中，金属材料占有一半以上的比例，因此本章将主要介绍金属材料的性能。

金属材料的性能一般分为工艺性能和使用性能。工艺性能是指金属材料从冶炼到成品的生产过程中，在各种加工条件下表现出来的性能；使用性能是指金属零件在使用条件下金属材料表现出来的性能。金属材料的使用性能决定了它的使用范围。使用性能包括物理性能、化学性能和力学性能。

1.1 金属材料的力学性能

由金属材料制成的零部件，工作过程中在外力（又称为载荷）作用下，都会发生形状、尺寸改变，这种改变称为变形。金属材料承受的载荷有多种形式，可以是静态载荷，也可以是包括单独或同时承受拉伸应力、压应力、弯曲应力、剪切应力、扭转应力，以及摩擦、震动、冲击等的动态载荷。

金属材料的力学性能指标有强度、硬度、塑性、冲击韧性等。常用的试验方法有拉伸试验、硬度试验和冲击试验。

金属材料在载荷作用下的变形有弹性变形和塑性变形两种。弹性变形是随着载荷作用而产生，随着载荷的去除而消失的变形；塑性变形是不随载荷的去除而消失的变形。塑性变形和断裂是材料在静载荷作用下失效的主要形式。

1.1.1 强度、塑性和刚度

强度是指金属材料在静载荷作用下抵抗变形和断裂的能力。塑性是指金属材料在载荷作用下发生塑性变形而不发生断裂破坏的能力。刚度反映了材料发生弹性变形的难易程度。金属材料的强度和塑性是在静载荷作用下测定的，静载荷是指大小、方向不变或变化缓慢的载荷。

1. 拉伸试验与拉伸曲线

拉伸试验是测定静态力学性能指标的常用方法。试验通常在常温下进行，选用具有代表性的低碳钢或铸铁做成标准试样，在拉伸试验机上进行。试验时，将试样两端夹在试验机上，然后开动试验机，在试样上慢慢施加拉力 F，直到试样被拉断为止。在拉伸过程中，试验机上的绘图仪能自动绘出所加载荷 F 与试样标距伸长量 Δl 之间的关系曲线，称为拉伸曲线或力—伸长曲线。由于拉伸曲线与拉伸试样的几何尺寸有关，为消除试样几何尺寸的影响，将纵坐标载荷 F 除以试样横截面面积 S_0，横坐标伸长量 Δl 除以试样标距 l_0，得到能反映材料力学性能的应力—应变曲线，如图 1-1 所示。

从图 1-1 中可以看出，整个拉伸过程，大致可分为 4 个阶段。

① 弹性阶段（图中 OA'段）。OA 为直线段，在此阶段，应力与应变呈正比例关系，即符合胡克定律。OA'段内，材料发生的是弹性变形，若卸除拉力，试样能完全恢复到原来的形状和尺寸。

② 屈服阶段（图中 BC 段）。当拉力继续增加时，试样将产生塑性变形，并且在曲线上出现接近水平的有微小波动的锯齿状线段，说明在此阶段内，应力虽有微小的波动，但基本不变，而应变却迅速增加，表明此时试样暂时几乎失去抵抗变形的能力，这种现象称为材料的屈服。

③ 强化阶段（图中 CD 段）。屈服后曲线又呈上升趋势，表明试样又恢复了抵抗变形的能力，要使它继续变形就必须增加拉力，这种现象称为材料的强化。

④ 缩颈阶段（图中 DE 段）。强化阶段后，变形就集中在试样的某一局部区域内，截面尺寸显著减小，出现缩颈现象（见图 1-2）。随后，试样承受拉伸力的能力迅速减小，最后试样在缩颈处被拉断。

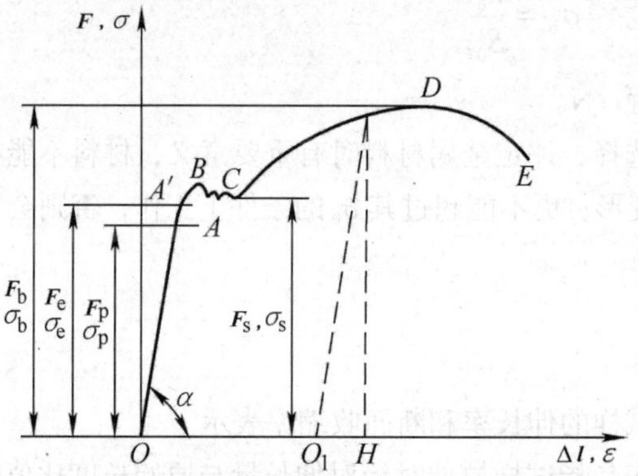

图1–1　低碳钢的拉伸曲线（应力—应变曲线）

图1–2　缩颈现象

通过拉伸曲线（应力—应变曲线）可测定材料的强度与塑性。

2. 强度指标

强度指标用应力值来表示，应力用符号 σ 表示，有：

$$\sigma = \frac{F}{S_0} \tag{1-1}$$

式中，F——拉伸载荷，N；

S_0——试样原始横截面面积，mm^2。

从拉伸曲线图（见图 1-1）中分析得出，有三个拉伸载荷比较重要，即弹性范围内的最大拉伸载荷 F_e、最小屈服拉伸载荷 F_s 和最大拉伸载荷 F_b。相应得出金属材料的三个强度指标：弹性极限、屈服强度和抗拉强度。

（1）弹性极限。金属材料保持弹性变形的最大应力，用 σ_e 表示。其计算公式为：

$$\sigma_e = \frac{F_e}{S_0} \tag{1-2}$$

式中，F_e——弹性形变范围内的最大拉伸载荷，N；

S_0——试样原始横截面面积，mm^2。

（2）屈服强度（又称屈服极限）。金属材料产生屈服现象时的最小应力，用 σ_s 表示。其计算公式为：

$$\sigma_s = \frac{F_s}{S_0} \tag{1-3}$$

式中，F_s——材料产生屈服的最小载荷，N。

对低塑性材料，由于屈服现象不明显，所以此类材料屈服强度常以产生一定的微量塑性变形（塑性变形为试样标定长度的 0.2%）的应力为屈服应力，用 $\sigma_{0.2}$ 表示，其计算公式为：

$$\sigma_{0.2} = \frac{F_{0.2}}{S_0} \tag{1-4}$$

式中，$F_{0.2}$——塑性变形量为试样原始长度 0.2%时的载荷，N。

（3）抗拉强度（又称抗拉极限）。材料断裂前能够承受的最大应力，用 σ_b 表示。其计算公式为：

$$\sigma_b = \frac{F_b}{S_0} \tag{1-5}$$

式中，F_b——材料产生断裂前的最大载荷，N。

屈服强度和抗拉强度在机械设计和选择、评定金属材料时有重要意义，材料不能在超过其 σ_s 的条件下工作，否则会引起机件的塑性变形；更不能超过其 σ_b 的条件下工作，否则会导致机件的破坏。

3. 塑性指标

金属材料的塑性指标用拉伸试验时试样的伸长率和断面收缩率表示。

（1）伸长率。伸长率（又称延伸率）是指试样拉伸时绝对伸长量与原始长度比值的百分数，用 δ 表示。其计算公式为：

$$\delta = \frac{\Delta L}{L_0} \times 100\% = \frac{L_1 - L_0}{L_0} \times 100\% \tag{1-6}$$

式中，L_0——试样的原始标距，mm；

L_1——受检试件当前长度，mm。

（2）断面收缩率。断面收缩率是指试样拉断后，试样断口处横截面积的收缩量与原始横截面面积比值的百分数，用 ψ 表示。其计算公式为：

$$\psi = \frac{\Delta S}{S_0} \times 100\% = \frac{S_0 - S_1}{S_0} \times 100\% \tag{1-7}$$

式中，S_1——试样断口处的横截面面积，mm^2。

伸长率与试样尺寸有关，试样的长度和直径不同，测得的伸长率不同。长短试样的伸长率分别记为 δ_{10} 和 δ_5，习惯上将 δ_{10} 记为 δ。长短试样的伸长率不能直接进行比较。

塑性是材料的一个重要指标，其数值越大，材料的塑性越好。金属材料的塑性好坏，对于零件的使用和加工性能有着十分重要的意义。例如，低碳钢和铝合金等材料的塑性好，可以冲压成型。汽车的车身制造可以选取低碳钢和铝合金，采用冲压工艺制造而成。铸铁塑性差，不便采用压力加工，只能铸造。同时，由于材料具有一定的塑性，在使用中能够保证材料不会因为稍微超载而突然断裂，增加了材料使用的安全性。

由于材料塑性变形后零件不能恢复原状，因此绝大多数零件正常工作时不允许发生明显的塑性变形。但是冷塑性变形有利于提高材料的硬度，故常被利用来对零件进行表面强化处理，例如，冷喷丸处理。

4. 刚性指标（刚度和弹性）

金属材料受力时抵抗弹性变形的能力称为刚性。刚性指标是弹性模量，用 E 表示。其计算公式为：

$$E = \frac{\sigma}{\varepsilon} \tag{1-8}$$

式中，σ——在弹性变形范围内的应力，MPa。

ε——在应力作用下产生的应变，即相对变形量，$\Delta L/L$，无量纲。

材料的弹性模量越大，材料的刚性越好，也就是材料保持自身形状的能力越强。工程上常用刚度来衡量一个构件或零件在受力时抵抗弹性变形的能力，其计算为材料的弹性模量与零件或构件受力截面积之积。

绝大多数情况下，不允许零件材料有过量的弹性变形，更不允许有明显的塑性变形，因此对零件的刚度有确定的要求。零件的刚度除与受力截面积有关外，还和金属材料以及热处理方式有关。

1.1.2　硬度

硬度是指材料抵抗更硬的物体压入其内的能力，是材料性能的一个综合物理量。它表示材料在一个小的体积范围内抵抗弹性变形、塑性变形或破断的能力。

硬度测试方法有压入法、划痕法和弹性回跳法。方法不同，硬度的物理意义也不同。压入法表征材料的塑性变形抗力及应变硬化能力。划痕法表征材料对切断的抗力（切断强度）。弹性回跳法表征金属弹性变形功的大小。

1．布氏硬度

将一直径为 D（mm）的压头（淬火钢球或硬质合金球），以规定的载荷 P 压入试件表面，并保持一段规定时间，然后卸载，取出试件，测量材料表面压痕直径 d（mm），如图 1-3 所示。根据下式计算布氏硬度值：

$$HB = 0.102\frac{P}{A} = \frac{0.204P}{\pi D(D-\sqrt{D^2-d^2})} \tag{1-9}$$

式中，A——压痕球冠的表面积，mm^2；

D——压球直径，mm；

d——压痕平均直径，mm。

P——规定载荷。

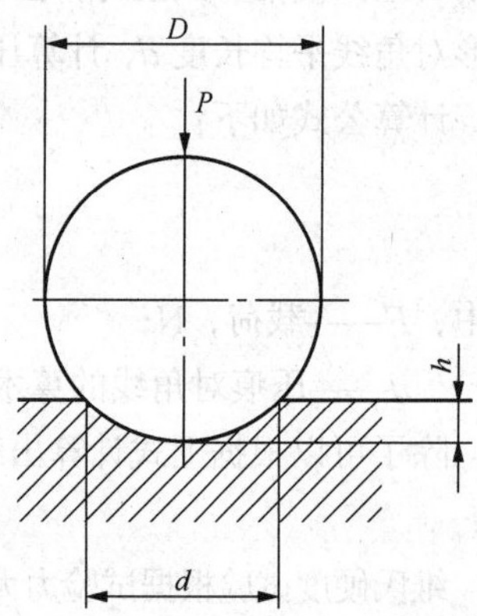

图 1-3　布氏硬度试验原理示意图

实际测量时，测量出压痕直径 d，根据试验条件查表，即可得出布氏硬度值。

布氏硬度符号：压头为淬火钢球，其符号为 HBS，适用于布氏硬度值在 450 以下的材料；当压头为硬质合金球（碳化钨）时，其符号为 HBW，适用于布氏硬度值为 650 以下的材料。

2．洛氏硬度

使用顶角为 120°的金刚石圆锥或直径为 1.588mm 的淬火钢球作为压头，在初试验 P_0 力和总试验力 P（$P=P_0+P_1$）分别作用下压入材料表面。除去主试验力 P_1 后，在初试验力 P_0 作用下测定残余压痕深度 h。用压痕深度来表示材料的洛氏硬度值，并规定每压入 0.002mm 为一个硬度单位。

如图 1-4 所示，0—0 为压头未加试验力的位置。1—1 为压头在初试验力 P_0（100N）作用下压入试样的位置，压入深度 h_1。2—2 为在总试验力 P 作用下压头压入试样的位置，深度为 h_2。3—3 为在卸去主试验力 P_1 后，压头压入试样的位置，深度为 h_3。洛氏硬度计算公式：

$$HR = C - \frac{h}{0.002} = C - \frac{h_3 - h_1}{0.002} \qquad (1\text{-}10)$$

式中，C——常数，压头为淬火钢球时，C=130；压头为金刚石圆锥时，C=100。材料越硬，h 值越小，所测得洛氏硬度值越大。

洛氏硬度试验采用三种试验力，三种压头，它们组合成 9 种不同的硬度标尺，用 A 到 H 八个字母再加字母 K 表示。这 9 个标尺的应用涵盖了几乎所有常用的金属材料。最常用的标尺是 HRA、HRB 和 HRC。

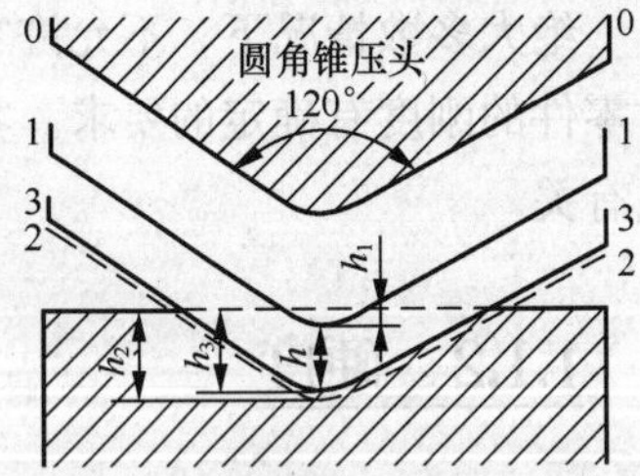

图 1-4　洛氏硬度试验原理图

洛氏硬度表示方法：硬度值+符号 HR+标尺字母。例如，60HRC 表示用 C 标尺测得的洛氏硬度值为 60。

注意

因为 HRA、HRB、HRC 采用的测头不同，试验压力、总载荷不同，因此这三者之间不能换算。

洛氏硬度试验的优点是操作简便，可从表盘上直接读出硬度值，不用计算或查表，而且压痕小，可测定薄壁件，测定范围广。其缺点是精度稍差、硬度值重复性差。通常要在材料的不同部位进行数次测定，取其平均值作为材料的硬度。

3．维氏硬度

维氏硬度的测定原理和布氏硬度的相同，不同的是维氏硬度测定时所用压头是顶角为 136°的金刚石正四棱锥。试验时，在载荷 F 作用下，在试样表面上压出一个正方形的锥面压痕，测量正方形对角线平均长度 d，计算压出压痕表面积 S，以 F/S 的值来表示试样的硬度值，用符号 HV 表示。计算公式如下：

$$HV = \frac{0.102F}{S} = \frac{2 \times F \sin(136^\circ/2)}{d^2} \qquad (1\text{-}11)$$

式中，F——载荷，N；

d——压痕对角线的算术平均值，mm。

除了可以根据上式计算出维氏硬度值外，还可以根据所测得的 d 值，从维氏硬度表中直接查出。

维氏硬度试验根据试验力大小的不同，细分为三种试验，即维氏硬度试验、小负荷维氏硬度试验和显微维氏硬度试验。

维氏硬度表示为 HV，维氏硬度符号 HV 前面的数值为硬度值，后面为试验载荷值。例如，600HV30 表示采用 294.2N（30kg）的试验力，保持时间 10～15s 时得到的硬度值为 600；又如 600HV30/20 表示采用 294.2N（30kg）的试验力，保持时间 20s 时得到的硬度值为 600。

维氏硬度试验的特点：维氏硬度试验的压痕是正方形，轮廓清晰，对角线测量准确，因此，维氏硬度试验是常用硬度试验方法中精度最高的，同时它的重复性也很好，这一点比布氏硬度优越。维氏硬度试验测量范围宽广，可以测量目前工业上所用到的几乎全部金属材料，从很软的材料（几个维氏硬度单位）到很硬的材料（3000 个维氏硬度单位）都可测量。维氏硬度试验最大的优点在于其硬度值与试验力的大小无关，只要是硬度均匀的材料，可以任意选择试验力，其硬度值不变。这就相当于在一个很宽广的硬度范围内具有一个统一的标尺。在中、低硬度值范围内，在同一均匀材料上，维氏硬度试验和布氏硬度试验结果会得到近似的硬度值。

1.1.3 冲击韧性和疲劳强度

在工程实际中，很多构件所承受载荷的大小、方向均有可能随着时间发生变化。这种大小、方向随着时间发生变化的载荷在材料力学中称为动载荷。加载速度很快，作用时间很短的载荷称为冲击载荷。若载荷的大小和方向随时间作周期性变化，则称其为交变载荷。为了判定构件材料抗击冲击载荷和交变载荷而不被破坏的能力，通常通过试验测定冲击韧性和疲劳强度来评定。

1．冲击韧性

材料抵抗冲击载荷而不被破坏的能力称为冲击韧性。材料的冲击韧性通常采用图 1-5 所示的试验获得。

将带有缺口的标准冲击试样安放在冲击试验机的支座上，试样缺口背向摆锤冲击方向。把质量为 m 的摆锤从一定高度 h_1 落下，将试样冲断；冲断试样后，摆锤继续摆升到 h_2 的高度。摆锤冲断试样所消耗的能量称为冲击吸收功，用符号 A_k 表示。

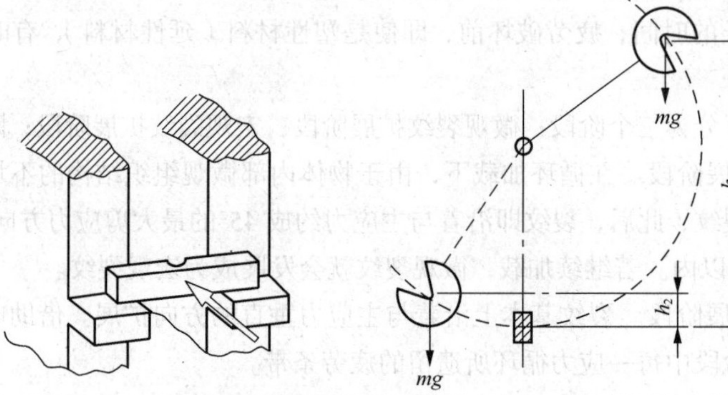

（a）试样安放位置　　（b）冲击过程

图 1-5　冲击韧性试验原理图

冲击吸收功可从冲击试验机的刻度盘上直接读出。将冲击吸收功除以试样缺口处横截面积，即得到冲击韧性值，用符号 α_k 表示。α_k 是一个综合性的力学性能指标，与材料的强度和塑性有关，单位为 J/m^2。标准试样缺口有 U 形和 V 形两种，所以冲击韧性分别用 α_{ku} 和 α_{kv} 表示。冲击韧性值计算公式如下：

$$\alpha_k = \frac{A_k}{S} \tag{1-12}$$

式中，S ——试样缺口处截面积，cm^2。

在一次冲断条件下，测得的冲击韧性值对于判断材料抵抗大能量冲击能力有一定意义。一般把 α_k 值低的材料称为脆性材料，α_k 值高的材料称为韧性材料。试验表明：α_k 值取决于材料及其状态，同时与试样的形状、尺寸有很大关系。α_k 值对材料的内部结构缺陷、显微组织的变化很敏感。

例如，夹杂物、偏析、气泡、内部裂纹、钢的回火脆性、晶粒粗化等都会使 α_k 值明显降低；同种材料的试样，缺口越深、越尖锐，缺口处应力集中程度越大，越容易变形和断裂，冲击功越小，材料表现出来的脆性越高。因此不同类型和尺寸的试样，其 α_k 或 A_k 值不能直接比较。

另外，材料的 α_k 值随温度的降低而减小，且在某一温度范围内，α_k 值发生急剧降低，这种现象称为冷脆，此温度范围称为"韧脆转变温度（T_k）"。

当材料承受的载荷是小能量，多次冲击时，则材料的冲击韧性主要取决于材料的强度。材料强度越高，则冲击韧性较好。如果冲击能量大，冲击次数少，则冲击韧性主要取决于材料的塑性；材料塑性越高，则冲击韧性较好。因此，冲击韧性值一般只作设计和选材的参考。

2. 疲劳和疲劳强度

许多机械零件，如轴、齿轮、轴承、叶片、弹簧等，在工作过程中各点的应力随时间做周期性的变化。这种随时间做周期性变化的应力称为交变应力（也称循环应力）。在交变应力的作用下，虽然零件所承受的应力低于材料的屈服点，但经过较长时间的工作后产生裂纹或突然发生完全断裂的现象称为金属的疲劳。在循环加载下，发生在材料某点处局部的、永久性的损伤递增过程经足够的应力或应变循环后，损伤累积可使材料产生裂纹，或使裂纹进一步扩展至完全断裂。出现可见裂纹或者完全断裂都叫疲劳破坏。

疲劳破坏是一种损伤累积的过程，因此它的力学特征不同于静力破坏。不同之处主要表现为：在循环应力远小于静强度极限的情况下，破坏就可能发生，但不是立刻发生的，而要经历一段时间，甚至很长的时间；疲劳破坏前，即使是塑性材料（延性材料），有时也没有显著的残余变形。

金属疲劳破坏可分为三个阶段：微观裂纹扩展阶段；宏观裂纹扩展阶段；瞬时断裂阶段。

① 微观裂纹扩展阶段。在循环加载下，由于物体内部微观组织结构的不均匀性，某些薄弱部位首先形成微观裂纹，此后，裂纹即沿着与主应力约成 45°的最大剪应力方向扩展。在此阶段，裂纹长度在 0.05mm 以内。若继续加载，微观裂纹就会发展成为宏观裂纹。

② 宏观裂纹扩展阶段。裂纹基本上沿着与主应力垂直的方向扩展。借助电子显微镜可在断口表面上观察到此阶段中每一应力循环所遗留的疲劳条带。

③ 瞬时断裂阶段。当裂纹扩大到使物体残存截面不足以抵抗外载荷时，物体就会在某一次加载下突然断裂。

在疲劳宏观断口上往往有两个区域：光滑区域和颗粒状区域。疲劳裂纹的起始点称作疲劳源。实际构件上的疲劳源总是出现在应力集中区，裂纹从疲劳源向四周扩展，如图 1-6 所示。由于反复变形，裂纹的两个表面时而分离，时而挤压，这样就形成了光滑区，即疲劳裂纹第二阶段扩展区域。第三阶段的瞬时断裂区域表面呈现较粗糙的颗粒状。如果循环应力的变化不是稳态的，应力幅值不保持恒定，裂纹扩展忽快、忽慢或者停顿，则在光滑区域上用肉眼可看到贝壳状或海滩状纹迹的疲劳弧线。

试验证明，金属材料所承受的交变应力与断裂前应力循环次数 N 有关。由图 1-7 所示可知，当 σ 低于某个值时，曲线与横坐标平行，表示材料可经无数次循环应力作用而不被破坏，把这一最大应力称为疲劳强度，用 σ_{-1} 表示。根据疲劳曲线可知，交变应力越小，断裂前所能承受的循环次数越多；交变应力越大，可循环的次数越少。工程上用的疲劳强度指的是在一定基数下不发生断裂的最大应力。通常规定钢铁材料应力循环次数取 10^6～10^7，有色金属取 10^8。

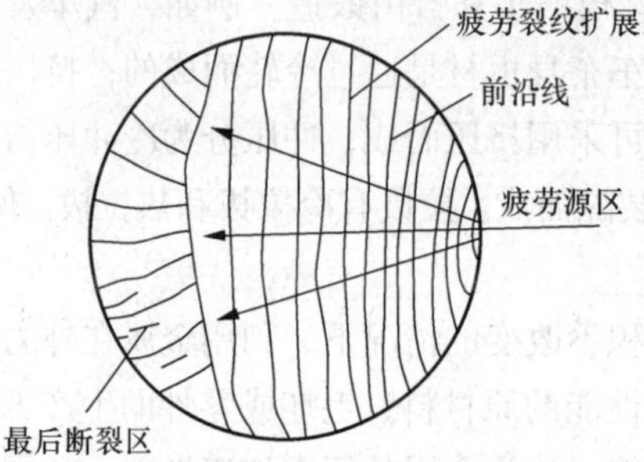

图 1-6　金属疲劳断口示意图

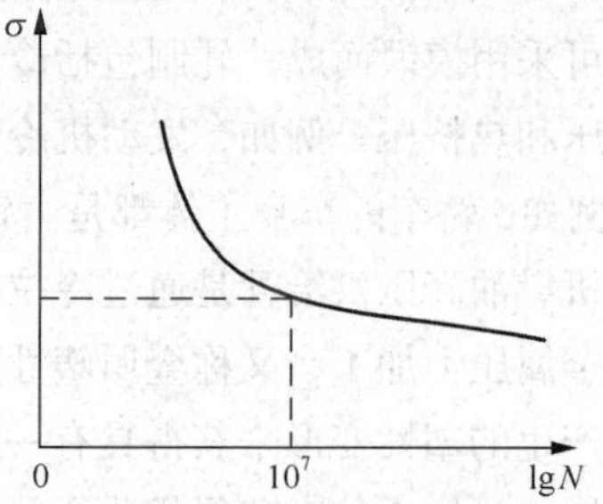

图 1-7　疲劳曲线示意图

影响金属疲劳极限的因素很多，主要有零部件的工作条件、金属材料的化学成分、表面质量、残余应力等。因此改善零件的结构形状，减缓应力集中，采用合理零件结构减轻震动，降低零件的表面粗糙度，采用各种表面强化的方法等都能提高零件的疲劳极限。

1.2 金属材料的工艺性能

工艺性能是指材料在成型过程中，对某种加工工艺的适应能力，它是决定材料能否进行加工或如何进行加工的重要因素，材料工艺性能的好坏，会直接影响机械零件的工艺方法、加工质量、制造成本等。材料的工艺性能主要包括铸造性能、压力加工性能、焊接性能、切削加工性能、热处理性能等。

1. 铸造性能

铸造是将金属熔炼成符合一定要求的液体并浇进铸型型腔内，经冷却凝固获得有预定形状、尺寸和性能的零件的工艺过程。金属材料在铸造成型的过程中，获得优良铸件的能力称为金属的铸造性能。因为铸造常用来制造重型、结构复杂，尤其是内腔复杂的零件，所以衡量金属材料铸造性能的指标主要有流动性、收缩性等。

① 流动性是指熔融金属材料的流动能力。流动性好的材料容易充满铸型型腔，从而获得外形完整、尺寸精确、轮廓清晰、无浇注不足的铸件。同时，还可以制造难以用车铣类加工方法获得的薄壁零件。流动性主要受化学成分和浇注温度的影响。化学成分是影响合金流动性的本质因素。例如，灰铸铁的流动性最好，硅黄铜、铝硅合金次之，而铸钢的流动性最差；高的浇注温度能使金属保持液态的时间延长，并且能降低金属液的黏度，从而提高流动性。

② 收缩性是指铸件在冷却凝固过程中其体积和尺寸减少的现象。铸件收缩不仅影响其尺寸，还会使铸件产生缩孔、疏松、内应力、变形、开裂等缺陷。金属材料的铸造收缩性也主要受化学成分和浇注温度的影响。例如，灰铸铁的收缩率小于铸钢的。

随着材料科学的发展，金属合金化程度越来越高。因此偏析对金属合金材料铸造性能影响越来越突出。铸造偏析是指液态合金在铸型中凝固以后，铸件断面上存在化学成分的不均匀现象，它严重影响铸件的力学性能和化学性能。

2. 压力加工性能

汽车制造和维修过程中，用到的金属压力加工方法很多，如锻造、轧制、冷（热）挤压、冷

（热）拉拔、冷（热）冲压等。锻造包括模型锻造（简称模锻）和自由锻造。例如，汽车发动机曲轴可采用模锻而成；轧制包括冷轧和热轧。例如，汽车车身板材是通过冷轧而成的；挤压包括冷挤压和热挤压。例如，发动机冷却器（水箱）的铝管可采用挤压而成；冲压分为冷冲压与热冲压。例如，轿车的车身主体都是由钢板冲压成形后焊接装配而成。拉拔有冷拉拔和热拉拔。例如，发动机燃油高压供给管是通过冷拉拔而成的。

金属压力加工，又称金属塑性加工，是指在金属体积不改变的情况下，利用金属在外力作用下所产生的塑性变形来获得具有一定形状、尺寸和力学性能的原材料、毛坯或零件的生产方法。而金属经过压力加工获得优质原材料、毛坯或零件的性能，称为金属的压力加工性能。金属压力加工主要是让金属发生塑性变形，因此金属材料的塑形直接影响其压力加工性能。例如，低碳钢的压力加工性能好于高碳钢的。

金属冷压力加工能够使金属材料结构更致密，同时金属在冷态塑性变形中，使金属的某些性能指标，如屈服点、硬度等提高，而另一些力学性能，如伸长率降低的现象称为冷作硬化，又称为冷加工硬化。一方面冷加工硬化会给零件的再加工增加困难，另一方面，也可以利用这种现象来提高零件的某些性能。例如，冷拉高强度钢丝、冷卷弹簧等，就是利用冷加工变形来提高其强度和弹性极限的。

3. 焊接性能

焊接生产具有批量大、生产速度快的特点，是目前汽车流水线生产中一项不可或缺的加工工艺。例如，汽车车架、车桥、车身、车厢、变速器箱、消声器、减震器等很多零部件生产都含有焊接工序。

焊接指两被焊工件（同种材质或异种材质），通过加热或（和）加压，用或不用填充材料，使工件的材质达到原子间的结合而形成永久性连接的工艺过程。

金属材料的焊接性是指金属材料采用一定的焊接工艺（焊接方法、焊接材料、焊接规范及焊接结构形式等），获得优良焊接接头的难易程度。金属材料的焊接性能与焊接接头中的化学成分以及焊接时产生的组织有关。

① 钢材焊接性能的好坏主要取决于它的化学组成。其中，影响最大的是碳元素，金属含碳量的多少决定了它的可焊性。因为钢中含碳量增加，淬硬倾向增大，塑性下降，容易产生焊接裂纹。含碳量越高，可焊性越差。通常，含碳量小于 0.25%的低碳钢和低合金钢，塑性和冲击韧性优良，焊后的焊接接头塑性和冲击韧性也较好。随着含碳量增加，大大增加焊接的裂纹倾向。一般说来，含碳量大于 0.25%的钢材不应用于制造锅炉、压力容器的承压元件。

② 焊接性能的好坏还受焊接方法、焊接时的温度、压力等外界因素的影响。例如，高强度合金轿车车身修复采用的电阻点焊质量主要受焊接时的压力、电流、通电时间的影响。

4. 切削加工性能

材料接受切削加工的难易程度称为材料的切削加工性能。它主要包括切削速度、表面粗糙度、刀具的使用寿命等。

一般来说，材料的硬度适中（180～220HBS），其切削加工性能良好，所以灰铸铁的切削加工性比钢好，碳钢的切削加工性比合金钢好。改变钢的成分和显微组织可改善钢的切削加工性能。

5. 热处理性能

热处理性能是金属材料进行热处理时表现出来的性能。一般通过热处理来提高金属材料的机械性能。例如，采用渗碳淬火可强化变速器轴类零件、差速器齿轮、转向器轴齿件、发动机活塞销等。

1.3 金属材料的化学性能

材料的化学性能就是材料与外界接触物时表现出来的耐受性，实质上表现为材料的化学稳定性。金属材料的化学性能一般指耐腐蚀性和抗氧化性。

1. 耐腐蚀性

金属材料在常温下抵抗氧、水蒸气及其他外围化学介质腐蚀作用的能力，称为耐腐蚀性。金属材料在腐蚀性介质中会发生化学腐蚀和电化学腐蚀。化学腐蚀是金属直接与周围介质发生纯化学作用，如钢的氧化反应。电化学腐蚀是金属在酸、碱、盐等电介质溶液中由于原电池的作用而引起的腐蚀。

腐蚀不但使金属表面材料本身受到损伤，还会使机械零部件的使用性能遭到破坏，甚至会成为疲劳损伤的疲劳源，进而发生机械事故，引发灾难。

汽车常用的金属材料中，碳钢、铸铁的耐腐蚀性较差，而铝、铜的耐腐蚀性较强。对汽车上的易腐蚀部位，一方面可以采用耐腐蚀性的材料，比如采用铝合金、钛合金，或使用高强度塑料代替；另一方面也可以加适当涂覆层，起到防腐蚀的作用。

2. 抗氧化性

金属材料在高温抵抗氧化作用的能力，称为抗氧化性。在钢中加入 Cr、Si 等元素，可达到提高钢的抗氧化性。例如，汽车发动机排气门工作在高温环境下，就可以采用 4CrSi2 这种材料；汽车排放系统零部件主要采用耐热铸铁，包括中硅（或中钼）耐热球墨铸铁、硅钼铬耐热球墨铸铁、高镍奥氏体球墨铸铁等，因为这些材料具有良好的高温强度和抗氧化性。

1.4 机械零件的失效形式

机械零件由于各种原因造成不能完成预定的功能称为失效。机械零件常见的失效形式有磨损（表面损伤）、断裂和过量变形。零件失效可能是其中一种，也可能是几种。

1. 磨损

零件的磨损非常常见，例如，汽车制动片磨损超差。零件摩擦表面的金属在相对运动过程中不断损失的现象，称为零件的磨损。磨损的发生将造成零件形状尺寸及表面性质的变化，使零件的工作性能逐渐降低。根据摩擦原理的不同，磨损可分为磨料磨损、黏着磨损、疲劳磨损和腐蚀磨损。

① 磨料磨损是指摩擦表面间存在的硬质颗粒引起的磨损。这种硬质颗粒称为磨料，它主要来自空气中的灰尘、润滑油中的杂质及运动过程中从零件表面脱落下来的金属颗粒。

② 黏着磨损是指当金属表面的油膜被破坏，摩擦表面间直接接触而发生黏着作用，使一个零件表面的金属转移到另一个零件表面引起的磨损。

③ 疲劳磨损是指主要由于金属表面负荷大、温度高而引起的磨损。在交变载荷作用下，零件表层产生疲劳剥落的现象。它主要发生在纯滚动及滚动与滑动并存的摩擦状态下。

④ 腐蚀磨损是指在摩擦过程中，金属同时与周围介质发生化学反应或电化学反应，引起金属表面的腐蚀产物剥落的现象。它是在腐蚀现象与机械磨损、黏着磨损、磨料磨损等相结合时才能形成的一种机械化学磨损。它是一种极为复杂的磨损过程，经常发生在高温或潮湿的环境中，在有酸、碱、盐等特殊介质条件下尤其容易发生。

在相对静止的接合零件上，往往易产生被忽视的微动磨损。微动磨损是指两个接触表面由于受相对低振幅振荡运动而产生的磨损。其最大特点是在外界变动载荷作用下，产生振幅很小（约 10μm）的相对运动，由此发生摩擦磨损。微动磨损常发生在键连接处、过盈配合处、螺栓连接处、铆钉连接接头处等。微动磨损使配合精度下降，紧配合部件紧度下降甚至松动，连接件松动乃至分离，严重者引起事故。此外，也易引起应力集中，导致连接件疲劳断裂。

零件的磨损是不可避免的，工作条件的不同引起零件磨损的原因也就不同。但各种零件的磨损却具有一定的共同规律，这种规律称为零件磨损特性。零件的磨损一般可分为磨合期、工作期和极限磨损期三个阶段。在磨合期，若新零件及修复件表面过于粗糙，工作时零件表面的凸起点会划破油膜，在零件表面上产生强烈的刻划、黏结等作用，同时从零件表面上脱落下来的金属及氧化物颗粒会引起严重的磨料磨损，所以该阶段的磨损速度较快。随着磨合时间的增加，零件表面质量不断提高，磨损速度会相应降低，适应性及强度增强，所以零件在正常工作期的磨损变得非常缓慢，从而进入工作期。随着磨损的不断积累，造成的极限磨损期零件的配合间隙过大，油压降低，正常的润滑条件被破坏，零件之间的相互冲击也随之增加，零件的磨损急剧上升，此时不及时修理将会造成事故性的损坏，这一阶段称为极限磨损期。

2. 断裂

断裂是零件在机械、热、磁、腐蚀等单独作用或者联合作用下，其本身连续性遭到破坏，发生局部开裂或分裂成几部分的现象。零件断裂后不仅完全丧失工作能力，而且还可能造成重大的经济损失或伤亡事故。因此，尽管与磨损、变形相比，断裂所占的比例很小，但它仍是一种最危险的失效形式。尤其是现代机械设备日益向着大功率、高转速的趋势发展，断裂失效的概率有所提高。断裂的分类方法很多，本书主要介绍延性断裂、脆性断裂、疲劳断裂、环境断裂、蠕变断裂等。

① 延性断裂是指零件在外力作用下首先产生弹性变形，当外力引起的应力超过弹性极限时即发生塑性变形，外力继续增加，应力超过抗拉强度时发生塑性变形而后造成断裂的现象。延性断裂的宏观特点是断裂前有明显的塑性变形，常出现缩颈，而从断口形貌微观特征上看，断面有大量微坑（也称韧窝）覆盖。延性断裂实际上是显微空洞形成、长大、连接以致最终导致断裂的一种破坏方式。

② 脆性断裂是指金属零件或构件在断裂之前无明显的塑性变形，发展速度极快的一类断裂现象。它通常在没有预示信号的情况下突然发生，是一种极危险的断裂。

③ 疲劳断裂是指按静强度安全设计的机械零件，在承受低于材料屈服强度或抗拉强度的交变应力长期缓慢作用下，仍然发生的断裂。它是一种普通而严重的失效形式。在实际失效件中，疲劳断裂占了较大的比重（80%～90%）。

④ 环境断裂是指材料与某种特殊环境相互作用而引起的具有一定环境特征的断裂方式。环境断裂主要有应力腐蚀断裂、氢脆断裂、高温蠕变、腐蚀疲劳断裂、冷却断裂等。

⑤ 蠕变断裂是材料在长时间的恒温恒应力作用下缓慢产生塑性变形的现象引起的断裂。例如，高温交变的压力管的破裂常常因为蠕变引起的。

3. 过量变形

过量变形是指机械构件扭曲、拉长，弹性元件发生的永久变形。它包括过量的弹性变形、塑性变形、蠕变等。过量变形会造成零件尺寸和形状的改变，影响它们的正确使用位置，破坏零件或部件间相互配合的位置和关系，使机器不能正常工作，甚至造成事故。蠕变是指固体材料在保持应力不变的条件下，应变随时间延长而增加的现象。它与塑性变形不同，塑性变形通常在应力超过弹性极限之后才出现，而蠕变只要应力的作用时间相当长，它在应力小于弹性极限施加的力时也能出现。许多材料（如金属、塑料、岩石和冰）在一定条件下都表现出蠕变的性质。由于蠕变，材料在某瞬时的应力状态，一般不仅与该瞬时的变形有关，而且与该瞬时以前的变形过程有关。

机械零件失效形式是多样的，失效的原因也是多样的。机械零件失效可能由于选材不当、零件设计不合理、加工工艺不合理或工艺过程控制不稳定等根本因素所致，也可能因为零件承受的载荷性质、应力应变种类而发生失效。

能力训练与拓展

某一低碳合金结构钢试件，其受力曲线如图 1-1 所示，请标出该试件发生形变的几个阶段。试计算该试件材料的弹性模量 E、弹性极限 σ_e、抗拉强度 σ_b、最大伸长率 δ 以及断面收缩率 ψ。已知试件原直径为 10mm，长度为 100mm，在载荷为 21 000N 时发生屈服，此时的长度为 101mm。试件断裂前受到的最大载荷为 45 000N，拉断后长度为 130.5mm，断裂处直径为 8mm。

解：低碳合金结构钢为塑性材料，试件发生形变的几个阶段为：

*OA'*段：弹性变形阶段；*BC* 段：屈服阶段；*CD*：强化阶段；*DE* 段：局部颈缩阶段。

低碳合金结构钢为塑性材料，它发生屈服时受到的作用力比较接近其开始屈服时的作用力，因此，可以通过计算屈服极限 σ_s 来估计弹性极限 σ_e。根据公式（1-2），该试件的弹性极限：

$$\sigma_e \approx \sigma_s = \frac{F_s}{S_0} = \frac{F_s}{\frac{1}{4}\pi d_0^2} = \frac{4\times 21000}{3.14\times 10^2} = 267.5\text{MPa}$$

同理，该试件发生屈服变形时的应变 ε=1%，则由式（1-8）有材料的弹性模量：

$$E = \frac{\sigma}{\varepsilon} \approx \frac{\sigma_e}{\varepsilon} = \frac{267.5}{0.01} = 26.75\text{GPa}$$

再由式（1-5）有试件材料的抗拉强度：$\sigma_b=\dfrac{F_b}{S_0}=\dfrac{4\times45000}{\pi\times10^2}=573.2\text{MPa}$；

最大伸长率 δ=30.5%；

断面缩缩率 $\psi=\dfrac{\Delta S}{S_0}\times100\%=\dfrac{S_0-S_1}{S_0}\times100\%=\dfrac{d_0^2-d_1^2}{d_0^2}\times100\%=36\%$。

根据本试件拉伸试验可知：弹性阶段受力变化很大，但是材料变形不大，且材料变形均匀；屈服阶段受力变化不大，而材料变形很大，材料失去抵抗变形的能力，材料的破坏通常就发生在这个阶段；强化阶段，材料部分恢复了抵抗变形的能力，又开始出现均匀变形的情况，工程实践中通常利用它来提高材料的抗拉能力。

复习思考题

1-1　什么是金属材料的化学性能，主要包括哪些？

1-2　什么是金属材料的力学性能？根据载荷的不同，力学性能主要包括哪些指标？

1-3　什么是强度？什么是塑性？衡量这两种性能的指标有哪些？各用什么符号表示？

1-4　测定某种钢的力学性能时，已知试棒的直径是 10mm，其标距长度是直径的五倍，F_b=33.81kN，F_s=20.68kN，拉断后的标距长度是 65mm。试求此钢的 σ_s，σ_b 及 δ 值是多？

1-5　什么是硬度？HBS、HBW、HRA、HRB 和 HRC 各代表什么方法测出的硬度？

1-6　什么是冲击韧性？用什么符号表示？

1-7　冲击韧性有什么工程意义？

1-8　什么是疲劳？什么是疲劳强度？什么是疲劳破坏？

1-9　疲劳破坏过程可分为哪三个阶段？零件产生疲劳源的部位有何规律？

1-10　长期工作的弹簧突然断裂，属于哪类问题？与材料的哪些性能关？

1-11　大能量冲击和小能量多次冲击的冲击韧性各取决于金属材料的哪些力学性能指标？

1-12　什么是材料的工艺性能？

1-13　下列硬度的写法是否正确？

HBS150　HRC140　HRC70　HRB10　478HV　HRA79　474HBW

1-14　连接螺栓的脱落属于哪种失效形式？

第2章 常用金属材料

【知识准备】

材料的力学性能指标及其对工程材料选用的意义。

【学习以及能力目标】

（1）掌握：晶体、非晶体的区别；结晶的过程；细化晶粒的常见措施；常用的工程金属材料以及碳钢的分类与编号，常用碳钢的牌号和用途；常用铸铁的牌号和用途；合金结构钢（低合金结构钢、合金渗碳钢、合金调质钢、弹簧钢、滚动轴承钢）的性能要求、成分特点。

（2）了解：常用铸铁（灰口铸铁、球墨铸铁、蠕墨铸铁、可锻铸铁）的组织与性能。

（3）能独立完成：可以通过查阅相关书籍进行选材。

【教学建议】

（1）教具：实物、多媒体课件。

（2）建议：尽量利用汽车专业学生对汽车的兴趣，参照不同金属材料的实物，结合多媒体课件观察、讲解和分析。

2.1 金属的结构与结晶

2.1.1 金属的常见晶体结构

一切物质都是由原子组成的。固态的物质按其原子的聚集状态可以分为晶体和非晶体两大类。在晶体中，原子按一定的几何规律做周期性的排列，称为有序排列。绝大多数固体都为晶体，如石墨、金刚石、固态金属等。在非晶体中，原子无规则地堆集在一起，称为无序排列。自然界中这种物质较少，如松香、石蜡、玻璃等。

晶体与非晶体之间存在着明显的性能差异。晶体有固定的熔点和凝固点，而非晶体则没有。这是因为由原子有序排列的固态晶体向原子无序排列的液态转变时有显著的热效应，呈不连续转变。非晶体的原子排列无论固态、液态都是无序的，呈连续转变。此外，由于晶体各方向原子排列情况不同，所以其呈各向异性。而非晶体的原子是杂乱排列的，各方向原子排列无明显差别，其呈各向同性。

所有固态晶体都具有有序排列的晶体结构，图 2-1（a）所示为一种晶体中原子排列的模型（刚球模型）。为了研究不同金属原子的排列规律，也可将原子看为质点，用假想的线条将各原子中心连接起来，构成一个三维空间格架，如图 2-1（b）所示。这种描述原子在晶体中排列方式的空间格架称为晶格。晶格中的每个点称为结点。晶格中各方位的原子面称为晶面。晶格中各方向的原子列称为晶向。由于晶体原子排列方式呈周期性重复，故只需对晶格中最基本的单元进行分析便能确定原子的排列规律。能够代表晶格特征的基本单元叫做晶胞，如图 2-1（c）所示。

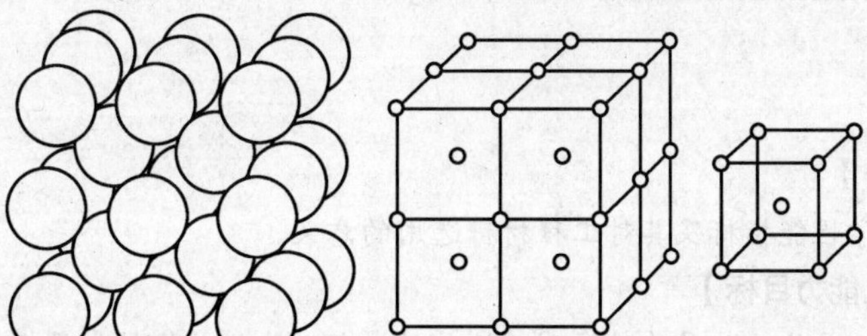

（a）　　（b）　　（c）

图 2-1　晶体结构示意图

1. 常见金属晶体结构与类型

由于金属键结合力强且无方向性，所以金属原子总是趋向于最紧密排列，使原子排列的方式大为减少。大多数金属都属于下述三种晶格类型。

（1）体心立方晶格。这种晶格的晶胞是一个立方体，在立方体的八个角上和立方体中心各有一个原子，如图 2-2（a）所示。属于体心立方晶格的金属有 α-Fe（912℃以下的纯铁）、Cr、W、V 等 20 余种。

（2）面心立方晶格。这种晶格的晶胞也是一个立方体，在立方体的八个角上和六个面的中心各有一个原子，如图 2-2（b）所示。属于面心立方晶格的金属有 γ-Fe（912℃～1390℃的纯铁）、Al、Cu、Ni、Au、Ag、Pb 等 20 余种。

（3）密排六方晶格。这种晶格的晶胞是一个六棱柱体，在柱体的上下两个底面的角上及中心各有一个原子，在柱体中间还排列着三个原子，如图 2-2（c）所示。属于密排六方晶格的金属有 Mg、Zn、Be、Ti、Cd 等近 30 种。

不同类型晶格的金属具有不同的性能。例如，单就塑性来讲，面心立方晶格最好，密排六方晶格最差，体心立方晶格介于二者中间。

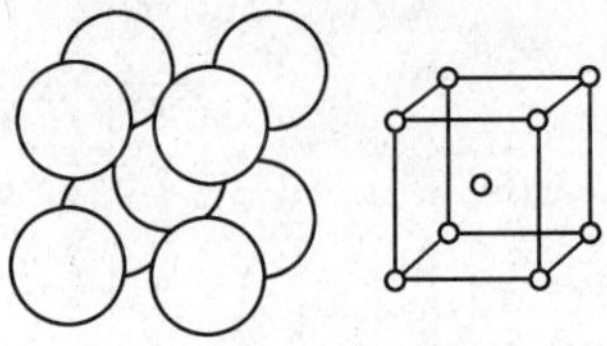
(a) 体心立方晶格

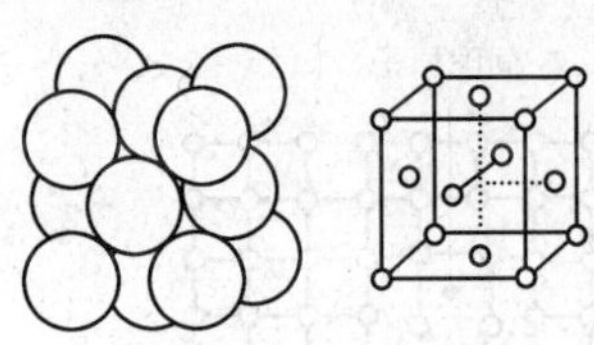
(b) 面心立方晶格

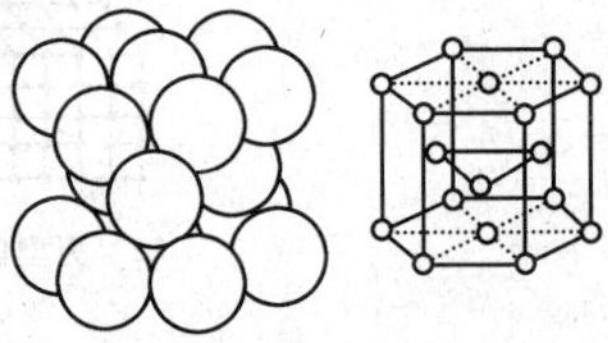
(c) 密排六方晶格

图 2-2　晶格

2. 单晶体与多晶体

单晶体是指物体中所含微粒（分子、原子或离子，纯金属是原子）在三维空间中呈规则、周期排列的一种物质。单晶体的物质在大自然中存在很少，如天然金刚石（钻石），而单晶体的金属在大自然中几乎不存在。实际的金属包含许多小小的单晶体（称为晶粒），晶粒之间的分界面，称为晶界。由多晶粒组成的晶体结构称为多晶体。

2.1.2　金属的晶体缺陷及其对性能的影响

在金属的实际晶体结构中，由于多种因素的影响而存在各种缺陷。这些晶粒间的晶体缺陷并不是固定不变的，而是随着温度、加工过程等因素的变化而变化。同时这些缺陷会使金属的物理、化学、力学性能产生变化，其中最有利的是可造成金属的强化。根据其几何形态特征，金属晶体缺陷可以分以下三类。

1. 点缺陷

点缺陷是指三维空间中，三个方向上尺寸都很小的缺陷。最常见的是晶格空位、间隙原子和置换原子，如图 2-3 所示。热震动或塑性变形都会产生空位，晶格空位会使周围的原子相互靠拢，产生收缩型晶格畸变。间隙原子是误排在晶格间隙中的原子，它可能是同类原子，也可能是异类原子。间隙原子的存在会产生膨胀型晶格畸变。置换原子是异类原子替代了正常晶格上的原子，也会引起晶格的畸形变化。扭曲畸变会引起金属晶体性能的变化。一般来说，扭曲畸变会对金属原子的相对移动、金属的塑性变形起阻碍作用，从而提高金属的强度和硬度。

2. 线缺陷

线缺陷是指在两个方向上尺寸很小，在另一方向上尺寸较大的缺陷，也就是指各种类型的位错。在晶体中某处有一列或若干列原子有规律的错排现象称为位错。图 2-4 所示为最基本的刃型位错和螺旋形位错示意图。晶体在位错线附近发生了晶格畸变，位错在晶体中的移动会使金属塑性变形容易进行。当位错密度增加到一定程度时，使位错移动困难，又会使金属的强度提高。这种现象称为位错强化。

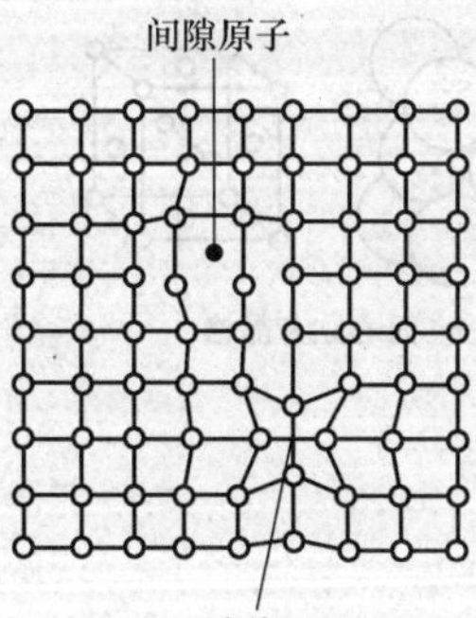

图 2-3　点缺陷

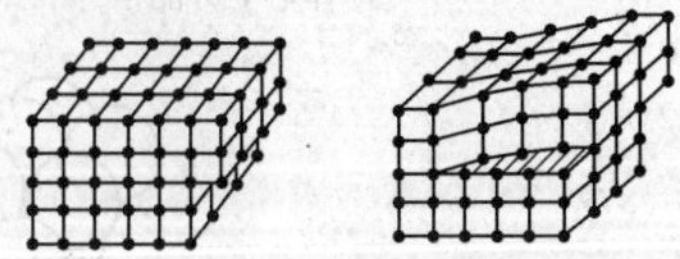

图 2-4　线缺陷示意图

3．面缺陷

面缺陷是指在两个方向上尺寸很大，在另一方向上尺寸较小的缺陷。最常见的面缺陷为晶界与亚晶界。晶界实际上是位向不同的晶粒之间的过渡层，因受邻近晶粒内原子排列位向不同的影响，晶界处原子排列不规则，晶格处于畸变状态，如图 2-5 所示。由于原子排列混乱，故晶界处的熔点低，且易被腐蚀，同时因为在常温下晶界增加了位错移动阻力，故晶界处的硬度、强度较高。晶界面积越大，强度越高。使用电子显微镜可以观察到，在一个晶粒内部又存在位向差只有几十分到 1°～2° 的小晶块，称为亚晶粒，其界面称为亚晶界。亚晶界与晶界的作用相似。通过细化晶粒，增加晶界面积提高金属强度的方法称为晶界强化或细晶强化。必须指出，这种强化与位错强化不同，晶界强化不仅使金属强度提高，还使其塑性、韧性得到改善。

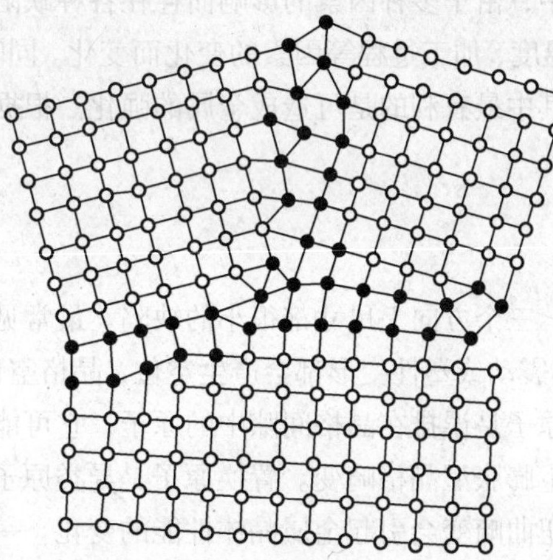

图 2-5　面缺陷

2.1.3　金属的结晶与同素异构转变

金属由液态变为固态的过程称为结晶。试验表明，液态金属随时间的增长温度不断下降，当降至某一温度时会出现一个平台，这个温度是金属的实际结晶温度 T_n。因为在该温度时，金属液已开始结晶，结晶释放出的结晶潜热与冷却时向外界散失的热量相平衡，所以温度保持不变。结晶完毕后，温度仍随时间的增长不断下降。需要指出的是，纯金属的结晶是一个恒温的过程，但对于大多数合金来说，它们的结晶过程却在一个温度区间内进行。

1. 金属的结晶过程

金属的结晶过程由晶核形成和长大两个基本过程组成。研究表明，液态金属中总是存在着许多类似于晶体原子的有规则排列的小集团，称为近程有序。由于液态金属原子的热震动很激烈，原子间距离较大而结合力较弱，使得这些近程有序的原子集团很不稳定，时聚时散，此起彼伏。只有当温度降至理论结晶温度以下时，大于一定尺寸的原子团才会稳定下来，首先在液态金属中形成一些极小的晶体作为结晶核心，称为晶核。

晶核形成后即不断吸附周围液体中的原子，使它们按一定的排列规律附着在这些晶核上。与此同时，在液态金属中又不断产生新的晶核，新晶核又不断长大，直到液态金属全部消失为止。每个晶核长大后即成为一个晶粒，同时相邻晶粒之间自然形成了晶界，如图 2-6 所示。晶核长大初期的外形是比较规则的，但当晶体棱角形成后，因棱角处的散热条件优于其他部位，故此处的晶核得到优先生长。晶核生长方式像树枝一样，先长出枝干（或称一次晶轴），然后再长出分枝（或称二次晶轴）。依此类推，直至最后把所有晶轴间隙填满，如图 2-7 所示。有些金属表面或铸锭缩孔处金属液在结晶时补充不足，结晶后往往可以发现枝晶的形态。

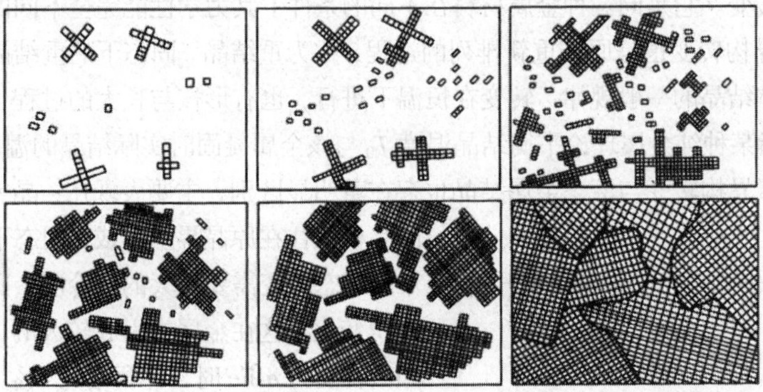

图 2-6　结晶过程示意图

图 2-7　枝晶的形成过程

2. 晶粒度及其控制

晶粒度即是晶粒大小的等级，常用单位体积内所含晶粒数目表示。晶粒的大小对金属材料的性能有着重要影响。一般情况下，晶粒越细小，其强度越高，塑性及韧性越好。因此，在实际生产中总希望得到细小均匀的晶粒组织。细化晶粒的主要方式有下面三种。

（1）加快冷却速度。冷却速度越大，形成的晶核数目越多，结晶后的晶粒越细。在实际生产中，加快冷却速度的办法只适用于尺寸较小的铸件。大铸件整体获得很快的冷却速度是困难的，加快冷却速度甚至会导致铸件的变形或开裂。

（2）变质处理。变质处理又称孕育处理。它是在金属结晶前加入一些细小的变质剂作为"人工晶核"（非自发形核），变质剂起到增加形核率或降低长大速度的作用，从而获得均匀细小的晶粒。与增大过冷度相比，变质处理细化晶粒效果更好，因而在生产上应用更广泛。例如，在铸铁液中加入硅、钙，在铝硅合金液中加入钠盐等。

（3）破坏长大枝晶。在液态金属结晶过程中，采取机械振动、超声波振动、电磁搅拌等方法，使正在生长中的枝状晶体破碎，破碎的细小晶体又成为新的晶核，增大了形核率，从而使晶粒细化。

3. 金属的同素异构转变

多数金属结晶后，晶格类型不再发生变化。但有少数金属，如铁、钴、钛、锡等，在结晶完成后继续冷却的过程中还会发生晶体结构的转变。金属的这种在固态下由一种晶格向另一种晶格的转变称为同素异构转变。它是同一种金属材料在不同的条件下其力学性能完全不同的本质原因。

金属的同素异构转变也是原子重新排列的过程，称为重结晶。固态下的重结晶与液态下的结晶相似，也遵循晶体结晶的一般规律：转变在恒温下进行，也有形核与长大的过程，也必须在一定的过冷度（过冷度指某种纯金属理论平衡结晶温度 T_0 与该金属凝固时实际结晶的温度 T_n 之差。）下转变才能完成。同素异构转变与液态金属结晶也存在着明显区别，主要表现在：晶界处能量较高，新的晶核往往在原晶界上形成；固态下原子扩散比较困难，固态转变需要较大的过冷度；固态转变时会产生体积变化，这在金属中引起较大的内应力。例如，由 γ-Fe 转变为 α-Fe 时，体积增大 1%。

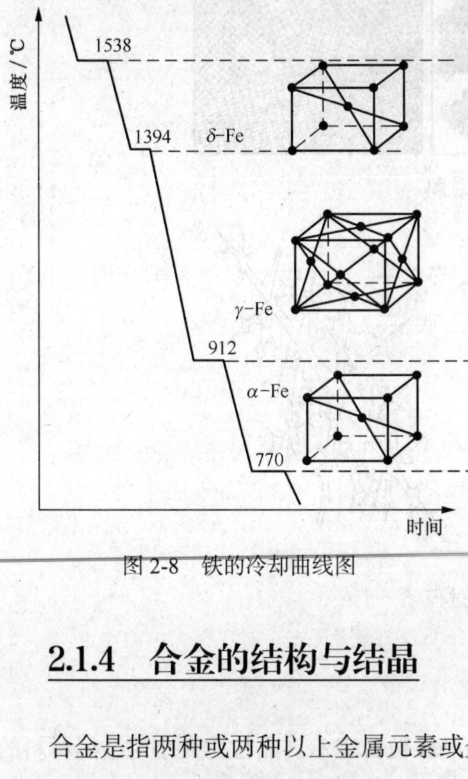

图 2-8　铁的冷却曲线图

图 2-8 所示为铁的冷却曲线图，该图说明了铁在冷却过程中发生的同素异构转变：铁在液态结晶后是体心立方晶格，称 δ-Fe；当冷却至 1394℃时转变为面心立方晶格，称 γ-Fe；继续冷至 912℃时又转变为体心立方晶格，称 α-Fe，以后一直冷至室温晶格类型，而不再发生变化。770℃时出现的小平台为磁性转变点，低于该温度时，铁才有磁性，不发生晶格类型的变化。铁的同素异构转变具有十分重要的意义。正是由于铁在不同温度下具有不同的晶体结构，对碳和合金元素的溶解能力不同，才能通过热处理改变其性能。

2.1.4　合金的结构与结晶

合金是指两种或两种以上金属元素或金属与非金属元素通过熔炼、烧结等方法制成的具有金属特性的物质。例如，钢与铸铁是铁和碳的合金；黄铜与锡青铜分别是铜与锌和铜与锡的合金。组成合金的独立物质称为组元。组元通常指纯元素，也可以是稳定的化合物。根据合金的组元数，合金分为二元合金、三元合金等。相同的组元所组成的一系列合金称为一个合金系。

由于合金在强度、硬度等力学性能方面比纯金属高得多，所以工业中使用的金属材料几乎全部是合金。合金中具有相同化学成分、相同的晶体结构，并有明显界面分开的均匀部分称为“相”。例如，纯金属液体为单相，在结晶过程中液体和固体共存时则为两相。相的区别并非只限于物质的状态，在固态下由于晶体结构不同也会同时存在几个相。相与相之间的转变称为“相变”。“组织”是指用肉眼或光学显微镜观察到的内部构造的图像，如金属的晶粒。“组织”与“相”只是材料内部构造不同尺度的两个概念。相的基本组成部分是“原子”，组织的基本组成部分是“相”，原子间的结合键、相的成分与结构决定了相的性能，组织中的相的组成方式决定了材料的力学性能。合金中的相按其结构特点可分为固溶体和金属化合物两大类。

1. 固溶体

合金各组元在液态下互相溶解，结晶为固态后仍然保持溶解状态的合金相，称为固溶体。固溶体的特征：溶剂为含量较多的基体金属，晶格类型保持不变；溶质为含量较少的合金元素，晶格类型消失。例如，碳原子溶解到 α-Fe 的晶格中，形成的固溶体（称铁素体）具有 α-Fe 原来的体心立方晶格，而碳失去原来的密排六方结构，以单个原子溶入 α-Fe 的晶格，α-Fe 是溶剂，碳是溶质。碳原子溶解到 γ-Fe 的晶格中，形成的固溶体（称奥氏体）具有面心立方晶格。

根据溶质原子在溶剂晶格中所处的位置不同，固溶体分为置换固溶体和间隙固溶体两种。

（1）置换固溶体。溶质原子置换了溶剂晶格中溶剂原子的部分位置而形成的固溶体称为置换固溶体，如图 2-9（a）所示。多数固溶体为置换固溶体，例如，黄铜中的 α 相就是锌原子置换铜晶格上的原子而形成的固溶体。由于溶质原子在溶剂中的溶解度不同，置换固溶体中有些是无限固溶体，如铜镍合金；有些是有限固溶体，如铜、钼、铝、钨等，只能与铁形成有限固溶体。

（2）间隙固溶体。溶质原子位于溶剂晶格间隙中所形成的固溶体称为间隙固溶体，如图 2-9（b）所示。钢中的铁素体就是碳在 α-Fe 中形成的间隙固溶体。间隙同溶体只能是有限固溶体。

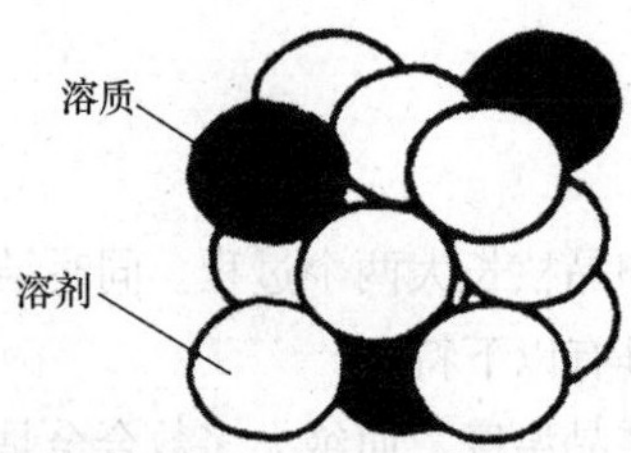

（a）置换固溶体

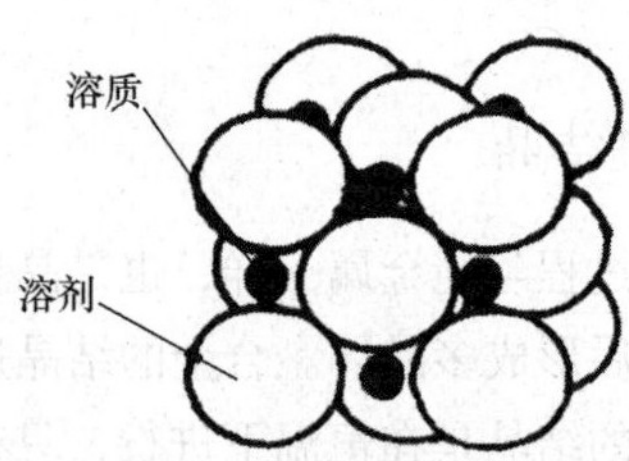

（b）间隙固溶体

图 2-9　固溶体示意图

无论是间隙固溶体还是置换固溶体，都因溶质原子的溶入而导致原子间作用力发生变化，使溶剂晶格发生畸变，如图 2-10 所示。原子尺寸相差越大，畸变就越严重。晶格畸变增加了位错移动的阻力，提高了合金的强度和硬度。这种通过溶入溶质元素而使溶剂金属强度、硬度提高的现象称为固溶强化。固溶强化在工业中得到了广泛的应用，是提高金属材料力学性能的主要方法之一。例如，向铜中加入一定量的镍可使其抗拉强度提高近一倍。由于固溶体是以溶剂金属为基体，故其具有良好的塑性与韧性。

2. 金属化合物

合金中各组元按一定方式形成的一种新晶体称为金属化合物。金属化合物的晶格类型不同于任一组元，一般具有复杂的晶格，例如，碳钢中的渗碳体（Fe_3C）是铁与碳形成的金属化合物，其晶格类型既不同于铁也不同于碳，表现为图 2-11 所示的复杂结构。

复杂的结构使金属化合物具有较高的熔点、很高的硬度与脆性。合金中出现金属化合物时，合金的强度、硬度和耐磨性提高，但塑性、韧性降低。由于金属化合物硬而脆，通常不能作为合金的基体材料，而是以弥散状态（细粒状、细点状）分布于合金基体上作为强化相。弥散度越高，金属强度、硬度越高。这种以弥散粒子作为第二强化相而使金属强度、硬度提高的现象称为弥散强化。由于第二强化相粒子很小，故对合金的塑性、韧性影响较小。

在固态合金中，还存在着机械混合物。机械混合物是由两种或两种以上的相混合而成的。组成混合物的各相仍保持原来的晶格类型与性能。机械混合物的整体性能则取决于各组成相的性能以及它们各自的形状、数量、大小和分布情况，即组织形态。“组织形态”是指用肉眼或光学显微镜能观察到的内部构造的图像。

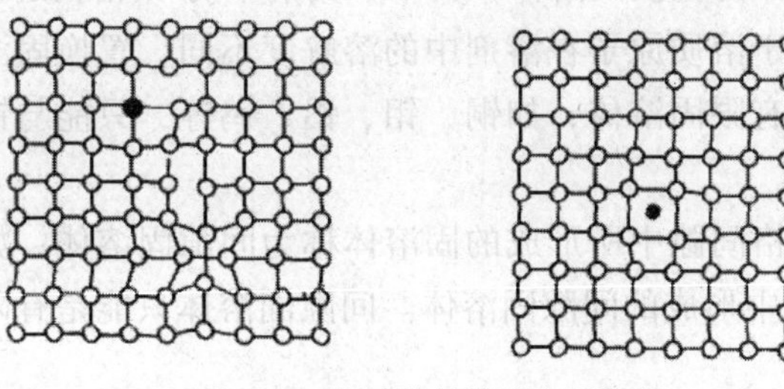

图 2-10 固溶体晶格畸变示意图

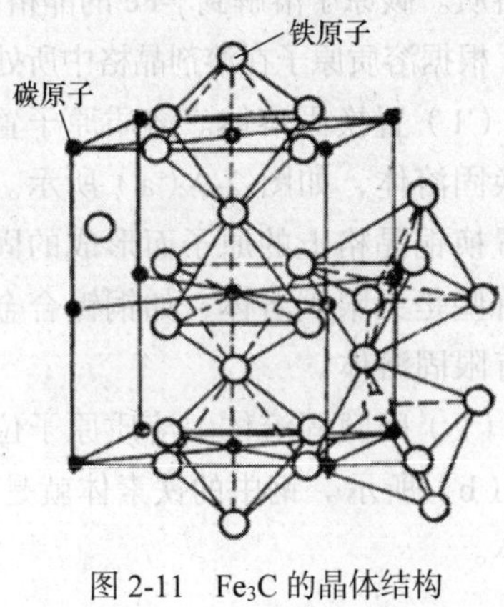

图 2-11 Fe_3C 的晶体结构

3. 合金的结晶

合金的结晶过程与纯金属一样，也是晶核形成和晶核长大两个过程。同时结晶时也需要一定的过冷度，结晶后形成多晶体。合金的结晶过程中具有以下特点。

（1）纯金属的结晶是在恒温下进行，只有一个结晶温度。而绝大多数合金是在一个温度范围内进行结晶的，一般结晶的开始温度与终止温度是不相同的，即有两个结晶温度。

（2）合金在结晶过程中，在局部范围内相的化学成分（即浓度）有差异，当结晶终止后，整个晶体的平均化学成分才与原合金的化学成分相同。

（3）合金结晶后一般有三种情况：第一种情况是形成单相固溶体；第二种情况是形成单相金属化合物或同时结晶出两相机械混合物（如共晶体）；第三种情况是结晶开始时形成单相固溶体，剩余液体又同时结晶出两相机械混合物（如共晶体）。

2.2 铁碳合金

尽管非金属材料在不断更新发展，越来越多地进入各生产领域。但是在汽车工业中，钢铁材料仍占主流地位，例如，普通轿车所使用的材料中约有 2/3 是钢铁材料。碳钢和铸铁是汽车工业中应用最广泛的金属材料之一，由于它们的基本组成元素是铁和碳，所以称为铁碳合金。

在固态铁碳合金中，铁和碳的结合方式有两种：一种是碳原子溶入铁的晶格中形成固溶体；另一种是铁和碳按一定比例形成化合物。铁碳合金的基本组织有铁素体、奥氏体和渗碳体三种。

碳溶解在 α-Fe 中形成固溶体，称为"铁素体"。因碳在 α-Fe 中溶解量少，碳的强化作用很小。所以铁素体的力学性能近似纯铁，即韧塑性好、强度和硬度低。

碳溶解在 γ-Fe 中形成固溶体，称为"奥氏体"。奥氏体中的铁原子仍保持面心立方晶格，但是其对的碳溶解能力强于 α-Fe，且随着温度的升高其对的碳溶解能力增加。例如，727℃时奥氏体的溶碳量为 0.77%，1148℃时奥氏体的溶碳量则为 2.11%。奥氏体具有很好的塑性，δ 可达 40%～50%；有较低的变形抗力，是绝大多数钢种在压力加工时所需的组织。

铁与碳形成化合物（Fe_3C）称为"渗碳体"。渗碳体的含碳量为 6.69%，硬度很高，约为 HBW800 左右。但强度很低，σ_b=35MPa，韧塑性几乎为零。渗碳体在钢中主要起强化作用，它的数量、形状、大小及分布对钢的性能影响很大。

2.2.1 碳钢

1. 常存杂质对钢性能的影响

碳素钢（简称碳钢）就是含碳量小于 2.11%的铁碳合金，实际使用的含碳量小于 1.5%，其中还含有少量 Si、Mn、P、S 等杂质。

（1）锰。锰是钢中的有益元素，是炼钢时用锰铁脱氧而残留在钢中，锰有很好的脱氧能力，还可以与硫形成 MnS，从而消除了硫的有害作用。锰作为杂质含量一般应不超过 0.8%。

（2）硅。硅也是钢中的有益元素，也是作为脱氧剂而进入钢的，硅的脱氧能力比锰还强，还能提高钢的强度及质量。硅作为杂质含量一般不应超过 0.4%。

（3）硫。硫是钢中有害元素，常以 FeS 形式存在，FeS 与 Fe 形成低熔点的共晶体，熔点为 985℃，分布在晶界，当钢材在 1000℃～1200℃进行压力加工时，共晶体熔化，使钢材变脆，这种现象称为热脆性。为了避免热脆，钢中含硫量必须严格控制，通常应使 S 的含量小于 0.05%。

（4）磷。磷也是钢中的有害元素，它使钢在低温时变脆，这种现象称为冷脆性。因此，钢中含磷量也要严格控制，通常应使 P 的含量小于 0.045%。

（5）氢。钢中氢能造成氢脆、白点等缺陷，是有害元素。

2. 碳钢的分类

碳钢的分类方法有以下三种。

（1）按钢的含碳量分为低碳钢、中碳钢和高碳钢。其中，低碳钢的含碳量≤0.25%；中碳钠的含碳量为（0.25～0.6）%；高碳钢的含碳量＞0.6%。

（2）按钢的质量分。根据钢中有害杂质 S、P 的多少分为普通钢、优质钢和高级优质钢。普通钢中 S 的含量小于等于 0.055%，P 的含量小于等于 0.045%；优质钢中 S、P 的含量小于等于 0.04%；高级优质钢中 S、P 的含量小于等于 0.03%。

（3）按用途可分为碳素结构钢和碳素工具钢。

碳素结构钢用于制造工程结构（如桥梁、船舶、建筑、高压容器等）和机械零件（如齿轮、轴、螺钉、螺母、连杆等），这类钢一般为低、中碳钢。

碳素工具钢用于制造各种工具（如刃具、模具和量具等），这类钢一般为高碳钢。

3. 碳钢的牌号和用途

与合金钢相比，碳钢冶炼方便，价格低廉，产量大，且具有优良的锻造性、焊接性和切削加工性能，能满足许多场合机械加工用钢的要求，故在工业中应用非常广泛。

（1）普通碳素结构钢。普通碳素结构钢是工程中应用最多的钢种，其产量占钢总产量的 70%～80%，几种常用普通碳素结构钢的力学性能见表 2-1。根据国标 GB/T 700—2006 规定，普通碳素结构钢牌号由以下四部分组成。

① 屈服点字母：Q——钢屈服强度“屈”，汉语拼音字首。

② 屈服点强度数值（单位 MPa）。

③ 质量等级符号：A 级、B 级、C 级、D 级，从 A 级到 D 级质量依次提高。

④ 脱氧方法符号：F——沸腾钢、b——半镇静钢、Z——镇静钢、TZ——特殊镇静钢，在牌号中若为 Z 和 TZ 则予以省略。

例如，Q235AF 表示屈服强度为 235MPa 的 A 级沸腾钢。

表 2-1　　几种常用普通碳素结构钢的力学性能

牌号	等级	屈服点 σ_s/MPa 钢材厚度或直径/mm ≥					
		≤16	＞16～40	＞40～60	＞60～100	＞100～150	＞150
Q235	A、B C、D	235	225	215	205	195	185
Q255	A、B	255	245	235	225	215	205
Q275		275	265	255	245	235	225

碳素结构钢的用途：Q195、Q215、Q235A、Q235B 等钢的塑性较好，有一定的强度，通常轧制成钢筋、钢板、钢管等，可用作桥梁、建筑物等构件，也可用作普通螺钉、螺帽、铆钉等；Q235C 和 Q235D 钢可用作重要的焊接件；Q235 和 Q275 钢的强度较高，可轧制成型钢、钢板作构件用。

这类钢主要是保证力学性能。一般情况下，在热轧状态使用，不再进行热处理。但对某一些零件，也可以进行正火、调质、渗碳等处理，以提高其使用性能。

（2）优质碳素结构钢。这类钢与碳素结构钢相比，钢中的 S、P 及其他有害杂质含量较少，纯洁度、均匀性及表面质量均较好。因而强度较高，塑性和韧性较好。通常还经过热处理来进一步调整和改善其性能，因此适用于制造各种机器零件，在机械工业中应用最为广泛。优质碳素结构钢在出厂时，既保证力学性能，又保证化学成分，一般都在热处理后使用。常用优质碳素结构钢的牌号、力学性能及用途如表 2-2 所示。

表 2-2　　优质碳素结构钢的牌号、力学性能和用途

牌　号	力学性能（不小于）					应用举例
	σ_s/MPa	σ_b/MPa	δ_5/%	ψ/%	α_K/（J·cm^{-2}）	
08	195	325	33	60	—	这类低碳钢由于强度低，塑性好，易于冲压和焊接，一般用于制造受力不大的零件，如螺栓、螺母、垫圈、小轴等
10	205	335	31	55	—	
15	225	375	27	55	—	
20	245	410	25	55	—	
25	275	450	23	50	71	
30	295	490	21	50	63	这类中碳钢的综合力学性能和切削加工性能均较好，可用于制造受力较大的零件，如主轴、曲轴、齿轮、连杆等
35	315	530	20	45	55	
40	335	570	19	45	47	
45	355	600	16	40	39	
50	370	630	14	40	31	
55	380	645	13	35	—	这类钢具有较高的强度、弹性和耐磨性，主要用于制造凸轮、弹簧、钢丝绳等
60	400	675	12	35	—	
65	410	695	10	30	—	
70	420	715	9	30	—	

根据含碳量、热处理和用途的不同，优质碳素结构钢还可分为渗碳钢（ω（C）=0.15%～0.25%）、调质钢（ω（C）=0.25%～0.5%）、弹簧钢（ω（C）=0.55%～0.9%）三类。

在表 2-2 中，15 号、20 号、25 号钢属于渗碳钢，30 号～55 号钢属于调质钢，60 号～70 号钢属于弹簧钢。

（3）碳素工具钢。碳素工具钢是碳的质量分数在 0.65%～1.35%的优质或高级优质高碳钢。因其生产成本低，冷、热加工性能好，热处理工艺简单，热处理后有相当高的硬度，切削热不高时亦具有较好的耐磨性，因此碳素工具钢在生产上获得广泛应用。其牌号是以“碳”或“T”字后面附加数字来表示的。数字表示钢中的平均含碳量，以 0.1%为单位。例如，T8（或碳 8）、T12（或碳 12）分别表示平均含碳量为 0.8%和 1.2%的碳素工具钢。若为高级优质碳素工具钢，则在牌号末尾再加“A”或“高”字，如 T12A 或碳 12 高等。

2.2.2 铸铁

铸铁是人类使用最早的金属材料之一。到目前为止，铸铁仍是一种被广泛应用的金属材料。从整个工业生产中使用金属材料的数量来看，铸铁的使用量仅次于钢材。例如，按质量统计，在机床中，铸铁件占 60%～90%；在汽车、拖拉机中，铸铁件占 50%～70%。因此，铸铁是国民经济中重要的基础材料。

铸铁之所以获得广泛的应用，主要是由于它的生产成本低廉且具有优良的铸造性、可切削加工性、耐磨性和吸振性。另外，随着铸造技术的进步、球墨铸铁和蠕墨铸铁的研制成功以及对铸铁进行合金化和热处理等强化手段的采用，已经可以制成各种性能优异的铸造合金。所以，尽管有来自其他新材料的激烈竞争，但铸铁仍不失为最经济的适合于各种工程用途的材料。

铸铁是含碳量大于 2.11%（一般为 2.5%~4.0%）的铁碳台金。铸铁中的碳主要有两种形式存在：渗碳体（Fe_3C）和游离的石墨。其中，铁水冷却速度较快时，碳以 Fe_3C 的形式出现，而冷却速度慢时则以游离石墨的方式析出。

1．铸铁的分类

根据碳在铸铁中存在的形式和石墨形状不同，铸铁常被分为下面几种。

① 白口铸铁：碳绝大部分以渗碳体的形式存在，断口呈银白色，硬度高。

② 灰口铸铁：碳大部分或全部以片状石墨形式存在，断口呈灰黑色。

③ 蠕墨铸铁：碳大部分或全部以蠕虫状石墨存在。

④ 球墨铸铁：碳大部分或全部以球状石墨形式存在。

⑤ 可锻铸铁：碳大部分或全部以团絮状石墨形式存在。

除上述以外，在铸铁中还有一类特殊性能铸铁，如耐热铸铁、耐蚀铸铁、耐磨铸铁等，它们都是为了改善铸铁的某些特殊性能加入一定的合金元素，如 Cr、Ni、Mo、Si 等，所以又把这类铸铁叫合金铸铁。

2．常用铸铁的牌号、组织与性能

铸铁中的石墨形态、尺寸以及分布状况对性能影响很大。

（1）灰口铸铁。灰口铸铁是价格最便宜、应用最广泛的一种铸铁，在各类铸铁的总产量中灰口铸铁占 80%以上。

液体铁水在进行缓慢冷却凝固时，将发生石墨化，析出片状石墨。其断口的外貌呈浅灰色，所以称为灰口铸铁。

根据不同阶段石墨化程度的不同，灰口铸铁有三种不同的基体组织，即铁素体基体灰口铸铁、珠光体基体灰口铸铁、（铁素体+珠光体）基体灰口铸铁。图 2-12 所示为（铁素体+珠光体）基体灰口铸铁显微组织。

灰口铸铁的牌号为：“HT”+数字（最小抗拉强度），如 HT100，HT150，HT200 等。

在同一牌号中，随着铸件壁厚的增加，其抗拉强度降低。因此，根据零件的性能要求选择铸铁牌号时，必须同时注意到零件的壁厚尺寸。

灰口铸铁的性能与普通碳钢相比，具有以下特点。

① 机械性能低，其抗拉强度、塑性和韧性都远远低于钢。其抗压强度是抗拉强度的 2.5~4 倍。所以常用灰口铸铁制造机床床身、底座等耐压零部件。

② 耐磨性与消振性好。由于铸铁中的石墨有利于润滑及储油，所以耐磨性好。同样，由于石墨的存在，灰口铸铁的消振性优于钢。

③ 工艺性能好。由于灰口铸铁含碳量高，接近于共晶成分，故熔点比较低，流动性良好，收缩率小，因此适宜于铸造结构复杂的薄壁铸件。另外，由于石墨使切削加工时易于形成断屑，所以灰口铸铁的可切削加工性优于钢。

（2）球墨铸铁。灰口铸铁经孕育处理后虽然细化了石墨片，但未能改变石墨的形态。改变石墨形态是大幅度提高铸铁机械性能的根本途径，而球状石墨则是最为理想的一种石墨形态。为此，在浇注前向铁水中加入球化剂和孕育剂进行球化处理和孕育处理，则可获得石墨呈球状分布的铸铁，称为球墨铸铁，简称“球铁”。

球墨铸铁常用的球化剂有镁、稀土或稀土镁，孕育剂常用的是硅铁和硅钙。球墨铸铁的大致化学成分是：ω（C）= 3.6%～3.9%，ω（Si）= 2.0%～3.2%，ω（Mn）= 0.3%～0.8%，ω（P）< 0.1%，ω（S）< 0.07%，ω（Mg）= 0.03%～0.08%。由于球化剂的加入将阻碍石墨化，并使共晶点右移造成流动性下降，所以必须严格控制其含量。

球墨铸铁的显微组织由球形石墨和金属基体两部分组成。随着成分和冷却速度的不同，球铁在铸态下的金属基体可分为铁素体、珠光体和铁素体 + 珠光体三种，图 2-13 所示为珠光体基体球墨铸铁的显微组织。

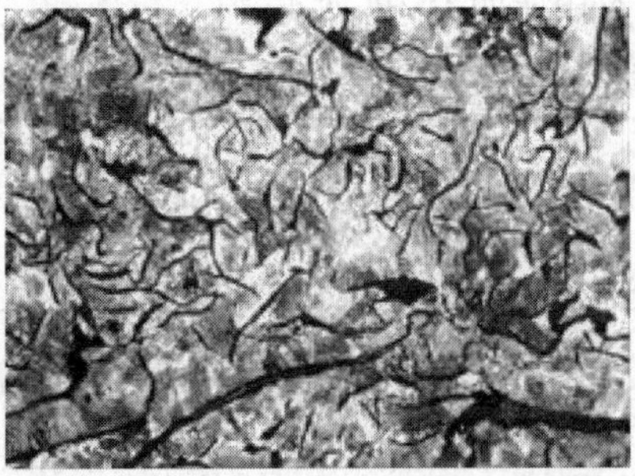

图 2-12 （铁素体 + 珠光体）基体灰口铸铁显微组织

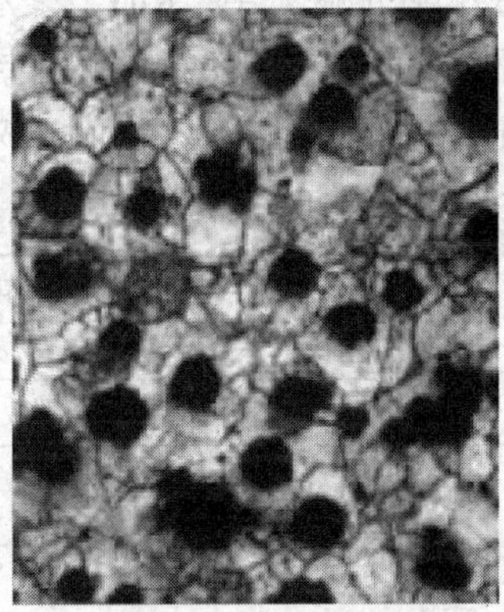

图 2-13　珠光体基体球墨铸铁的显微组织

球墨铸铁在汽车中使用较多，其牌号为“QT”加后面用“-”分隔的两组数字，这两组数字分别表示最低抗拉强度和最低延伸率，如 QT400-18，QT700-2 等。球墨铸铁在汽车中使用较多，常用的球墨铸铁牌号和机械性能及用途如表 2-3 所示。

表 2-3　球墨铸铁的牌号、机械性能及用途

牌　号	力学性能				应 用 举 例
	σ_b/MPa≥	$\sigma_{0.2}$/MPa≥	δ/%≥	HBS	
QT400-18	400	250	18	130～180	用于汽车、拖拉机的牵引框、轮毂、离合器等壳体，阀门的阀体、阀盖、支架等
QT400-15	400	250	15	130～180	
QT450-10	450	310	10	160～210	
QT500-7	500	320	7	170～230	用于内燃机的机油泵齿轮，水轮机的阀门体；铁路机车车辆的轴瓦等
QT600-3	600	370	3	190～270	
QT700-2	700	420	2	225～305	用于内燃机曲轴、连杆、凸轮轴、缸套等
QT800-2	800	480	2	245～335	
QT900-2	900	600	2	280～360	用于变速器齿轮等

由于球形石墨对金属基体截面削弱作用较小，使得基体比较连续，且在拉伸时引起应力集中的效应明显减弱，从而使基体的有效承载面积可以从灰口铸铁的 30%～50%提高到 70%～90%。另外，球铁的韧性也比灰口铸铁好。但球铁的消振能力比灰口铸铁低很多。

球铁可以在一定条件下代替铸钢、锻钢等，用以制造受力复杂、负荷较大和要求耐磨的铸件。例如，具有高强度与耐磨性的珠光体球铁常用来制造内燃机曲轴、凸轮轴、轧钢机轧辊等；具合高韧性和塑性的铁素体球铁常用来制造阀门、汽车后桥壳、收割机导架等。

（3）蠕墨铸铁。蠕墨铸铁是由液体铁水经变质处理和孕育处理后，再冷却凝固所获得的一种铸铁。它通常采用的变质元素（又称蠕化剂）有稀土硅铁镁合金、稀土硅铁合金、稀土硅铁钙合金或混合稀土等。

蠕墨铸铁的石墨形态介于片状和球状石墨之间。灰口铸铁中石墨片的特征是片长、较薄、端部较尖。球铁中的石墨大部分呈球状，即使有少量团状石墨，基本上也是互相分离的。而蠕墨铸铁的石墨形态在光学显微镜下看起来像片状，但不同于灰口铸铁的是其片较短而厚、头部较圆（形似蠕虫）。所以可以认为蠕虫状石墨是一种过渡型石墨。

蠕墨铸铁的牌号中“RuT”表示“蠕铁”二字汉语拼音的大写字头，在“RuT”后面的数字表示最低抗拉强度。表中的“蠕化率”为在有代表性的显微视野内，蠕虫状石墨数目与全部石墨数目的百分比。几种蠕墨铸铁的牌号、力学性能特点及用途如表 2-4 所示。

表 2-4　　蠕墨铸铁的牌号、力学性能特点及用途

牌　号	力学性能				性能特点	应用举例
	σ_b/MPa	$\sigma_{0.2}$/MPa	δ/%	硬度 HBS		
	不小于					
RuT260	260	195	3.0	121～197	一般需退火以获得铁素体为主的基体，强度一般，硬度较低，有较高的塑性、韧性和热导率	用于增压器壳体、汽车底盘零件
RuT300	300	240	1.5	140～217	强度、硬度适中，有一定的塑性、韧性和较高的热导率，致密性较好	用于排气管、变速箱体、气缸盖、液压件等
RuT340	340	270	1.0	170～249	具有较高的强度、硬度、耐磨性和热导率	用于带导轨面的重型机床零件、刹车鼓等
RuT380	380	300	0.75	193～274	需加入合金元素或经正火热处理以获得以珠光体为主的基体。具有高的强度、硬度、耐磨性和较高的热导率	用于活塞环、气缸套、制动盘、刹车鼓等
RuT420	420	335	0.75	200～280		

由于蠕墨铸铁的组织是介于灰口铸铁与球墨铸铁之间的中间状态，所以蠕墨铸铁的性能也介于两者之间，即强度和韧性高于灰口铸铁，但不如球墨铸铁。蠕墨铸铁的耐磨性较好，它适用于制造重型机床床身、机座、活塞环、液压件等。

蠕墨铸铁的导热性比球墨铸铁要高得多，几乎接近于灰口铸铁，它的高温强度、热疲劳性能大大优于灰口铸铁，适用于制造承受交变热负荷的零件，如钢锭模、结晶器、排气管和气缸盖等。蠕墨铸铁的减震能力优于球墨铸铁，铸造性能接近于灰口铸铁，铸造工艺简便，成品率高。

（4）可锻铸铁。可锻铸铁是由白口铸铁经长时间石墨化退火而获得的一种高强度铸铁，又叫玛钢。白口铸铁中的渗碳体在退火过程中分解出团絮状石墨，所以明显减轻了石墨对基体的割裂。与灰口铸铁相比，可锻铸铁的强度和韧性有明显提高。

可锻铸铁的制作过程：先铸造成白口铸铁，再进行“可锻化”退火将渗碳体分解为团絮状石墨，得到铁素体基体 + 团絮状石墨或珠光体（或珠光体及少量铁素体）基体 + 团絮状石墨。铁素体基体 + 团絮状石墨的可锻铸铁断口呈黑灰色，俗称黑心可锻铸铁，这种铸铁件的强度与延性均较灰口铸铁的高，非常适合铸造薄壁零件，是最为常用的一种可锻铸铁。珠光体基体或珠光体与少量铁素体共存的

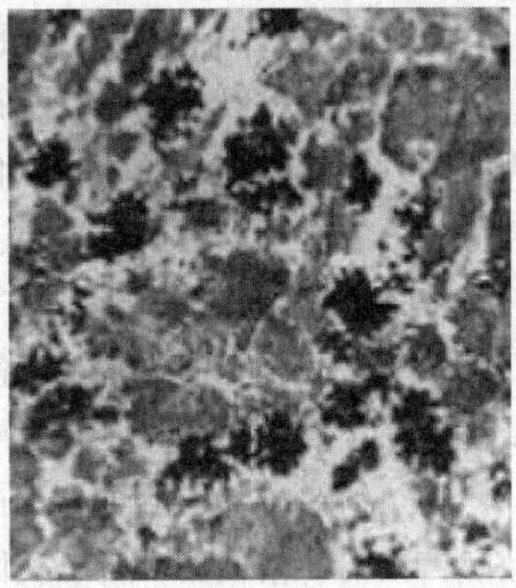

图 2-14（珠光体+铁素体）基体可锻铸铁显微组织

基体 + 团絮状石墨的可锻铸铁件断口呈白色俗称白心可锻铸铁。图 2-14 所示为（珠光体+铁素体）基体可锻铸铁显微组织。可锻铸铁化学成分大致为：ω（C）= 2.5%～3.2%，ω（Si）= 0.6%～1.3%，ω（Mn）= 0.4%～0.6%，ω（P）= 0.1%～0.26%，ω（S）= 0.05%～1.0%。

汽车制造中使用的几种可锻铸铁的牌号、性能特点及用途如表 2-5 所示。牌号中的"KT"表示"可铁"二字汉语拼音的大写字头，"H"表示"黑心"，"Z"表示珠光体基体。牌号后面的两组数字分别表示最低抗拉强度和最低延伸率。可锻铸铁不能用锻造方法制成零件，由于可锻铸铁石墨的形态为团絮状，不如灰口铸铁的石墨片分割基体严重，因而强度与韧性比灰口铸铁高。可锻铸铁的机械性能介于灰口铸铁与球墨铸铁之间，有较好的耐蚀性，但由于退火时间长，生产效率极低，使用受到限制，故一般用于制造形状复杂，承受冲击，并且壁厚小于 25mm 的铸件（如汽车、拖拉机的后桥壳、轮壳等）。可锻铸铁也适用于制造在潮湿空气、炉气和水等介质中工作的零件，如管接头、阀门等。

表 2-5　　可锻铸铁的牌号、性能特点及用途

牌　号	基　体	机械性能（不小于）			HBS	试样直径 ϕ/mm	用　途
		σ_b/MPa	$\sigma_{0.2}$/MPa	δ/%			
KTH350-10	F	350	200	10	120~150	12 或 15	用于车轮轮壳，减速器壳，制动器支架、电机壳等
KTH370-12	F	370	226	12	120~150	12 或 15	
KTZ450-06	P	450	270	6	150~200	12 或 15	用于曲柄、凸轮轴、连杆、齿轮、摇臂、活轴套、万向节头、棘轮、扳手、链条等
KTZ550-04	P	550	340	4	180~250	12 或 15	
KTZ650-02	P	650	430	2	210~260	12 或 15	
KTZ700-02	P	700	530	2	240~290	12 或 15	

（5）特殊性能铸铁。工业上除了要求铸铁有一定的机械性能外，有时还要求它具有较高的耐磨性、耐热性以及耐蚀性。为此，在普通铸铁的基础上加入一定量的合金元素，制成特殊性能铸铁（合金铸铁）。它与特殊性能钢相比，优点是熔炼简便，成本较低。缺点是脆性较大，综合机械性能不如钢。

① 耐磨铸铁。有些零件如机床的导轨、托板，发功机的缸套，球磨机的衬板、塔球等，要求更高的耐磨性，一般铸铁满足不了工作条件的要求，应当选用耐磨铸铁，这里介绍两种耐磨铸铁：耐磨灰口铸铁和锰球墨铸铁。

耐磨灰口铸铁是在灰口铸铁中加入少量合金元素（如磷、钒、铬、钼、锑、稀土等）增加金属基体中珠光体数量，且使珠光体、石墨细化。因而这种铸铁的强度和硬度升高，显微组织得到改善，具有良好的润滑性、抗咬合和抗擦伤的能力。耐磨灰口铸铁广泛用于制造机床导轨、气缸套、活塞环、凸轮轴等零件。

锰球墨铸铁是在稀土-镁球铁中加入 ω（Mn）=5.0%～9.5%Mn，控制 ω（Si）=3.3%～5.0%，其组织为马氏体+奥氏体+渗碳体+贝氏体+球状石墨，具有较高的冲击韧性和强度，适用于同时承受冲击和磨损条件下使用，可代替部分高锰钢和锻钢。锰球墨铁常用于农机具耙片、球磨机磨球等零件。

② 耐热铸铁。普通灰口铸铁的耐热性较差，只能在低于 400℃的温度下工作。耐热铸铁是指在高温下具有良好的抗氧化和抗热生长能力的铸铁。所谓热生长是指氧化性气氛沿石墨片边界和裂纹渗入铸铁内部，形成内氧化以及因渗碳体分解成石墨而引起体积的不可逆膨胀，其结果将使铸件失去精度和产生显微裂纹。

在铸铁中加入硅、铝、铬等合金元素，使之在高温下形成一层致密的氧化膜：SiO_2、Al_2O_3、Cr_2O_3 等，使其内部不再继续氧化，此外，这些元素还会提高铸铁的临界点，使其在所使用的温度范围内不发生固态相变，以减少由此造成的体积变化，防止显微裂纹的产生。

耐热铸铁按其成分可分为硅系、铝系、硅铝系及铬系等。其中铝系耐热铸铁脆性较大而铬系耐热铸铁的价格较贵，所以我国多采用硅系和硅铝系耐热铸铁。

③ 耐蚀铸铁。提高铸铁耐蚀性的主要途径是合金化。在铸铁中加入硅、铝、铬等合金元素，能在铸铁表面形成一层连续致密的保护膜，可有效地提高铸铁的耐蚀性。而在铸铁中加入铬、硅、钼、铜、镍、磷等合金元素，可提高铁素体基体的电极电位，从而提高耐蚀性。另外，通过合金化，还可获得单相金属基体组织，减少铸铁中的微电池，从而提高其耐蚀性。

目前应用较多的耐蚀铸铁有高硅铸铁、高硅钼铸铁、铝铸铁、铬铸铁、抗碱球铁等。

2.3 合金钢

所谓合金钢就是在化学成分上添加合金元素用以保证一定的生产和加工工艺以及所要求的组织与性能的铁基合金。一些在恶劣环境中使用的设备以及承受复杂交变应力、冲击载荷、摩擦条件下工作的工件大部分用合金钢制造。

合金钢具有耐热、耐低温、耐腐蚀、耐磨等性能。但也存在不足，例如，钢中加入合金元素往往使其冶炼、铸造、锻造、焊接及热处理等工艺比碳钢复杂，成本较高。因此当碳钢能满足要求时，应尽量选用碳钢，而不随便选用合金钢，特别是高合金钢，以降低成本。

合金钢分类方式很多。按特性和用途又分为合金结构、不锈钢、耐酸钢、耐磨钢、耐热钢、合金工具钢、滚动轴承钢、合金弹簧钢和特殊性能钢（如软磁钢、永磁钢、无磁钢）等。

合金结构钢的牌号一般采用“两位数字 + 元素符号 + 数字”表示。前面的两位数字表示钢的平均碳含量的万分数，元素符号表示钢中所含的合金元素，而后面数字表示该元素平均含量的质量分数。当合金元素含量小于 1.5%时，牌号中只标明元素符号，而不标明含量，如果合金元素的平均含量为1.5%～2.49%、2.5%～3.49%、3.50%～4.49%、4.50～5.49%……时，则相应地在元素符号后面用 2、3、4、5……表示。例如，60Si2Mn 表示平均碳含量为 0.6%，含硅量约为 1.5%～2.49%，含锰量小于 1.5%。

1. 低合金结构钢

低合金结构钢含有少量锰（主加元素）、钒、铌、钛等合金元素（总的加入量一般在 3%以下），其中 Mn、Si 的加入可固溶强化铁素体，增加珠光体的相对量，通过降低奥氏体分解温度来细化铁素体晶粒，使珠光体片变细；消除晶界上的粗大片状碳化物。少量的 Nb、Ti、V 在钢中形成细碳化物，会阻碍钢热轧时奥氏体晶粒的长大，有利于获得细小的铁素体晶粒；热轧时部分因固溶在奥氏体内，冲却时弥散析出，可以起到一定的沉淀强化作用，从而提高钢的强度和韧性。

低合金高强度结构钢强度比碳素结构钢高 30%～150%。用低合金高强度结构钢代替碳素结构钢使用，可以减轻结构自重，节约金属材料，提高承载能力并延长使用寿命。主要用来制造桥梁、车辆、高压容器、大型船舶、电站设备、锅炉管道、化工和石油高压厚壁容器等构件。

汽车常用低合金结构钢的牌号、性能及用途如表 2-6 所示。

表 2-6 汽车常用低合金结构钢的牌号、性能及用途

牌号	σ_s/MPa	σ_b/MPa	σ/%	用途
09Mn2	295	490～590	22	机车车辆、油槽（罐）、游船等
16Mn	295	510～600	22	汽车保险杠、角撑、横梁、中横梁加强板等
15MnV	390	530～680	18	压力容器、车辆、起重机等
15MnTi	390	530～680	20	造船钢板、压力容器、电站设备等

2. 渗碳钢

渗碳钢的含碳量一般为 0.10%～0.25%（质量分数），以保证心部有足够的塑性和韧性。其主加元素为 Si、Mn、Cr、Ni、B，主要作用是提高淬透性，以保证心部强度；辅加元素为 V、Ti、W、Mo，其丰要作用是在渗碳时防止奥氏体晶粒长大，细化晶粒。另外，碳化物形成元素（Cr、V、Ti、W、Mo）还可以增大渗碳层硬度，提高耐磨性。

典型的渗碳钢有低、中、高淬透性渗碳钢三种。

（1）低淬透性渗碳钢，如 20 钢、20Cr、20MnV 等，强度为 800～1000MPa，用于制造受力不大、要求耐磨并承受冲击的小型零件，如齿轮、小轴、活塞销等。

（2）中淬透性渗碳钢，如 20CrMnTi、20CrMnMo、12CrNi3 是使用最广泛的三种渗碳钢，强度为 1000～1200MPa，用于制造尺寸较大、承受中等载荷、重要的耐磨零件，如汽车中的齿轮。

（3）高淬透性渗碳钢，如 20Cr2Ni4、18Cr2Ni4WA 等，强度在 1200MPa 以上，且具有良好的韧性。用于制造成受重载与强烈磨损的极为重要的大型零件，如飞机的发动机、坦克齿轮、矿山机械齿轮等。

3. 调质钢

调质钢是指采用调质处理（淬火加高温回火）后使用的钢种。调质钢为中碳钢，其碳的质量分数为 0.25%～0.50%。

调质钢具有良好的综合力学性能，即具有高强度、高硬度、高耐磨性，尤其是高的疲劳强度及良好的韧性和塑性，同时还要具有良好的淬透性。

调质钢的典型钢种有：

① 低淬透性调质钢。最典型的钢种为 40Cr，还有为了节省 Cr 而发展的 40MnB、40MnVB。抗拉强度在 900～1000MPa（45 碳素调质钢为 600MPa）。广泛用于一般的轴杆类零件，如进所门、曲轴、齿轮等。

② 中淬透性调质钢。最典型的钢种有 35CrMo、40CrNi、30cCrMnSi 等。抗拉强度在 1000MPa 左右。主要用于制造截面较大的零件，如曲轴、主轴、减速器、连杆等。

③ 高淬透性调质钢。最典型的钢种有 40CrNMo、40CrMnNo、45CrNiMoVA 等。Cr、Ni 的适量配合，可大大提高淬透性。主要用于制造高强度的主轴、叶轮、飞机发动机轴等。

4. 弹簧钢

弹簧的主要作用是储存能量，起消振、缓冲等作用。在长期的交变载荷下，板簧承受反复的

弯曲力，螺旋弹簧承受反复的扭转力，常见的失效方式为弯曲疲劳或扭转疲劳破坏，也可能是过量变形或永久变形而失去弹性。因此，弹簧钢必须具有高的弹性极限与屈服强度，高的疲劳极限及足够的冲击韧度和塑性。

碳素弹簧钢中碳的质量分数一般为 0.60%～0.90%，合金弹簧钢中碳的质量分数一般为 0.45%～0.70%，中、高碳含量用来保证高的弹性极限和疲劳极限。合金弹簧钢的主加合金元素为 Si、Mn、Cr，主要作用是提高钢的淬透性，固溶强化铁素体；辅助合金元素为 Mo、V、Nb、W 等，目的是细化晶粒，防止脱碳。其中，Cr、Si、Mn、W、V、Nb 能提高钢的耐回火性，Si、Mn 提高钢的弹性极限。

弹簧钢根据其加工及热处理方式不同有冷、热成形弹簧两种。

对于直径小于 10mm 的弹簧，使用冷拔的钢丝或异型丝通过冷卷（绕）成形，称为冷成形弹簧。冷卷后的弹簧不进行淬火处理，只进行消除内应力和稳定尺寸的定形处理，即加热到 250℃～300℃，保温一定时间后空冷即可。钢丝的直径越小，则强化效果越好，强度越高，抗拉强度可达 1600MPa 以上。

大型弹簧或形状复杂的弹簧，采用热轧的钢条（板）或异型条（板）通过热成形后再施以淬火加中温回火（350℃～500℃），获得回火托氏体，称为热成形弹簧。其硬度可达 40～45HRC，保证高的弹性极限、疲劳极限以及一定的塑性和韧性。

常用的弹簧钢有碳素弹簧钢，Si-Mn 系、Cr-Mn 系弹簧钢、Cr-V 系弹簧钢。其中，碳素弹簧钢，采用 65、70、85、65Mn 钢等，强度较高，价格便宜，因淬透性低，尺寸较大时水淬易变形，油中淬不透，因而只适用于制造小尺寸弹簧；而 Si-Mn 系弹簧钢，采用 55Si2Mn、60Si2Mn 钢等，此系列钢价格低廉，是常温下广泛使用的钢种，主要用于制造较大截面的弹簧，如汽车、拖拉机上的板弹簧和螺旋弹簧；Cr-Mn 系、Cr-V 系弹簧钢，采用 50CrVA 钢等。Cr-Mn 系的淬透件高，Cr-V 系的耐回火性强。可用于较大截面、较大载荷、耐热的弹簧（如高速柴油机的气门弹簧）。

5. 滚动轴承钢

滚动轴承钢是用于制造滚动轴承的滚动体和轴承套的专用钢种。滚动轴承工作时，内套和滚珠（柱）发生转动和滚动，承受周期性交变的接触应力及相对摩擦力。常见的失效方式为接触疲劳破坏产生的麻点或剥落，长期摩擦造成磨损而丧失精度，处于润滑油环境下带来的锈蚀。因此要求材料要具有高的接触疲劳强度，高硬度，高耐磨性，良好的耐蚀性以及足够的强度和冲击韧度。

滚动轴承钢的 $\omega(C)=0.95\%\sim1.10\%$，以保证高硬度、高强度和高耐磨性。主加元素 Cr 的作用是提高淬透性，并形成含 Cr 的碳化物（Fe,Cr）3C，且细小均匀分布，提高耐磨性、耐蚀性和接触疲劳强度，提高耐回火性。但当 $\omega(Cr)>1.65\%$时，会增加残留奥氏体量并增大碳化物的带状分布趋势，使硬度和疲劳强度下降，因而 $\omega(Cr)<1.65\%$。辅加元素 Si 和 Mn 可进一步提高淬透性，V、Mo 可阻止奥氏体晶粒长大，防止过热，还可以进一提高钢的耐磨性。

滚动轴承钢的最终热处理采用淬火加低温回火（150℃～160℃），得到回火马氏体加细小均匀分布的碳化物加少量的残留奥氏体。对于精密轴承零件，为减少淬火后的残留奥氏体量，可在淬火后直接进行冷处理，为消除残留内应力，在磨削加工后进行长时间的尺寸稳定化处理（120℃～130℃）。

最具备代表性的滚动轴承钢是 GCr15，占轴承钢的绝大部分。常用来制造中小轴承、模具、量具、丝锥等。为进一步提高淬透性，制造较大尺寸的轴承，还可加入 Si、Mn，如 GCr15SiMn、GCr15SiMo 等。

2.4 非铁金属及合金

汽车工程材料中广泛使用的非铁金属是指铁和铁基合金（其中包括生铁、铁合金和钢）以外的所有金属。按非铁金属的密度它可以分为轻金属和重金属。轻金属及合金，如铝合金、镁合金、钛合金，以其质量轻、强度高可作为减轻汽车自重的材料，也是轿车轻量化的一个重要手段。而重金属在汽车制造工程用材的代表则是铜及其合金，如汽车上的各类电气元件。本书将简单介绍汽车制造工程常用的几种合金。

2.4.1 铝及铝合金

由于铝合金具有密度小（2.7g/cm^3）、比强度高、耐锈蚀、热稳定性好、易成形、可回收再生、技术成熟等优点。因此，铝及铝合金是有色金属中应用最广的一类金属材料，其产量仅次于钢铁材料。在电气工程、航空及宇航工业、一般机械和轻工业中都有广泛的应用。

1. 铝及铝合金分类

根据铝合金的成分、组织和工艺特点，可以将其分为铸造铝合金与变形铝合金两大类。变形铝合金是将铝合金铸锭通过压力加工（轧制、挤压、模锻等）制成半成品或模锻件，所以要求有良好的塑性变形能力。铸造铝合金则是将熔融的合金直接浇铸成形状复杂的甚至是薄壁的成形件，所以要求合金具有良好的铸造流动性。

工程上常用的铝合金大都具有与图 2-15 所示类似的相图。由图可见，凡位于相图上点 D 成分以左的合金，在加热至高温时能形成单相固溶体组织，合金的塑性较高，适用于压力加工，所以称为变形铝合金；凡位于点 D 成分以右的合金，因含有共晶组织，液态流动性较高，适用于铸造，所以称为铸造铝合金。铝合金的分类及性能特点列于表 2-7 中。

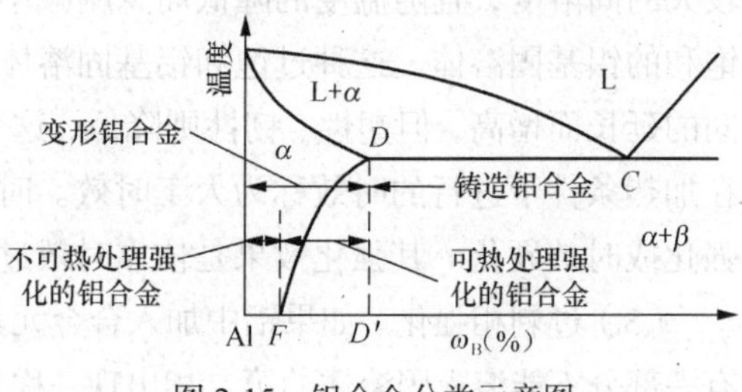

图 2-15　铝合金分类示意图

表 2-7　铝合金的分类及性能特点

分　类	合 金 名 称	合　金 系	性 能 特 点	牌 号 举 例
铸造铝合金	简单铝硅合金	Al-Si	铸造性能好，不能热处理强化，力学性能低	ZAlSi12
	特殊铝硅合金	Al-Si-Mg	铸造性能好，能热处理强化，力学性能高	ZAlSi7Mg
		Al-Si-Cu		ZAlSi7Cu4
		Al-Si-Mg-Cu		ZAlSi5Cu1Mg ZAlSi5Cu6Mg
		Al-Si-Mg-Cu-Ni		ZAlSi12Cu1Mg1Ni1
	铝铜铸造合金	Al-Cu	耐热性好，铸造性能与耐蚀性差	ZAlCu5Mn
	铝镁铸造合金	Al-Mg	力学性能高，耐腐蚀性好	ZAlMg10
	铝锌铸造合金	Al-Zn	能自动淬火，宜于压铸	ZAlZn11Si7
	铝稀土铸造合金	Al-Re	耐热性能好	

续表

分类		合金名称	合金系	性能特点	牌号举例
变形铝合金	不可热处理强化	防锈铝	Al-Mn	耐蚀性、压力加工性与焊接性能好，但强度较低	3A21
			Al-Mg		3A05
	可以热处理强化	硬铝	Al-Cu-Mg	力学性能高	2A11、2A12
		超硬铝	Al-Cu-Mg-Zn	室温强度最高	7A04
		锻铝	Al-Mg-Si-Cu	铸造性能好	2A50、2A14
			Al-Cu-Mg-Fe-Ni	耐热性能好	2A80、2A70

2. 铝合金的强化

铝合金的强化方式主要有以下几种。

（1）固溶强化。纯铝中加入合金元素，形成铝基固溶体，造成晶格畸变，阻碍了位错的运动，起到固溶强化的作用，可使其强度提高。根据合金化的一般规律，形成无限固溶体或高浓度的固溶体型合金时，不仅能获得高的强度，而且还能获得优良的塑性与良好的压力加工性能。Al-Cu、Al-Mg、Al-Si、Al-Zn、Al-Mn 等二元合金一般都能形成有限固溶体，并且均有较大的极限溶解度，因此具有较大的固溶强化效果。

（2）时效强化。合金元素对铝的另一种强化作用是通过热处理实现的。但由于铝没有同素异构转变，所以其热处理相变与钢不同。铝合金的热处理强化，主要是由于合金元素在铝合金中有较大的固溶度，且随温度的降低而急剧减小。所以铝合金经加热到某一温度淬火后，可以得到过饱和的铝基固溶体。这种过饱和铝基固溶体放置在室温或加热到某一温度时，其强度和硬度随时间的延长而增高，但塑性、韧性则降低，这个过程称为时效。在室温下进行的时效称为自然时效，在加热条件下进行的时效称为人工时效。时效过程中使铝合金的强度、硬度增高的现象称为时效强化或时效硬化。其强化效果是依靠时效过程中所产生的时效硬化现象来实现的。

（3）过剩相强化。如果铝中加入合金元素的数量超过了极限溶解度，则在固溶处理加热时，就有一部分不能溶入固溶体的第二相出现，称为过剩相。在铝合金中，这些过剩相通常是硬而脆的金属间化合物。它们在合金中阻碍位错运动，使合金强化，这称为过剩相强化。在生产中常常采用这种方式来强化铸造铝合金和耐热铝合金，过剩相数量越多，分布越弥散，则强化效果越大。但过剩相太多，则会使强度和塑性都降低。过剩相成分结构越复杂，熔点越高，则高温热稳定性越好。

（4）细化组织强化。许多铝合金组织都是由 α 固溶体和过剩相组成的。若能细化铝合金的组织，包括细化 α 固溶体或细化过剩相，就可使合金得到强化。

由于铸造铝合金组织比较粗大，所以实际生产中常常利用变质处理的方法来细化合金组织。变质处理是在浇注前在熔融的铝合金中加入质量分数为 2%~3%的变质剂以增加结晶核心，使组织细化。经过变质处理的铝合金可得到细小均匀的共晶体加初生 α 固溶体组织，从而显著地提高铝合金的强度及塑性。

3. 变形铝合金

（1）防锈铝合金。防锈铝合金中主要合金元素是 Mn 和 Mg，Mn 的主要作用是提高铝合金的耐蚀能力，并起到固溶强化作用。Mg 也可起到强化作用，并使合金的密度降低。防锈铝合金锻造退火后是单相固溶体，耐腐蚀能力强、塑性好。这类铝合金不能进行时效硬化，属于不可热处理强化的铝合金，但可冷变形加工，利用加工硬化，提高合金的强度。

（2）硬铝合金。硬铝合金为 Al-Cu-Mg 系合金，还含有少量的 Mn。各种硬铝合金都可以进行时效强化，属于可以热处理强化的铝合金，也可进行变形强化。合金中的 Cu、Mg 是为了形成强化相 CuAl2（θ）相及 CuMgAl2（S 相）。Mn 主要是提高合金的耐蚀性，并有一定的固溶强化作用，但 Mn 的析出倾向小，不参与时效过程。少量的 Ti 或 B 可细化晶粒和提高合金强度。

硬铝主要分为三种：低合金硬铝，合金中 Mg、Cu 含量低；标准硬铝，合金元素含量中等；高合金硬铝，合金元素含量较多。硬铝也存在着许多不足之处，一是耐蚀性差，特别是在海水等环境中；二是固溶处理的加热温度范围很窄，这对其生产工艺的实现带来了困难。所以在使用或加工硬铝时应予以注意。

（3）超硬铝合金。超硬铝合金为 Al-Mg-Zn-Cu 系合金，并含有少量的 Cr 和 Mn。Zn、Cu、Mg 与 Al 可以形成固溶体和多种复杂的第二相，如 MgZn2，Al2CuMg 等。所以，经过固溶处理和人工时效后，可获得很高的强度和硬度。它是强度最高的一种铝合金。但这种合金的耐蚀性较差，高温下软化快。可以用包铝法提高耐蚀性。超硬铝合金多用来制造受力大的重要构件，如飞机大梁、起落架等。

（4）锻铝合金。锻铝合金分为 Al-Mg-Si-Cu 系和 Al-Cu-Mg-Ni-Fe 系合金。合金中的元素种类多但用量少，具有良好的热塑性，良好的铸造性能和锻造性能，并有较高的力学性能。这类合金主要用于承受重载荷的锻件和模锻件。锻铝合金通常都要进行固溶处理和人工时效。

4. 铸造铝合金

铸造铝合金按照主要合金元素的不同，可分为 Al-Si 铸造铝合金、Al-Cu 铸造铝合金、Al-Mg 铸造铝合金和 Al-Zn 铸造铝合金四类。

（1）A1-Si 铸造铝合金。Al-Si 铸造铝合金通常称为铝硅明，铝硅明包括简单铝硅明（A1-Si 二元合金）和复杂铝硅明（A1-Si-Mg-Cu 等多元合金）。ω（Si）= 11%～13%的简单铝硅明铸造后几乎全部是共晶组织。因此，这种合金流动性好，铸件产生的热裂倾向小，适用于铸造复杂形状的零件。它的耐腐蚀性能高，有较低的膨胀系数，焊接性良好。该合金的不足之处是铸造时吸气性高，结晶时能产生大量分散缩孔，使铸件的致密度下降。由于从 Al-Si 合金组织中的共晶硅呈粗大的针状，使合金的力学性能降低，所以必须采用变质处理。

内燃机中的活塞是在高速、高温、高压、变负荷下工作的，所以要求制造活塞的材料必须比重小、高耐磨、耐蚀性和耐热性好，同时还要求活塞材料的线膨胀系数接近气缸体的线膨胀系数。复杂铝硅明基本上能满足这一要求，是制造活塞的理想材料。

（2）Al-Cu 铸造铝台金。Al-Cu 合金的强度较高，耐热性好，但铸造性能不好，有热裂和疏松倾向，耐蚀性较差。

ZAlCu5Mn 的室温强度高，塑性比较好，可制作在 300℃以下工作的零件，常用于铸造内燃机气缸头、活塞等零件。

（3）Al-Mg 铸造铝台金。Al-Mg 合金强度高，密度小，有良好的耐蚀性，但铸造性能不好，耐热性低。Al-Mg 合金可进行时效处理，通常采用自然时效。

（4）Al-Zn 铸造铝合金。Al-Zn 合金价格便宜，铸造性能优良，经变质处理和时效处理后强度较高，但耐蚀性差，热裂倾向大。

铸造铝合金的铸件，由于形状较复杂，组织粗糙，化合物粗大，并有严重的偏析，因此它的热处理与变形铝合金相比，淬火温度应高一些，加热保温时间要长一些，以使粗大析出物完全溶解并使固溶体成分均匀化。淬火一般用水冷却，并多采用人工时效。

2.4.2 镁及镁合金

镁合金在常用工程金属材料中密度最小，为 $1.8g/mm^3$，约为铝合金的 2/3、钛合金的 1/3、钢的 1/4。镁合金除密度小外，它还有比强度、比刚度高，阻尼性、导热性好，电磁屏蔽能力强，尺寸稳定性好，储藏量十分丰富等优点，因此在航空工业和汽车工业中得到了广泛的应用。

镁合金比铝合金有较大承受冲击载荷的能力，可以用它制造受猛烈碰撞的零件，例如，飞机的轮毂就是用镁合金铸造的。值得注意的是，美国近年为陆军生产的一种“瘪气下行驶”的车轮。该车轮的轮胎和轮毂之间装有 12.2kg 重的镁合金压铸环形件，万一轮胎被弹片扎破漏气，装这种轮子的军车仍可在 48km/h 速度下行驶，而不使车辆受损。

镁合金具有优良的切削加工性和可抛光性，并易于铸造和热加工，但应注意防止其在高温下燃烧。镁合金分为变形镁合金和铸造镁合金两大类。

铸造镁合金的车门由成型铝材制成的门框和耐碰撞的镁合金骨架、内板组成。另一种镁合金制成的车门，它由内外车门板和中间蜂窝状加强筋构成，每扇门的净质量比传统的钢制车门轻 10kg，且刚度极高。随着压铸技术的进步，已可以制造出形状复杂的薄壁镁合金车身零件，如前、后挡板、仪表盘、方向盘等。

2.4.3 钛及钛合金

钛不但资源丰富，而且它具有密度小、比强度高、耐热性好及优异的耐腐蚀性能。此外，钛还具有很高的塑性并便于冷热加工，从而使钛在现代工业中占有极其重要的地位。因此在航空、化工、导弹、航天及舰艇等方面，钛及其合金得到广泛的应用。但由于钛在高温时异常活泼，因此，钛及其合金的熔炼、浇铸、焊接和热处理等都要在真空或惰性气体中进行，加工条件严格，成本较高，使它的应用受到限制。

1. 纯钛

钛是银白色金属，熔点为 1680℃；相对密度为 4.54，比铝大，但比钢轻 43%。钛有很好的强度，约为铝的 6 倍，所以钛的比强度在结构材料中是很高的。钛的热膨胀系数较小，使它在高温工作条件下或热加工过程中产生的热应力小。钛的导热性差，只有铁的 1/5，加上钛的摩擦系数大（$\mu = 0.2$），使切削、磨削加工困难。钛的弹性模量较低，屈强比较高，这使得钛和钛合金冷变形成形时的回弹性大，不易成形和校直。钛有两种同素异构结构，在 882.5℃以下的稳定结构为密排六方晶格，用 α-Ti 表示；在 882.5℃以上直到熔点的稳定结构为体心立方晶格，用 β-Ti 表示。

钛在硫酸、盐酸、硝酸、氢氧化钠等溶液中，在湿气及海水中具有优良的耐蚀性。但钛不能抵抗氢氟酸的浸蚀作用。钛在大气中十分稳定，表面生成致密的氧化膜，使它保持金属光泽。但当加热到 600℃以上时，氧化膜就失去保护作用。

工业纯钛按杂质含量不同可分为三个等级，即 TA1、TA2 和 TA3。其中“T”为钛的汉语拼音字头，编号越大则杂质越多。工业纯钛可制作在 350℃以下工作的强度要求不高的零件。

2. 钛合金

为了进一步提高强度，可在钛中加入合金元素。合金元素溶入 α-Ti 中形成 α 固溶体，溶入 β-Ti 中形成 β 固溶体。铝、碳、氮、氧、硼等元素使 α、β 同素异构转变温度升高，称为 α 稳定化元素；而铁、钼、镁、铬、锰、钒等元素使同素异构转变温度下降，称为 β 稳定化元素；锡、锆等元素对转变温度影响不明显，称为中性元素。

根据使用状态的组织，钛合金可分为三类：α 钛合金、β 钛合金、($\alpha+\beta$) 钛合金。牌号分别以 TA、TB、TC 加上编号表示。

（1）α 钛合金。由于 α 钛合金的组织全部为 α 固溶体，因而具有很好的强度、韧性及塑性。在冷态也能加工成某种半成品，如板材、棒材等。它在高温下组织稳定。抗氧化能力较强，热强性较好。在高温（500℃～600℃）时的强度性能为三类钛合金中较高者。但它的室温强度一般低于 β 钛合金和（$\alpha+\beta$）钛合金，α 钛合金是单相合金，不能进行热处理强化，其代表性的合金有 TA5、TA6、TA7。

（2）β 钛合金。全部是 β 相的钛合金在工业上很少应用。因为这类合金密度较大，耐热性差及抗氧化性能低。当温度高于 700℃时，合金很容易受大气中的杂质气体污染，生产工艺复杂，因而限制了它的使用。但全 β 钛合金由于是体心立方结构，具有良好的塑性，为了利用这一特点，发展了一种介稳定的 β 相钛合金。此合金在淬火状态为全 β 组织，便于进行加工成形，随后的时效处理又能获得很高的强度。

（3）（$\alpha+\beta$）钛合金。（$\alpha+\beta$）钛合金兼有 α 和 β 钛合金两者的优点，耐热性和塑性都比较好，并且可进行热处理强化，这类合金的生产工艺也比较简单。因此，（$\alpha+\beta$）合金的应用比较广泛，其中以 TC4(Ti-6Al-4V)合金应用最广、最多。

2.4.4 铜及铜合金

铜及铜合金具有以下性能特点。

① 优异的物理化学性能。纯铜导电性、导热性极佳，许多铜合金的导电、导热性也很好；铜及铜合金对大气和水的耐腐蚀能力也很高；铜是抗磁性物质。

② 良好的加工性能。铜及某些铜合金塑性很好，容易冷、热成形；铸造铜合金有很好的铸造性能。

③ 某些特殊的力学性能。例如，铜及铜合金有优良的减摩性和耐磨性（如青铜及部分黄铜）；高的弹性极限及疲劳极限。

④ 色泽美观。

由于有以上优良性能，铜及铜合金在电气工业、仪表工业、造船工业及机械制造工业部门中获得了广泛的应用。但铜的储藏量较小，价格较贵，属于应节约使用的材料之一，只有在特殊需要的情况下，例如，要求有特殊的磁性、耐蚀性、加工性能、力学性能以及特殊的外观等条件下，才考虑使用。

1. 纯铜

纯铜是玫瑰红色金属，表面形成氧化铜膜后，外观呈紫红色，故常称为紫铜。纯铜主要用于制作电工导体以及配制各种铜合金。

工业纯铜中含有锡、铋、氧、硫、磷等杂质，它们都使铜的导电能力下降。

根据杂质的含量，工业纯铜可分为 T1、T2、T3 和 T4 四种。"T"为铜的汉语拼音字头，编号越大，纯度越低。工业纯铜的牌号、成分及用途如表 2-8 所示。

纯铜除工业纯铜外，还有一类叫无氧铜，其含氧量极低，氧的质量分数不大于 0.003%。牌号有 Tu1、Tu2，主要用来制作电真空器件及高导电性铜线。这种导线能抵抗氢的作用，不发生氢脆现象。纯铜的强度低，不宜直接用作结构材料。

表 2-8　工业纯铜的牌号、成分及用途

牌号	代号	ω(Cu)/%	杂质 ω/%		杂质总量 ω/%	用途
			Bi	Pb		
一号铜	T1	99.95	0.002	0.005	0.05	导电材料和配制高纯度合金
二号铜	T2	99.90	0.002	0.005	0.1	导电材料、制作电线、电缆等
三号铜	T3	99.70	0.002	0.01	0.3	一般用铜材，电器开关，垫圈等
四号铜	T4	99.50	0.003	0.05	0.5	

2. 黄铜

铜锌合金或以锌为主要合金元素的铜合金称为黄铜。黄铜具有良好的塑性和耐腐蚀性、良好的变形加工性能和铸造性能，在工业中有很强的应用价值。按化学成分的不同，黄铜可分为普通黄铜和特殊黄铜两类。

（1）普通黄铜。普通黄铜是铜—锌二元合金。黄铜的含锌量对其力学性能有很大的影响。当 $\omega(Zn)\leqslant 30\%\sim 32\%$时，随着含锌量的增加，强度和伸长率都升高，当 $\omega(Zn) > 32\%$后，因组织中出现 β 相，塑性开始下降，而强度在 $\omega(Zn) = 45\%$附近达到最大值。当 $\omega(Zn)$更高时，黄铜的组织全部为 β 相，强度与塑性急剧下降。

普通黄铜中铜含量越高，延展性能越好，切削加工性能越差。

（2）特殊黄铜。为了获得更高的强度、耐蚀性和良好的铸造性能，在铜锌合金中加入铝、铁、硅、锰、镍等元素，形成各种特殊黄铜。

特殊黄铜的编号方法："H+主加元素符号+铜的平均质量分数+主加元素的平均质量分数"。特殊黄铜可分为压力加工黄铜（以黄铜加工产品供应）和铸造黄铜两类，其中铸造黄铜在编号前加"Z"。例如：HPb60-1 表示平均成分为 $\omega(Cu) = 60\%$，$\omega(Pb) = 1\%$，其余为 Zn 的铅黄铜。

① 锡黄铜。锡可显著提高黄铜在海洋大气和海水中的耐蚀性，也可使黄铜的强度有所提高。压力加工锡黄铜广泛应用于制造海船零件。

② 铅黄铜。铅能改善切削加工性能，并能提高耐磨性。铅对黄铜的强度影响不大，略微降低塑性。压力加工铅黄铜主要用于要求有良好切削加工性能及耐磨的零件（如钟表零件），铸造铅黄铜可以制作轴瓦和衬套。

③ 铝黄铜。铝能提高黄铜的强度和硬度，但使塑性降低。铝能使黄铜表面形成保护性的氧化膜，因而改善黄铜在大气中的耐蚀性。铝黄铜可制作海船零件及其他机器的耐蚀零件。铝黄铜中加入适量的镍、锰、铁后，可得到高强度、高耐蚀性的特殊黄铜，常用于制作大型蜗杆、海船用螺旋桨等需要高强度、高耐蚀性的重要零件。

④ 硅黄铜。硅能显著提高黄铜的力学性能、耐磨性和耐烛性。硅黄铜具有良好的铸造性能并能进行焊接和切削加工，主要用于制造船舶及化工机械零件。

⑤ 锰黄铜。锰能提高黄铜的强度，不降低塑性，也能提高在海水中及过热蒸汽中的耐蚀性。锰黄铜常用于制造海船零件及轴承等耐磨部件。

⑥ 铁黄铜。黄铜中加入铁，同时加入少量的锰，可起到提高黄铜再结晶温度和细化晶粒的作用，使力学性能提高，同时使黄铜具有高的韧性、耐磨性及在大气和海水中优良的耐蚀性。因而铁黄铜可以用于制造受摩擦及受海水腐蚀的零件。

⑦ 镍黄铜。镍可提高黄铜的再结晶温度和细化其晶粒，提高力学性能和耐蚀性，降低应力腐蚀开裂倾向。镍黄铜的热加工性能良好，在造船工业、电动机制造工业中广泛应用。

3. 青铜

青铜原指铜锡合金，但是，工业上习惯把铜基合金中不含锡而含有铝、镍、锰、硅、铍、铅等特殊元素组成的合金也叫青铜。所以青铜实际上包含锡青铜、铝青铜、铍青铜和硅青铜等。青铜也可分为压力加工青铜（以青铜加工产品供应）和铸造青铜两类。压力加工青铜的编号规则是："Q+主加元素符号+主加元素的质量百分数（%）(+其他元素的质量百分数（%))"，"Q" 表示青的汉语拼音字头。例如，QSn4-3 表示成分为 $\omega(Sn)=4\%$、$\omega(Zn)=3\%$、其余为铜的锡青铜。铸造青铜的编号规则是："ZCu + 主加元素符号 + 主加元素的质量百分数（%）(+ 其他元素的质量百分数（%))"，如 ZCuSn10P65。

锡青铜是我国历史上使用得最早的有色合金，也是最常用的有色合金之一。它的机械性能与含锡量有关。当 $\omega(Sn)\leqslant 5\%\sim 6\%$时，随着含锡量的增加，合金的强度和塑性都增加，可以进行压力加工。当 $\omega(Sn)\geqslant 5\%\sim 6\%$时，虽然强度继续升高，但塑性却会下降，只能进行铸造加工，但铸件致密度低，不适合铸造机械零件。当 $\omega(Sn)>20\%$时，合金变得很脆，强度也显著下降。，工业上很少使用。除 Sn 以外，锡青铜中一般含有少量 Zn、Pb、P、Ni 等元素。Zn 提高低锡青铜的力学性能和流动性。Pb 能改善青铜的耐磨性能和切削加工性能，却要降低力学性能。Ni 能细化青铜的晶粒，提高力学性能和耐蚀性。P 能提高青铜的韧性、硬度、耐磨性和流动性。

在铜中主要加入 Al、P、Pb 等，形成不含 Sn 的铜合金称为特殊青铜，如铝青铜、铍青铜、铅青铜等。其中，铍青铜因铍的加入使其具有弹性、耐磨性、耐寒性、耐疲劳性、导电性、导热性较好的性能。但由于铍的价格昂贵，故铍青铜不宜大量推广使用。

2.4.5 滑动轴承合金

1. 滑动轴承合金的工作条件及其对性能和组织的要求

滑动轴承合金是指用于制造滑动轴承轴瓦及内衬的材料。滑动轴承在工作时，承受轴传给它的一定压力，并和轴颈之间存在摩擦，因而产生磨损。由于轴的高速旋转，工作温度升高，故对用作轴承的合金，首先要求它在工温度下具有足够的抗压强度和疲劳强度、良好的耐磨性和一定的塑性及韧性，其次还要求它具有良好的耐蚀性、导热性和较小的膨胀系数。

为了满足上述要求，轴承合金应该是在软的基体上分布着硬质点，如图 2-16 所示；或者在硬基体上分布着软质点。当机器运转时，软基体受磨损而凹陷，硬质点就凸出于基体上，减小轴与轴瓦间的摩擦系数，同时使外来硬物能嵌入基体中，使轴颈不被擦伤。软基体能承受冲击和震动，并使轴与轴瓦很好地磨合。采取硬基体上分布软质点，也可达到上述目的。

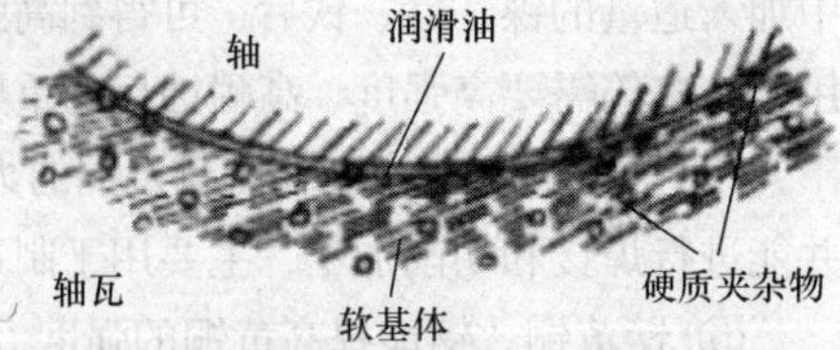

图 2-16　软基体硬质点轴瓦与轴的分界面

常用的轴承合金按主要化学成分可分为锡基、铅基、铝基、铜基等，前两种称为巴氏合金，其编号方法为："ZCh+基本元素符号+主加元素符号+主加元素的质量分数（%）+辅加元素的质量分数（%）"，其中"Z"、"Ch"分别是"铸"和"承"的汉语拼音字首。例如，ZChSnSb11-6 表示含 $\omega(\mathrm{Sb}) = 11.0\%$、$\omega(\mathrm{Cu})=6\%$的锡基轴承合金。

2. 各类轴承合金简介

（1）锡基轴承合金（锡基巴氏合金）。锡基轴承合金是一种软基体硬质点类型的轴承合金。它是以锡、锑为基础，并加入少量其他元素的合金。常用的牌号有 ZChSnSb11-6、ZChSnSb8-4、ZChSnSb4-4 等。

锡基轴承合金具有良好的磨合性、抗咬合性、嵌藏性和耐蚀性，浇注性能也很好，因而普遍用于浇注汽车发动机、气体压缩机、冷冻机和船用低速柴油机的轴承和轴瓦。锡基轴承合金的缺点是疲劳强度不高，工作温度较低（一般不大于 150℃），价格高。

（2）铅基轴承合金（铅基巴氏合金）。铅基轴承合金是以 Pb-Sb 为基的合金，但二元 Pb-Sb 合金有密度偏析，同时锑颗粒太硬，基体又太软，性能并不好，通常还要加入其他合金元素，如 Sn、Cu、Cd、As 等。常用的铅基轴承合金为 ZChPbSn-16-16-1.8，其中，$\omega(\mathrm{Sn}) = 15\%\sim17\%$、$\omega(\mathrm{Sb}) = 15\%\sim17\%$、$\omega(\mathrm{Cu}) = 1$ 及 $5\%\sim2.0\%$余量的 Pb。

铅基轴承合金的硬度、强度、韧性都比锡基轴承合金低，但摩擦系数较大，价格较便宜，铸造性能好，因而常用于制造承受中、低载荷的轴承，如汽车、拖拉机的曲轴、连杆轴承及电动机轴承，但其工作温度不能超过 120℃。

铅基、锡基巴氏合金的强度都较低，需要把它镶铸在钢的轴瓦（一般用 08 钢冲压成形）上，形成薄而均匀的内衬，才能发挥作用。这种工艺称为挂衬。

（3）铝基轴承合金。铝基轴承合金是一种新型减摩材料，具有密度小、导热性好、疲劳强度高和耐蚀性好的优点。它原料丰富，价格便宜，广泛用在高速、高负荷条件下工作的轴承。铝基轴承合金按化学成分可分为铝锡系、铝锑系和铝石墨系三类。

铝锡系轴承合金具有疲劳强度高、耐热性和耐磨性良好等优点，因此适用于制造高速、重载条件下工作的轴承。铝锑系轴承合金适用于载荷不超过 200MPa、滑动线速度不大于 10m/s 工作条件下的轴承。铝石墨系轴承合金具有优良的自润滑作用和减震作用以及耐高温性能，适用于制造活塞和机床主轴的轴承。

铝基轴承合金的缺点是膨胀系数较大，抗咬合性低于巴氏合金。它一般用 08 钢作衬背，一起轧成双合金带使用。

（4）多层轴承合金。多层轴承合金是一种复合减摩材料。它综合了各种减摩材料的优点，弥补其单一合金的不足，从而组成二层或三层减摩合金材料，以满足现代机器高速、重载、大批量生产的要求。例如，将锡锑合金、铅锑合金、铜铅合金、铝基合金等之一与低碳钢带一起轧制，复合而成双金属，为了进一步改善顺应性、嵌镶性及耐蚀性，可在双层减摩合金表面上再镀上一层软而薄的镀层，这就构成了具有更好减摩性及耐摩性的三层减摩材料。这种多层合金的特点都是利用增加钢背和减少减摩合金层的厚度以提高疲劳强度，采用镀层来提高表面性能。

（5）粉末冶金减摩材料。粉末冶金减摩材料在纺织机械、汽车、农机、冶金、矿山机械等方面已获得广泛应用。粉末冶金减摩材料包括铁石墨和铜石墨多孔含油轴承和金属塑料减摩材料。

粉末冶金多孔含油轴承与巴氏合金、铜基合金相比，具有减摩性能好、寿命高、成本低、效率高等优点，特别是它具有自润滑性，轴承孔隙中所储润滑油，足够其在整个有效工作期间消耗。因此特别适用于制氧机、纺纱机等场合应用的轴承。

（6）非金属材料轴承。在与清水及其他液体接触的滑动轴承，因不能采用机油润滑，此时就可用胶木、塑料、橡胶等非金属材料制成，也可采用金属与非金属材料复合制成。例如，船舶用的水润滑轴承就是采用铜合金作衬套，橡胶作内衬复合而成的。

能力训练与拓展

凡具有特殊的物理、化学性能的钢，称为特殊性能钢。特殊性能钢的种类很多，这里主要介绍对汽车比较重要的不锈耐酸钢、耐热钢和耐磨钢。

1. 不锈耐酸钢

不锈耐酸钢（简称不锈钢）是指在空气、水、盐的水溶液、酸及其他腐蚀性介质中具有高度化学稳定性的钢种。不锈钢应用广泛。

（1）不锈钢的编号方法。不锈钢的碳含量增加，会形成 $Cr_{23}C_6$，使晶界周围贫 Cr，导致钢的耐蚀性下降，因此大多数不锈钢的含碳量在 0.15%以下，只有用于制造刀具或滚动轴承等的不锈钢含碳量较高（0.6%～1.1%），但这类不锈钢需要较高的含 Cr 量。

不锈钢中的基本合金元素是 Cr，其含量在 13%以上，以提高钢基体的电极电位，从而提高在介质中的耐电化学腐蚀能力。Ni 在不锈中可以扩大 γ 相区用以形成奥氏体，不仅可以进—步提高钢的耐蚀性，而且还可以提高钢的塑性、韧性和压力加工的性能。Mn 是 Ni 的代用元素、N 可以部分地代替 Ni，强碳化物元素 Nb、Ti、V 有利于防止晶间腐蚀。

不锈钢牌号前的数字表示平均含碳量的 1 千倍，其合金元素的表示方法与其他合金钢相同。当含碳量小于 0.03%或 0.08%，在牌号前分别冠以“00”或“0”。例如，$\omega(C) \leqslant 0.15\%$，$\omega(Cr) = 11.50\% \sim 13.5\%$的钢，牌号为 1Cr13；又例如，$\omega(C) \leqslant 0.08\%$，$\omega(Cr) = 18\% \sim 20\%$，$\omega(Ni) = 8.00\% \sim 11.00\%$的钢，牌号为 0Cr18Ni9。

（2）常用不锈钢及热处理。通常，不锈钢的分类是按高温（900℃～1100℃）加热并在空气中冷却后钢的基体组织进行分类的，主要可以分为马氏体不锈钢、铁素体不锈钠、奥氏体不锈钢、奥氏体-铁素体不锈钢和沉淀硬化不锈钢。

① 马氏体不锈钢。马氏体不锈钢的含碳量为 0.10%～1.20%，因此，淬火后的马氏体具有较高的强度和较高的硬度。当含碳量高时，需有较高的含铬量，以保证基体的含铬量，使钢具有较高的耐蚀性。

高含量的铬使此类钢具有很好的淬透性，锻后空冷的组织中出现马氏体。为改善切削性能，消除锻造应力，马氏体不锈钢采用完全退火或高温回火作为预先热处理。

马氏体不锈钢的最终热处理为淬火及回火。例如，用制作医疗工具、量具等耐磨性要求高的零件，采用低温回火；制造承受冲击负荷的零件如汽轮机叶片、螺栓等，采用高温回火。

② 铁素体不锈钢。此类不锈钢含碳量 < 0.12%，含 Cr 量在 11.50%～30%，铬是一个缩小 γ 相区的合金元素。所以在正常热处理温度下，基本保持为单相铁素体，不能通过热处理强化。铬含量高，又是单相，因此，其耐蚀性能优于马氏体不锈钢、但塑性不及奥氏体不诱钢，广泛应用于硝酸氮肥工业中。

高铬铁素体不锈钢在退火状态下使用，主要有 0Cr13Al、1Cr17、1Cr25 等钢种。

③ 奥氏体不锈钢。奥氏体不锈钢含碳量极低（≤0.15%），ω(Cr)=18%，ω(Ni)=9%，这种不锈钢习惯上称 18-8 型不锈钢。其中 Ni 是扩大 γ 相区的元素。当 ω(Cr)= 18%时，加入 ω(Ni)=9% 就可使钢在室温时具有单相奥氏体，常用的奥氏体不锈钢有 1Cr18Ni9.0Cr18Ni9 等。

奥氏体不锈钢含碳量极低，且是单相组织，因此、其耐蚀性优于马氏体不锈钢。同时它具有高塑性，适宜冷加工成型，焊接性能良好。此外它无铁磁性，可用于抗磁零件。因此奥氏体不锈钢广泛用于食品加上设备、热处理设备、化工设备、抗磁仪表、飞机构件等方面。

④ 铁索体—奥氏体不锈钢。这类钢在 18-8 型不锈钢的基础上，提高 Cr、Mo、Si 等铁素体形成元素的含量，以形成铁素体与奥氏体双相不锈钢。这种钢采用 950℃～1100℃固溶处理后，获得 F+A 双相组织。由于铁素体的存在，提高了单纯奥氏体不锈钢的强度和抗晶界腐蚀能力，而奥氏体的存在，降低了高铬铁素体钢的脆性和晶粒长大倾向，提高了焊接性能和韧性。此外，这种不锈钢还节约了大量的 Ni。因此在炼油、化肥等化工设备方面获得了广泛地应用。其牌号有 0Cr26Ni5M02、0Crl8Ni11Si4AlTi 等。

⑤ 沉淀硬化不锈钢。为了既保持奥氏体不锈钢优良的焊接性能和压力加工性能，又保持马氏体不锈钢的高硬度，研制了沉淀硬化不锈钢。沉淀硬化不锈钢可作耐热钢用. 这类钢在 18-8 不锈钢的基础上添加了 Al、Mo、Nb 等元素，经 1000℃～1100℃固溶处理，420℃～620℃时效，析出各种金属化合物硬化相，使钢具有高强度。其耐蚀性优于铁素体不锈钢，略低于奥氏体不锈钢。故常用于制作轴、弹簧、汽轮机部件等有一定耐蚀要求的高强度结构件。常用的沉淀硬化不锈钢有 0Cr17Ni4Cu4Nb、0Cr17Ni7Al、0Cr15Ni7Mo2Al 等。

2. 耐热钢

耐热钢是指在高温下具有良好化学稳定性和较高强度，能较好适应高温条件的特殊合金钢。

（1）耐热钢的性能

① 抗氧化性能。金属在高温下工作，最主要的特点之一是易于氧化。为提高钢的抗氧化性能，在钢中加入 Cr、A1、Si 等，在钢表面形成致密的氧化膜，阻止继续氧化。

② 高温强度。用于评定高温强度的指标有“蠕变强度”和“持久强度”，在高温下工作的金属在长时间的恒温、恒应力作用下，发生缓慢的塑性变形的现象称为蠕变。若材料选择不当，蠕变量会超过一定的允许量而使机械零件损坏。在一定的温度下，在规定的时间内允许一定蠕

变变形量所承受的最大应力叫蠕变强度。金属的持久强度是试样在一定温度下和规定的时间内不发生断裂的最大应力值。为提高蠕变强度和持久强度，在钢中加入 Cr、Mo、W、V 等，强化基体，提高再结晶温度，形成硬度高、热稳定性好的碳化物，阻止蠕变的发展，起弥散强化的作用。

（2）常用耐热钢。耐热钢按组织可分为铁素体-珠光体耐热钢、马氏体耐热钢、奥氏体耐热钢三大类。

① 铁素体-珠光体耐热钢。这类钢含合金元素总量不超过 5%，有代表性的有 15CrMo、12CrMoV 等钢种，广泛用作 550℃以下工作的动力工业和石油工业的构件，如过热蒸汽管、蒸汽导管等。

② 马氏体耐热钢。Cr13 型不锈钢只有一定的耐热性，在此基础上加入 Mo、V、W，使其具有好的热强性。有代表性的钢有 1Crl3、1CrllMoV 和 1Crl2MoVNbN 等，这类钢的热处理一般为淬火及高温回火、在回火索氏体状态下使用，主要用于制作工作温度 550℃以下的汽轮机叶片。4Cr9Si2 和 4Cr10SiMo 这两种马氏体耐热钢是我国使用最多的内燃机气阀钢、分别用于制作工作温度低于 700℃和 750℃的排气阀，使用状态为淬火及高温回火。

③ 奥氏体耐热钢。奥氏体耐热钢是在奥氏体不锈钢的基础上发展起来的。有代表性的钢有 0Cr18Ni10Ti、4Cr14Ni14W2Mo 等。常用来制造加热炉部件、汽油和柴油机的排气阀等。

3. 耐磨钢

耐磨钢是指在巨大压力和强烈冲击载荷作用下发生硬化而具有良好耐磨性的钢。最常用的高锰钢。

高锰钢的典型牌号是 ZGMnl3。它的含碳量为 0.75%～1.45%，含锰量为 11%～14%。这种钢经水韧处理（将钢加热至 1050℃～1100℃，保温后在水中急冷，使之形成单相奥氏体）后，硬度不高，但韧塑性良好，但当受到巨大压力和强烈冲击载荷作时，表面产生硬化（HRC > 50），硬度、耐磨性大大提高。

由于高锰钢的强硬化原理，它使用在无冲击载荷作用条件下并不耐磨，因此，它广泛应用于铁路道岔、挖掘机、坦克的履带、防弹板、保险箱等零件的制作。由于它是非磁性的，所以可用于耐磨抗磁零件，如吸料器的电磁铁罩。

复习思考题

2-1　什么是晶体和非晶体？各有何特点？

2-2　金属晶体缺陷有哪几种？它们各自对金属材料的性能有何影响？

2-3　简述金属结晶的过程以及细化晶粒的常见措施。

2-4　什么是金属异构转变？单质铁有哪几种同素异构体？

2-5　说明硫在钢中的存在形式，分析它在钢中的可能作用。

2-6　钢中常存在的杂质有哪些？硫、磷对钢的性能有哪些有害和有益的影响？

2-7　指出 Q235、45、T12A 钢的类别、主要特点及用途。

2-8　比较各类铸铁性能的优劣顺序。与钢相比较，铸铁在性能上有什么优缺点？

2-9　提高铸铁力学性能的最主要的方法是什么？

2-10　铸铁中的碳有哪几种存在形式？按铸铁中石墨的形态可将铸铁分为哪些类型？它们的石墨形态各是什么？

2-11　请说明下列铸铁牌号分别属于哪一类铸铁及其中数字所代表的含义具有什么显微组织？

（1）HT200　（2）KTH300-06　（3）QT700-02　（4）QT400-18　（5）QT700-02

2-12　为什么比较重要的大截面的结构零件都必须用合金钢制造？与碳钢比较，合金钢有何优点？

2-13　合金元素在钢中的主要作用有哪些？

第3章 汽车典型零件材料的选择

【知识准备】

常用金属材料的化学成分、化学性能、机械性能、工艺性能；零件的常见失效形式。

【学习以及能力目标】

（1）掌握：机械零件材料选用的基本原则；汽车典型零件的选材；常用汽车车身材料类型。

（2）了解：汽车典型零件热处理；汽车车身常用材料的牌号、金属材料常用热处理工艺。

（3）能独立完成：汽车典型零件的工作条件分析及材料的选用。

【教学建议】

（1）教具：汽车典型零件。

（2）建议：尽量利用汽车专业学生对汽车的兴趣，参照汽车典型零部件，结合多媒体课件观察、讲解和分析。

3.1 零件材料选择的基本原则及方法

在设计和制造机械零件的过程中，合理选择零件的材料，正确安排零件的热处理工艺直接关系到产品质量和经济效益。机械零件材料的选择一般遵守以下几点。

（1）材料使用性能应满足零件的使用要求。不同机械零件要求材料使用性能是不一样的。在进行零件选材时，首先根据零件的工作条件和失效形式，正确判断或计算出零件所需的主要使用性能及指标，然后根据主要使用性能指标来选择合适的材料。对于一般的机械零件，主要以其力学性能作为选材依据。但有些受力复杂、工作条件恶劣且非常关键的零部件，甚至需要进行一定的模拟实验来确定其材料。

（2）材料的工艺性应满足加工要求。材料的工艺性是指材料适应各种冷、热加工工艺方法的特性。良好的工艺性不仅可以保证零件的制造质量，而且有利于提高生产率，降低成本。在选材时应充分考虑工厂的生产工艺设备和手段来选择合适的材料。

（3）选材时还应考虑经济性。表 3-1 所示为我国常用金属材料的相对价格。选材时应注意降低零件的总成本。零件的总成本包括材料的价格、加工费用、管理费用及其他附加费用。在选材之前进行产品的价值分析、成本分析，然后在保证产品使用性能的前提下，尽量采用生产和使用成本较低的材料。

表 3-1　我国常用金属材料的相对价格

材　料	相对价格	材　料	相对价格	材　料	相对价格
碳素结构钢	1	弹簧钢	1.6～1.9	灰口铸铁	1～1.4
低合金高强度结构钢	1.2～1.7	工程塑料	5～10	钛合金	50～80
优质碳素结构钢	1.4～1.5	普通黄铜	17～19		
合金结构钢	1.7～2.9	铸造铝合金	8～10		

（4）环境与资源原则。地球生存环境关系到人类的生存和发展。机械零件选材时，应该充分考虑对环境的影响。要本着减少材料使用量、延长零件寿命、材料再利用率高、环境污染小、废气排放少、材料回收及降解等对环境有益的原则进行选材。

（5）积极推广应用新材料。尽量选用立足我国目前资源自主研发的新型零件材料。

3.2　汽车典型零件的选材

3.2.1　发动机和变速器典型零件材料的选择

发动机和变速器是汽车两大核心总成，是汽车技术的核心体现。其零部件性能决定着车辆的动力性，经济性和使用寿命，同时组成发动机和变速器的零件的工作环境和条件都很复杂，因此对材料的选用和零件的加工工艺有着特殊的要求。

1. 变速器齿轮

变速器齿轮为汽车的重要零件，用于传递扭矩改变转速，其齿面在较高的载荷下工作。在工作过程中，通过齿面接触传递动力，两齿面间在相对运动过程中，既有滚动也有滑动，存在较大的压应力和摩擦力，经常换挡使齿端部受到冲击。因此要求变速器齿轮具有高的抗弯强度、接触疲劳强度和耐磨性，心部有足够的强度和冲击韧度。

其失效的主要形式为齿面接触疲劳磨损、齿面磨损、轮齿折断、齿端磨损、齿面塑性变形、崩角等。根据变速器齿轮的工作条件和失效形式，可采用 20CrMnTi 等低合金钢、渗碳钢制造。汽车用齿轮总体为闭式齿轮，所选用的材料与热处理工艺一般与其速度和载荷有关。汽车齿轮常用材料及热处理如表 3-2 所示。

表 3-2　　汽车齿轮材料和热处理方法

工作条件		小齿轮			大齿轮		
速度	载荷	材料	热处理	硬度	材料	热处理	硬度
低速	中载	45	正火	200～250HBS	35	正火	150～180HBS
		ZG310-570	调质	200～250HBS	ZG270-500	调质	190～230HBS
	重载	45	整体淬火	38～48HRC	35、ZG270-500	整体淬火	35～40HRC
中速	中载	45	调质	220～250HBS	35、ZG270-500	调质	190～230HBS
		45	整体淬火	38～48HRC	35	整体淬火	35～40HRC
		40Cr 40MnB	调质	230～280HBS	45、50	调质	220～250HBS
					ZG270-500		180～230HBS
					35、40		190～230HBS
	重载	45	整体淬火	38～48HRC	35	整体淬火	35～40HRC
			表面淬火	45～50HRC	45	调质	220～250HBS
		40Cr 40MnB	整体淬火	53～42HRC	35、40	整体淬火	35～40HRC
			表面淬火	52～56HRC	45、50	表面淬火	45～50HRC
高速	中载，无猛烈冲击	40Cr 40MnB	整体淬火	35～42HRC	35、40	整体淬火	35～40HRC
			表面淬火	52～56HRC	45、50	表面淬火	45～50HRC
	中载，有冲击	20Cr 20Mn2B 20MnVB 20CrMnTi	渗碳淬火	56～62HRC	ZG310-570	正火	160～210HRC
					35	调质	190～230HBS
					20Cr 20MnVB	渗碳淬火	56～62HRC

2. 车辆螺旋弹簧

该类弹簧在长期冲击震动以及交变应力作用下，利用弹性变形吸收冲击能量来起到缓和冲击力的效果，同时要求承受一定压力，因此要求具有高的弹性极限，高的强度、足够的韧性等，根据车辆载重的不同，选用不同的材料。轻型汽车常选用 65Mn、60Si2Mn 钢；中型或重型汽车，板簧选用 50CrMn, 55SiMnVB 钢；重型载重汽车大截面板簧选用 55SiMnMoV, 55SiMnMoVNb 钢。

3. 活塞销

活塞销是发动机上用于连接活塞和连杆小头的构件，为钢制的空心圆柱。其作用是连接活塞和连杆，将活塞承受的气体作用力传递给连杆。它要求具有足够的强度、刚度和韧性，表面耐磨性好、高的抗疲劳强度，质量尽可能小，同时要求配合面有很高的光洁度、尺寸精度等。活塞销的主要失效形式为表面磨损和疲劳裂纹。

根据活塞的工作特点，制造活塞的材料通常为韧性较好的低碳钢或低碳合金钢，并经渗碳、淬火处理以提高其表面硬度，然后进行精磨和抛光处理。常见的材料为 20、15C、20Cr、20Mn2、20CrMnTi、20CrMnVB、20CrMnMo 等低碳合金钢。

4. 发动机连杆

发动机连杆是由大头、小头和杆身组成，是连接活塞和曲轴的零件。其功用是将活塞上的作用力传给曲轴。连杆在工作中承受着急剧变化的动载荷。在发动机工作过程中，连杆受膨胀气体交变压力的作用和惯性力的作用。连杆的工作条件要求连杆既有较高的强度和抗疲劳性能；又有足够的刚性和韧性。此外还应尽量减小连杆自身的质量，以减小惯性力的作用。连杆的主要损坏形式是疲劳断裂和过量变形，因此要求连杆材料必须具备优良的综合力学性能及高的抗疲劳强度。

根据连杆的工作条件和失效形式，连杆通常采用中碳钢和合金钢模锻或辊锻而成，常用的材料有 40、45、50、45Mn2、40Cr、35CrMo、42CrMo 等，也有少数采用稀土镁球磨铸铁制造连杆，然后经过机械加工和热处理。目前一些高档轿车上已采用复合材料来制造连杆，以减轻连杆的质量，提高发动机的效率。

5. 曲轴

曲轴是内燃机最重要的零件之一，其与气缸、活塞、连杆等零件组成了发动机的动力装置。曲轴的各部分产生弯曲、扭转、剪切、拉伸等复杂交变应力，根据曲轴的工作条件，为保证曲轴进行可靠的工作，曲轴必须具有足够的强度、硬度、良好的耐磨性和高的抗疲劳性能、质量要小、各工作表面要求耐磨、润滑良好。曲轴的失效形式主要是疲劳断裂和轴颈处磨损，有时也发生冲击过载断裂，个别情况下发生塑性变形或腐蚀失效。

根据曲轴的工作条件和失效形式，对于中等吨位的汽车和轿车，曲轴常用的材料为球墨铸铁和钢。

6. 凸轮轴

凸轮轴是发动机配气机构的重要部件，由曲轴带动控制各个气缸进、排气门按需开启和关闭，保证发动机充分换气，使进、排气门持久地确保燃烧室的密封性，确保发动机具有良好的可持续性和动力性。因此要求凸轮轴必须具有良好的接触疲劳强度和抗擦伤性，高硬度和较好的耐磨性，接触表面具有足够的强度和刚性，可承受气门开启的周期性冲击载荷的作用。凸轮轴常用材料及热处理工艺如表 3-3 所示。

表 3-3　凸轮轴的常用材料及热处理工艺

材　料	预备热处理	热 处 理
15、20、15Cr、20Cr 钢	调质或正火	渗碳淬火+低温回火
40、45、50 钢	调质或正火	感应淬火+低温回火
稀土—镁球墨铸铁	正火	感应淬火或等温淬火+低温回火
铜钒钼合金铸铁	低温回火	感应淬火+低温回火

7. 气门弹簧

气门弹簧在汽车中的主要用途是在凸轮、摇臂或挺杆的联合作用下，使气门打开和关闭，承受应力不是很大，可采用淬透性比较好、晶粒细小、有一定耐热性的 50CrVA 钢制造。通常情况是将冷拔退火后的盘条校直后用自动卷簧机卷制成螺旋状，切断后两端并紧，经 850℃～860℃加热后油淬，再经 520℃回火，组织为回火屈氏体，喷丸后两端磨平。气门弹簧弹性好，屈服强度和疲劳强度高，有一定的耐热性。气门弹簧也可用冷拔后经油淬及回火后的钢丝制造，绕制后经 300℃～350℃加热消除冷卷簧时产生的内应力。

气门弹簧加工艺路线一般为冷卷成型→淬火→中温回火→喷丸强化→两端磨平。

8. 汽车半轴

汽车半轴在工作时主要受交变弯曲和扭转应力的复合作用；轴与轴上零件的相对运动产生的摩擦和磨损；轴在高速运转过程中会产生震动，使轴承受冲击载荷；多数情况下轴会承受一定的过载载荷。因此半轴的失效形式主要是疲劳断裂（包括扭转疲劳和弯曲疲劳断裂）、过量变形、断裂和表面过度磨损。鉴于半轴的工作条件和失效形式，半轴要具有足够强度、塑性和一定韧性，以防过载断裂、冲击断裂；高疲劳强度，对应力集中敏感性低，以防疲劳断裂；高硬度、高耐磨性，以防磨损失效；足够淬透性，良好切削加工性能，价格便宜。根据半轴的工作条件和失效形式，半轴常用材料和技术要求如表 3-4 所示。

表 3-4　　汽车半轴常用材料和技术要求

汽车类型	材料	预备热处理	整体调质		感应淬火		渗碳淬火	
			杆部硬度/HRC	法兰硬度/HBW	层深/mm	硬度/HRC	层深/mm	硬度/HRC
轿车和越野车	40Cr	—	25～40 37～44	≥249	2.5～5	45～58	—	—
	40MnB		41～47	≥247	—			
	18CrMnTi		—	—			1.5～1.8	58～63
	42CrMo	正火	28～32	—	5～7	54～58	—	—
载货汽车	40Cr	正火	—	—	3～6	49～62	—	—
	12CrNi4A	正火	—				1.2～1.6	58～63
	40MnB	正火	—	—	4～7	52～58	—	—
	40MnB	正火 187～241HBW	—	—	4～7	52～63	—	—
重型车	40CrMnMo	正火 229～269HBW	—	—	—	—	—	
	40Cr	退火≤255HBW	37～44	≥247	7～10	50～55	—	—
	40CrNi 47MnTi	退火	—		8～10 6.5～7	53～60 54～57	—	—

3.2.2 轿车车身常用材料

轿车车身是轿车的重要组成部分，它构成了乘员的乘坐空间和乘坐环境，其外表展示出整车造型艺术和整车特征。同时在减轻汽车整体质量与提高汽车安全性中占有十分重要的地位。因此，车身材料既要满足车身设计、生产（制造）、装配、维护方面的要求，还要满足使用、安全等方面的要求，即满足强度、刚度、耐腐蚀、拉延性以及可焊接，易加工成型等方面的要求。

1. 轿车身结构简介

现代的轿车车身大都采用承载式车身，车身零件种类繁多，结构复杂。按照车身零件的安装位置和功用，可分为车身覆盖件和车身构架。车身覆盖件是汽车车身的主要零件，影响着汽车的美观程度，因此质量要求比较高。覆盖件外板主要包括顶盖、发动机罩外板、行李箱盖外板、前后门外板、前后翼子板、侧围外板等。车身构架包括底板总成和安全结构件。按照车身的生产装配过程及总成件的功用，又可分为机舱总成、前底板总成、后底板总成、前围上部总成、左右侧围总成、四门总成、发动机盖总成、行李箱盖总成、翼子板、顶盖总成、后围板总成、行李箱隔板总成等。

2. 轿车车身材料的种类

轿车车身结构复杂，不同零件的结构和功用不同，对材料的使用性能要求也不同，为满足汽车节能、环保、安全、舒适的要求，实现轻量化、高强度、高性能的目标，构成汽车的材料有很多种。通常按照材料的成分，将汽车材料分为金属材料和非金属材料两大类。随着汽车技术的发展，未来汽车材料除金属材料、非金属材料外，复合材料和纳米材料也将获得广泛应用。

3. 轿车车身常用钢材

车身结构中有两种类型的钢板：热轧钢板和冷轧钢板。热轧钢板是在 800℃以上的高温下轧制的，它的厚度一般为 1.6～8mm，用于制造汽车上比较厚的零部件，如车身和横梁；车架、车辆车身内部钢板、底盘零件、底盘大梁等。汽车常用的热轧钢板系列有 SPHC、SPHD、SPHE 等；汽车结构用热轧钢板系列有 SPH370、SPH440、QSTE340TM、QSTE420TM、QST460TM、QSTE500TM、B510L 等。

冷轧钢板是由热轧钢板经过酸洗后冷轧变薄，并经过退火处理得到的（因为滚轧的关系，内部结构变硬，故而实施退火处理使它软化）。它的厚度精度高，厚度为 0.4～1.4mm，表面质量好，并且具有良好的可压缩性。

汽车目前主要使用低碳合金高强度钢板。其品种主要有含磷高强度冷轧钢板、烘烤硬化冷轧钢板、冷轧双相钢、超低碳高强度冷轧钢板、回磷钢板、高抗拉强度钢板等。车身常用钢的类型及编号如表 3-5 所示。

例如，主要用于车门、顶盖、行李箱盖以及载货汽车驾驶室冲压件的含磷高强度冷轧钢板，其主要特点为具有较高强度，比普通冷轧钢板高 15%～25%；良好的强度和塑性平衡，即随着强度的增加，延伸率和应变硬化指数下降甚微；具有良好的耐腐蚀性，比普通冷轧钢板提高 20%；具有良好的焊点性能。

目前，除了低碳合金高强度钢作为轿车车身外，随着汽车轻量化的不断推进，人们开始使用铝合金、镁合金、甚至钛合金作为汽车零部件的材料。

汽车制造商青睐的材料还有一种泡沫合金，泡沫合金板由粉末合金制成，其特点是密度小，仅为 0.4～0.7g/cm^3，弹性好，当受力压缩变形后，可凭自身的弹性恢复原料形状。泡沫合金板种类繁多，除了泡沫铝合金板外，还有泡沫锌合金、泡沫锡合金、泡沫钢等，可根据不同的需要进行选择。由于泡沫合金板的特殊性能，特别是出众的低密度、良好的隔热吸震性能。目前，用泡沫铝合金制成的零部件有发动机罩、行李箱盖等。

表 3-5　　汽车车身常用钢材的类型、牌号

类　型	牌　号	应用方式
沸腾钢	05F、08F、10F、15F、20F	冲压件、结构件
镇静钢	05、08、10、15、20	冲压件、结构件
专用钢	08Mn、16Mn、06Ti、10Ti	大梁专用
Al 脱氧镇静钢冷轧板	08Al	冲压件
低碳钢（ST）	DC01、DC03、DC04、DC05、DC06	冲压件
冲压用	BLC、BLD、BUSD、BUFD、BSUFD	冲压件
高强度	BP、BH、BLa、DP、TRIP	冲压件、结构件
热轧钢	SAPH（310、370、400、440）	结构件

能力训练与拓展

热处理是采用适当的方式对金属材料或工件进行加热、保温和冷却以改变或改善其内部的组织结构，从而获得预期性能的工艺。适当的热处理可以充分发挥材料的潜力，显著提高材料的力学性能，延长零件的使用寿命，消除铸、锻、焊等其他粗加工引起的应力和各种缺陷。汽车机械零部件制造过程中约有 80%的汽车机械零件需要热处理。

1. 几种热处理类型

（1）整体热处理：对工件整体进行穿透加热的热处理。钢铁整体热处理大致有退火、正火、淬火和回火四种基本工艺。

（2）局部热处理：仅对工件的某一部位或几个部位进行热处理的工艺。

（3）表面热处理：为改变工件表面的组织与性能，仅对其表面进行的热处理工艺。为了只加热工件表层而不使过多的热量传入工件内部，使用的热源须具有高的能量密度，即在单位面积的工件上给予较大的热能，使工件表层或局部能短时或瞬时达到高温。表面热处理的主要方法有激光热处理、火焰淬火和感应加热热处理，常用的热源有氧乙炔或氧丙烷等火焰、感应电流、激光和电子束等。

（4）化学热处理：将工件置于适当的活性介质中加热、保温，使一种或几种元素渗入它的表层，以改变其化学成分、组织和性能的热处理。化学热处理与表面热处理不同之处是后者改变了工件表层的化学成分。化学热处理是将工件放在含碳、氮或其他合金元素的介质（气体、液体、固体）中加热，保温较长时间，从而使工件表层渗入碳、氮、硼、铬等元素。渗入元素后，有时还要进行其他热处理工艺如淬火及回火。化学热处理的主要方法有渗碳、渗氮、渗金属、复合渗等。

（5）预备热处理：为调整原始组织，以保证工件最终热处理或（和）切削件质量，预先热处理的工艺。

（6）稳定化处理：为使工件在长期服役的条件下形状和尺寸变化能够保持在规定范围内的热处理。

2. 常用热处理工艺简述

热处理工艺一般包括加热、保温和冷却三个过程，有时只有加热和冷却两个过程。这些过程互相衔接，不可间断。

加热是热处理的重要步骤之一。金属热处理的加热方法很多，最早是采用木炭和煤作为热源，进而应用液体和气体燃料。电的应用使加热易于控制，且无环境污染。利用这些热源可以直接加热，也可以通过熔融的盐或金属，以至浮动粒子进行间接加热。

金属加热时，工件暴露在空气中，常常发生氧化、脱碳（即钢铁零件表面碳含量降低），这对于热处理后零件的表面性能有很不利的影响。因而金属通常应在可控气氛或保护气氛中、熔融盐中和真空中加热，也可用涂料或包装方法进行保护加热。

加热温度是热处理工艺的重要工艺参数之一，选择和控制加热温度，是保证热处理质量的主要问题。加热温度随被处理的金属材料和热处理的目的不同而异，但一般都是加热到相变温度以上，以获得需要的组织。另外转变需要一定的时间，因此当金属工件表面达到要求的加热温度时，还须在此温度保持一定时间，使内外温度一致，使显微组织转变完全，这段时间称为保温时间。采用高能密度加热和表面热处理时，加热速度极快，一般就没有保温时间或保温时间很短，而化学热处理的保温时间往往较长。

冷却也是热处理工艺过程中不可缺少的步骤，冷却方法因工艺不同而不同，主要是控制冷却速度。一般退火的冷却速度最慢，正火的冷却速度较快，淬火的冷却速度更快。但还因钢种不同而有不同的要求。

① 退火：指金属材料加热到适当的温度，保持一定的时间，然后缓慢冷却的热处理工艺。常见的退火工艺有再结晶退火、去应力退火、球化退火、完全退火、不完全退火、等温退火、稳定化退火等。退火的目的：主要是降低金属材料的硬度，提高塑性，以利切削加工或压力加工，减少残余应力，提高组织和成分的均匀化，或为后道热处理作好组织准备等。

② 正火：工件加热到奥氏体化后在静止的空气中冷却的热处理的工艺。正火的目的：主要是提高低碳钢的力学性能，改善切削加工性，细化晶粒，消除组织缺陷，为后道热处理做好组织准备等。

③ 淬火：工件加热到奥氏体化后以适当方式冷却获得马氏体或（和）贝氏体组织的热处理工艺。通常淬火工艺有表面淬火、感应淬火、光亮淬火等工艺。

④ 回火：指钢件经淬硬后，再加热到 710℃以下的某一温度，保温一定时间，然后冷却到室温的热处理工艺。常见的回火工艺有低温回火、中温回火、高温回火、多次回火等。目的主要是消除钢件在淬火时所产生的应力，使钢件具有高的硬度和耐磨性外，并具有所需要的塑性和韧性等。退火、正火、淬火、回火是整体热处理中的“四把火”，其中的淬火与回火关系密切，常常配合使用，缺一不可。

⑤ 固溶处理：指使合金中各种相充分溶解，强化固溶体并提高韧性及抗蚀性能，消除应力与软化，以便继续加工成型的工艺。

⑥ 时效处理和时效：工件经过固溶热处理或淬火后在室温放置或稍高于室温的适当温度保持，以达到沉淀硬化的目的。在室温下称为自然时效，在高于室温下进行的称人工时效。

⑦ 钢的碳氮共渗：碳氮共渗是对钢的表层同时渗入碳和氮的过程。习惯上碳氮共渗又称为氰化，目前以中温气体碳氮共渗和低温气体碳氮共渗（即气体软氮化）应用较为广泛。中温气体

碳氮共渗的主要目的是提高钢的硬度，耐磨性和疲劳强度。低温气体碳氮共渗以渗氮为主，其主要目的是提高钢的耐磨性和抗咬合性。

⑧ 调质处理：一般习惯将淬火加高温回火相结合的热处理称为调质处理。调质处理广泛应用于各种重要的结构零件，特别是那些在交变负荷下工作的连杆、螺栓、齿轮及轴类等。调质处理后得到回火索氏体组织，它的机械性能均比相同硬度的正火索氏体组织为优。它的硬度取决于高温回火温度并与钢的回火稳定性和工件截面尺寸有关，一般为 HB200～350。

⑨ 钎焊：用钎料将两种工件黏合在一起的热处理工艺。

复习思考题

3-1　什么是热处理？零件热处理的类型有哪些？

3-2　热处理的技术内容包括哪些？

3-3　热处理的工艺有哪些？

3-4　汽车车身常用材料有哪些？

3-5　弹簧的工作条件是什么样的，常见的失效形式有哪些？气门弹簧对材料有哪些要求？

3-6　根据下列要求选择齿轮的材料。

（1）受力不的低速大型齿轮；

（2）承受强烈摩擦和冲击、中等载荷、中速的中等尺寸齿轮；

（3）承受大载荷、无冲击、小尺寸齿轮；

（4）小载荷、中等尺寸齿轮。

3-7　汽车半轴应选用何种材料？采用何种热处理方法？

3-8　汽车发动机连杆对材料有哪些要求？请举例说明可以制造连杆的新材料有哪些？

3-9　含磷高强度冷轧钢板有何特点？汽车车身的哪些零部件采用此材料？

3-10　哪些材料适合制造汽车车身的前后梁，车门立柱？

第4章 非金属材料

【知识准备】

材料的物理性能、化学性能、工艺性能、力学性能；零件的失效形式；材料选用的原则。

【学习以及能力目标】

（1）掌握：典型非金属材料的类型、性能和特点；典型非金属材料在汽车上的应用。

（2）了解：塑料、玻璃、橡胶、和陶瓷材料的发展趋势；汽车新型玻璃的开发及应用，陶瓷材料的开发及应用，复合材料的发展及应用。

（3）能独立完成：根据非金属材料手册并结合汽车说明书对汽车上典型非金属零件进行选购。

【教学建议】

（1）教具：整车；常见非金属材料零部件；

（2）建议：尽量利用汽车专业学生对汽车的兴趣，参照汽车非金属零部件实物，结合多媒体课件观察、讲解和分析。

金属材料虽然具有力学性能高，热稳定性好，导电、导热性好等特点，但也存在着密度大、耐腐蚀性差、电绝缘性差等缺点。而非金属材料的原料来源广泛，自然资源丰富，成形工艺简单，具有一些特殊性能，应用日益广泛，已成为机械工程材料中不可缺少的重要组成部分。

非金属材料是指由非金属元素或化合物构成的材料。目前，已成为工程材料中的重要组成部分。汽车及机械制造中的非金属材料包括高分子材料、陶瓷材料及复合材料。

4.1 高分子材料

高分子材料是指以分子量一般在 5000 以上的有机化合物为主要组成物的材料，高分子化合物分子量虽然很大，但其化学组成并不复杂，一般都是由一种或几种简单的低分子（单体）重复而成，低分子化合物聚合起来形成高分子化合物的过程称为聚合反应，因此，高分子化合物又称为聚合物或高聚物。例如，聚乙烯是由低分子乙烯（$CH_2=CH_2$）连接组成；聚氯乙烯是由低分子氯乙烯（$CH_2=CHCl$）连接组成。

高分子化合物分为天然和人工合成两大类。天然的高分子化合物主要有蚕丝、羊毛、纤维素、天然橡胶、淀粉、蛋白质等。工程上应用的高分子材料主要是人工合成的各种有机物。常用的有塑料、合成橡胶、胶黏剂等。其中以塑料的产量最大，应用范围最广，它几乎占全部合成材料的 68%。

高分子化合物与常见的有机化合物相比，具有以下特点：相对分子质量巨大；化学组成简单；构成高分子化合物的每一个分子不完全一样大；具有长链。随着高聚物的不断开发和应用，高聚物的种类迅速增加。

4.1.1　塑料

目前塑料一般以合成树脂为基础，添加各种添加剂而制成。合成树脂即人工合成线性高聚物，是塑料的主要组成部分（占 40%～100%），对塑料的性能起着决定性的作用，故绝大多数塑料以树脂名称命名。添加剂是为了改善塑料的使用性能或成型能力而加入的其他的辅助成分。它主要包括用于调整塑料的物理性能提高材料强度的填充剂；为提高塑料的柔性和可成型性的增塑剂；改变树脂分子的线型结构为体型结构，使之固化成刚塑料的固化剂；提高塑料稳定性的防老化剂。除此以外，还有润滑剂、着色剂、发泡剂、阻燃剂等改善塑料性能的各种添加剂。

塑料与其他材料相比，具有相当多的优点：属轻质材料（是钢的 1/8）、比强度高、可实现车身轻量化、化学稳定性好、耐腐蚀、绝缘性好、耐磨性好、消声吸振性好、易加工成型。塑料在汽车上的使用量逐年增加，进口汽车已经达到（重量构成比/辆）12%～15%，并且还有继续增加的趋势。

塑料种类很多，到目前为止，世界上投入生产的塑料有三百多种。塑料的分类方法较多，常用的有下面两种。

（1）根据材料受热后的性质不同分为热塑性塑料和热固性塑料。热塑性塑料分子结构都是线型结构，在受热时发生软化或熔化，可塑制成一定的形状，冷却后又变硬。在受热到一定程度又重新软化，冷却后又变硬，这种过程能够反复进行多次，如聚氯乙烯、聚乙烯、聚苯乙烯等。热塑性塑料成型过程比较简单，能够连续化生产，并且具有相当高的机械强度，因此发展很快。

热固性塑料的分子结构是体型结构，在受热时也发生软化，可以塑制成一定的形状，但受热到一定的程度或加入少量固化剂后，就硬化定型，再加热也不会变软和改变形状了。热固性塑料加工成型后，受热不再软化，因此不能回收再用，如酚醛塑料、氨基塑料、环氧树脂等都属于此类塑料。热固性塑料成型工艺过程比较复杂，所以连续化生产有一定的困难，但其耐热性好、不容易变形，而且价格比较低廉。

（2）根据塑料的用途不同分为通用塑料和工程塑料。通用塑料是指产量大、价格低、应用范围广的塑料，主要包括聚烯烃、聚氯乙烯、聚苯乙烯、酚醛塑料和氨基塑料五大品种。人们日常生活中使用的许多制品都是由这些通用塑料制成。工程塑料是可作为工程结构材料和代替金属制造机器零部件等的塑料。

4.1.2 橡胶

橡胶是一种具有高弹性的高分子材料。由于它具有高弹性，优良的伸缩性、吸震性、绝缘性、耐磨性、隔音性，因此应用广泛，例如，在一辆汽车上，橡胶件占全车整备质量的6%～10%。橡胶的主要缺点是易老化，耐油能力差。

橡胶是以生胶为基础，加入适量的配合剂（硫化剂、活性剂、软化剂、填充剂、防老剂等）而组成的高分子材料。配合剂的作用是为了提高和改善橡胶的性能。例如，硫化剂的作用是改善橡胶分子的结构，提高橡胶的力学性能，克服因温度升高而变软、发黏的缺点。因此，橡胶制品只有硫化后才可使用。根据生胶的来源不同，可分为天然橡胶和合成橡胶两类。

（1）天然橡胶。天然橡胶是从橡胶树上采集的胶乳，经过凝固、干燥、加压等工序制成的片状固物，主要成分是异戊二烯。天然橡胶的综合性能好，有较好的弹性，良好的热可塑性和绝缘性、耐撕裂，低的导热性。主要缺点是易老化、不耐高温，随时间的增加，会出现变色、发黏或变硬、变脆龟裂。

（2）合成橡胶。合成橡胶又称人造橡胶，是以石油、天然气、煤等为原料，通过化学合成的方法制成的与天然橡胶性能相似的高分子材料。合成橡胶的种类很多，性能特点也各不相同。

合成橡胶的物理、机械性能较好，可制作轮胎和其他一般的橡胶制品。其中丁苯橡胶耐磨、耐老化较好，抗撕裂性也较高，抗滑性特别是抗湿滑性好，但耐热、耐寒性差，弹性差。合成橡胶主要用于轿车轮胎。特种合成橡胶具有特殊性能，用来制作要求耐油、耐热、耐寒、耐化学腐蚀的制品。

4.1.3 胶黏剂

胶黏剂是一种靠界面作用（化学力或物理力）把各种固体材料牢固的黏接在一起的物质，又叫黏接剂或胶合剂，简称“胶”。胶黏剂和物体接触，润湿表面，然后通过一定的方式链接两个物体并使之具有一定的机械强度的过程称为胶结。此过程可用不同的方式来实现（物理、化学）但都必须经过一个便于浸润的液态或类液态向高分子固态转变的过程。胶结的特点是接头处应力分布均匀，接头的密封性、绝缘性及耐蚀性好，适用性强，而且操作简单、成本低，因而在工业上得到广泛应用。

胶黏剂主要由基料、固化剂和促进剂、偶联剂、稀释剂、填料、增塑剂与增韧剂及其他组分（添加剂）组成。基料是胶黏剂的主要成分，大多为合成高聚物，起黏合作用，要求有良好的黏附性与湿润性。固化剂和促进剂：固化剂是胶黏剂中最主要的配合材料，它直接或者通过催化剂与主体聚合物反应，固化结果是把固化剂分子引进树脂中，使分子间距离、形态、热稳定性、化学稳定性等都发生了明显的变化。使树脂由热塑型转变为网状结构。促进剂是一种主要的配合剂，它可加速胶黏剂中主体聚合物与固化剂的反应，缩短固化时间、降低固化温度。

胶黏剂的种类繁多，组成各异，常按基料的化学成分来区分。选择胶黏剂时应根据被黏接材料、受力条件及工作环境等具体情况来合理确定。

4.1.4　高分子材料在汽车上的应用

世界汽车工业发展的趋势表明，安全、节能、环保型的汽车已成为 21 世纪汽车发展的主流，而要实现安全、节能和环保这一目标，汽车轻量化则是最佳的途径。为了适应汽车轻量化的要求，世界各国相继研究开发了各种轻质的汽车用材料，高分子材料中的塑料因具有密度小、比强度高；对酸、碱、有机溶剂等都具有良好的抗腐蚀能力；良好的绝缘性能；良好的减摩、耐磨和自润滑性能；良好的吸震性能；易加工成型；塑料制品能吸收大量的碰撞能量,对强烈撞击有较大的缓冲作用的特点使其在汽车材料中的应用比例不断增加，如今，汽车塑料化已是一个国家汽车工业技术水平的重要标志之一。

1．塑料在汽车上的应用

传统的汽车外饰件是由金属合金制造的，然而金属易产生腐蚀，若改用塑料，厂商不仅能够降低生产成本，开发出更时尚和更符合空气动力学的外型，而且可大大减轻汽车的质量。汽车用塑料零部件主要有 3 类：内饰件、外饰件和其他结构功能件。

目前汽车中常用的塑料名称、符号及用途如表 4-1 所示。

表 4-1　汽车中常用的塑料名称、符号及用途

名　称	符　号	汽车中的用途
丙烯脂—丁二烯—苯乙烯	ABS	仪表盘、控制箱体、灯壳、挡泥板、变速杆、散热器护栅
聚酰胺（尼龙）	PA	冷却风扇叶、滤网、把手、散热器副油箱
聚碳酸酯	PC	保险杠、刻度盘、壳体、水泵叶轮
聚乙烯	PE	车厢内饰、油箱、挡泥板、发动机罩、空气导管
酚醛树脂	PF	制动衬片、离合器摩擦片、分电器盖
聚甲醛	POM	转向器衬套、各种手柄、万向节轴承
聚甲基丙烯酸甲酯（有机玻璃）	PMMA	灯罩、油杯、镜片、遮阳板、标牌
聚丙烯	PP	接线板、转向盘、保险杠、风扇罩、散热栅格、灯罩、电线敷皮
聚氨酯树脂	PU	主要内饰件材料，如密封条、头枕、仪表板、方向盘、车门扶手等
聚氯乙烯	PVC	占车用塑料的 20%，如方向盘、坐垫套、仪表板、操纵杆盖、车门内板等

汽车内饰件所用塑料量已占整车用塑料量的一半左右。汽车塑料内饰件特别强调触觉、手感、舒适性、可视性等特点，其所用材料应满足表面不反光、无异味、不产生致使车玻璃变模糊的物质、表面污物易除去、阻燃性好等要求。

除了内饰件和外饰件外，其他不少汽车用结构功能件也开始使用塑料，如发动机及其周边零件、燃油系统、汽车底盘、汽车门锁、汽车轮胎等。

2．橡胶制品在汽车上的应用

橡胶制品在汽车的应用大致可分为轮胎、密封制品、减震块、胶带制品、胶管制品以及其他制品（如雨刷器、挡泥板、胶黏剂、密封胶和内饰制品）六大类。

汽车常用的橡胶的种类、代号、性能及用途如表 4-2 所示。

表 4-2　常用橡胶的种类、性能特点及用途

类别	名称（代号）	主要性能	用途举例
通用橡胶	丁苯橡胶（SBR）	较好的耐磨性、耐热性、耐老化性、耐臭氧性；使用温度不得高于 100℃	汽车轮胎、胶带、胶管、胶布等
	氯丁橡胶（CR）	耐油、耐溶剂、耐氧化、耐酸碱、耐热、耐燃烧、耐挠曲、通气性好等性能，但耐寒性较差、密度大。最高使用温度为 120℃	制作电线、电缆包皮、胶管、输送带、垫圈、汽车门窗嵌条等
	顺丁橡胶（BR）	具有优异的耐磨性、耐老化性、耐寒性和高弹性，易于金属黏合，到哪强度差。最高使用温度为 120℃	制作轮胎、V 带、橡胶弹簧、减震器、运输带、垫圈、耐热胶管等
特殊橡胶	丁腈橡胶（NBR）	耐油性、耐热性、气密性、耐磨性。但耐臭氧性、耐寒性、加工性较差，电绝缘性差。最高使用温度为 150℃	耐油胶管、耐油密封圈、皮碗、O 形圈、储油槽等
	聚氨酯橡胶（UR）	耐磨性优异，具有优良的耐油性、弹性、气密性，但耐水、耐酸碱性能差。最高使用温度为 80℃	制造胶轮、实心轮胎、耐磨制品、各种垫圈
	聚丙烯酸酯橡胶（AR）	具有良好的耐热性与耐油性，可在 180℃以下的热油中使用；耐老化、耐臭氧、耐紫外线、气密性好，但耐寒、耐磨性、弹性、电绝缘性和加工性较差	用作耐油、耐热、耐老化的制品，如汽车的耐热密封垫、油封、耐热软管和耐热、耐油海绵制品等

密封制品是汽车中至关重要的部分。一辆现代的轿车，有 240 多件密封配件。汽车上使用的橡胶密封制品有静密封制品和动密封制品两大类。

① 各种类型密封条，车用密封条其功能，除具有装饰性功能外，主要是能够有效阻挡行车状态下受到的污浊和噪声，起到防尘、防雨和隔音作用，另外，当汽车行驶中受到震动和扭曲时，密封条还能起到缓冲、吸震作用，赋予汽车更好的清洁性和舒适性。如车门缓冲密封条、车顶密封条、行李箱密封条、门窗玻璃密封条、门框密封条、发动机盖密封条等。此外，汽车上还使用许多密封垫片、如各种车灯密封垫片、扬声器密封垫片、管接头密封垫片等。密封条采用的胶种有 CR，EFDM、NR 等，我国目前普遍使用的密封条以三元乙丙橡胶密封条为主。

② 动密封。它主要用于旋转轴或往返运动轴系的密封，能适应较高的转速、自密封性好，使用寿命长，是高技术含量的精密橡胶零件。丁腈橡胶、硅橡胶、聚丙烯酸酯橡胶、聚氨酯橡胶、氟橡胶及聚四氟乙烯树脂是制造油封普遍使用的材料。

3. 汽车胶黏剂的种类、胶结位置及胶黏剂的选用

汽车胶黏剂根据其功用大致可分为结构用密封胶、非结构用密封胶和半结构用密封胶。结构用密封胶主要用于将结构零件黏接在一起，要求有足够的黏接力。非结构用密封胶主要用来黏接内部装饰件，因此对黏接力的要求相对结构用密封胶低。半结构用密封胶主要用于填充车身零部件间的缝隙，起到密封及黏接的作用。

焊装工序用胶黏剂/密封胶多为结构型、半结构型胶。焊装工序用胶包括点焊胶、折边胶、增强防震胶，结构补强胶片和高膨胀阻尼填充胶 5 种。这些胶黏剂起到减少焊点、代替焊接、增强结构、密封防锈、降低振动噪声的作用。这类胶黏剂/密封胶与油面钢板有良好的黏附性，通常无需专门的加热固化设备（在油漆烘炉中与油漆同时固化），对清洗、磷化、电泳等涂漆工艺没有任何不良影响。

涂装工序用胶包括焊缝密封胶、抗石击涂料、隔热阻尼胶板和指压密封胶 4 种。汽车制造过程涂装工艺中非常关键，虽然在该工艺中用胶品种不多，却是目前用胶量最大的，单车平均用量在 10kg 左右。目前使用的大多为 PVC 塑溶胶产品。该类产品具有很好的触变性，可以挤涂，也可以喷涂。在中涂漆和面漆施工后不会产生变色现象。焊缝密封胶可以防止空气、雨水、尘土进入车内，起到密封、防锈、防漏的重要作用。车底抗石击涂料可以抵抗车轮带起的砂石对车底盘的冲击，提高防腐蚀能力，延长车体寿命，向时可以降低车内噪声。

聚氨酯玻璃胶黏剂是总装工序最重要的品种，用于挡风玻璃、侧窗玻璃等的直接粘接密封，取代传统的装配工序，提高整车的安全系数。内饰用胶品种多，如普通的氯丁橡胶胶黏剂、丙烯酸酯压敏胶、聚氨酯胶黏剂、丁基密封胶和胶带等。主要用于车身顶棚内饰材料、车门防水膜、车门板内饰材料等的粘贴。

汽车用密封胶起黏接和密封汽车的双重作用，是解决三漏的有效措施。密封胶在汽车生产中可简化工艺、节省材料、增强构件强度，尤其在防震、隔热、防腐、防锈、防漏、防松、降低噪声、减轻自重、舒适安全等方面有特殊作用，已成为现代汽车生产中必不可少的材料。我国已开发并应用于生产中的汽车胶黏剂品种约有 40 余种，如点焊密封胶、焊缝密封胶、折边密封胶、风挡玻璃胶黏剂等。

汽车发动机、变速箱、底盘装配用黏接密封胶主要用于各种平面、孔盖、管接头的密封，螺栓和轴的固持或锁固等，防止油、气、水的泄露和螺栓的松动。主要品种有厌氧胶和硅酮密封胶及其他液态密封胶。其中厌氧胶施工工艺性好、固化速度快、强度高、还可以制成微胶囊型进行预涂，而硅酮密封胶弹性好、耐热性、耐老化性好。

汽车中常用的胶黏剂有环氧树脂和酚醛树脂胶黏剂等。常用胶黏剂种类、牌号、性能特点及用途，如表 4-3 所示。

表 4-3　常用胶黏剂种类、牌号、性能特点及用途

类　别	牌　号	主要特性	用途举例
环氧胶黏剂	E-7	耐热性好，密封性好，使用温度 150℃。固化条件：100℃，3h	可胶结金属、玻璃等多种材料
	J-19A	胶结强度和韧性较高，但耐水水星差。使用温度−60℃～120℃。固化条件：180℃，3h	可胶结金属、玻璃、母材、陶瓷等材料
	914	固化迅速，使用方便，耐油、耐水，胶结力强；耐热性和韧性差。固化条件：室温，3h	适用于各种材料的快速黏结、固定和修补
酚醛胶黏剂	J-03	胶结轻度高，弹性、韧性好，耐疲劳，使用温度−60℃～150℃。固化条件：165℃，3h	可胶结金属、玻璃钢、陶瓷等，特别适用于金属蜂窝状夹层结构的胶结
	JSF-2	黏结强度高，韧性好，耐疲劳，良好的抗老化性，使用温度：−60℃～60℃。固化条件：150℃,1h	可胶结金属、夹层塑料、玻璃、木材、皮革等
聚氨酯胶黏剂	JQ-1	胶膜柔软、耐油，但对水特别敏感，使用温度低。固化条件：140℃,1h	适用于未硫化的天然橡胶、丁腈橡胶等与金属的胶结
	101	胶膜柔软，绝缘性好，耐磨、油性好，耐热性差，使用温度低	可胶结金属、塑料、陶瓷、橡胶、皮革、木材等
厌氧胶	Y150	工艺学好，毒性小，固化后的抗蚀性、耐热性、耐寒性差好，使用温度：−40℃～150℃。胶液填入结合面空隙，隔绝空气后 1～3d 即可固化，加入固化剂 1h 即可固化	用于防止螺钉松动、轴承的固定、凸缘及螺纹连接头密封和防漏，填塞缝隙，也可用于胶结

4.2 陶瓷材料

陶瓷材料具有许多优良的物理、化学及力学性能。陶瓷的种类很多，性能也各不相同。陶瓷材料的共同优点在于取材方便，硬度高、耐高温、耐腐蚀、抗压强度大，并且具有优良的绝缘、隔热及耐磨性能。一些特种陶瓷还具有导电、导磁、导热、超高频导电等特殊性能。如今，陶瓷已不仅仅用于制作日常生活的器皿，还是电气、化工、机械、军工、航天等工业中的重要工程材料。陶瓷的不足之处在于质脆易碎、修复性难、不易烧结、成型精度差、机械加工困难等。

陶瓷材料常用的分类方法有两种：按成分和组成，陶瓷分为氧化物陶瓷、氮化物陶瓷、碳化物陶瓷、硅化物陶瓷、硼化物陶瓷等；按用途不同，陶瓷分为工程结构陶瓷和功能陶瓷两大类。前者主要利用材料的力学性能，承受各种载荷；后者利用材料的热、电、磁、光、声等方面的性能特点，应用于各种场合。

4.2.1 工程结构陶瓷

常用工程结构陶瓷材料主要包括金属（过渡金属或与之相近的金属）与硼、碳、硅、氮、氧等非金属元素组成的化合物，以及非金属元素所组成的化合物，如硼和硅的碳化物和氮化物。根据其元素组成的不同可以分为氧化物陶瓷、氮化物陶瓷、碳化物陶瓷、硅化物陶瓷和硼化物陶瓷等。

（1）氧化铝陶瓷。氧化铝陶瓷又称刚玉瓷，是用途最广泛，原料最丰富，价格最低廉的一种高温结构陶瓷。氧化铝陶瓷是耐火氧化物中化学性质最稳定、机械强度最高的一种。它广泛地用于金属熔炼坩埚、理化器皿、炉管、炉芯、热电偶保护管和各种耐热部件；在化工领域中用作耐酸泵叶轮、泵体、泵盖、轴套，输送酸的管道内衬和阀门，汽车上各种发动机中的火花塞使用 Al_2O_3 陶瓷。

（2）氧化锆陶瓷。氧化锆有纯氧化锆、稳定氧化锆和部分稳定氧化锆，其性能相差很大，分别用于不同的地方。纯 ZrO_2 是良好的绝缘体，室温电阻率为 1013～1014 Ω · cm，随温度升高，电阻率迅速下降，加入稳定剂可进一步降低电阻率。由于其明显的高温离子导电持性，所以可作为 2000℃用的发热元件、高温电极材料(如磁流体发电装置中的电极)以及用作产生紫外线的灯。

稳定 ZrO_2 化学稳定性好，高温时仍能抗酸性和中性物质的腐蚀，耐火度高，比热与导热系数小，是理想的高温隔热材料，可以用做高温炉内衬，也可作为各种耐热涂层，改善金属或低耐火度陶瓷的耐高温、抗腐蚀能力。汽车制造中，利用稳定 ZrO_2 的氧离子传导特性，可制成氧气传感器，进行氧浓度的检测。

部分稳定 ZrO_2 陶瓷与稳定 ZrO_2 相比，它具有高强度，高断裂韧性和高抗热冲击性。由于其具有很好的力学性能，同时热传导系数小，隔热效果好，而热膨胀系数又比较大，较容易与金属部件匹配，在目前所研制的陶瓷发动机中用于制造汽缸内壁、活塞、缸盖板、气门座和气门导杆，其中某些部件是与金属复合而成的。

（3）氮化物陶瓷。目前工业上应用较多的氮化物陶瓷有氮化硅（Si_3N_4）、氮化硼（BN）、氮化铝（AlN）、氮化钛（TiN）等。其中，氮化硅热膨胀系数为 2.53×10^{-6}/℃，导热系数为 18.4W/（m · K），同时具有高的高温强度，因此抗热震性十分优良，仅次于石英和微晶玻璃；氮化硅有优良的抗氧化性，在 1400℃以下的干燥氧化气氛中保持稳定，在 200℃的潮湿空气中和 800℃干燥空气中，氮化硅与氧反应形成 SiO_2 的保护膜，阻止 Si_3N_4 继续氧化；氮化硅有优良的化学稳定性，除氢氟酸外，能耐所有的无机酸和某些碱液、熔融碱和盐的腐蚀；氮化硅的硬度高，仅次于金刚石、CBN、SiC 等少数几种超硬材料；同时碳化硅还具有摩擦系数小、自润滑能力、室温电阻高等性能特点。

在汽车发动机上应用的试验效果更是明显。在美国的陶瓷燃气轮机计划中，采用了常压烧结 Si_3N_4 或反应烧结 Si_3N_4 作转子、定子和涡形管。无水冷陶瓷发动机中，采用热压 Si_3N_4 做活塞顶盖。在德国的燃气轮机中，用 HP-Si_3N_4 做转子、定子，用 RS-Si_3N_4 做燃烧器。在日本，用 Si_3N_4 做柴油机的火花塞，在单缸柴油发动机中用无压烧结氮化硅制造活塞、汽缸套、副燃烧室等。日本和美国共同研制的活塞—涡轮组合式航空发动机主要用的是 Si_3N_4 零件。日本五十铃汽车公司的全陶瓷发动机也主要用氮化硅。

（4）碳化物陶瓷。典型碳化物陶瓷材料有碳化硅（SiC）、碳化硼（B_4C）、碳化钛（TiC）、碳化锆（ZrC）、碳化钒（VC）、碳化钽（TaC）、碳化钨（WC）和碳化钼（Mo_2C）等。

碳化物的共同特点是高熔点。许多碳化物的熔点都在 3000℃以上。二元化合物中最耐高温的是碳化物，其中 TaC 的熔点为 3877℃。

碳化硅陶瓷是一种典型的多型结构化合物，迄今为止已发现 160 余种多型体。由于碳化硅陶瓷既具有高硬度，高热稳性，及抗腐蚀性。作为半导体材料，它又有宽的带隙，耐电击穿，热稳定性好等特点。因此碳化硅陶瓷无论作为电子材料还是陶瓷材料都以其独特的性质引起了众多的材料科学工作者的广泛关注。

4.2.2　特种陶瓷材料在汽车上的应用

随着技术的发展，陶瓷材料的物理、化学性能都得到的极大的改善和提高。特种陶瓷材料在汽车上应用已经取得重要进展。它们主要有以下几个方面。

1．陶瓷在汽车发动机上的应用

新型陶瓷是碳化硅、氮化硅的等无机非金属烧结而成。与以往使用的氧化铝陶瓷相比，强度是其三倍以上，能耐 1000℃以上高温，新材料推进了汽车上新用途开发。例如，要将柴油机燃耗费降低 30%以上，可以说新型陶瓷是不可缺少的材料。现在的汽油机中，燃烧能量中的 78%左右是在热传递中损失掉的，柴油机热效率为 33%，与汽油机相比已十分优越，然而仍有 60%以上热能量损失掉。因此，为减少这部分损失，用隔热性能好的陶瓷材料围住燃烧室进行隔热，进而用废气涡轮增压器和动力涡轮来回收排气能量，有试验证明，这样可把热效率提高到 48%。同时，由于新型陶瓷的使用，柴油机瞬间快速启动将变得可能。采用新型陶瓷涡轮增压器，它比当今超耐热合金具有更优越的耐热性，而密度却只有金属涡轮的三分之一。因此，新型陶瓷涡轮可以补偿金属涡轮动态响应低的缺点。其他正进行研究有采用新型陶瓷的活塞销、活塞环等运动部件。由于重量减轻，发动机效率可望得到提高。

2．特种敏感陶瓷在汽车传感器上的应用

汽车用传感器要求能长久适用于汽车特有恶劣环境（高温、低温、震动、加速、潮湿、噪声、

废气），并应当具有小型轻量、重复使用性好、输出范围广等特点。陶瓷耐热、耐蚀、耐磨及其潜在的优良的电磁、光学机能，近年来随着制造技术的进步而得到充分利用，敏感陶瓷材料制成的传感器完全能够满足上述要求。

3. 陶瓷在汽车制动器上的应用

陶瓷制动器是在碳纤维制动器的基础上制造而成的。一块碳纤维制动盘最初由碳纤维和树脂构成，它被机器压制成形，然后经过加热、碳化、加热、冷却等几道工序制成陶瓷制动器。陶瓷制动器的碳硅化合物表面的硬度接近钻石，盘片内的碳纤维结构使它坚固耐冲击，耐腐蚀，让盘片极为耐磨。目前此类技术主要用于 F1 赛车、超级民用跑车中。

4. 陶瓷在汽车减震器上的应用

高级轿车减震装置是综合利用敏感陶瓷正压电效应、逆压电效应和电致伸缩效应研制成功的智能减震器。由于采用高灵敏度陶瓷元件，这种减震器具有识别路面状况且能做自我调节的功能，可以将轿车因粗糙路面引起的震动降到最低限度。

5. 陶瓷材料在汽车喷涂技术上的应用

近年来，航天技术中广泛应用的陶瓷薄膜喷涂技术开始应用于汽车上。这种技术的优点是隔热效果好、能承受高温和高压、工艺成熟、质量稳定。为达到低散热的目标，可对发动机燃烧室部件进行陶瓷喷涂，如活塞顶喷涂氧化锆，缸套喷氧化锆。经过这种处理的发动机可以降低散热损失、减轻发动机自身质量、减小发动机尺寸、减少燃油消耗量。

6. 智能陶瓷材料在汽车上的应用

智能陶瓷材料是对环境敏感且能对环境变化作出灵敏反应的陶瓷材料。汽车上使用的智能陶瓷产品，可使汽车产品在行驶时感知与响应外界环境的变化，使汽车产品拥有自检、自测、自诊断、自修复、自适应等诸多性能。现已经普及使用及正拟开发研制的智能陶瓷制品及材料系统如下。

（1）汽车减震装置。利用智能陶瓷产品的正压电效应、逆压电效应研制出的智能减震器，具有识别路面状况并自我调节功能，可将粗糙路面对汽车形成的震动减到最低限度，整个感知与调节过程只需要 20s。另外，采用智能陶瓷材料制成减震装置还可以推广应用汽车产品之外的领域，如使用到精密加工稳固工作平台等。

（2）汽车智能雨刷。利用钛酸钡陶瓷压阻效应制成的智能陶瓷雨刷，可以自动感知雨量，自动将雨刷调节到最佳速度。

（3）汽车有源消声陶瓷材料。由压电陶瓷拾音器、谐振器、模拟声线圈数字信号处理集成电路组成的有源消声陶瓷材料，可把汽车震动频率降低到 500Hz 以下。

4.3 汽车玻璃

汽车玻璃是汽车车身附件中必不可少的，是汽车被动安全设施之一，因此通常选用安全玻璃。所谓安全玻璃就是由无机材料与有机复合材料所构成的产品，当其受撞击时，不管其是否破坏，与普通玻璃相比，可以减少对人体伤害的可能性。安全玻璃是由原片玻璃经二次深加工而成，主要分为夹层玻璃和钢化玻璃两大类，其他的还有中空玻璃、区域钢化玻璃、防弹玻璃等。防弹玻璃其实就是夹层玻璃的一种。汽车上主要选用夹层玻璃、钢化玻璃和区域钢化玻璃。

汽车玻璃按所在的位置分为前挡风玻璃、侧窗玻璃、后挡风玻璃、天窗玻璃、车门玻璃和三角玻璃六种。前挡风玻璃基本采用夹层玻璃，侧窗玻璃基本采用钢化玻璃或中空玻璃，后挡风玻璃、车门玻璃、三角玻璃、天窗等，一般采用钢化玻璃。

1. 汽车安全玻璃构造

（1）夹层玻璃。夹层玻璃是由两层或两层以上的玻璃原片用一层或数层透明的黏结材料黏合而成的玻璃制品。其中，夹层玻璃原片，既可以是普通玻璃，也可以是钢化玻璃、半钢化玻璃、镀膜玻璃、吸热玻璃、热弯玻璃等；黏结层可用 PVB 胶片（聚乙烯醇缩丁醛），也可用甲基丙烯酸甲酯、有机硅、聚氨酯等。

夹层玻璃具有高抗冲击强度，受冲击后脆性的玻璃破碎，但由于它和有弹性的 PVB 相结合，使得它具有高的抗穿透能力，仍能保持能见度；黏结力高，玻璃与 PVB 黏结力高，当玻璃破碎后，玻璃碎片仍然黏在 PVB 上不剥落，不伤人，具有安全性，同时具有耐光、耐热、耐湿和耐寒等特性。

（2）钢化玻璃。钢化玻璃分为物理钢化玻璃和化学钢化玻璃，我们通常所说的钢化玻璃均指物理钢化玻璃。全钢化玻璃是将玻璃在加热炉内加热到接近软化温度，使之处于黏性流动状态，保温一段时间，然后将此片玻璃迅速送入冷却装置，用低温高速气流对玻璃均匀淬冷，使内层产生张应力，外表面产生压应力的玻璃；区域钢化玻璃是玻璃在加热炉内加热到接近软化温度，然后将玻璃迅速送入不同冷却强度的风栅中，对玻璃进行不均匀冷却，使玻璃主视区与周边区产生不同的应力，周边区处于风栅的强风位置，进行全钢化，此位置碎片好、钢化强度高，主视区处于风栅弱冷位置时，该位置碎片大、钢化强度低。

钢化玻璃的特点：①具有较高的机械强度，主要具有很强的抗冲压强度和抗弯强度，钢化玻璃的抗冲击强度是相同厚度普通玻璃的 5～8 倍，5mm 厚钢化玻璃用 227g 钢球冲击，钢球从 2～3m 高度落下玻璃不破碎，同样厚度的玻璃在 0.4m 就破碎了；②抗弯强度比普通玻璃高 3～5 倍，用一片 6mm × 1250mm × 350mm 玻璃条，两端架起来，中间加重物，中间最大弯度可达 100mm 不断裂；③具有良好的热稳定性，热稳定性是指玻璃能承受剧烈温度变化而不破坏的性能，钢化玻璃可承受温度变化范围为 150℃～320℃，而普通玻璃只有 70℃～90℃，如果将钢化玻璃放在 0℃的冰上，浇上溶化的 327℃铅水玻璃不会爆碎；④安全性能好，钢化玻璃破碎时碎片成蜂窝状钝角小颗粒，不易伤人。

2. 我国汽车玻璃的安全规定

《汽车安全玻璃》（GB 9656—2003）是汽车安全玻璃的产品标准，其中对汽车安全玻璃材料的安全性能要求为强制性要求。根据该标准，汽车玻璃必须符合以下要求。

① 前风窗玻璃采用的种类：夹层玻璃、塑玻复合材料，适用于所有机动车；区域钢化玻璃，适用于不以载人为目的的载货汽车（N 类汽车），不适用于以载人为目的的轿车及客车等；钢化玻璃，适用于设计时速低于 40km/h 的机动车。

② 前风窗玻璃以外采用的种类：夹层玻璃、钢化玻璃，适用于所有机动车、中空安全玻璃、塑玻复合材料，均适用于所有机动车。

③ 风窗玻璃以及风窗以外玻璃用于驾驶员视区部位的可见光透射比应大于 70%。

④ 风窗玻璃以及风窗以外玻璃用于驾驶员视区部位的副像偏离值（主像与副像间的角分离值）不得大于 15′，其余部位不得大于 25′。

⑤ 风窗玻璃以及风窗以外玻璃用于驾驶员视区部位的光畸变不得大于 2′，其余部位不得大于 6′。

⑥ 风窗必须能识别白、黄、红、绿、蓝、琥珀各色

除以上强制规定外，汽车玻璃强制规定还包括厚度偏差范围、抗磨性、耐湿性、耐热性、耐辐照性、抗穿透性、抗冲击性、以及钢化玻璃的碎片状态、对人头模型的冲击性。

3. 汽车玻璃的发展

随着高新技术不断融入汽车玻璃的生产中，汽车玻璃防伪性能的不断提高，同时客户对汽车玻璃的除霜性、防水性、隐蔽性、防污性等的要求不断增加，迫使制造的汽车玻璃也要不断增添新的功能。目前具有新功能的玻璃主要有明暗自动调节玻璃、可除霜的电热风窗玻璃、憎水性玻璃、清污玻璃、隐蔽玻璃、屏显玻璃、隔热玻璃等。

4.4 复合材料

在满足安全使用要求下，汽车轻量化要求其结构材料具有高弹性模量、高强度、低密度和高可靠性。而这些只有复合材料才能满足，因此复合材料正日益受到国内外汽车界的青睐。

4.4.1 复合材料简介

国际标准化组织认为复合材料是由两种以上物理和化学性质不同的物质组合而成的一种多相固体材料。我国国家标准《纤维增强塑料术语》GB/T 3961—2009 对它的定义则是，由新黏结材料（基体）和纤维状、粒状或其他形状材料，通过物理或化学的方法复合而成的一种多相固体材料。

1. 复合材料的特点

复合材料是各向异性的非均质材料，与其他材料相比有以下突出特点。

（1）比强度与比模量高。比强度、比模量是指材料的强度和模量与密度之比，比强度越高，零件自重越小；比模量越高，零件的刚性越大。因此对高速运转的结构件或需减轻自重的运输工具具有重要意义。

（2）纤维增强复合材料中的纤维与基体间的界面能够有效地阻止疲劳裂纹的扩展，外加载荷由增强纤维承担。大多数金属材料的疲劳强度极限是其拉伸强度的 30%～50%，而复合材料则可达到 60%～80%。

（3）在热塑性塑料中掺入少量的短切碳纤维可大大地提高它的耐磨性，其增加的倍数可为原来的好几倍。例如，聚氯乙烯以碳纤维增强后耐磨性为其本身的 3.8 倍，聚四氟乙烯为其本身的 3 倍；聚丙烯为其本身的 2.5 倍；聚酰胺为其本身的 1.2 倍；聚酯为其本身的 2 倍。选用适当塑料与钢板复合可作耐磨物件，如轴承材料等。用聚四氟乙烯（或聚甲醛）为表层、多孔青铜和钢板为里层的三层复合材料，可作为制成滑动轴承的良好材料。

（4）化学稳定性优良。纤维增强酚醛塑料可长期在含氯离子的酸性介质中使用，用玻璃纤维增强塑料，可制造耐强酸、盐、酯和某些溶剂的化工管道、泵、阀及容器等设备。如果用耐碱纤维与塑料复合，还能在强碱介质中使用。耐碱纤维可用来取代钢筋与水泥复合。

（5）耐高温烧蚀性好。纤维增强复合材料中，除玻璃纤维软化点较低（700℃～900℃）外，其他纤维的熔点（或软化点）一般都在 2000℃以上，用这些纤维与金属基体组成的复合材料，高温下强度和模量均有提高。例如，用碳纤维或硼纤维增强后，400℃时强度和模量基本可保持室温下水平。同样用碳纤维增强金属镍，不仅密度下降，而且高温性能也有所提高。由于玻璃钢具有极低的导热系数，可瞬时耐超高温，故可做耐烧蚀材料。

（6）工艺性与可设计性好。调整增强材料的形状、排布及含量，可满足构件强度和刚度等性能要求，且材料与构件可一次成型，减少了零部件、紧固件和接头数目，材料利用率大大提高。

2. 常用复合材料的特点及用途

由于复合材料优异的性能和特点，在航空、汽车、轮船、压力容器、管道、传动零件以及生活用品各方面得到广泛应用。汽车上应用的复合材料主要是纤维增强塑料复合材料（FRP）和金属基复合材料（MMC）。

（1）玻璃纤维毡增强热塑性复合材料（GMT）。玻璃纤维毡增强热塑性复合材料以玻璃纤维（毡）为增强材料，热塑性树脂为基体，通过加温、加压制成，是目前国际上极为活跃的复合材料开发品种。

轻质高强度的 GMT 片材，通过结构优化设计，可取代部分金属材料，获得显著的减重效果，而且节省模具费用（仅为金属冲压模具的 10%～20%），并有利于多种零件组合，形成模块化生产方式。用 GMT 片材可较原金属件减重 30%～80%，能耗仅为钢制品的 60%～80%，铝制品的 35%～50%，价格低于同体积的金属制品。

（2）长纤维增强热塑性复合材料（LFT）。LFT 的增强材料是纤维连续纱或者短切玻璃纤维（适合于 LFT-D），其组成材料可以是玻璃纤维、芳基纤维、碳纤维、钢纤维和其他能够形成连续纱的纤维。LFT-G 的基体聚合物可以是各种热塑性塑料，常用的有 PP（56%），Nylon（32%），其他的还有 ABS、PPS、TPU、POM 等。为了改善界面强度，通常还需要界面改性剂，如偶联剂以及相容剂。

（3）天然纤维增强热塑性复合材料（NMT）。传统的纤维增强复合材料是由玻璃纤维、芳香族聚酰胺纤维或碳纤维等人造合成纤维组成的，它们一般都存在着耗能大、造价高、易造成环境污染等问题。与玻璃纤维及碳纤维相比，各种天然纤维(如麻纤维、竹纤维、甘蔗渣纤维等)具有价廉、可回收、可降解、可再生等优点，其复合材料的研究与开发应用，近年来成为人们对材料研究开发的热点之一。

（4）碳纤维增强复合材料。几十年前即有预言，碳纤维增强复合材料将取代金属，用于制造汽车底盘，这一预言正逐步实现。2003 年 Daimler Chrysler 公司推出的 Dodge Viper 型跑车的挡板支架系统所采用的就是碳纤维复合材料，这项技术也是碳纤维在大型底盘和车身外部部件上的首次应用。碳纤维复合材料的挡板支架壁厚虽只有 2mm，且有 34 个零件在这里联结，却能支撑着整个车身前端，刚性提高了 22%。

（5）SMC 复合材料。SMC 复合材料是玻璃钢的一种。SMC 复合材料是以 GF（专用纱）、MD（填料）作为增强材料，合成橡胶作为基体的片状模复合材料。在最近几年的车身制造业中，许多汽车公司开始大量使用一种叫 SMC 钣金复合成型的复合材料，低密度 SMC 的密度只有 $1.3g/cm^3$，而它的热膨胀系数却与钢铁一样，同时，它在耐腐蚀、抗损伤以及声学性质上均优于钢铁。

4.4.2 复合材料在汽车上的应用

汽车上常用的复合材料有以下几种。

1. 汽车中的金属基复合材料（MMC）

MMC 用于汽车工业的主要是颗粒增强和短纤维增强的铝基复合材料。MMC 具有高的比强度和比刚度、耐磨性好、导热性好及热膨胀系数低等特性，已在工业中得到了较为广泛的应用。应用于汽车工业的 MMC 为铝或镁基质加粉末或碎屑纤维增强。在汽车制动盘、制动鼓、制动钳、活塞、传动轴以及轮胎螺栓上，已使用 MMC。

目前，铝基复合材料一般采用铝硅合金。常用的填充增强剂有陶瓷纤维和微粒等。它与铝合金相比具有质量轻、比强度高和弹性模量高、耐热性和耐磨性好等优点，是汽车轻量化的理想材料。

2. 汽车中塑料基复合材料

20 世纪 60 年代以后，由于复合材料的研究不断深入，比如玻璃纤维增强材料、碳纤维增强材料及高弹性基体复合材料的出现，使大幅度降低整车质量成为可能。其中，玻璃纤维增强材料被较多地采用，原因是虽然碳纤维增强复合材料力学性质稳定，然而其价格昂贵，从经济性考虑，尽量多的使用玻璃纤维增强材料是一条设计准则。

玻璃纤维（GMT）片材在汽车工业中的应用，已达 40 多种，主要有座椅骨架、保险杠、仪表板、发动机罩、电池托架、脚踏板、前端、地板、护板、后牵门、车顶棚、行李托架、遮阳板、备用轮胎架等部件。

天然纤维复合材料在汽车工业的应用目前还局限在汽车内饰件上。戴姆勒-克莱斯勒公司已经成功地将天然纤维复合材料应用在了其生产的奔驰 E 系列轿车上。先前此类车的车门、车内部件用的是木纤维复合材料，现在用亚麻/剑麻毡增强的环氧树脂进行了替换，使得重量减轻了 20%左右，而且，机械性能也得到了改善，尤其是对于安全保护方面。另外，用亚麻/剑麻毡增强复合材料能够成型更为复杂的立体构件，因此，这也更适用于车门外贴板等部件，以替换先前的材料。

3. 复合材料与未来汽车

未来的汽车是属于适应环境保护的绿色汽车，复合材料能提高材料性能，延长使用期，加强功能性，这些都是对环境有利的特性。但应认真对待并努力克服复合材料的再生问题，使复合材料朝着环境协调化的方向发展。

复合材料零件的再生利用是非常难的事，会对环境产生不利的影响。例如，目前发展最快、应用最高的聚合物基复合材料中的绝大多数属易燃物，燃烧时会放出大量有毒气体，污染环境。而且在成型时，基体中的挥发成分（溶剂）会扩散到空气中，造成污染。复合材料本身就是由多种组分材料构成，属多相材料，难以粉碎、磨细、熔融及降解。复合材料的零件再生利用首先要分解成单一材料，然而这种分解工艺成本和再生成本较高，而且要使其恢复原有性能十分困难。因此再生利用的主要条件之一是零件容易拆卸，且尽可能是单一品种材料，即便是复合材料也要尽量使用复合性少的材料。基于上述原则上的考虑，热塑性聚烯烃弹性体、聚丙烯发泡材料及 GMT 增强板材的应用量还会大幅度增加，而热固性树脂的用量将受到限制。目前在复合材料再生性和降解性方面的研究工作已经取得了很大的进展。当今社会，人们目光的角度逐渐转到人与自然的关系问题上，环境与能源问题成为世界上每个国家能否生存和发展的关键。随着人们环保意识的不断提高以及符合环保法规的相继出台，绿色汽车已经成为未来汽车发展的必然趋势，因而如何使汽车满足环境保护的要求，便提到了汽车厂商们的议事日程。而复合材料作为未来汽车材料发展的主流，必将在其中扮演非常重要的角色。

4.5 车用燃料

在车辆运行过程中，使用或消耗的材料，称为汽车运行材料。按其对汽车运行的作用和消耗方式不同可分为三种：车用燃料、车用润滑油、车用工作液。其中后两者在本书第三篇中介绍，这里主要介绍车用燃料。

车用燃料主要包括汽油、柴油、替代燃料(如甲醇、乙醇、乳化燃料、天然气、石油气、氢气)等。车用燃料的使用性能对汽车的动力性、排放性有直接影响。车用燃料的消耗费用约占汽车运输成本的 1／3 左右，直接影响汽车使用的经济性。

4.5.1 汽油

1. 汽油的性能

为保证汽油机的顺利起动、平稳运转，充分发挥汽油机的动力性能，对汽油的主要要求有：

（1）适宜的蒸发性。蒸发性好的汽油，汽化后与空气混合均匀，燃烧速度快且燃烧完全，这样发动机起动容易，加速及时，各工况间转换灵敏柔和，机械磨损减少，汽油消耗较低。

（2）良好的抗爆性。燃效不均匀时，会形成局部的多个燃烧中心，这些燃烧中心造成局部区域压力和温度瞬间急剧升高，从而产生强烈的冲击，这就称为爆燃。发动机过度的爆燃现象发生会造成气缸盖、活塞顶、气缸壁、连杆、曲轴等机件的负荷增加，产生变形甚至损坏。为避免爆燃现象的出现，应尽量使用抗爆性好的汽油。

（3）良好的氧化安定性，且对机件等无腐蚀性。汽油的氧化安定性是指汽油在储存和使用过程中，抵抗氧化而保持自身性质不发生永久性变化的能力。氧化安定性良好的汽油，长期储存不会发生显著的质量变化。汽油发动机如果使用氧化安定性不好的汽油，会产生许多不良后果。例如，汽油氧化生成的胶状物质容易沉积在滤清器、油管、喷油器等部位，影响燃料的供给和混合气的形成；胶状物质还容易沉积在进气门上，使气门产生粘着现象，导致气门关闭不严，造成发动机的动力性和经济性下降。

（4）汽油本身的清洁性，且对环境无害。汽油中存在的机械杂质和水分一般是在运输、储存和使用过程中受外界污染而混入的。国家标准中规定汽油中不允许有机械杂质和水分。可采用下面的方法作简单判断：将汽油注入清洁干燥的量筒中，静置一定时间后观察，如果油色透明并且没有悬浮物和沉淀物以及水分，则认为汽油中不含机械杂质和水分，该汽油质量合格。

2. 汽油的标号及选用

汽油的标号是实际汽油抗爆性与标准汽油抗爆性的比值。标号越高，抗爆性能就越强。标准汽油是由异辛烷和正庚烷组成。目前常用的汽油牌号有 90 号、93 号、97 号无铅汽油，是指它们分别含有 90%、93%、97%的抗爆燃能力强的“异辛烷”，也就是说分别含有 10%、7%、3%的抗爆震能力差的正庚烷。为了改善排放污染，规定硫含量不得超过 0.001%，故要对 90 号、93 号、97 号无铅汽油进行脱硫处理，在脱硫处理过程中同时也降低了汽油的抗爆性能，因此对排放要求严格的北京还常见到有“89 号，92 号，95 号”牌号的汽油。

汽油的选择车用汽油的选择一般应遵循以下原则：

（1）按汽车的使用说明书规定或国家相关权威部门的推荐选用汽油牌号。压缩比越大，使用的汽油牌号一般也越高。如果低压缩比发动机的汽车加用高标号燃油，油的燃烧速度慢，造成燃烧不完全、加速无力、排污增多等现象，使其高抗爆性的优势无法发挥出来，并造成金钱的浪费，既不经济也不实用；反之，高压缩比汽车长期燃用低标号汽油则更不可取，发动机的高压缩比设计是从节能角度考虑的，用低标号油不但容易产生爆燃，还容易造成发动机气门及气缸积炭过早、过快地形成，使工况下降，油耗增加，排放逐步恶化。

值得注意的是：不能一味的认为选择高标号的汽油就好。因为虽然一些现代汽车发动机电脑可根据爆燃传感器的信息，自动调整点火时间，但这种调整的范围和程度是十分有限的。

（2）在汽油的供应上，若一时不能满足需要时，可以用牌号相近的汽油暂时代用，但必须对汽油机进行适当的调整。用辛烷值较低的汽油代替辛烷值较高的汽油时，应适当推迟点火提前角；用辛烷值较高的汽油代替辛烷值较低的汽油时，应适当提前点火提前角。

（3）装有三元催化转化器和氧传感器的汽车尽量选择不含铅或含铅量低的汽油。

（4）推广使用加入汽油清净剂的汽油。

（5）注意季节变化、车辆使用地区变化等外界条件改变对汽油选择的影响。例如，冬季应选择蒸气压较大的汽油，夏季应选择蒸气压较小的汽油，高原地区应选择蒸气压较小的汽油。

4.5.2 柴油

1. 柴油的性能

由于柴油机的可燃混合气形成方式、着火方式、燃烧过程等与汽油机不同，所以柴油机要求的柴油使用性能与汽油不同。为了保证柴油发动机正常、高效工作，且满足国家排放要求，对柴油的主要性能要求有：

（1）合适的流动性能。这主要包括两个方面：良好的低温流动性和合适的黏度。车用柴油低温流动性是指在低温条件下轻柴油（高速柴油发动机用柴油）具有一定流动状态的性能。柴油在低温下的流动性能，不仅关系到柴油机燃料供给系统在低温下能否正常供油，而且与柴油在低温下的储存、运输等作业能否正常进行有密切的关系。柴油的低温流动性与其化学组成有关，其中正构烷烃的含量越高，则低温流动性越差。我国评定柴油低温流动性能的指标为凝点、冷滤点和黏度。凝点是柴油不能流动的最高温度，我国柴油就是按凝点划分牌号的。在规定条件下柴油不能通过滤网的最高温度，叫柴油的冷滤点。冷滤点与柴油的使用性能有良好的对应关系，各牌号柴油的实际使用温度范围就是按冷滤点来划分的。柴油的黏度对供油量的大小以及雾化的好坏有密切关系。柴油的黏度过小，就容易从高压油泵的柱塞和泵筒之间的间隙中漏出，因而会使喷入气缸的燃料减少，造成发动机功率下降。同时，柴油的黏度越小，雾化后液滴直径就越小，喷出的油流射程也越短，因而不能与气缸中全部空气均匀混合，会造成燃烧不完全。柴油的粘度过大会造成供油困难，同时，喷出的油滴的直径过大，油流的射程过长，使油滴的有效蒸发面积减小，蒸发速度减慢，这样也会使混合气组成不均匀、燃烧不完全、燃料的消耗量增大。所以，在柴油的质量标准中对各种牌号柴油都规定了允许的粘度范围。柴油的黏度大小与柴油的化学组成有关。一般含烷烃较多的石蜡基原油的柴油黏度较小，而环烷基原油的柴油黏度较大。

（2）柴油的安定性和腐蚀性。柴油的安定性一般是用总不溶物和 10%蒸余物残炭来评定的。安定性差的柴油在储存中颜色容易变深，甚至产生沉淀，严重时会造成喷油嘴和滤清器堵塞等，并导致气缸中沉积物增加、磨损加剧。10%蒸余物残炭可在一定程度上大致反映柴油在喷油嘴和气缸零件上形成积炭的倾向。我国轻柴油和车用柴油的质量标准中规定总不溶物不能大于 2.5mg/100mL，10%蒸余物残炭不大于 0.3%；柴油的腐蚀性主要由于柴油含硫造成的。柴油中含硫化合物对发动机的工作寿命影响很大，其中活性含硫化合物（如硫醇等）对金属有直接的腐蚀作用。所有的含硫化合物在气缸内燃烧后都生成 SO_2 和 SO_3，这些氧化硫不仅会严重腐蚀高温区的零部件，而且还会与气缸壁上的润滑油起反应，加速漆膜和积炭的形成。同时，柴油机排出尾气中的氧化硫还会污染环境。因此，为了保护环境及避免发动机腐蚀，我国轻柴油的质量标准中规定含硫量不大于 0.2%，车用柴油的含硫量规定不大于 0.05%，北京市地方标准（DB 11/239－2007）已限制车用柴油的硫含量不大于 0.005%。

（3）柴油本身的清洁性。影响柴油洁净度的物质主要是水分和机械杂质。精制良好的柴油一般不含水分和机械杂质，但在储存、运输和加注过程中都有可能混入。柴油中如有较多的水分，在燃烧时将降低柴油的发热值，在低温下会结冰，从而使柴油机的燃料供给系统堵塞。而机械杂质的存在除了会引起油路堵塞外，还叮能加剧喷油泵和喷油器中精密零件的磨损。因此，在柴油的质量标准中不允许有机械杂质，并规定水分含量不大于 0.2%，对车用柴油水分含量要求为痕迹。

2. 柴油的牌号及选用

按凝点我国将车用柴油分为 10 号、5 号、0 号、−10 号、−20 号、−35 号和−50 号 7 种牌号。

柴油选用的标号如果不适合使用温度区间，发动机中的燃油系统就可能结蜡，堵塞油路，影响发动机的正常工作。柴油的标号越低，结蜡的可能性就越小，当然价格也就越高。在适用于一个标号柴油的温度区间内而选用低一级标号的柴油当然更好。表 4-4 所示为几种柴油牌号使用的温度区域。

表 4-4　几种柴油牌号使用的温度区域

牌号	使用范围（风险率为 10%）
5	适用于最低气温在 8℃以上的地区
0	适用于最低气温在 4℃以上的地区
−10	适用于最低气温在−5℃以上的地区
−20	适用于最低气温在−14℃以上的地区
−35	适用于最低气温在−29℃以上的地区
−50	适用于最低气温在−44℃以上的地区

4.5.3 车用替代燃料

在石油资源日益减少、环境污染日益严重的双重作用下，开发和寻找污染较少、经济便宜的车用替代燃料已成为当务之急。车用替代燃料的选择标准主要包括：

（1）资源必须丰富。汽车的保有量在逐年增加，用作汽车的替代燃料只有资源丰富，才能长期可靠地供应，才能满足汽车日益增加的需要。

（2）价格应比较便宜，以便于大范围推广。

（3）能量密度大，热值高，携带较少的数量时就能使汽车有足够的续驶里程。

（4）毒性低，环境污染小。

（5）安全性好，易于输送、储存和使用。

（6）对内燃机的可靠性无不良影响。

根据以上选择标准，有广阔发展前景的替代燃料主要有醇类燃料、乳化燃料、天然气、液化石油气、氢气、生物柴油等。

能力训练与拓展

功能性陶瓷是指具有优异的物理性能、化学性能及生物学性能，如电、光、磁、热、声、化学、生物医学等，且各种功能之间可以相互转换的陶瓷材料。功能陶瓷同传统陶瓷相比在原料、工艺等许多方面有很大差异，是知识和技术密集型产品，一般具有投资少，原材料、能源消耗少，劳动强度低，产值高，经济效益和社会效益显著，应用范围广等特点。功能陶瓷是精细陶瓷的主要组成部分，就产值而言，功能陶瓷约占 70%，工程结构陶瓷约占 25%，生物陶瓷约占 5%。

1. 电子陶瓷

电子陶瓷包括绝缘陶瓷、介电陶瓷、铁电陶瓷、压电陶瓷、热释电陶瓷、敏感陶瓷、磁性材料以及导电、超导陶瓷。针对电容器陶瓷的介电特性将其分为：高频温度补偿型介电陶瓷、高频温度稳定型介电陶瓷、低频高介电系数型介电陶瓷、半导体型介电陶瓷、叠层电容器陶瓷和微波介质陶瓷 6 类。其中，微波介质陶瓷主要指应用于微波频段（300MHz～300GH z）的介质材料，具有高介电常数、低介质损耗、谐振频率温度系数小等特点，目前已广泛应用于微波通信、移动通讯、卫星通信、广播电视、雷达及电子对抗等领域。

2. 热学、光学功能陶瓷

耐热陶瓷、隔热陶瓷、导热陶瓷是陶瓷在热学方面的主要应用。其中，耐热陶瓷主要有 Al_2O_3、ZrO_2、MgO、SiC、Si_3N_4 几种。由于它们具有高温稳定性，因此，作为耐火材料被应用于冶金行业以及其他行业。隔热陶瓷材料主要指氧化物纤维、空心球，由于其具有很好的隔热效果被广泛地应用于各相关领域。

陶瓷在光学方面的应用主要包括光吸收陶瓷、透光陶瓷、陶瓷光信号发生器和光导纤维。利用陶瓷光吸收特性在日常生活中随处可见，如涂料、陶瓷釉和珐琅。在核工业中，利用含铅、钡等重离子陶瓷吸收和固定核辐射波在核废料处理方面应用非常广泛。陶瓷也可被制造用来透过不同波长的光线，其中最重要的就是红外线透射陶瓷，它仅允许红外光线透过，被用来制造红外窗口，在武器、航空航天领域和高技术设备上得到广泛应用。陶瓷还是固体激光发生器的重要材料，典型代表有红宝石激光器和钇榴石激光器。光导纤维是现代通讯信号的主要传输媒介，它是用高纯二氧化硅制成的，具有信号损耗低、高保真性、容量大等特性，是金属信号传输线无法比拟的。

3. 生物、抗菌陶瓷

从广义上来说，凡属于生物工程的陶瓷材料统称为生物陶瓷。作为生物陶瓷材料应具备以下功能：代替人体内有病的或损伤的部分，作为人体先天性缺损部分的代用品；有助于人体内组织的恢复。生物陶瓷除用于测量、诊断、治疗外，主要是作生物硬组织的代用材料，可应用在骨科、整形外科、口腔外科、心血管外科、眼科、耳喉鼻科及普通外科等各个方面。

抗菌陶瓷是指在卫生陶瓷的釉中或釉面上加入或在其表面上浸渍、喷涂或滚印上无机抗菌剂，从而使陶瓷制品表面上的致病细菌控制在必要的水平之下的抗菌环保自洁陶瓷。目前西方发达国家在抗菌陶瓷材料的研制、生产、应用发展很快。我国虽起步晚，但也取得一定成绩，例如，中南大学和中科院广州能源所用溶胶—凝胶法制备了陶瓷基纳米二氧化钛抗菌薄膜。

4. 多孔化学陶瓷

多孔陶瓷是指含有大量开口贯通气孔和闭口的陶瓷体，它是由骨料、黏结剂和增孔剂等组成，根据颗粒堆积原理，采用传统成形工艺或挤出法、前驱体浸渍法和滚压法等成形新工艺，经高温烧制而成的。其主要品种有多孔陶瓷、蜂窝陶瓷、泡沫陶瓷、波纹陶瓷以及孔梯度陶瓷、多孔功能陶瓷等。多孔陶瓷具有耐高温、抗氧化、耐化学腐蚀、微孔大小均匀、机械强度高、比表面积和比强度高、原料来源广泛、成本低、易于清洗再生等特点，可广泛应用于国民经济各部门。

复习思考题

4-1 什么是高分子材料？请举例。

4-2 什么叫塑料？按合成树脂的热性能，塑料分为那些类型？各有什么特点？

4-3 天然橡胶和合成橡胶各有和特性？在应用上有何区别？

4-4 什么叫复合材料？有什么特点？

4-5 常见的复合材料增强结构有哪几种？

4-6 SMC 的基体材料是什么？在汽车上有哪些应用？

4-7 MMC 的基体材料是哪一类？在汽车有哪些应用？

4-8 按照玻璃在汽车上的按装位置，有哪几种？

4-9 陶瓷材料按照成分主要有哪些类型？各有何特点？

4-10 陶瓷材料汽车上有哪些应用？

4-11 车用汽油的使用有哪些方面的要求？

4-12 车用汽油、柴油的牌号如何确定？

4-13 轻柴油应该具有哪些特性？

第2篇

互换性与测量技术

第5章 尺寸公差与配合

【知识准备】

机械制图基础知识。

【学习以及能力目标】

（1）掌握：互换性及尺寸公差的基本概念；公差与配合的选用方法。

（2）了解：极限与配合的国家标准；常用测量器具的结构原理。

（3）能独立完成：选用器具测量零件基本尺寸；初步分析零件质量。

【教学建议】

（1）教具：游标卡尺、千分尺等测量工具实物；多媒体课件；

（2）建议：以汽车零部件为实物，使用测量工具，结合多媒体课件观察、讲解和分析；实操时让学生测量汽车零部件。

5.1 互换性

在成批或大量生产中，同一批零件在装配时不经过挑选也不经过修配，任意取其中一件装配后就能满足其设计和使用性能要求，零件这种在尺寸与功能上可以互相替代的性质称为互换性。

零件之间具有互换性，有利于实现产品质量标准化、品种规格系列化和零部件通用化，还可以缩短生产周期、降低成本、保证质量、便于维修等。尺寸公差与配合是保证零件具有互换性的重要指标。

认识互换性

为使零件具有互换性，必须保证零件的尺寸、几何形状和相互位置，以及表面特征技术要求的一致性。对零件的尺寸来说，这里的一致性并不是说零件都做成一个指定的尺寸，而只是要求在某一个合理的范围内；对相互配合的零件来说，这个范围既要保证相互结合尺寸之间形成一定的关系，以满足不同的使用要求，同时还要可制造且具有经济性。这样就形成了“公差与配合”。实际上，“公差”是协调机械零件制造经济性和使用要求之间矛盾的结果，“配合”则是协调不同零件之间的相互关系的结果。

5.2 尺寸公差

零件在制造过程中，由于加工或测量等因素的影响，完工后的实际尺寸总存在一定程度的误差。为保证零件的互换性，必须将零件的实际尺寸控制在允许变动的范围内，这个允许的尺寸变动量称为尺寸公差，简称公差。

5.2.1 基本概念

1. 孔和轴

尺寸公差与配合中的孔不仅仅指圆柱形零件的内表面，它还包括非圆柱型的内表面；同样，轴也不仅仅指圆柱形零件的外表面，它还包括非圆柱型的外表面。也就是说，在公差与配合标准中，孔和轴的概念是广义的，而非单一尺寸确定的；从装配关系来看，孔是包容面，而轴则是被包容面。

2. 公称尺寸（D、d）

公称尺寸是指根据零件的强度和结构要求在设计时给定的尺寸，如图 5-1 中孔、轴的尺寸$\phi 50$。它的数值一般应按标准长度、标准直径的数值进行圆整。公称尺寸标准化可减少刀具、量具、夹具的规格和数量。通常大写字母 D 表示孔的公称尺寸，小写字母 d 表示轴的公称尺寸。

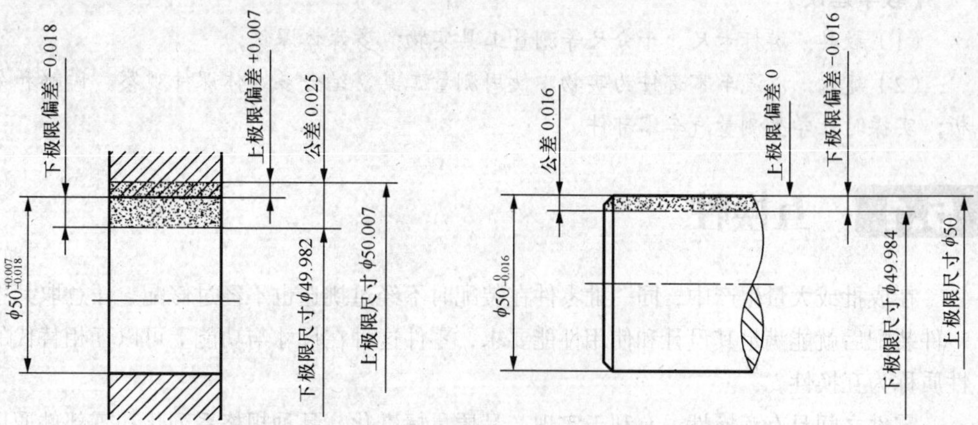

图 5-1　尺寸公差的基本概念

尺寸偏差与公差

3. 实际尺寸（D_a、d_a）

实际尺寸指零件完工后实际测量所得的尺寸。

4. 极限尺寸（D_{max}、D_{min}，d_{max}、d_{min}）

极限尺寸指允许零件实际尺寸变化的两个极限值，分为上极限尺寸和下极限尺寸两种，实际尺寸在这两个尺寸之间才算合格。

5. 极限偏差

极限偏差指零件的极限尺寸减去其公称尺寸后所得的代数差。极限偏差分为上极限偏差和下极限偏差两种。

（1）上极限偏差（ES、es）：上极限尺寸减其几何尺寸所得的代数差。

$$ES= D_{max}-D \text{ 或 } es= d_{max}-d$$

（2）下极限偏差（EI、ei）：下极限尺寸减其公称尺寸所得的代数差。

$$EI= D_{min}-D \text{ 或 } ei= d_{min}-d$$

上极限偏差和下极限偏差可以是正值、负值或零，书写或标注时正、负号或零都要写出并标注上。在图样上或技术文件中极限偏差的标注方法如 $\phi50^{+0.007}_{-0.018}$；为了标注保持严密性，即使上或下极限偏差是零，也要进行标注，如 $\phi50^{\ 0}_{-0.016}$；如果上下极限偏差数值相等，正负相反时，标注可简化，如 $\phi30\pm0.065$。

国家标准规定，孔的上、下极限偏差代号分别用大写字母 ES，EI 表示；轴的上、下极限偏差代号分别用小写字母 es，ei 表示。如图 5-1 所示，孔的上极限偏差 ES=+7μm，轴的上极限偏差 es=0；孔的下极限偏差 EI=−18μm，轴的下极限偏差 ei=-16μm。

6. 尺寸公差（Th、Ts）

尺寸公差又简称公差，是指允许尺寸的变动量，即尺寸公差=上极限尺寸-下极限尺寸=上极限偏差-下极限偏差。孔和轴的公差分别用 Th 和 Ts 表示。如图 5.1 所示，孔公差 Th=ES−EI=+7− (−8) =25μm；轴公差 Ts= es−ei = 0− (−16) =16μm。

由此可知，公差仅表示尺寸允许变动的范围，为正值。公差越小，零件的精度越高，实际尺寸允许的变动量也越小，难加工；反之，公差越大，尺寸精度越低，越容易加工。

7. 公差带

公差带指代表上极限偏差和下极限偏差或上极限尺寸和下极限尺寸的两条直线所限定的一个区域。为了分析公差时方便，一般只画出放大的孔、轴公差带位置关系，这种表示公称尺寸、尺寸公差大小和位置关系的图形称为公差带图。

公差带图绘制方法是先画出一条水平的零线作为基准线（零线是代表几何尺寸并确定偏差位置的一条直线，即零偏差线），其上方为正，下方为负，在零线左端标上“+”“0”“−”号，在零线的左下方画出带箭头的公称尺寸线，并标出公称尺寸。正偏差位于零线的上方，负偏差位于零线的下方，偏差为零时与零线重合。根据上极限偏差和下极限偏差的大小，按适当的比例画出平行于零线的两条直线，公差带沿零线方向的长度可适当选取。为了区分孔、轴公差带，孔的公差带打剖面线，轴的公差带涂黑或打相反方向剖面线，并标出其上下极限偏差。在公差带图中，用零线表示公称尺寸，用矩形的高表示尺寸的变化范围（即公差），矩形的上边代表上极限偏差，矩形的下边代表下极限偏差，矩形的长度无实际意义，如图 5-2 所示。

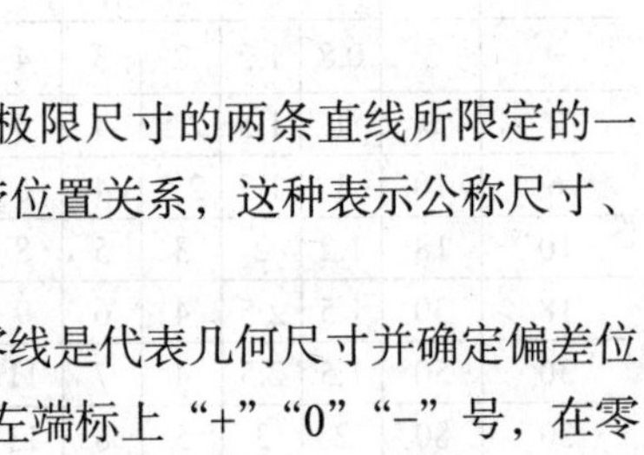

图 5-2　公差带图（例 5.1 图）

认识公差带图

认识滚动轴承公差带及特点

5.2.2 标准公差、基本偏差与公差带代号

1. 标准公差

由图 5-2 所示可看出，决定公差带的因素有两个：一是公差带的大小（即矩形的高度），二是公差带距零线的位置。国家标准规定用标准公差和基本偏差来表达公差带。

标准公差（IT）用于确定公差带的大小。国家标准在公称尺寸至 500mm 范围内，将标准公差分为 20 个等级，即 IT01，IT0，IT1…IT18，IT 即为国际公差 ISO Tolerance 的缩写。其中 IT01 级的精度最高，然后依次降低，IT18 级的精度最低。因标准公差等级 IT01、IT0 在工业上很少用到，所以在标准（GB/T 1800.2—2009）正文中删除了此两项公差等级的标准公差数值。根据公称尺寸和标准公差等级，可从表 5-1 中查出具体的公差值。

表 5-1　　标准公差数值（摘自 GB/T 1800.2—2009）

基本尺寸 mm		标准公差等级																	
		IT1	IT2	IT3	IT4	IT5	IT6	IT7	IT8	IT9	IT10	IT11	IT12	IT13	IT14	IT15	IT16	IT17	IT18
大于	至	μm											mm						
–	3	0.8	1.2	2	3	4	6	10	14	25	40	60	0.1	0.14	0.25	0.4	0.6	1	1.4
3	6	1	1.5	2.5	4	5	8	12	18	30	48	75	0.12	0.18	0.3	0.48	0.75	1.2	1.8
6	10	1	1.5	2.5	4	6	9	15	22	36	58	90	0.15	0.22	0.36	0.58	0.9	1.5	2.2
10	18	1.2	2	3	5	8	11	18	27	43	70	110	0.18	0.27	0.43	0.7	1.1	1.8	2.7
18	30	1.5	2.5	4	6	9	13	21	33	52	84	130	0.21	0.33	0.52	0.84	1.3	2.1	3.3
30	50	1.5	2.5	4	7	11	16	25	39	62	100	160	0.25	0.39	0.62	1	1.6	2.5	3.9
50	80	2	3	5	8	13	19	30	46	74	120	190	0.3	0.46	0.74	1.2	1.9	3	4.6
80	120	2.5	4	6	10	15	22	35	54	87	140	220	0.35	0.54	0.87	1.4	2.2	3.5	5.4
120	180	3.5	5	8	12	18	25	40	63	100	160	250	0.4	0.63	1	1.6	2.5	4	6.3
180	250	4.5	7	10	14	20	29	46	72	115	185	290	0.46	0.72	1.15	1.85	2.9	4.6	7.2
250	315	6	8	12	16	23	32	52	81	130	210	320	0.52	0.81	1.3	2.1	3.2	5.2	8.1
315	400	7	9	13	18	25	36	57	89	140	230	360	0.57	0.89	1.4	2.3	3.6	5.7	8.9
400	500	8	10	15	20	27	40	63	97	155	250	400	0.63	0.97	1.55	2.5	4	6.3	9.7
500	630	9	11	16	22	32	44	70	110	175	280	440	0.7	1.1	1.75	2.8	4.4	7	11
630	800	10	13	18	25	36	50	80	125	200	320	500	0.8	1.25	2	3.2	5	8	12.5
800	1000	11	15	21	28	40	56	90	140	230	360	560	0.9	1.4	2.3	3.6	5.6	9	14
1000	1250	13	18	24	33	47	66	105	165	260	420	660	1.05	1.65	2.6	4.2	6.6	10.5	16.5

续表

基本尺寸		标准公差等级																	
mm		IT1	IT2	IT3	IT4	IT5	IT6	IT7	IT8	IT9	IT10	IT11	IT12	IT13	IT14	IT15	IT16	IT17	IT18
大于	至	μm											mm						
1250	1600	15	21	29	39	55	78	125	195	310	500	780	1.25	1.95	3.1	5	7.8	12.5	19.5
1600	2000	18	25	35	46	65	92	150	230	370	600	920	1.5	2.3	3.7	6	9.2	15	23
2000	2500	22	30	41	55	78	110	175	280	440	700	1100	1.75	2.8	4.4	7	11	17.5	28
2500	3150	26	36	50	68	96	135	210	330	540	860	1350	2.1	3.3	5.4	8.6	13.5	21	33

注：1. 公称尺寸大于 500mm 的 IT1 至 IT5 的标准公差数值为试行的。

2. 公称尺寸小于或等于 1mm 时无 IT4 至 IT8。

2. 基本偏差

基本偏差指用于确定公差带相对零线位置的上极限偏差或下极限偏差，一般指靠近零线的那个极限偏差。若公差带对称于零线时，上极限偏差或者下极限偏差都可以是基本偏差。国家标准对孔、轴各规定 28 个基本偏差，其基本偏差代号用拉丁字母表示，大写表示孔，小写表示轴，其中在 26 个拉丁字母中去掉易与其他含义混淆的五个字母：I、L、O、Q、W（i、l、o、q、w），增加了七个双字母：CD、EF、FO、ZA、ZB、ZC、JS（cd、ef、fg、2a、zb、zc、js）。孔和轴的基本偏差数值见表 5-2 和表 5-3。基本偏差系列如图 5.3 所示，图中仅绘出公差带的一端的界限，另一端取决于标准公差和这个极限偏差的组合。其中 H 的基本偏差是下极限偏差，即 EI=0；h 的基本偏差是上极限偏差，即 es=0。

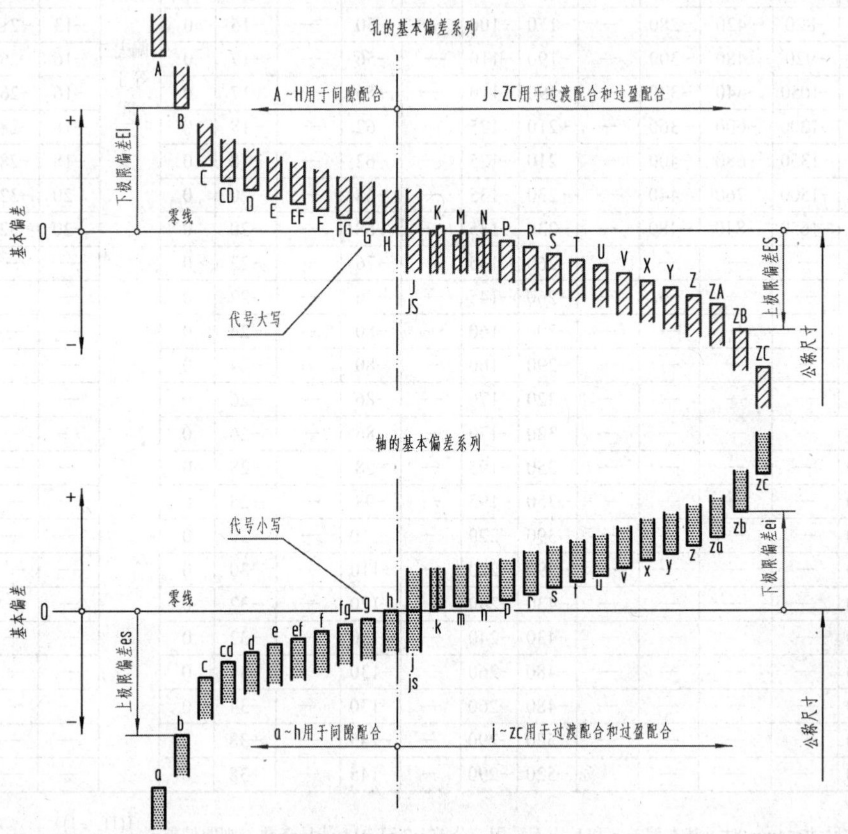

图 5-3　基本偏差系列

表 5-2　　轴的基本偏差数值

公称尺寸/mm	上极限偏差 es(μm)												下极限偏差 ei(μm)			
	所有标准公差等级												IT5 IT6	IT7	IT8	IT4 至 IT7
	a	b	c	cd	d	e	ef	f	fg	G	h	js	J			k
≤3	−270	−140	−60	−34	−20	−14	−14	−6	−4	−2	0		−2	−4	−6	0
>3~6	−270	−140	−70	−46	−30	−20	−10	−10	−6	−4	0		−2	−4	—	+1
>6~10	−280	−150	−80	−56	−40	−25	−18	−13	−8	−5	0		−2	−5	—	+1
>10~14	−290	−150	−95	—	−50	−32	—	−16	—	−6	0		−3	−6	—	+1
>14~18	−290	−150	−95	—	−50	−32	—	−16	—	−6	0		−3	−6	—	+1
>18~24	−300	−160	−110	—	−65	−40	—	−20	—	−7	0		−4	−8	—	+2
>24~30	−300	−160	−110	—	−65	−40	—	−20	—	−7	0		−4	−8	—	+2
>30~40	−310	−170	−120	—	−80	−50	—	−25	—	−9	0		−5	−10	—	+2
>40~50	−320	−180	−130	—	−80	−50	—	−25	—	−9	0		−5	−10	—	+2
>50~65	−340	−190	−140	—	−100	−60	—	−30	—	−10	0		−7	−12	—	+2
>65~80	−360	−200	−150	—	−100	−60	—	−30	—	−10	0		−7	−12	—	+2
>80~100	−380	−220	−170	—	−120	−72	—	−36	—	−12	0		−9	−15	—	+3
>100~120	−410	−240	−180	—	−120	−72	—	−36	—	−12	0		−9	−15	—	+3
>120~140	−460	−260	−200	—	−145	−85	—	−43	—	−14	0		−11	−18	—	+3
>140~160	−520	−280	−210	—	−145	−85	—	−43	—	−14	0		−11	−18	—	+3
>160~180	−580	−310	−230	—	−145	−85	—	−43	—	−14	0		−11	−18	—	+3
>180~200	−660	−340	−240	—	−170	−100	—	−50	—	−15	0		−13	−21	—	+4
>200~225	−740	−380	−260	—	−170	−100	—	−50	—	−15	0		−13	−21	—	+4
>225~250	−820	−420	−280	—	−170	−100	—	−50	—	−15	0		−13	−21	—	+4
>250~280	−920	−480	−300	—	−190	−110	—	−56	—	−17	0		−16	−26	—	+4
>280~315	−1050	−540	−330	—	−190	−110	—	−56	—	−17	0	偏差等于 $\pm\frac{IT_n}{2}$	−16	−26	—	+4
>315~355	−1200	−600	−360	—	−210	−125	—	−62	—	−18	0		−18	−28	—	+4
>355~400	−1350	−680	−400	—	−210	−125	—	−62	—	−18	0		−18	−28	—	+4
>400~450	−1500	−760	−440	—	−230	−135	—	−68	—	−20	0		−20	−32	—	+4
>450~500	−1650	−840	−480	—	−230	−135	—	−68	—	−20	0		−20	−32	—	+5
>500~560	—	—	—	—	−260	−145	—	−76	—	−22	0		—	—	—	
>560~630	—	—	—	—	−260	−145	—	−76	—	−22	0		—	—	—	
>630~710	—	—	—	—	−290	−160	—	−80	—	−24	0		—	—	—	
>710~800	—	—	—	—	−290	−160	—	−80	—	−24	0		—	—	—	
>800~900	—	—	—	—	−320	−170	—	−86	—	−26	0		—	—	—	
>900~1000	—	—	—	—	−320	−170	—	−86	—	−26	0		—	—	—	
>1000~1120	—	—	—	—	−350	−195	—	−98	—	−28	0		—	—	—	
>1120~1250	—	—	—	—	−350	−195	—	−98	—	−28	0		—	—	—	
>1250~1400	—	—	—	—	−390	−220	—	−110	—	−30	0		—	—	—	
>1400~1600	—	—	—	—	−390	−220	—	−110	—	−30	0		—	—	—	
>1600~1800	—	—	—	—	−430	−240	—	−120	—	−32	0		—	—	—	
>1800~2000	—	—	—	—	−430	−240	—	−120	—	−32	0		—	—	—	
>2000~2240	—	—	—	—	−480	−260	—	−130	—	−34	0		—	—	—	
>2240~2500	—	—	—	—	−480	−260	—	−130	—	−34	0		—	—	—	
>2500~2800	—	—	—	—	−520	−290	—	−145	—	−38	0		—	—	—	
>2800~3150	—	—	—	—	−520	−290	—	−145	—	−38	0		—	—	—	

注：公称尺寸≤1mm 时，基本偏差 a 和 b 均不采用。公差 js7 至 js11 若是奇数，则取偏差= $\pm\frac{((IT_n-1))}{2}$

（摘自 GB/T 1800.3—1998）

下极限偏差 ei(μm)														
≤IT3 ＞IT7	所有标准公差等级													
k	m	n	p	r	s	t	u	v	x	y	z	za	zb	zc
0	+2	+4	+6	+10	+14	—	+18	—	+20	—	+26	+32	+40	+60
0	+4	+8	+12	+15	+19	—	+23	—	+28	—	+35	+42	+50	+80
0	+6	+10	+15	+19	+23	—	+28	—	+34	—	+42	+52	+67	+97
0	+7	+12	+18	+23	+28	—	+33	—	+40	—	+50	+64	+90	+130
0	+7	+12	+18	+23	+28	—	+33	+39	+45	—	+60	+77	+108	+150
0	+8	+15	+22	+28	+35	—	+41	+47	+54	+63	+73	+98	+136	+188
0	+8	+15	+22	+28	+35	+41	+48	+55	+64	+75	+88	+118	+160	+218
0	+9	+17	+26	+34	+43	+48	+60	+68	+80	+94	+112	+148	+200	+274
0	+9	+17	+26	+34	+43	+54	+70	+81	+97	+114	+136	+180	+242	+325
0	+11	+20	+32	+41	+53	+66	+87	+102	+122	+144	+172	+226	+300	+405
0	+11	+20	+32	+43	+59	+75	+102	+120	+146	+174	+210	+274	+360	+480
0	+13	+23	+37	+51	+71	+91	+124	+146	+178	+214	+258	+335	+445	+585
0	+13	+23	+37	+54	+79	+104	+144	+172	+210	+254	+310	+400	+525	+690
0	+15	+27	+43	+63	+92	+122	+170	+202	+248	+300	+365	+470	+620	+800
0	+15	+27	+43	+65	+100	+134	+190	+228	+280	+340	+415	+535	+700	+900
0	+15	+27	+43	+68	+108	+146	+215	+252	+310	+380	+465	+600	+780	+1000
0	+17	+31	+50	+77	+122	+166	+236	+284	+350	+425	+520	+670	+880	+1150
0	+17	+31	+50	+80	+130	+180	+258	+310	+385	+470	+575	+740	+960	+1250
0	+17	+31	+50	+84	+140	+196	+284	+340	+425	+520	+640	+820	+1050	+1350
0	+20	+34	+56	+94	+158	+218	+315	+385	+475	+580	+710	+920	+1200	+1550
0	+20	+34	+56	+98	+170	+240	+350	+425	+525	+650	+790	+1000	+1300	+1700
0	+21	+37	+62	+108	+190	+268	+390	+475	+590	+730	+900	+1150	+1500	+1900
0	+21	+37	+62	+114	+208	+294	+435	+530	+660	+820	+1000	+1300	+1650	+2100
0	+23	+40	+68	+126	+232	+330	+490	+595	+740	+920	+1100	+1450	+1850	+2400
0	+23	+40	+68	+132	+252	+360	+540	+660	+820	+1000	+1250	+1600	+2100	+2600
0	+26	+44	+78	+150	+280	+400	+600	—	—	—	—	—	—	—
0	+26	+44	+78	+155	+310	+450	+660	—	—	—	—	—	—	—
0	+30	+50	+88	+175	+340	+500	+740	—	—	—	—	—	—	—
0	+30	+50	+88	+185	+380	+560	+840	—	—	—	—	—	—	—
0	+34	+56	+100	+210	+430	+620	+940	—	—	—	—	—	—	—
0	+34	+56	+100	+220	+470	+680	+1050	—	—	—	—	—	—	—
0	+40	+66	+120	+250	+520	+780	+1150	—	—	—	—	—	—	—
0	+40	+66	+120	+260	+580	+840	+1300	—	—	—	—	—	—	—
0	+48	+78	+140	+300	+640	+960	+1450	—	—	—	—	—	—	—
0	+48	+78	+140	+330	+720	+1050	+1600	—	—	—	—	—	—	—
0	+58	+92	+170	+370	+820	+1200	+1850	—	—	—	—	—	—	—
0	+58	+92	+170	+400	+920	+1350	+2000	—	—	—	—	—	—	—
0	+68	+110	+195	+440	+1000	+1500	+2300	—	—	—	—	—	—	—
0	+68	+110	+195	+460	+1100	+1650	+2500	—	—	—	—	—	—	—
0	+76	+135	+240	+550	+1250	+1900	+2900	—	—	—	—	—	—	—
0	+76	+135	+240	+580	+1400	+2100	+3200	—	—	—	—	—	—	—

表 5-3 孔的基本偏差数值

公称尺寸/mm	下极限偏差 EI(μm)												上极限偏差 ES(μm)								
	所有标准差等级												IT6	IT7	IT8	≤IT8	>IT8	≤IT8	>IT8	≤IT8	>IT8
	A	B	C	CD	D	E	EF	F	FG	G	H	JS	J			K		M		N	
≤3	+270	+140	+60	+20	+20	+14	+10	+6	+4	+2	0	偏差等于$\pm\frac{IT_n}{2}$	+2	+4	+6	0	0	−2	−2	−4	−4
>3~6	+270	+140	+70	+46	+30	+20	+14	+10	+6	+4	0		+5	+6	+10	−1+Δ	—	−4+Δ	−4	−8+Δ	0
>6~10	+280	+150	+80	+56	+40	+25	+18	+13	+8	+5	0		+5	+8	+12	−1+Δ	—	−6+Δ	−6	−12+Δ	0
>10~14	+290	+150	+95	—	+50	+32	—	+16	—	+6	0		+6	+10	+15	−1+Δ	—	−7+Δ	−7	−12+Δ	0
>14~18	+290	+150	+95	—	+50	+32	—	+16	—	+6	0		+6	+10	+15	−1+Δ	—	−7+Δ	−7	−15+Δ	0
>18~24	+300	+160	+110	—	+65	+40	—	+20	—	+7	0		+8	+12	+20	−2+Δ	—	−8+Δ	−8	− +Δ	0
>24~30	+300	+160	+110	—	+65	+40	—	+20	—	+7	0		+8	+12	+20	−2+Δ	—	−8+Δ	−8	−15+Δ	0
>30~40	+310	+170	+120	—	+80	+50	—	+25	—	+9	0		+10	+14	+24	−2+Δ	—	−9+Δ	−9	−17+Δ	0
>40~50	+320	+180	+130	—	+80	+50	—	+25	—	+9	0		+10	+14	+24	−2+Δ	—	−9+Δ	−9	−17+Δ	0
>50~65	+340	+190	+140	—	+100	+60	—	+30	—	+10	0		+13	+18	+28	−2+Δ	—	−11+Δ	−11	−20+Δ	0
>65~80	+360	+200	+150	—	+100	+60	—	+30	—	+10	0		+13	+18	+28	−2+Δ	—	−11+Δ	−11	−20+Δ	0
>80~100	+380	+220	+170	—	+120	+72	—	+36	—	+12	0		+16	+22	+34	−3+Δ	—	−13+Δ	−13	−23+Δ	0
>100~120	+410	+240	+180	—	+120	+72	—	+36	—	+12	0		+16	+22	+34	−3+Δ	—	−13+Δ	−13	−23+Δ	0
>120~140	+460	+260	+200	—	+145	+85	—	+43	—	+14	0		+18	+26	+41	−3+Δ	—	−15+Δ	−15	−27+Δ	0
>140~160	+520	+280	+210	—	+145	+85	—	+43	—	+14	0		+18	+26	+41	−3+Δ	—	−15+Δ	−15	−27+Δ	0
>160~180	+580	+310	+230	—	+145	+85	—	+43	—	+14	0		+18	+26	+41	−3+Δ	—	−15+Δ	−15	−27+Δ	0
>180~200	+660	+340	+240	—	+170	+100	—	+50	—	+15	0		+22	+30	+47	−4+Δ	—	−17+Δ	−17	−31+Δ	0
>200~225	+740	+380	+260	—	+170	+100	—	+50	—	+15	0		+22	+30	+47	−4+Δ	—	−17+Δ	−17	−31+Δ	0
>225~250	+820	+420	+280	—	+170	+100	—	+50	—	+15	0		+22	+30	+47	−4+Δ	—	−17+Δ	−17	−34+Δ	0
>250~280	+920	+480	+300	—	+190	+110	—	+56	—	+17	0		+25	+36	+55	−4+Δ	—	−20+Δ	−20	− +Δ	0
>280~315	+1050	+540	+330	—	+190	+110	—	+56	—	+17	0		+25	+36	+55	−4+Δ	—	−20+Δ	−20	−34+Δ	0
>315~355	+1200	+600	+360	—	+210	+125	—	+62	—	+18	0		+29	+39	+60	−4+Δ	—	−21+Δ	−21	−37+Δ	0
>355~400	+1350	+680	+400	—	+210	+125	—	+62	—	+18	0		+29	+39	+60	−4+Δ	—	−21+Δ	−21	−37+Δ	0
>400~450	+1500	+760	+440	—	+230	+135	—	+68	—	+20	0		+33	+43	+66	−5+Δ	—	−23+Δ	−23	−40+Δ	0
>450~500	+1650	+840	+480	—	+230	+135	—	+68	—	+20	0		+33	+43	+66	−5+Δ	—	−23+Δ	−23	−40+Δ	0
>500~560	—	—	—	—	+260	+140	—	+76	—	+22	0		—	—	—	0	—	−26		−44	
>560~630	—	—	—	—	+260	+140	—	+76	—	+22	0		—	—	—	0	—	−26		−44	
>630~710	—	—	—	—	+290	+160	—	+80	—	+24	0		—	—	—	0	—	−30		−50	
>710~800	—	—	—	—	+290	+160	—	+80	—	+24	0		—	—	—	0	—	−30		−50	
>800~900	—	—	—	—	+320	+170	—	+86	—	+26	0		—	—	—	0	—	−34		−56	
>900~1000	—	—	—	—	+320	+170	—	+86	—	+26	0		—	—	—	0	—	−34		−56	
>1000~1120	—	—	—	—	+350	+195	—	+98	—	+28	0		—	—	—	0	—	−40		−65	
>1120~1250	—	—	—	—	+350	+195	—	+98	—	+28	0		—	—	—	0	—	−40		−65	
>1250~1400	—	—	—	—	+390	+220	—	+110	—	+30	0		—	—	—	0	—	−48		−78	
>1400~1600	—	—	—	—	+390	+220	—	+110	—	+30	0		—	—	—	0	—	−48		−78	
>1600~1800	—	—	—	—	+430	+240	—	+120	—	+32	0		—	—	—	0	—	−58		−92	
>1800~2000	—	—	—	—	+430	+240	—	+120	—	+32	0		—	—	—	0	—	−58		−92	
>2000~2240	—	—	—	—	+480	+260	—	+130	—	+34	0		—	—	—	0	—	−68		−110	
>2240~2500	—	—	—	—	+480	+260	—	+130	—	+34	0		—	—	—	0	—	−68		−110	
>2500~2800	—	—	—	—	+520	+290	—	+145	—	+38	0		—	—	—	0	—	−76		135	
>2800~3150	—	—	—	—	+520	+290	—	+145	—	+38	0		—	—	—	0	—	−76		−135	

注：1. 公差尺寸≤1mm时，基本偏差A和B级及>IT8的N均不采用。

2. 公差JS7至JS11若是奇数，则取偏差=$\pm\frac{(IT_n-1)}{2}$。≤IT8的K、M、N、和≤IT8IT7的P至ZC，所需值从表右侧选取。例如，18~30mm段的K7；Δ=8μm，所以ES=−2+8=6μm；18～30mm段的S6；Δ=4μm，所以ES=−35+4=−13μm；

3. 特殊情况：250～315mm段的M6，ES=−9μm(代替−11μm)。

（摘自 GB/T 1800.3—1998）

上极限偏差 ES(μm)													Δ 值(μm)					
≤IT7	标准公差等级>IT7												标准公差等级					
P 至 ZC	P	R	S	T	U	V	X	Y	Z	ZA	ZB	ZC	IT3	IT4	IT5	IT6	IT7	IT8
在大于IT7的数值上增加一个Δ值	−6	−10	−14	—	−18	—	−20	—	−26	−32	−40	−60	0	0	0	0	0	0
	−12	−15	−19	—	−23	—	−28	—	−35	−42	−50	−80	1	1.5	1	3	4	6
	−15	−19	−23	—	−28	—	−34	—	−42	−52	−67	−97	1	1.5	2	3	6	7
	−18	−23	−28	—	−33	—	−40	—	−50	−64	−90	−130	1	2	3	3	7	9
	−18	−23	−28	—	−33	−39	−45	—	−60	−77	−108	−150	1	2	3	3	7	9
	−22	−28	−35	—	−41	−47	−54	−63	−73	−98	−136	−188	1.5	2	3	4	8	12
	−22	−28	−35	−41	−48	−55	−64	−75	−88	−118	−160	−218	1.5	2	3	4	8	12
	−26	−34	−43	−48	−60	−68	−80	−94	−112	−148	−200	−274	1.5	3	4	5	9	14
	−26	−34	−43	−54	−70	−81	−97	−114	−136	−180	−242	−325	1.5	3	4	5	9	14
	−32	−41	−53	−66	−87	−102	−122	−144	−172	−226	−300	−405	2	3	5	6	11	16
	−32	−43	−59	−75	−102	−120	−146	−174	−210	−274	−360	−480	2	3	5	6	11	16
	−37	−51	−71	−91	−124	−146	−178	−214	−258	−335	−445	−585	2	4	5	7	13	19
	−37	−54	−79	−104	−144	−172	−210	−254	−310	−400	−525	−690	2	4	5	7	13	19
	−43	−63	−92	−122	−170	−202	−248	−300	−365	−470	−620	−800	3	4	6	7	15	23
	−43	−65	−100	−134	−190	−228	−280	−340	−415	−535	−700	−900	3	4	6	7	15	23
	−43	−68	−108	−146	−210	−252	−310	−380	−465	−600	−780	−1000	3	4	6	7	15	23
	−50	−77	−122	−166	−236	−284	−350	−425	−520	−670	−880	−1150	3	4	6	9	17	26
	−50	−80	−130	−180	−258	−310	−385	−470	−575	−740	−960	−1250	3	4	6	9	17	26
	−50	−84	−140	−196	−284	−340	−425	−520	−640	−820	−1050	−1350	4	4	6	9	17	26
	−56	−94	−158	−218	−315	−385	−475	−580	−710	−920	−1200	−1550	4	4	7	9	20	29
	−56	−98	−170	−240	−350	−425	−525	−650	−790	−1000	−1300	−1700	4	4	7	9	20	29
	−62	−108	−190	−268	−390	−475	−590	−730	−900	−1150	−1500	−1900	4	4	7	9	20	32
	−62	−114	−208	−294	−435	−530	−660	−820	−1000	−1300	−1650	−2100	4	5	7	11	21	32
	−68	−126	−232	−330	−490	−595	−740	−920	−1100	−1450	−1850	−2400	5	5	7	13	23	34
	−68	−132	−252	−360	−540	−660	−820	−100820	−1250	−1600	−2100	−2600	5	5	7	13	23	34
	−78	−150	−280	−400	−600	—	—	—	—	—	—	—	—	—	—	—	—	—
	−78	−155	−310	−450	−660	—	—	—	—	—	—	—	—	—	—	—	—	—
	−88	−175	−340	−500	−740	—	—	—	—	—	—	—	—	—	—	—	—	—
	−88	−185	−380	−560	−840	—	—	—	—	—	—	—	—	—	—	—	—	—
	−100	−210	−430	−620	−940	—	—	—	—	—	—	—	—	—	—	—	—	—
	−100	−220	−470	−680	−1050	—	—	—	—	—	—	—	—	—	—	—	—	—
	−120	−250	−520	−780	−1150	—	—	—	—	—	—	—	—	—	—	—	—	—
	−120	−260	−580	−840	−1300	—	—	—	—	—	—	—	—	—	—	—	—	—
	−140	−300	−640	−960	−1450	—	—	—	—	—	—	—	—	—	—	—	—	—
	−140	−330	−720	−1050	−1600	—	—	—	—	—	—	—	—	—	—	—	—	—
	−170	−370	−820	−1200	−1850	—	—	—	—	—	—	—	—	—	—	—	—	—
	−170	−400	−920	−1350	−2010	—	—	—	—	—	—	—	—	—	—	—	—	—
	−195	−440	−1000	−1500	−2300	—	—	—	—	—	—	—	—	—	—	—	—	—
	−195	−460	−1100	−1650	−2500	—	—	—	—	—	—	—	—	—	—	—	—	—
	−240	−550	−1250	−1900	−2900	—	—	—	—	—	—	—	—	—	—	—	—	—
	−240	−580	−1400	−2100	−3200	—	—	—	—	—	—	—	—	—	—	—	—	—

3. 公差带代号

如前所述，一个确定的公差带应由公差带的位置和公差带的大小两部分组成，公差带的位置由基本偏差来确定，公差带的大小由标准公差等级来确定。因此，公差带代号由基本偏差代号和标准公差等级代号组成，如图 5-4 所示。

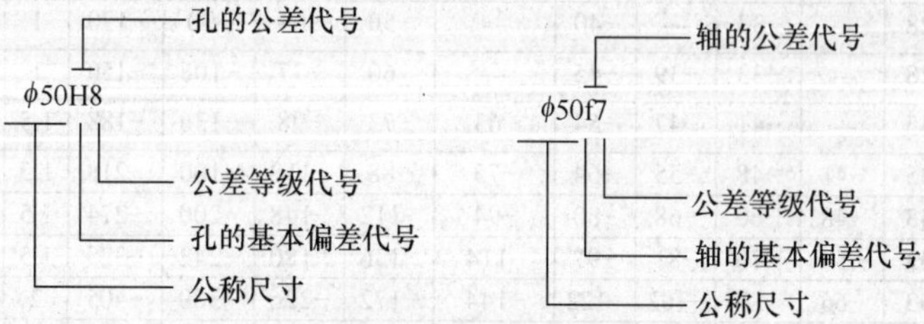

图 5-4　公差带代号

国家标准对孔、轴规定了一般、常用和优先公差带。公称尺寸至 500mm（常用尺寸段），标准规定了一般用途的公差带，其中孔 105 种，轴 116 种；常用公差带孔 44 种，轴 59 种；优先选用的公差带孔、轴各 13 种，如图 5-5 所示。设计人员选择时应优先选用圆圈中的优先公差带，其次选用方框中的常用公差带，最后选用其他的一般公差带。

【例 5-1】一装配图中某孔轴间配合标注为：$\phi50\dfrac{\mathrm{H7}}{\mathrm{f6}}$，试确定该孔和轴的极限偏差、极限尺寸、公差、基本偏差，并画出它们的公差带图。

解：首先根据标注查表。由图 5-1 查得：孔的公差带 Th=25μm，轴的公差带 Ts=16μm；由表 5.3 查得孔的下极限偏差 EI=0，由表 5-2 查得轴的 es=-25μm。

因孔的公差带 Th=ES−EI，所以孔的上极限偏差 ES=+25μm；因轴的公差带 Ts=es−ei，所以轴的下极限偏差 ei=−41μm。

因此孔的上极限尺寸：$D_{max}=D+\mathrm{ES}=50+0.025=50.025$mm；

孔的下极限尺寸：$D_{max}=D+\mathrm{EI}=50+0=50$mm；

轴的上极限尺寸：$d_{max}=d+\mathrm{es}=50+(-0.025)=49.975$mm；

轴的下极限尺寸：$d_{min}=d+\mathrm{ei}=50+(-0.041)=49.959$mm；

孔的基本偏差：EI=0；

轴的基本偏差：es=−0.025mm。

公差带图：如图 5-2 所示。

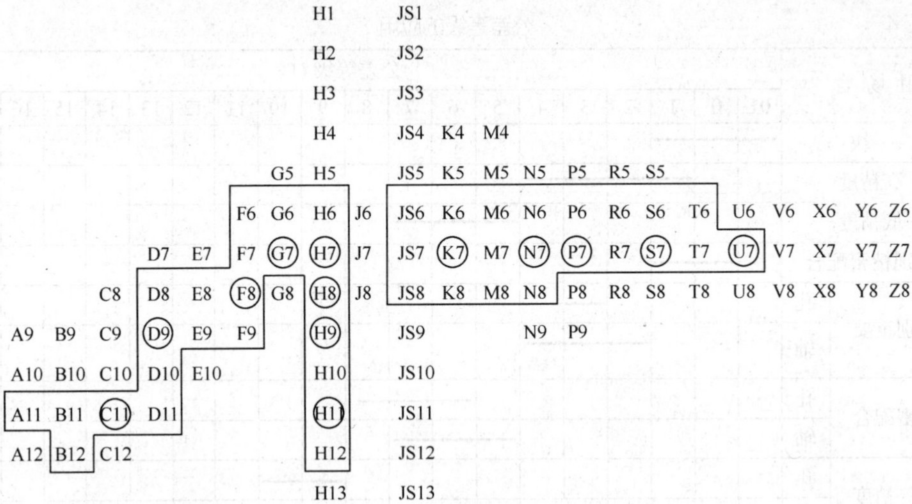

注：表中圆圈中孔的公差带为优先选用的，方框中的为常用的。

（a）一般、常用和优先孔公差带

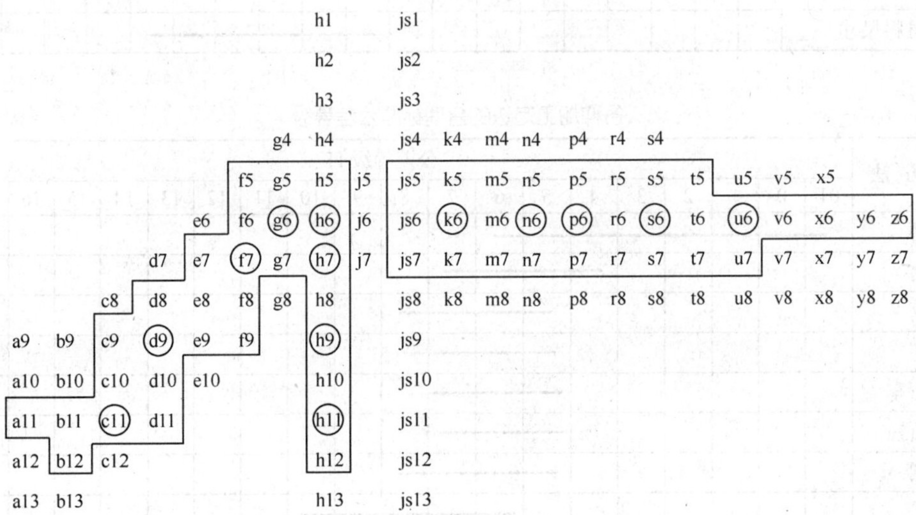

注：表中圆圈中轴的公差带为优先选用的，方框中的为常用的。

（b）一般、常用和优先轴公差带

图 5-5　公称尺寸至 500mm 孔、轴公差带

5.2.3　标准公差等级的选用

公差等级的选用原则

标准公差等级的基本选择原则：在满足使用要求的前提下，尽可能地选用较低的公差等级，以便很好地解决机器零件的使用要求与制造工艺及成本之间的矛盾。

选择公差等级时，应掌握各个公差等级的应用范围和各种加工方法所能达到的公差等级，如表 5-4、表 5-5 所示。表 5-6 列出了各种公差等级的主要应用范围。

表 5-4　公差等级的应用

应用场合			01	0	1	2	3	4	5	6	7	8	9	10	11	12	13	14	15	16	17	18
量块			—	—	—																	
量规	高精度				—	—	—	—														
量规	低精度								—	—	—											
配合尺寸	个别精密配合			—	—																	
配合尺寸	特别重要	孔					—	—	—													
配合尺寸	特别重要	轴				—	—	—														
配合尺寸	精密配合	孔								—	—	—										
配合尺寸	精密配合	轴							—	—	—											
配合尺寸	中等精度	孔											—	—								
配合尺寸	中等精度	轴										—	—									
配合尺寸	低精度配合														—	—	—					
非配合尺寸																—	—	—	—	—	—	—
原材料尺寸												—	—	—	—	—	—					

表 5-5　各种加工方法的合理标准公差等级

加工方法	01	0	1	2	3	4	5	6	7	8	9	10	11	12	13	14	15	16	17	18
研磨	—	—	—	—	—	—	—	—												
珩磨						—	—	—	—											
圆磨							—	—	—	—										
平磨							—	—	—	—										
金刚石车							—	—	—											
金刚石镗							—	—	—											
拉削							—	—	—	—										
铰孔								—	—	—	—	—								
精车精镗									—	—	—									
粗车												—	—	—						
粗镗												—	—	—						
铣										—	—	—	—							
刨、插												—	—							
钻削												—	—	—	—					
冲压												—	—	—	—	—				
滚压、挤压												—	—							
锻造																	—	—		
砂型铸造																—	—			
金属型铸造																—	—			
气割																—	—	—	—	—

表 5-6　标准公差等级的主要应用范围

公差等级	主要应用实例
IT01～IT1	一般用于精密标准量块。IT1 也用于检验 IT6 和 IT7 级轴用量规的校对量规
IT2～IT7	用于检验工件 IT5～IT16 的量规的尺寸公差
IT3～IT5（孔为 IT6）	用于精度要求很高的重要配合。例如，机床主轴与精密滚动轴承的配合、发动机活塞销与连杆孔和活塞孔的配合。 配合公差很小，对加工要求很高，应用较少
IT6（孔为 IT7）	用于机床、发动机和仪表中的重要配合。例如，机床传动机构中的齿轮与轴的配合，轴与轴承的配合，发动机中活塞与气缸、曲轴与轴承、气阀杆与导套的配合等。 配合公差较小，一般精密加工能够实现，在精密机械中广泛应用
IT7，IT8	用于机床和发动机中不太重要的配合，也用于重型机械、农业机械、纺织机械、机车车辆等的重要配合。例如，机床上操纵杆的支承配合、发动机活塞环与活塞环槽的配合、农业机械中齿轮与轴的配合等。 配合公差中等，加工易于实现，在一般机械中广泛应用
IT9，IT10	用于一般要求，或长度精度要求较高的配合。某些非配合尺寸的特殊需要，例如，飞机机身的外壳尺寸，由于质量限制，要求达到 IT9 或 IT10
IT11，IT12	多用于各种没有严格要求，只要求便于连接的配合。例如，螺栓和螺孔、铆钉和孔等的配合
IT12～IT18	用于非配合尺寸和粗加工的工序尺寸上。例如，手柄的直径、壳体的外形和壁厚尺寸，以及端面之间的距离等

5.3 配合

配合是指公称尺寸相同的一批相互结合的孔和轴的公差带之间的关系称为配合。相配合的孔和轴公称尺寸必须相同，而相互结合的孔和轴公差带之间的不同关系决定了孔和轴配合的松紧程度，也决定了孔和轴的配合性质。

间隙与过盈：孔的尺寸减去相配轴的尺寸之差为正，则表示间隙；之差为负，则表示过盈。

5.3.1 配合

公称尺寸相同的孔和轴公差带间的相对位置关系，就形成了零件间的配合，配合是指一批孔和轴的装配关系，而不是指单个孔和轴之间的装配关系。配合按其配合性质可分为间隙配合、过盈配合和过渡配合三种。

间隙配合指孔与轴装在一起时具有间隙（包括最小间隙等于零）的配合。此时，孔的公差带在轴的公差带上方，如图 5-6（a）所示。间隙配合主要用于孔、轴间需要产生相对运动的活动连接。间隙用大写字母“X”表示。

过盈配合指孔与轴装在一起时具有过盈（包括最小过盈等于零）的配合。此时，孔的公差带在轴的公差带下方，如图 5-6（b）所示。过盈配合主要用于孔、轴间不允许产生相对运动的紧固连接。过盈量用大写字母“Y”表示。

过渡配合指孔与轴装在一起时既可能存在间隙又可能存在过盈的配合。此时，孔的公差带与轴的公差带相互交叠，如图 5-6（c）所示。过渡配合主要用于孔、轴间的定位连接。

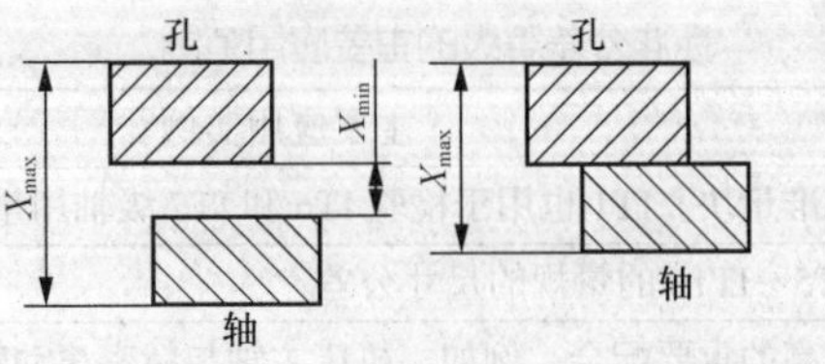

（a）间隙配合

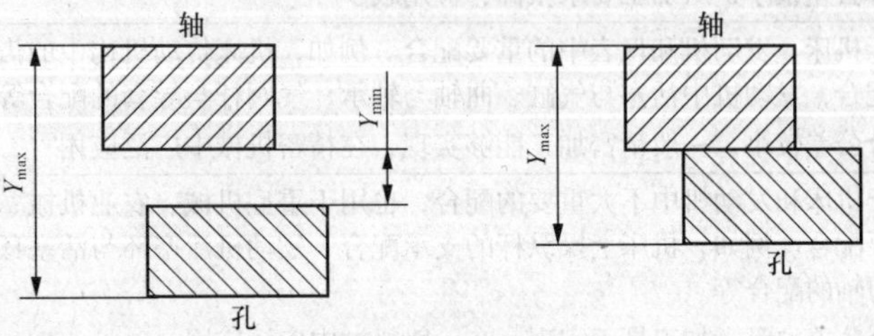

（b）过盈配合

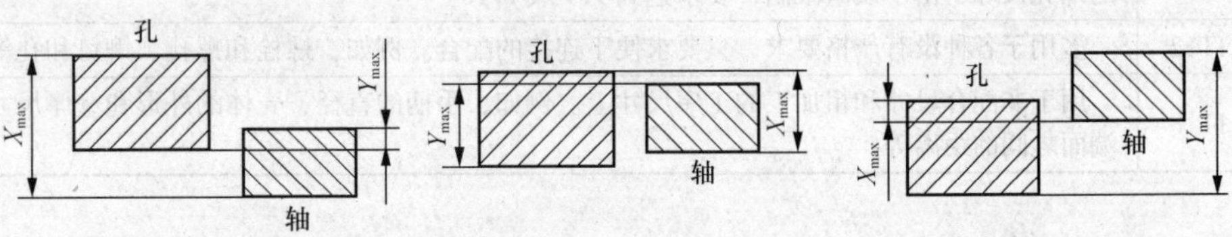

（c）过渡配合

图 5-6　三种配合制度

无论零件采用哪一种配合性质，都与配合的使用性能和要求相关，例如发动机连杆轴颈与连杆之间有轴瓦，它们与轴瓦的配合采用的是间隙配合，以存储润滑油，减摩、补偿温度变化、弹性变形、安装温度等。

工程实际中，为了更精确地确定相互配合零件之间配合关系，使用了配合公差。可以说，配合公差（Tf）指相互配合零件之间允许变动的间隙量或（和）过盈量。即：

对间隙配合：Tf=$X_{max}-X_{min}$；对过盈配合：Tf=$Y_{min}-Y_{max}$；对过盈配合：Tf=$X_{max}-Y_{max}$。

显然，当公称尺寸一定时，配合公差 Tf 表示配合的精确程度，反映设计和使用要求；而孔轴的公差（Th 和 Ts）表示尺寸的精确程度，反映零件的加工难易程度。

配合公差与孔轴尺寸公差的关系是：Tf=Th+Ts。这说明：若使用要求提高，则配合公差 Tf 减小，即 Th+Ts 减小，就意味着孔轴的尺寸精度提高，成本也就提高。

与尺寸公差一样，配合公差也可以用配合公差带、配合公差带图来表示。配合公差带图（见图 5-7（a））可以更直观地表达配合性质，及配合松紧及其变动情况。在配合公差带图中，横坐标为零，表示间隙或过盈量为零；零线上方的纵坐标为正，表示间隙 X；零线下方的纵坐标方为负，表示过盈 Y；上下两端的距离为配合公差 Tf。

【例 5-2】确定例 5-1 中孔轴的配合公差，并画出配合公差带图。

解：首先根据图 5-2 判断，该配合性质为间隙配合，因此它们的配合公差 Tf= Th+Ts=41μm；又因为 X_{max}=ES−ei=+25−(−41)=+66μm。其配合公差带图如图 5-7（b）所示。

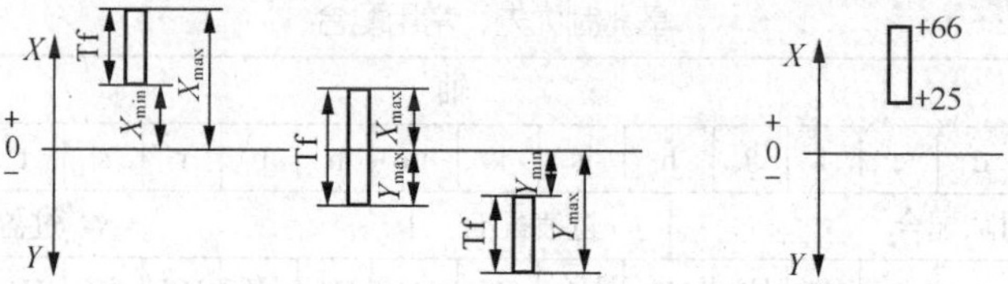

（a）　　（b）

图 5-7　配合公差带图

5.3.2　配合制度及选择

孔和轴公差带形成配合的一种制度，称为配合制度。根据生产实际需要，国家标准规定了两种配合制度。

认识基孔制

1. 配合制度

（1）基孔制配合。基本偏差一定的孔的公差带，与不同基本偏差的轴的公差带形成不同松紧程度配合的一种制度。基孔制配合的孔称为基准孔，其基本偏差代号为“H”，下极限偏差为零，即它的下极限尺寸等于公称尺寸，如图 5-8（a）所示。

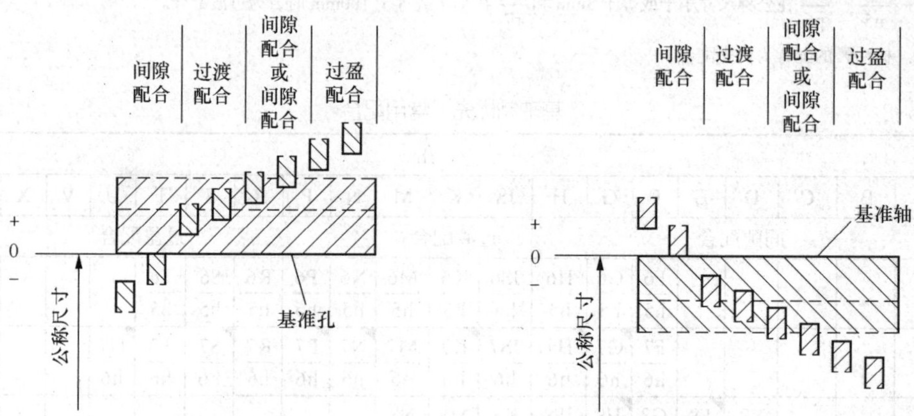

（a）基孔制配合　　（b）基轴制配合

图 5-8　基孔制与基轴制配合

认识基轴制

（2）基轴制配合。基本偏差一定的轴的公差带，与不同基本偏差的孔的公差带形成不同松紧程度配合的一种制度。基轴制配合的轴称为基准轴，其基本偏差代号为“h”，上极限偏差为零，即它的上极限尺寸等于公称尺寸，如图 5-8（b）所示。

（3）基孔制的优先和常用配合的规定。如表 5-7 所示，优先配合 13 种，用左上角的黑三角符号注明；常用（包括优先）配合 59 种。

（4）基轴制的优先和常用配合的规定。如表 5-8 所示，优先配合 13 种，用左上角的黑三角符号注明；常用（包括优先）配合 47 种。

表 5-7　　基孔制优先、常用配合

基准孔	轴																				
	a	b	c	d	e	f	g	h	js	k	m	n	p	r	s	t	u	v	x	y	z
	间隙配合								过渡配合					过盈配合							
H6						$\frac{H6}{f5}$	$\frac{H6}{g5}$	$\frac{H6}{h5}$	$\frac{H6}{js5}$	$\frac{H6}{k5}$	$\frac{H6}{m5}$	$\frac{H6}{n5}$	$\frac{H6}{p5}$	$\frac{H6}{r5}$	$\frac{H6}{s5}$	$\frac{H6}{t5}$					
H7						$\frac{H7}{f6}$	◤$\frac{H7}{g6}$	◤$\frac{H7}{h6}$	$\frac{H7}{js6}$	$\frac{H7}{k6}$	$\frac{H7}{m6}$	◤$\frac{H7}{n6}$	◤$\frac{H7}{p6}$	$\frac{H7}{r6}$	◤$\frac{H7}{s6}$	$\frac{H7}{t6}$	◤$\frac{H7}{u6}$	$\frac{H7}{v6}$	$\frac{H7}{x6}$	$\frac{H7}{y6}$	$\frac{H7}{z6}$
H8					$\frac{H8}{e7}$	◤$\frac{H8}{f7}$	$\frac{H8}{g7}$	◤$\frac{H8}{h7}$	$\frac{H8}{js7}$	$\frac{H8}{k7}$	$\frac{H8}{m7}$	$\frac{H8}{n7}$	$\frac{H8}{p7}$	$\frac{H8}{r7}$	$\frac{H8}{s7}$	$\frac{H8}{t7}$	$\frac{H8}{u7}$				
				$\frac{H8}{d8}$	$\frac{H8}{e8}$	$\frac{H8}{f8}$		$\frac{H8}{h8}$													
H9			$\frac{H9}{c9}$	◤$\frac{H9}{d9}$	$\frac{H9}{e9}$	$\frac{H9}{f9}$		◤$\frac{H9}{h9}$													
H10			$\frac{H10}{c10}$	$\frac{H10}{d10}$				$\frac{H10}{h10}$													
H11	$\frac{H11}{a11}$	$\frac{H11}{b11}$	◤$\frac{H11}{c11}$	$\frac{H11}{d11}$				◤$\frac{H11}{h11}$													
H12		$\frac{H12}{b12}$						$\frac{H12}{h12}$													

注：1. $\frac{H6}{n5}$、$\frac{H7}{p6}$ 在公称尺寸小于或等于 3mm 和 $\frac{H8}{r7}$ 在小于或等于 100mm 时，为过渡配合。

2. 标注◤的配合为优先配合。

表 5-8　　基轴制优先、常用配合

基准轴	孔																				
	A	B	C	D	E	F	G	H	JS	K	M	N	P	R	S	T	U	V	X	Y	Z
	间隙配合								过渡配合					过盈配合							
h5						$\frac{F6}{h5}$	$\frac{G6}{h5}$	$\frac{H6}{h5}$	$\frac{JS6}{h5}$	$\frac{K6}{h5}$	$\frac{M6}{h5}$	$\frac{N6}{h5}$	$\frac{P6}{h5}$	$\frac{R6}{h5}$	$\frac{S6}{h5}$	$\frac{T6}{h5}$					
h6						$\frac{F7}{h6}$	◤$\frac{G7}{h6}$	◤$\frac{H7}{h6}$	$\frac{JS7}{h6}$	◤$\frac{K7}{h6}$	$\frac{M7}{h6}$	◤$\frac{N7}{h6}$	◤$\frac{P7}{h6}$	$\frac{R7}{h6}$	◤$\frac{S7}{h6}$	$\frac{T7}{h6}$	◤$\frac{U7}{h6}$				
h7					$\frac{E8}{h7}$	◤$\frac{F8}{h7}$		◤$\frac{H8}{h7}$	$\frac{JS8}{h7}$	$\frac{K8}{h7}$	$\frac{M8}{h7}$	$\frac{N8}{h7}$									
h8				$\frac{D8}{h8}$	$\frac{E8}{h8}$	$\frac{F8}{h8}$		$\frac{H8}{h8}$													
h9				◤$\frac{D9}{h9}$	$\frac{E9}{h9}$	$\frac{F9}{h9}$		◤$\frac{H9}{h9}$													
h10				$\frac{D10}{h10}$				$\frac{H10}{h10}$													
h11	$\frac{A11}{h11}$	$\frac{B11}{h11}$	◤$\frac{C11}{h11}$	$\frac{D11}{h11}$				◤$\frac{H11}{h11}$													
h12		$\frac{B12}{h12}$						$\frac{H12}{h12}$													

注：标注◤的配合为优先配合。

2. 配合制度的选择

配合的选择原则

在选择配合制度时，需要考虑以下几个原则。

（1）应优先选用基孔制。主要是从经济性考虑的，加工相同公差等级的孔和轴时，孔的加工难度比轴的加工难度大。同时兼顾到功能、结构、工艺条件和其他方面的要求。因为从工艺上看，加工中等尺寸的孔，通常用价格较贵的扩孔钻、铰刀、拉刀等定尺寸刀具或量具。而轴的加工可以用一把车刀或砂轮加工个同尺寸，轴径的测量采用通用量具。因此，采用基孔制主要是减少定尺寸的刀具、量具的规格和数量，降低生产成本，提高加工的经济性。

（2）特殊结构和原材料选用基轴制。当以冷拔钢材作轴时，采用基轴制可避免冷拉圆钢尺寸规格过多，给冷拉造成成本增加；当同一轴与几个公称尺寸相同的孔配合，且配合性质不同时，宜选择基轴制；当加工尺寸小于 1mm 的轴比加工孔更困难时，采用基轴制更经济。

（3）根据标准件选择基准制。当设计的零件与标准件配合时，配合制度依据标准件而定。例如，滚动轴承的内圈与轴的配合应选用基孔制，而滚动轴承的外圈与轴承座孔的配合则应选用基轴制。

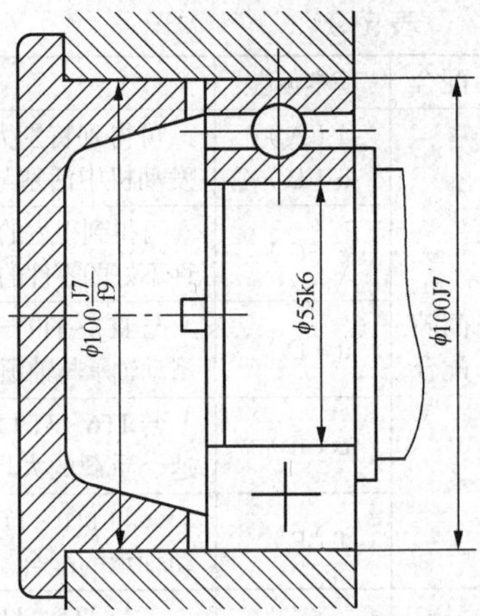

图 5-9　滚动轴承与孔的配合

（4）采用任意孔、轴公差带组成配合。为了满足特殊的配合需要，允许采用任意孔、轴公差带组成配合，既非基准制配合。如图 5-9 所示，由于滚动轴承与孔的配合已选定孔的公差带为 $\phi100J7$，轴承盖与孔的配合定心精度要求不高，因而其配合应选用间隙配合 $\phi100J7/f9$。

5.3.3　汽车典型零件配合的选用

1. 配合的选用

前述标准公差等级和配合制度的选择，确定了基准孔或基准轴的公差带，以及相应的非基准轴或非基准孔公差带的大小，因此选择配合种类实质上是确定非基准轴或非基准孔公差带的位置，即选择非基准轴或非基准孔的基本偏差代号。配合的选用主要是根据使用要求确定配合种类和配合代号。

通常采用类比法选择配合类别。类比法是指在同类型机器或机构中，经过生产实践验证的已用配合的实例，再考虑所设计机器的使用要求，并进行分析对比确定所需配合的方法。要掌握这种方法，应做到以下两点。

（1）分析零件的工作条件和使用要求。用类比法选择配合种类时，要先根据工作条件要求确定配合类别。

① 间隙配合。主要用于配合件间具有相对运动的场合，有时利用容易装卸的特点，用于各种静止连接，这时需要加紧固件。

② 过渡配合。主要用于精确定心，配合件间无相对运动、可拆卸的静联接。要传递扭矩时，需要加紧固件。

③ 过盈配合。主要用于配合件间无相对运动、不可拆卸的静联接。当过盈量较小时只作精确定心用，要传递扭矩时，需加紧固件；当过盈量较大时，可直接用于传递扭矩。

配合类别确定以后，再进一步选择配合的松紧。

（2）了解各种基本偏差的特性与应用。配合制确定后，配合的松紧程度的选择就是选取非基准件的基本偏差代号。为此，必须了解各基本偏差代号的配合特性。表 5-9 列出了按基孔制配合的轴的基本偏差或基轴制配合的孔的基本偏差的特性和应用。

表 5-9　各种基本偏差的配合说明

配合	基本偏差	特点及应用实例
间隙配合	a（A） b（B）	可得到特别大的间隙，应用很少，主要用于工作时温度高，热变形大的零件的配合，如发动机中活塞与缸套的配合为 H9/a9
	c（C）	可得到很大的间隙，一般用于工作条件较差（如农业机械）、工作时受力变形大及装配工艺性不好的零件的配合。也适用于高温工作的间隙配合，如内燃机排气阀杆与导管的配合为 H8/c7
	d（D）	与 IT7 ~ IT11 对应，适用于较松的间隙配合（如滑轮、空转的带轮与轴的配合），以及大尺寸滑动轴承与轴颈的配合（如涡轮机、球磨机等的滑动轴承）。活塞环与活塞槽的配合可用 H9/d9
	e（E）	与 IT6 ~ IT9 对应，具有明显的间隙，用于大跨矩及多支点的转轴与轴承的配合，以及高速、重载的大尺寸轴与轴承的配合。如大型电机、内燃机的主要轴承处的配合为 H8/e7
	f（F）	多与 IT6 ~ IT8 对应，用于一般转动的配合，受温度影响不大。采用普通润滑油的轴与滑动轴承的配合。如齿轮箱、小电动机、泵等的转轴与滑动轴承的配合为 H7/f6
间隙配合	g（G）	多与 IT5、IT6、IT7 对应，形成配合的间隙较小，用于轻载精密装置中的转动配合，用于插销的定位配合，滑阀、连杆销等处的配合，钻套孔多用 G
	h（H）	多与 IT4 ~ IT11 对应，广泛用于无相对转动的配合，一般的定位配合。若没有温度、变形的影响，也可用于精密滑动轴承，如车床尾座孔与滑轮套筒的配合为 H6/h5
过渡配合	js（JS）	多用于 IT4 ~ IT7 具有平均间隙的过渡配合，用于略有过盈的定位配合，如联轴节，齿圈与轮毂的配合，滚动轴承外圈与外壳孔的配合多用 JS7。一般用手或木槌装配
	k（K）	多用于 IT4 ~ IT7 具有平均间隙接近零的配合，用于定位配合，如滚动轴承的内、外圈分别与轴颈、外壳孔的配合。用木槌装配
	m（M）	多用于 IT4 ~ IT7 具有平均过盈较小的配合，用于精密定位的配合，如蜗轮的青铜缘与轮毂的配合为 H7/m6
	n（N）	多用于 IT4 ~ IT7 具有平均过盈较大的配合，很少形成间隙，用于加键传递较大扭矩的配合，如冲床上齿轮与轴的配合。用槌子或压力机装配
过盈配合	p（P）	用于小过盈配合，与 H6 或 H7 的孔形成过盈配合。而与 H8 的孔形成过渡配合。碳钢和铸铁制零件形成的配合为标准压入配合，如绞车的绳轮与齿圈的配合为 H7/p6。合金钢制零件的配合需要小过盈时可用 p 或 P
	r（R）	用于传递大扭矩或受冲击负荷而需要加键的配合，如蜗轮与轴的配合为 H7/r6。H8/r8 的配合在公称尺寸 < 100mm 时，为过渡配合
	（s）S	用于钢和铸件零件的永久性和半永久性结合，可产生相当大的结合力。如套环压在轴、阀座上用 H7/s6 配合
	t（T）	用于钢和铸件零件的永久性结合，不用键可传递扭矩，需用热套法或冷轴法装配，如联轴节与轴的配合为 H7/t6
	u（U）	用于大过盈配合，最大过盈需验算。用热套法进行装配。如火车轮毂和轴的配合为 H6/u5
	v（V）x（X） y（Y）z（Z）	用于特大过盈配合，目前使用的经验和资料很少。须经试验后才能应用。一般不推荐

配合类别确定后，根据配合的松紧程度，可参考表 5-10，再进一步类比确定具体的配合代号。

表 5-10 公称尺寸≤500mm 优先配合的配合特征

基 孔 制	基 轴 制	配合特性及应用
H11/c11	C11/h11	间隙非常大，用于很松、速度很慢的转动配合，要求大公差与大间隙的外露组件，以及要求装配方便的很松的配合
H9/d9	D9/h9	间隙很大的自由配合。用于精度非主要要求时，或温度变动大、转速高或轴颈压力大的情况
H8/f7	F8/h7	间隙不太大的转动配合。用于中等转速与中等轴颈压力为精确转动，或较易装配的中等定位配合。如齿轮箱、小电机和泵等的转轴及滑动支承的配合等
H7/g6	G7/h6	间隙很小的滑动配合。用于无自由转动，可自由移动或滑动的精密定位。如精密连杆轴承、活塞与滑阀、连杆销等
H7/h6 H8/h7 H9/h9 H11/h11	H7/h6 H8/h7 H9/h9 H11/h11	间隙定位配合。用于零件可自由装拆，而工作时一般无相对运动的场合
H7/k6	K7/h6	过渡配合，用于精密定位
H7/n6	N7/h6	过渡配合，允许有较大过盈的更精密定位
H7/p6	P7/h6	过盈定位配合，即小过盈配合，用于定位精度特别重要时，能以最好的定位精度达到部件的刚性及对中性要求，而对内孔承受压力无特殊要求，不依靠配合的紧固性传递摩擦负荷
H7/s6	S7/h6	中等压入配合，适用于一般钢件，或用于薄壁件的冷缩配合，用于铸铁件可得到最紧的配合
H7/u6	U7/h6	较大过盈压入配合，适用于可以承受高压力的零件或依靠装配结合力传递一定负荷的零件

另外，还要注意联系孔和轴的工艺等价性。孔和轴的工艺等价性是指孔和轴应有相同的加工难易程度。在公差等级≤IT8 时，中小尺寸的孔加工，从目前的技术水平来看，比同尺寸、同等级的轴加工要困难，加工成本要高些，其工艺是不等价的。为了使组成配合的孔、轴工艺等价，其公差等级应按优先常用配合孔、轴相差一级选用；公差等级＞8 级的，孔、轴加工难易程度相当，其工艺是等价的，可以同级配合使用，如表 5-11 所示。

表 5-11 按工艺等价性选择轴的公差等级

配 合 类 别	孔的公差等级	轴应选的公差等级	实 例
间隙配合	≤IT8	轴比孔高一级	H7/f6
过渡配合	＞IT8	轴与孔同级	H9/f9
过盈配合	≤IT7	轴比孔高一级	H7/p6
	＞IT7	轴与孔同级	H8/s8

2. 汽车典型零件配合选用实例

首先以图 5-10 所示发动机气缸体的极限与配合为例，来说明极限与配合选用的原则。气缸体是发动机的主体，它将各个气缸和曲轴箱连成一体，是安装活塞、曲轴以及其他零件和附件的支承。

图 5-10　发动机气缸体

（1）气缸套承孔与气缸套之间的配合。汽油发动机缸径大多小于 120mm，由于其热负荷较小，故大多采用干式缸套，即冷却水不直接与缸套外表面接触。为了获得与缸体间足够的实际接触面积，保证散热效果和缸套的定位，干式缸套外表面和与其相配合的气缸体承孔内表面都有较高的加工精度，而且一般都采用过盈配合。另外，干式缸套壁薄，有的只有 1～3mm 厚。干式缸套外圆下端制有不大的锥角，以便压入气缸体。其顶部（或缸体承孔的底部）有带凸缘和不带凸缘两种。带凸缘的过盈配合量较小，因为凸缘可帮助其定位。

发动机气缸套承孔和气缸套之间配合属于精度要求较高的配合，否则在使用过程中容易出现变形，影响发动机性能和使用稳定性，因此其尺寸精度等级选用 IT6～IT8 级。

我国的发动机气缸套多采用半成品气缸套，即内孔留有加工余量。气缸套的装配是将事先将缸套冷冻至零下 20℃左右,再用不大的力量（约 100N）将汽缸套压入气缸体承孔中，因此它的过盈量不大。

【例 5-3】某发动机采用干式气缸套，气缸套承孔公称尺寸为ϕ75mm，要求缸套承孔与缸套之间采用过盈配合，配合过盈量为 40～90μm，试确定缸体承孔和缸套合适的配合。

解：首先选定基准制。由于发动机干式气缸套壁薄，较难加工，因此将气缸套装入气缸体时，以气缸套外圆为基准，即采用基轴制。

其次，确定标准公差等级。因为 Tf=$Y_{min}-Y_{max}$=−50μm，考虑到为半成品零件且为薄壁轴，它的外表面加工极为困难，因此气缸套外壁的公差等级宜选得比气缸套承孔的公差等级大一级。查表 5-1 有：气缸套外壁的公差等级可采用 IT7，而气缸套承孔的公差等级可采用 IT6 。则有 Tf=Th+Ts=19+30=49 < Tf=50μm，因此确定为上述公差等级。

最后，确定极限尺寸。因已选定基轴制，且气缸套外壁的公差等级为 7 级，即采用了 h7，es=0，ei=es−IT7=−30，若保证最大过盈量则孔的下极限偏差 EI=Y_{max}−es=−90μm，其上极限偏差 ES=−0.071μm，即孔的尺寸及偏差为：$\phi75_{-0.090}^{-0.071}$；若保证最小过盈量则孔的上极限偏差 ES=Y_{min}+ei=−75μm，其下极限偏差 EI=−0.094μm，即孔的尺寸及偏差为：$\phi75_{-0.094}^{-0.075}$。

实际发动机气缸修理的工艺过程大多是：首先根据已知发动机选用合适的气缸套，再根据气缸套的公差、尺寸以及装配的过盈量，计算出气缸套承孔的极限尺寸；又再根据气缸套承孔的极限尺寸进行精镗气缸套承孔到位，最后冷却气缸套，压入装配；再检测气缸套内径，确定其尺寸偏差、以及圆度、圆柱度后在确定气缸套内孔精镗方案。

（2）发动机曲轴与轴瓦的配合分析。轴瓦的作用主要是用于连杆或者曲轴在高速运转的时候起到摩擦保护作用。在发动机使用过程中，时有烧瓦抱轴事故发生，多是由于曲轴与轴瓦间隙控制不当造成的。轴瓦抱轴烧损主要是由于轴颈与轴瓦之间的润滑油膜破裂，导致轴瓦与曲轴产生摩擦。在高温、高压和高转速下，轴瓦的耐磨合金层过早地磨损或熔化，从而引起轴瓦合金层剥落损伤，并黏咬在轴颈上，发生烧瓦抱轴机械事故。

为了保证良好的润滑，曲轴轴颈和轴瓦配合时，必须留有合适的间隙。其轴瓦间隙大小主要取决于轴和轴瓦相对滑动速度、承受载荷大小、润滑油黏度和轴瓦接触面等。当轴在轴瓦中静止时，轴紧贴轴承，下部接触面的润滑油几乎被全部排挤出。当轴开始旋转时，由润滑油本身的摩擦（黏度）的作用下，油膜成尖劈状向接触面内楔入，并有一定的热量，使轴偏转和上浮，随转速的增高，此作用越大。当轴浮起的力和作用于轴颈上的载荷相等，轴和轴瓦进人液体润滑工作状态，轴和轴瓦完全被润滑油分开。此时轴和轴瓦磨损最小。

轴瓦间隙过大或过小，都对润滑不利。间隙过小，油膜过薄，轴瓦温度高达 150℃左右，润滑油变稀，吸附能力降低，易出现抓黏。当轴颈和轴瓦继续相对滑动，而温度随之升高，易造成烧瓦等事故。间隙过大，轴瓦间产生漏油，油压下降，发动机有敲击声，严重时会出现烧瓦或断轴等事故。

从上述不难看出，轴瓦装配间隙过大或过小都不行，必须留有合适间隙，延长轴瓦的使用寿命，才能使发动机工作正常。

对于汽油发动机来说，一般曲轴与主轴瓦间隙为 60～110μm，磨损极限为 250μm；曲轴与连杆轴瓦间隙为 60～105μm，磨损极限为 300μm。

曲轴的轴向间隙主要考虑发动机的温度变化。一般有曲轴轴向间隙为 100～200μm（用垫片调整）。

再以发动机活塞销与连杆小头之间以及活塞销与活塞之间的公差与配合为例分析。发动机活塞承受气体压力，并通过活塞销传给连杆驱动曲轴旋转。它们经受的高温瞬时可达 2500K 以上而活塞顶部温度在正常工作时高达 600K～700K；承受的高压对汽油机而言可达 3～5MPa，柴油机则更高，达 6～9MPa；汽车发动机活塞、活塞销的往复速度很高，为 8～12m/s；除此之外活塞销与连杆小头之间以及活塞销与活塞之间润滑条件很差。

活塞销连接活塞与连杆，因此活塞销与活塞之间的有相对转动，为避免活塞运动过程中发生偏斜而出现拉缸的严重故障，且为使活塞热量尽快的传递，所以它们的间隙不应太大。一般采用间隙配合，间隙量的范围为 0～15μm；活塞销与连杆小头之间则既可以采用间隙配合、过渡配合，还可以采用过盈配合。由于采用过盈配合时，容易出现咬死的情况发生，所以目前只有老式发动机上，如老解放 6110，6113 上采用。目前大多数发动机采用间隙配合或者过渡配合。活塞销与连杆小头之间采用过渡配合时的配合公差不能太大，若间隙量大则连杆的轴向定位不好，容易出现连杆小头偏斜。若是过盈量大，则会咬死，因此这种过渡配合公差一般为-5～5μm；若采用间隙配合时，既要满足它们的高精度配合，又要改善活塞销与连杆小头之间的润滑条件，因此它们之间采用间隙配合时的间隙量为 8～13μm。

根据发动机活塞、活塞销、连杆小头的工作以及润滑条件可以得出：发动机活塞销孔、活塞销、连杆小头内孔必须耐磨且精度很高，因此它们的尺寸精度等级为 IT5 或 IT6。又因为孔加工比同级轴困难，差一级孔轴工艺等价，因此发动机活塞销孔，以及连杆小头孔尺寸精度可采用 IT6，活塞销尺寸精度可采用 IT5。

图 5-11 所示为发动机活塞销孔、活塞销、连杆小头之间的配合制选择。某发动机活塞销孔、活塞销、连杆小头间孔轴的公称尺寸为 20mm。若采用基孔制，三个孔采用的公差带一样，则活塞销要做成阶梯状，如图 5-11（b）所示。这样在阶梯处容易出现应力集中，容易损坏，同时制造、装配都很困难。若采用基轴制，活塞销为光轴，如图 5-11（c）所示，克服了基孔制带来的不利影响。

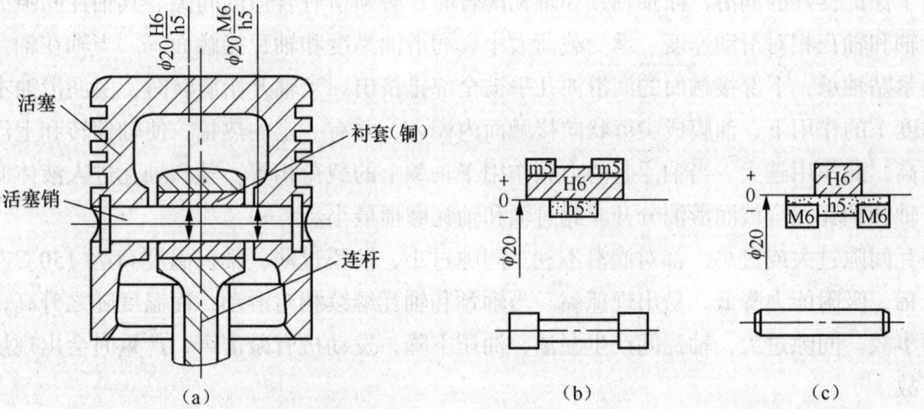

图 5-11　活塞销孔、活塞销、连杆小头的配合

能力训练与拓展

在测量时，测量结果与实际值之间的差值叫误差。测量误差主要来自以下 4 个方面。

① 外界条件。外界条件主要指观测环境中气温、气压、空气湿度和清晰度、风力以及大气折光等因素的不断变化，导致测量结果中带有误差。

② 仪器条件。仪器在加工和装配等工艺过程中，不能保证仪器的结构能满足各种几何关系，这样的仪器必然会给测量带来误差。

③ 方法。理论公式的近似限制或测量方法的不完善。

④ 观测者的自身条件。由于观测者感官鉴别能力所限以及技术熟练程度不同，也会在仪器对中、整平和瞄准等方面产生误差。

按性质和特点测量误差又可分为系统误差、随机误差和粗大误差三大类。

系统误差可能是由于测量设备的缺陷、测量仪器精度不高、测量仪表的安装、放置和使用不当等引起的误差；也可能是由于测量环境变化，如温度、湿度、电源电压变化、周围电磁场的影响等带来的误差；还可能是测量方法不完善，所依据的理论不严密或采用了某些近似公式等造成的误差。系统误差具有一定的规律性，即在相同条件下多次测量同一量时，误差的符号保持恒定，或在条件改变时按某种确定规律而变化。可以根据系统误差产生的原因和规律采取一定的技术措施，设法减弱它。

随机误差主要是由那些对测量值影响微小，又互不相关的多种随机因素共同造成的。随机误差的特点是：在多次测量中，随机误差的绝对值实际上不会超过一定的界限，即随机误差具有有界性；随机误差具有抵偿性。

超出在规定条件下预期的误差叫粗大误差。也就是说，在一定的测量条件下，测量结果明显地偏离了真值。读数错误、测量方法错误、测量仪器有严重缺陷等原因，都会导致产生粗大误差。粗大误差明显地歪曲了实际情况的测量结果，对应于粗大误差的测量结果称为异常数据或坏值。

在测量过程中或测量完成之后，我们应该根据误差的性质和规律进行数据分析和处理。

对于随机误差，由于众多随机误差之和有正负相消的机会，随着测量次数的增加，随机误差的算术平均值越来愈越小，并无限趋近于零。因此，多次测量求平均值可以大大减小随机误差对测量结果的影响。

对于粗大误差，由于粗大误差是明显地歪曲了实际情况的测量结果。因此对于测量结果中那些明显偏离正常的数据，我们应该剔除。

系统误差的处理则相对比较困难，因为它是系统固有缺陷造成的。我们可以采取改变测量原理或者使用更高精度的测量仪器或设备来测量。

复习思考题

5-1　什么是互换性？并举例说明。

5-2　判断下列各种说法是否正确，试说明原因。

（1）公称尺寸是设计给定尺寸，因此零件的实际尺寸越接近公称尺寸，其精度越高。

（2）最小实体尺寸是孔、轴下极限尺寸的统称。

（3）公差是零件尺寸允许的最大偏差。

（4）孔的基本偏差即下极限偏差，轴的基本偏差即上极限偏差。

（5）过波配合可能具有间隙或过盈，因此过渡配合可能是间隙配合或是过盈配合。

（6）某孔的实际尺寸小于与其结合的轴的实际尺寸，则形成过盈配合。

（7）在满足使用要求的前提下，应尽量选择用高的公差等级。

5-3　什么叫公称尺寸、实际尺寸和极限尺寸？

5-4　什么叫尺寸偏差、极限偏差？

5-5　什么叫尺寸公差？为什么尺寸公差必须大于零？

5-6　什么叫间隙配合、过盈配合和过渡配合？形成条件是什么?配合特点是什么？

5-7　什么是标准公差？用什么符号表示？

5-8　什么是标准公差等级？共分多少级？标难公差等级与零件的尺寸精度有什么关系？

5-9　公差数值的大小与什么有关？标准公差等级相同，公差数值是否相同？

5-10　什么叫基本偏差？用什么来表示？孔、轴各有多少基本偏差？

5-11　根据表 5-12 中给出的已知条件，计算出各空格处数值，并按规定填在表中。

表 5-12 单位：mm

公 称 尺 寸	上极限尺寸	下极限尺寸	上极限偏差	下极限偏差	公 差
孔ϕ12	12.050	12.032			
轴ϕ60			−0.060		0.046
孔ϕ50		49.958			0.025
轴ϕ45			−0.050	−0.112	

5-12 有一孔 $\phi70_{0}^{+0.028}$ 、轴 $\phi70_{-0.033}^{-0.012}$ 进行配合，试求：

（1）画出公差带图，判断其配合性质。

（2）计算极限间隙或过盈，并标注在公差带图上。

5-13 极限与配合基准制有几种？怎样定义？各有什么特点？

5-14 怎样选择基准制？

5-15 怎样选择公差等级？

第6章 几何公差

【知识准备】

机械制图基础，互换性、尺寸公差和配合。

【学习以及能力目标】

（1）掌握：几何公差项目及符号，几何公差的基本概念，几何公差的标注方法、检测原则和常用检测方法。

（2）了解：几何公差的选用原则，几何公差的公差带。

（3）能独立完成：对几何公差项目的检测数据进行处理，几何公差的检测并根据公差原则对检测对象作出合格性判定。

【教学建议】

（1）教具：多媒体课件；

（2）建议：尽量利用已学的汽车零部件分析讲解几何公差的定义以及检测方法，再结合多媒体课件观察、讲解和分析。

6.1 几何公差概述

任何机械产品都要经过图样设计、机械加工和装配调试等过程。在加工过程中，不论加工设备和方法如何精密、可靠，都不可避免地会出现误差，除了尺寸方面的误差外，还会存在各种形状和位置方面的误差。例如，要求直、平、圆的地方达不到理想的直、平、圆，要求同轴、对称或位置准确的地方达不到绝对的同轴、对称或位置准确。实际加工所得到的零件几何体相对于其理想几何体之间存在差异。若这种差异表现零件几何体线、面形状上，则称为形状误差；若表现在零件的相互位置上，则为方向、位置、跳动误差，通称为几何误差。

几何误差的存在是不可避免的，零件在使用过程中也并不需要绝对消除这些误差，只需根据具体的功能要求，把误差控制在一定的范围内即可，有了允许的变动范围便可实现互换性生产，因此，在机械产品设计过程中，要对零件做几何公差设计，以保证产品质量，满足所需要的性能要求。

零件的几何误差对其使用性能的影响主要有以下几个方面。

（1）影响零件的功能要求。例如，发动机气缸圆度、圆柱度超差，轻则影响发动机的动力性、经济性和尾气排放指标，重则使活塞裙部与气缸体咬合，从而发动机拉缸，甚至不能正常工作；汽车变速器齿轮箱上轴承孔位置精度超差，影响齿轮齿面的接触均匀性和齿侧间隙，可能会在齿轮啮合时产生冲击，降低变速器的寿命。

（2）影响零件的配合性质。当结合的孔、轴几何精度超差，间隙配合则会使间隙分配不均匀，从而加剧孔与轴的磨损，影响零件的使用寿命；过渡配合则会降低配合精度；过盈配合则会使过盈量在整个结合面上分布不均匀，影响连接强度。

（3）影响零件的互换性。例如，汽车离合器轴承套存在几何精度超差，会发生新购进的离合器轴承不能自由装配更换，就算能装上，在离合器接合和分离时也会发出响声，从而会影响离合器运行稳定性和使用寿命。

零件的形状和几何误差对精密、高速、重载、高温、高压机械设备零部件的使用性能影响更为严重。因此零件的形状和几何误差是机械产品的一项重要质量指标。

影响运动平稳性的误差

影响传递运动准确性的误差分析

6.1.1 几何公差特征符号

几何公差是用于限制实际要素的形状或位置误差的，是实际要素的允许变动量，包括形状、方向、位置和跳动公差。国家标准规定的几何公差特征符号有 4 种，每一个几何特征都有规定的专门的符号，其名称和符号如表 6-1 所示。

表 6-1　　几何公差的特征符号（摘自 GB/T 1182—2008）

公差类型	几何特征	符号	有或无基准
形状公差	直线度	—	无
	平面度	▱	无
	圆度	○	无
	圆柱度	⌭	无
	线轮廓度	⌒	无
	面轮廓度	⌓	无
方向公差	平行度	//	有
	垂直度	⊥	有
	倾斜度	∠	有

续表

公差类型	几何特征	符号	有或无基准
方向公差	线轮廓度	⌒	有
	面轮廓度	⌓	有
位置公差	位置度	⌖	有或无
	同轴（同心）度	◎	有
	对称度	⌯	有
	线轮廓度	⌒	有
	面轮廓度	⌓	有
跳动公差	圆跳动	↗	有
	全跳动	⌰	有

6.1.2　几何要素的分类

几何要素（简称要素）是指构成零件几何特征的点、线、面，是几何公差的研究对象。一般在研究形状公差时，涉及的对象有线和面两类要素，在研究位置公差时，涉及的对象有点、线和面三类要素。

几何要素可从下面几个角度进行分类。

1. 按结构特征分类

（1）组成要素。即构成零件外形为人们直接感觉到的点、线、面，如图 6-1 所示的 a、b、c、e、d 等。

（2）导出要素。由一个或几个轮廓要素对称中心所得到的点、线、面。其特点是它不能为人们直接感觉到，而是通过相应的轮廓要素才能体现出来，如零件上的中心面、中心线、中心点等，如图 6-1 所示的 g、h、f 等。

2. 按存在状态分类

（1）实际要素。即零件上实际存在的要素，可以通过测量反映出来的要素代替。

（2）公称要素。它是具有几何学意义的要素，设计图样上给出的理论正确要素。它不存在任何误差，是绝对正确的几何要素，在生产中是不可能得到的。

（3）提取要素。按规定方法，针对零件实际表面，通过有限个目的点提取获得的要素。通常用测量得到的要素来近似代替。

（4）拟合要素。按规定方法，针对零件实际表面，通过无限多个的目的点提取获得的要素。它也是具有几何学意义的要素。

3. 按所处部位分类

（1）被测要素。即图样中给出了几何公差要求的要素，是测量的对象。如图 6-2（a）中 ϕ16H7 孔的轴线、图 6-2（b）中的上平面。

（2）基准要素。即用来确定被测要素方向和位置的要素。基准要素在图样上都标有基准符号或基准代号，如图 6-2（a）所示ϕ30h6 的轴线、图 6-2（b）所示的下平面。

4. 按功能关系分类

① 单一要素。指仅对被测要素本身给出形状公差的要素。

② 关联要素。即与零件基准要素有功能要求的要素。如图 6-2（a）所示ϕ16H7 孔的轴线，相对于ϕ30h6 圆柱面轴线有同轴度公差要求，此时ϕ16H7 的轴线属关联要素。同理，图 6-2（b）所示上平面相对于下平面有平行度要求，故上平面属关联要素。

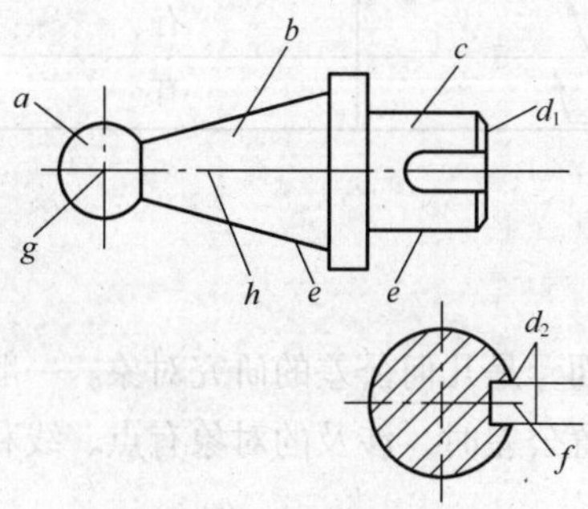

图 6-1　轮廓要素和中心要素

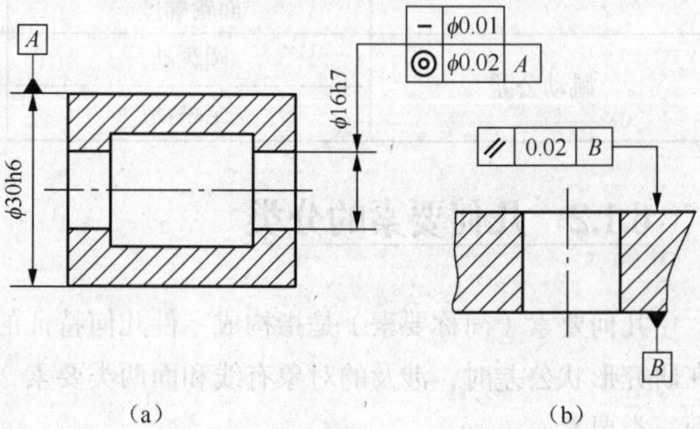

图 6-2　基准要素和被测要素

6.2 几何公差带的定义、标注和解释

6.2.1 形状公差带的定义、标注和解释

形状公差是单一被测要素对其拟合要素的变动范围，用公差带来表示。零件被测要素在公差带内为合格。形状公差带的定义、形状、标注和解释如表 6-2 所示。

表 6-2　　形状公差带的定义、标注和解释（摘自 GB/T 1182—2008）　　单位：mm

几何特征及符号	公差带定义	标注和解释
直线度 —	公差带为在给定平面内和给定方向上，间距等于公差值 t 的两平行直线所限定的区域  a 任一距离。	在任一平行于图示投影面的平面内，上平面的提取（实际）线应限定在间距等于 0.1 的两平行直线内 

续表

几何特征及符号	公差带定义	标注和解释
直线度 —	公差带为间距等于公差值 t 的两平行平面所限定的区域 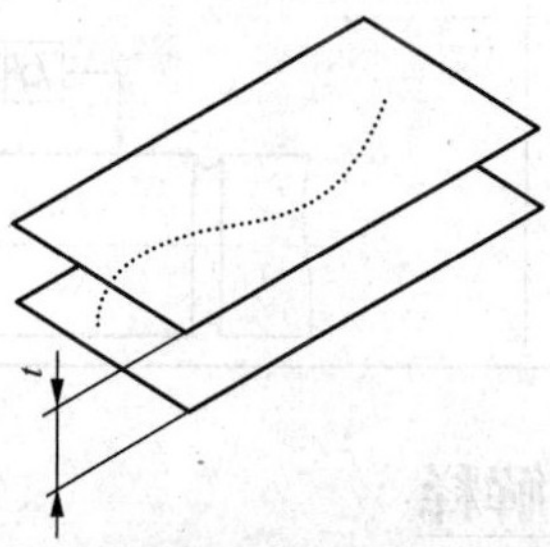 	提取（实际）的棱边应限定在间距等于 0.1 的两平行平面之间 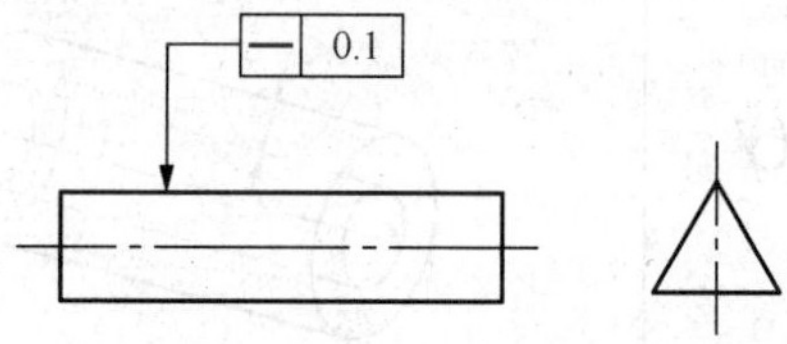
	由于公差值前面加注了符号ϕ，公差带为直径等于公差值ϕt 的圆柱面所限定的区域 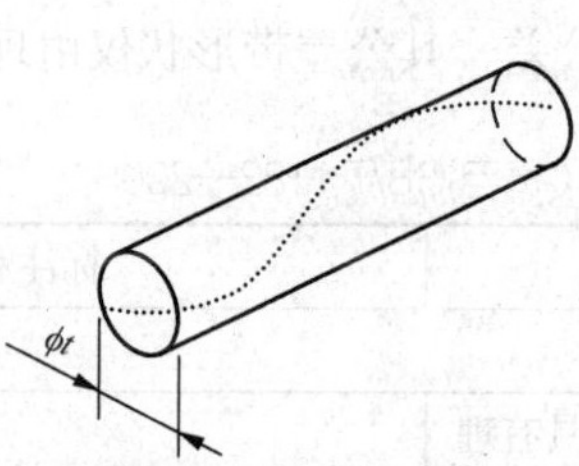 	外圆柱面的提取（实际）中心线应限定在直径等于ϕ0.08 的圆柱面内 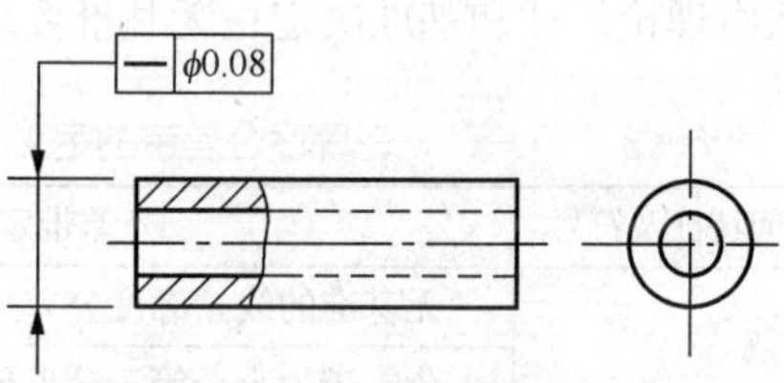
平面度 ▱	公差带为间距等于公差值 t 的两平行平面所限定的区域 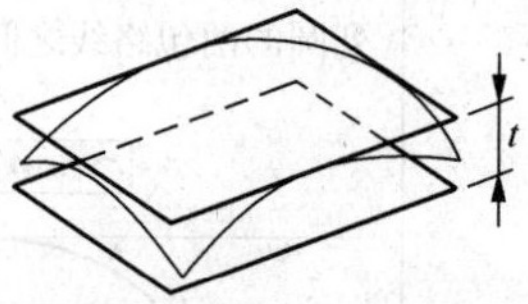 	提取（实际）表面应限定在间距等于 0.08 的两平行平面之间 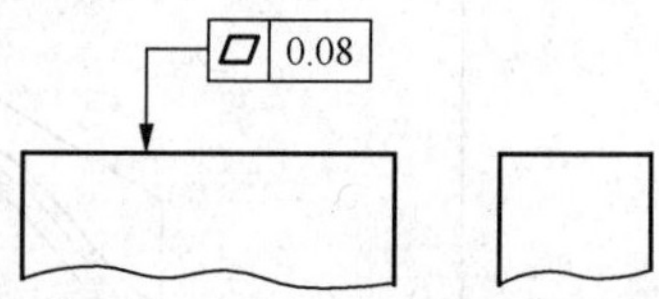
圆度 ○	公差带为在给定横截面内、半径差等于公差值 t 的两同心圆所限定的区域 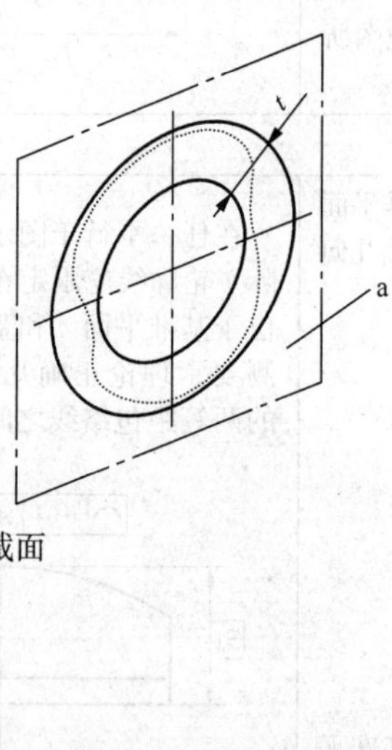 [a]任一横截面	在圆柱面和圆锥面的任意横截面内，提取（实际）圆周应限定在半径差等于 0.03 的两共面同心圆之间 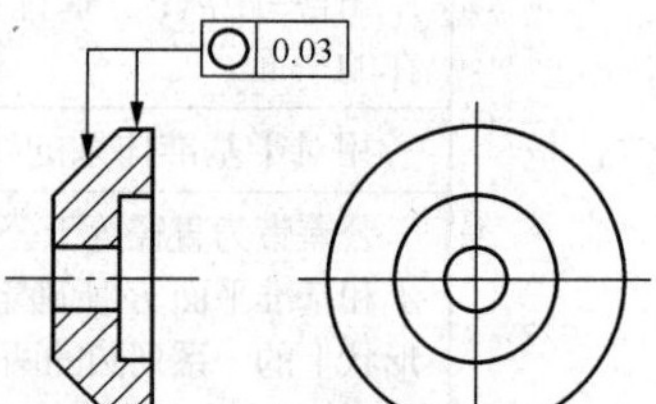
		在圆锥面的任意横截面内，提取（实际）应限定在半径差等于公差值 0.1 的两同心圆之间 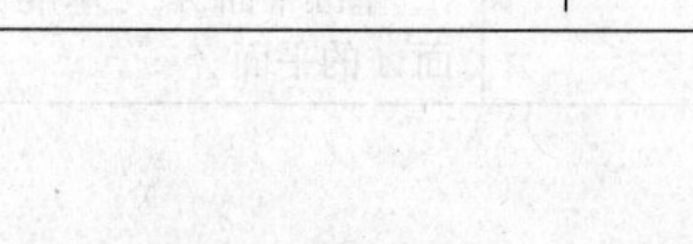

续表

<table>
<tr><th>几何特征及符号</th><th>公差带定义</th><th>标注和解释</th></tr>
<tr><td>圆柱度
⌭</td><td>公差带为半径差等于 t 的两同轴圆柱面所限定的区域
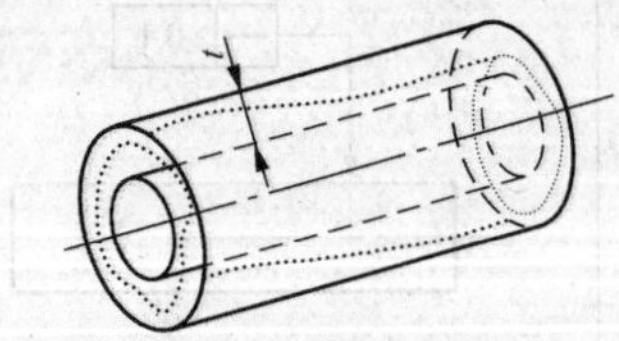</td><td>提取（实际）圆柱面应限定在半径差等于 0.1 的两同轴圆柱面之间
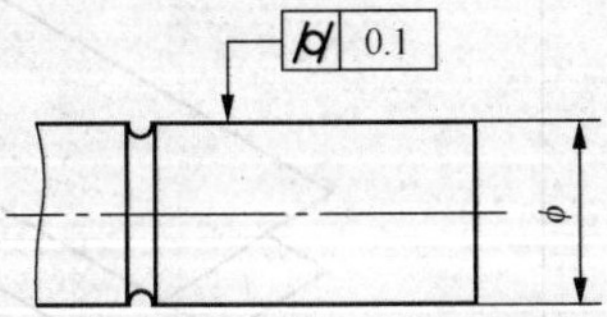</td></tr>
</table>

6.2.2 轮廓度公差带的定义、标注和解释

轮廓度公差有线轮廓度和面轮廓度两类。它有基准要求时为方向公差和位置公差，其公差带形状由理论尺寸和基准决定；无基准要求时为形状公差，其公差带形状仅由理论尺寸决定。

表 6-3 轮廓度公差带的定义、标注和解释（摘自 GB/T 1182—2008） 单位：mm

<table>
<tr><th>几何特征及符号</th><th>公差带定义</th><th>标注和解释</th></tr>
<tr><td rowspan="4">线轮廓度
⌒</td><td colspan="2">无基准的线轮廓度公差</td></tr>
<tr><td>公差带为直径等于公差值 t、圆心位于具有理论正确几何形状上的一系列圆的两包络线所限定的区域
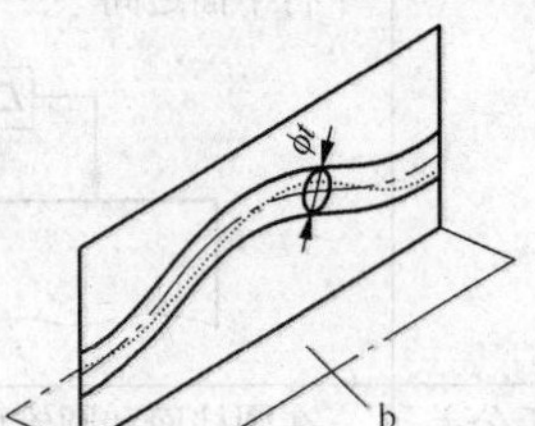
[a] 任一距离；[b] 垂直于本表格本行右侧视图所在的平面。</td><td>在任一平行于图示投影面内，提取（实际）轮廓线应限定在直径等于 0.04、圆心位于被测要素理论正确几何形状上的一系列圆的两包络线之间
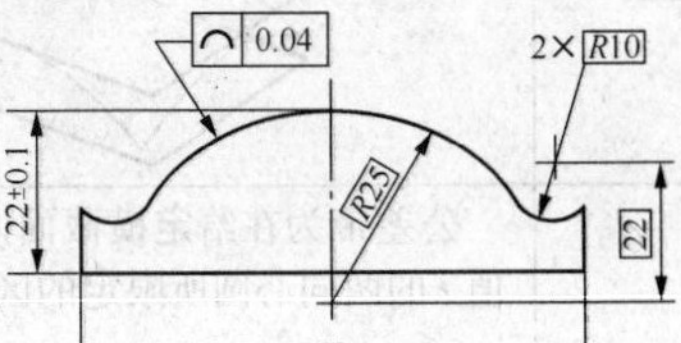</td></tr>
<tr><td colspan="2">相对于基准体系的线轮廓度公差</td></tr>
<tr><td>公差带为直径等于公差值 t、圆心位于基准平面 A 和基准平面 B 所确定的被测要素理论正确几何形状上的一系列圆的两包络线所限定的区域
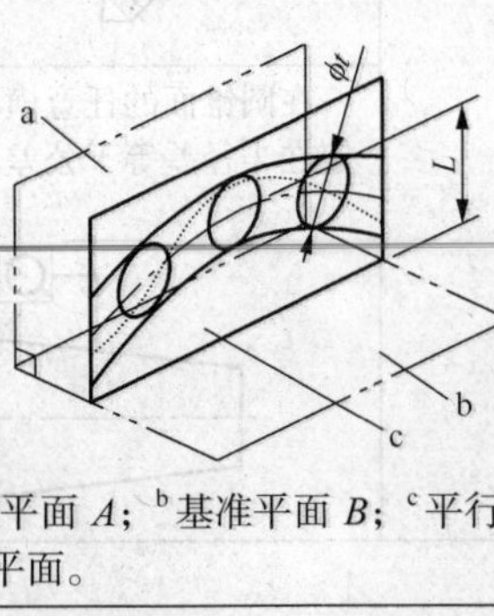
[a] 基准平面 A；[b] 基准平面 B；[c] 平行于基准平面 A 的平面。</td><td>在任一平行于图示投影面内，提取（实际）轮廓线应限定在直径等于 0.04、圆心位于基准平面 A 和基准平面 B 所确定的被测要素理论正确几何形状上的一系列圆的两等距包络线之间
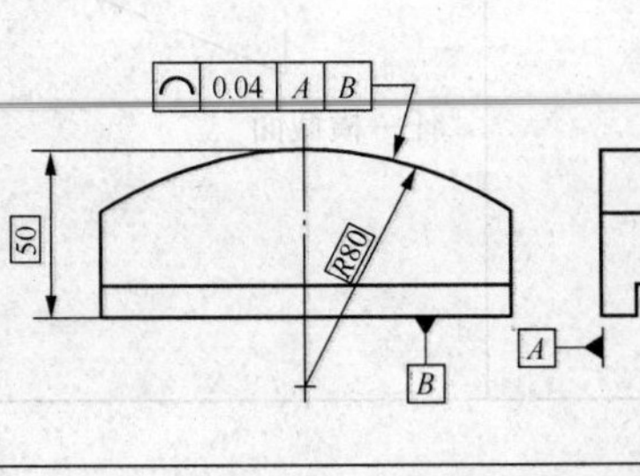</td></tr>
</table>

续表

几何特征及符号	公差带定义	标注和解释
面轮廓度 ⌓	无基准的面轮廓度公差	
	公差带为直径等于公差值 t、球心位于被测要素理论正确形状上的一系列圆球的两包络面所限定的区域 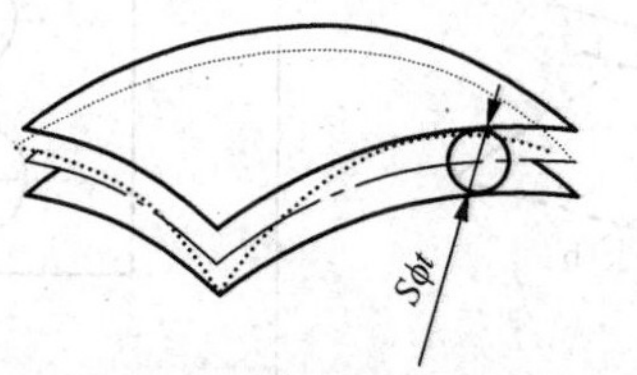	提取（实际）轮廓面应限定在直径等于 0.02、球心位于被测要素理论正确几何形状上的一系列圆球的两等距包络面之间 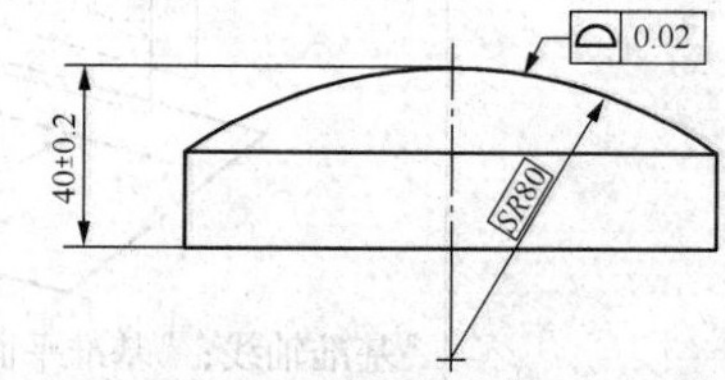
	相对于基准的面轮廓度公差	
	公差带为直径等于公差值 t、球心位于由基准平面 A 确定的被测要素理论正确几何形状上的一系列圆球的两包络面所限定的区域 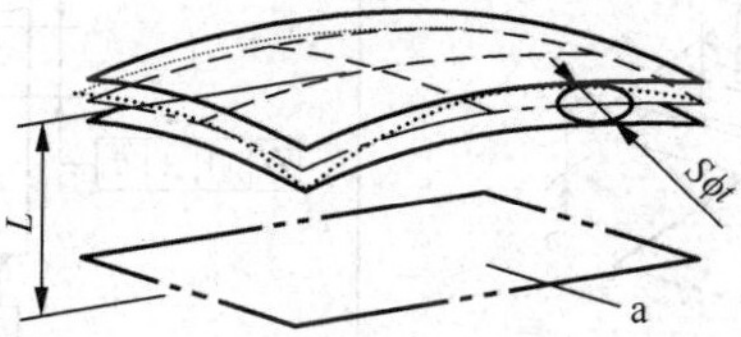 [a] 基准平面 A。	提取（实际）轮廓面应限定在直径等于 0.1、球心位于由基准平面 A 确定的被测要素理论正确几何形状上的一系列圆球的两等距包络面之间 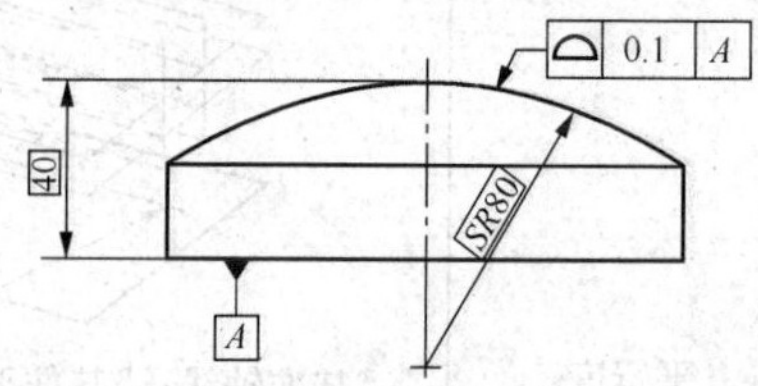

6.2.3　方向公差带的定义、标注和解释

方向公差的平行度、垂直度和倾斜度的被测提取要素和拟合要素有直线和平面之分，因此这三项公差带均有线对线、线对面、面对线和面对面四种情况。方向公差带的定义、标注解释如表 6-4 所示。

表 6-4　　方向公差带的定义、标注和解释（摘自 GB/T 1182—2008）　　单位：mm

几何特征及符号	公差带定义	标注及解释
平行度 //	线对基准体系的平行度公差	
	公差带为间距等于公差值 t、平行于两基准的两平行平面所限定的区域。 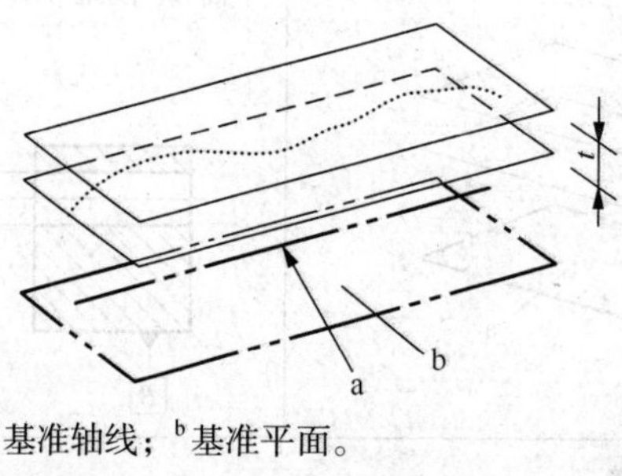 [a] 基准轴线；[b] 基准平面。	提取（实际）中心线应限定在间距等于 0.1、平行于基准轴线 A 和基准平面 B 的两平行平面之间 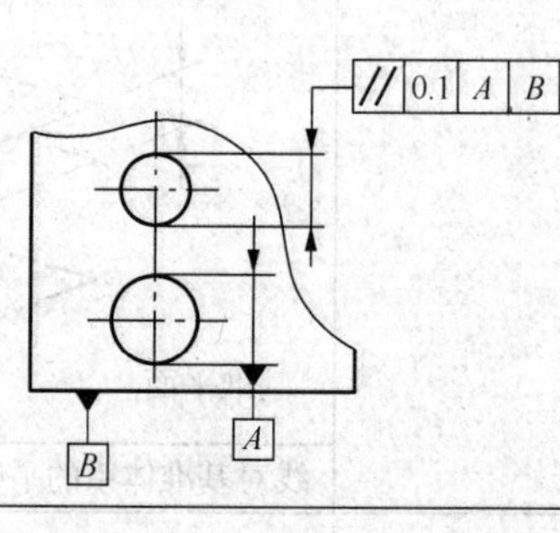

续表

几何特征及符号	公差带定义	标注及解释
平行度 //	公差带为间距等于公差值 t 的平行于基准轴线 A 且垂直于基准平面 B 的两平行平面所限定的区域 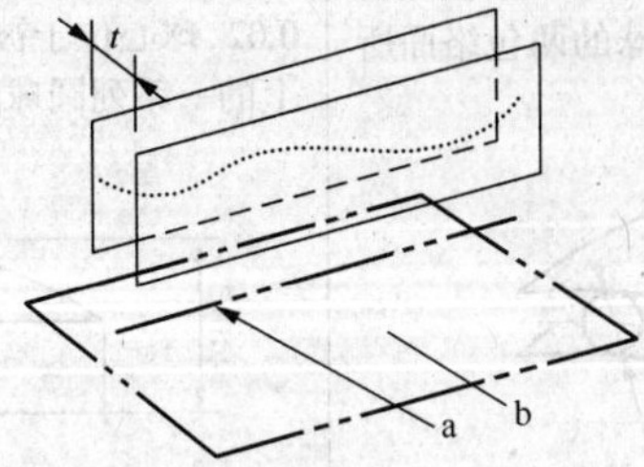 [a]基准轴线；[b]基准平面。	提取（实际）中心线应限定在间距等于 0.1 的两平行平面之间。该两平行平面之间平行于基准轴线 A 且垂直于基准平面 B 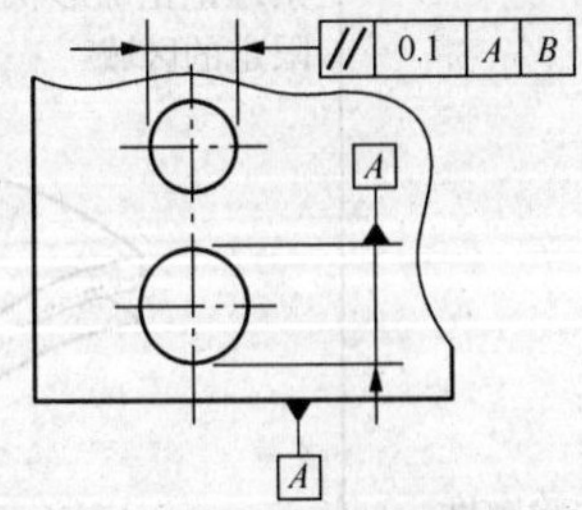
	公差带为平行于基准轴线和平行或垂直于基准平面、间距分别等于公差值 t_1 和 t_2，且相互垂直的两组平行平面所限定的区域 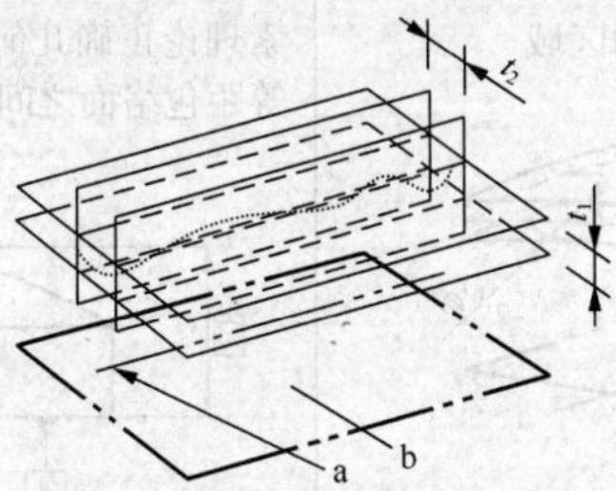 [a]基准轴线；[b]基准平面。	提取（实际）中心线应限定在平行于基准轴线 A 和平行或垂直于基准平面 B、间距分别等于公差值 0.1 和 0.2，且相互垂直的两组平行平面之间。 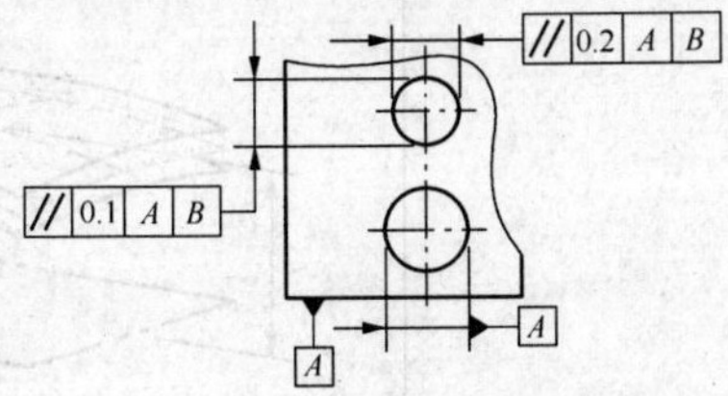
	线对基准线的平行度公差	
	若公差值前面加注了 ϕ，公差带为平行于基准轴线，直径等于公差值 ϕt 的圆柱面所限定的区域 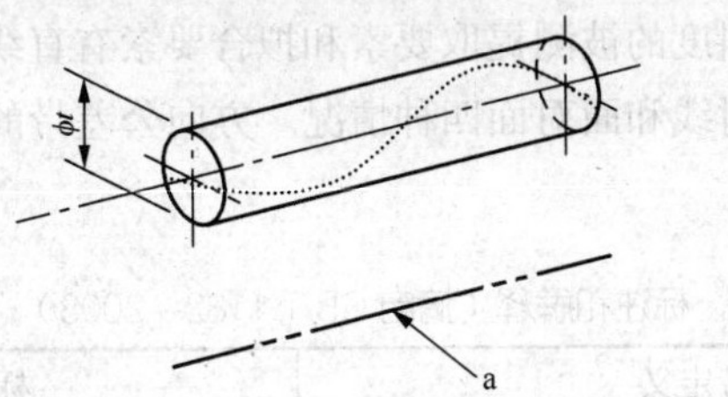 [a]基准轴线。	提取（实际）中心线应限定在平行于基准轴线 A、直径等于 ϕ0.03 的圆柱面内 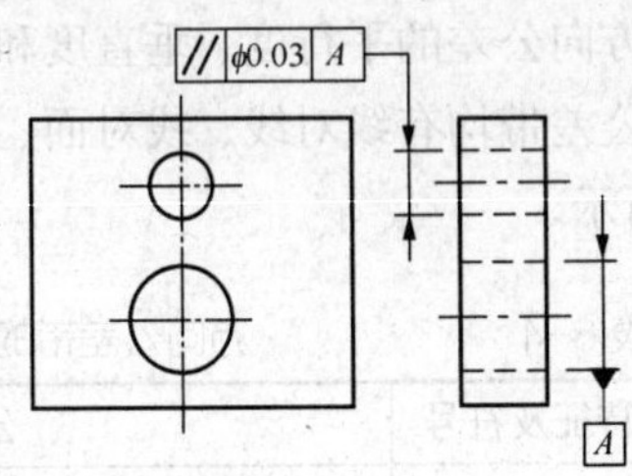
	线对基准面的平行度公差	
	公差带为平行于基准平面、间距等于公差值 t 的两平行平面所限定的区域 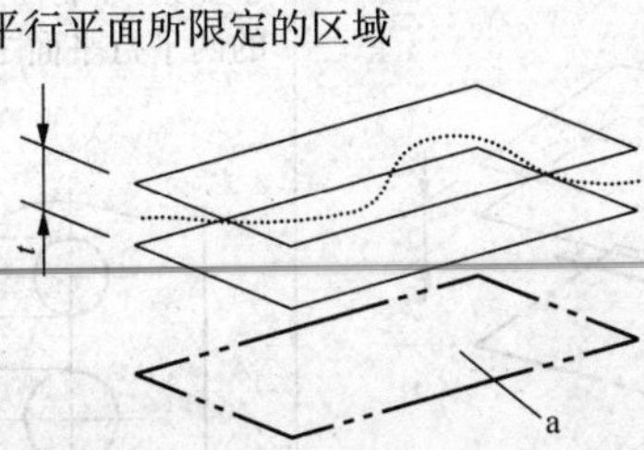 [a]基准平面。	提取（实际）中心线应限定在平行于基准平面 B、间距等于 0.01 的两平行平面之间 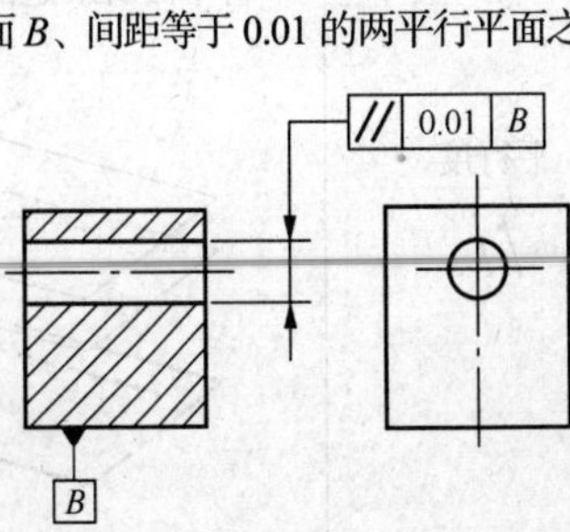
	线对基准体系的平行度公差	

续表

几何特征及符号	公差带定义	标注及解释
平行度 //	公差带为间距等于公差值 t 的两平行直线所限定的区域。该两平行直线平行于基准平面 A 且处于平行于基准平面 B 的平面内 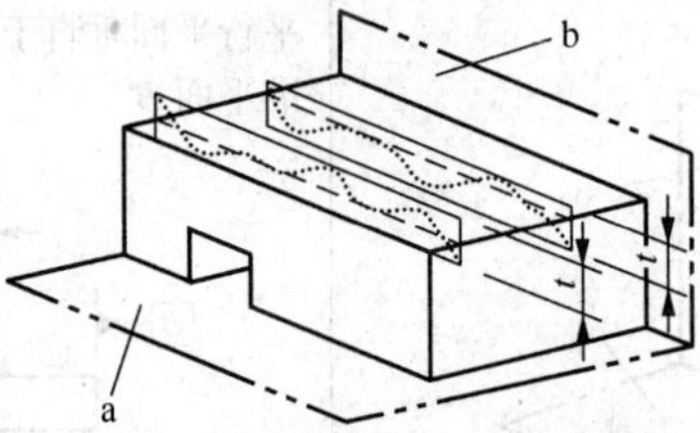 [a] 基准平面 A；[b] 基准平面 B。	提取（实际）线应限定在间距等于 0.02 的两平行直线之间。该两平行直线平行于基准平面 A、且处于平行于基准平面 B 的平面内，差值 t 的两平行线之间 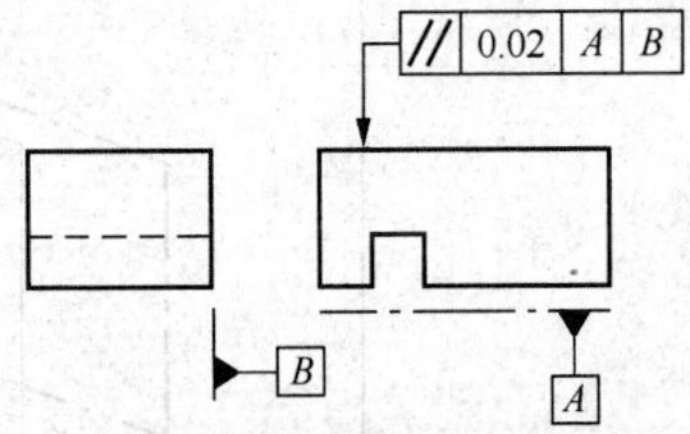
	面对基准线的平行度公差	
	公差带为间距等于公差值 t、平行于基准轴线的两平行平面所限定的区域 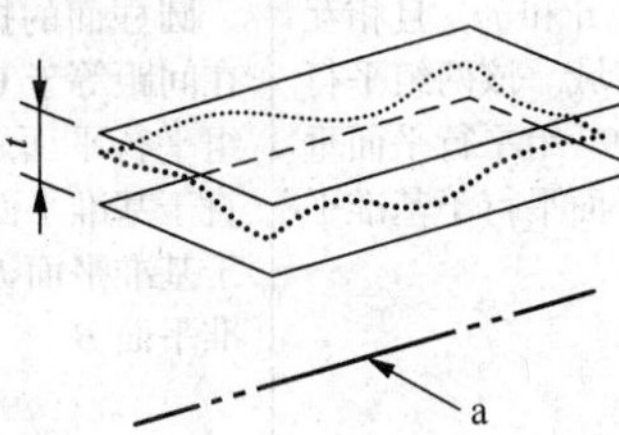 [a] 基准轴线。	提取（实际）表面应限定在间距等于 0.1、平行于基准轴线 C 的两平行面之间 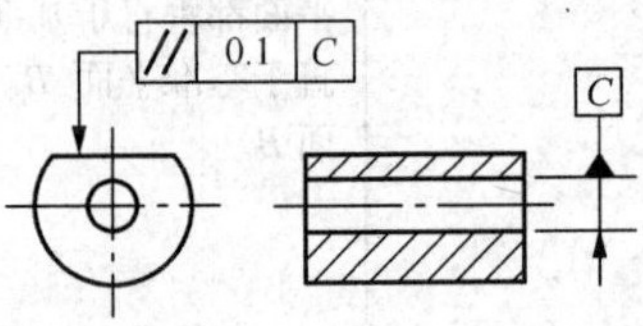
	面对基准面的平行度公差	
	公差带为间距等于公差值 t、平行于基准平面的两平行平面所限定的区域 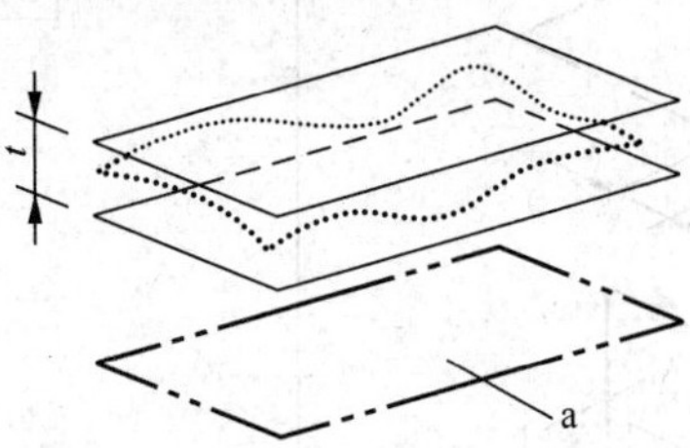 [a] 基准平面。	提取（实际）表面应限定在间距等于 0.01、平行于基准 D 的两平行平面之间 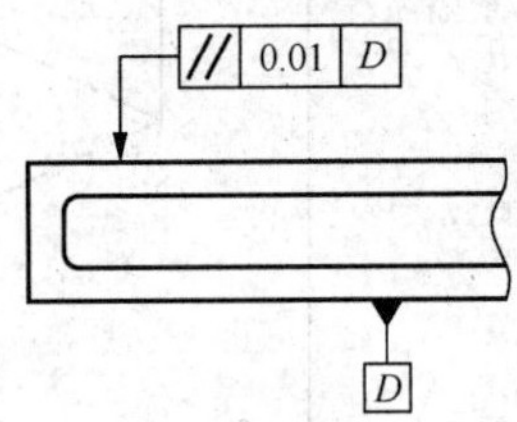
垂直度公差 ⊥	线对基准线的垂直度公差	
	公差带为间距等于公差值 t、垂直于基准线的两平行平面所限定的区域 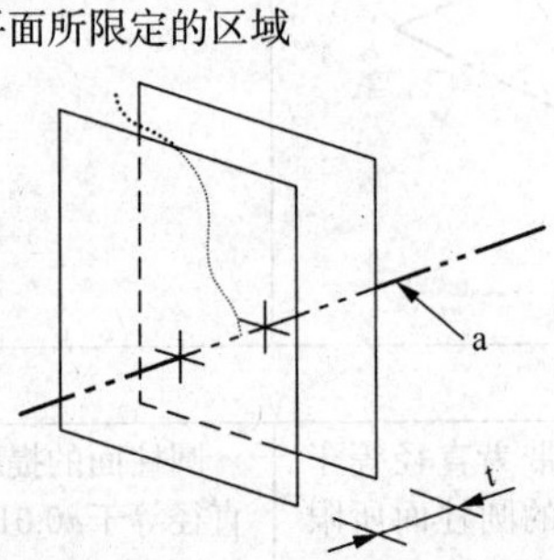 [a] 基准线。	提取（实际）中心线应限定在间距等于 0.06、垂直于基准轴线 A 的两平行平面之间 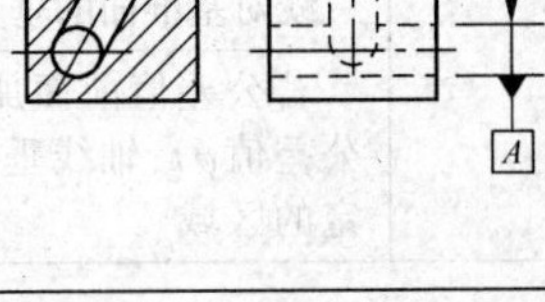

续表

几何特征及符号	公差带定义	标注及解释
	线对基准体系的垂直度公差	
	公差带为间距等于公差值 t 的两平行平面所限定的区域。该两平行平面垂直于基准平面 A，且平行于基准平面 B 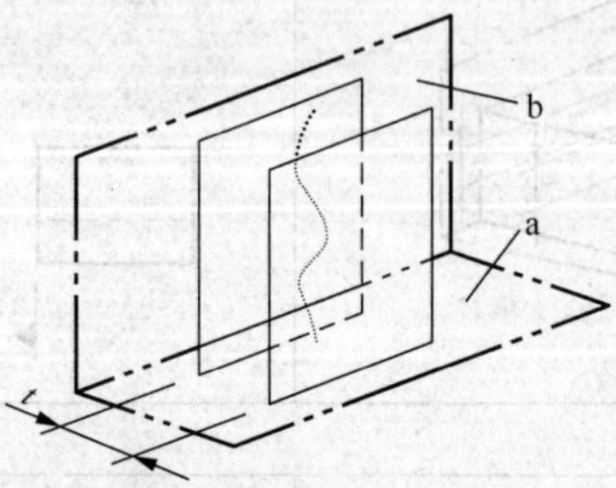 [a]基准平面 A；[b]基准平面 B。	圆柱面的提取（实际）中心线应限定在间距等于 0.1 的两平行平面之间。该两平行平面垂直于基准平面 A，且平行于基准平面 B 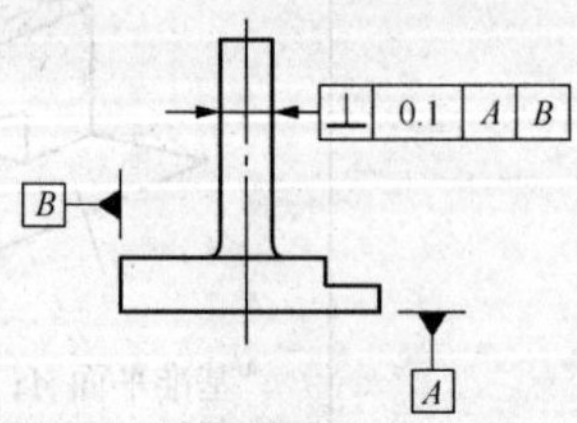
垂直度公差 ⊥	公差带为间距分别等于公差值 t_1 和 t_2，且相互垂直的两组平行平面所限定的区域。该两组平行平面都垂直于基准平面 A，其中一组平行平面垂直于基准平面 B。另一组平行平面平行于基准平面 B 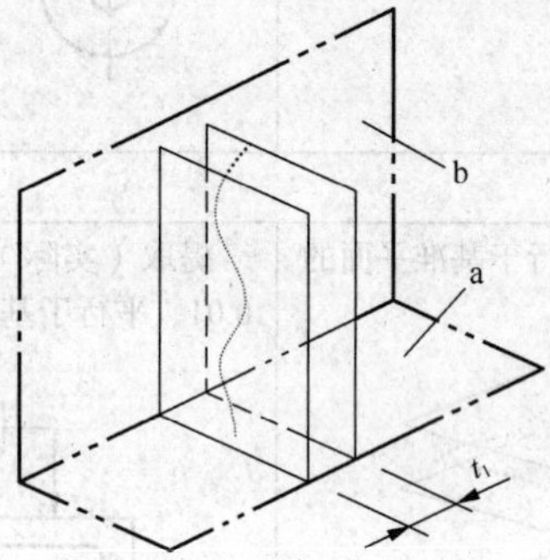 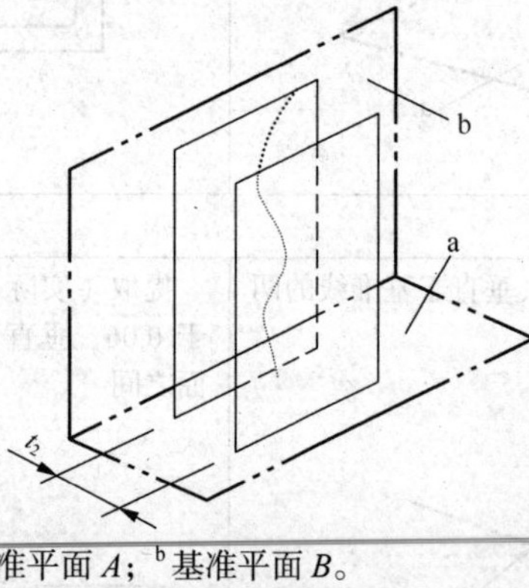 [a]基准平面 A；[b]基准平面 B。	圆柱面的提取（实际）中心线应限定在间距等于 0.1 和 0.2，且相互垂直的两组平行平面之间。该两组平行平面都垂直于基准平面 A。其中一组平行平面垂直于基准平面 B，另一组平行平面平行于基准平面 B 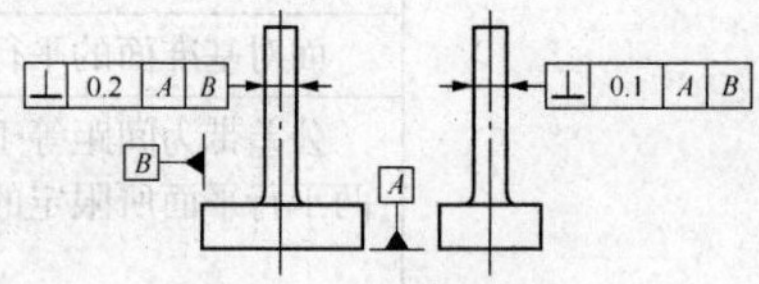
	线对基准面的垂直度公差	
	若公差值前面加注了 ϕ，公差带为直径等于公差值 ϕt、轴线垂直于基准平面的圆柱面所限定的区域	圆柱面的提取（实际）中心线应限定在直径等于 $\phi 0.01$、垂直于基准平面 A 的圆柱面内

续表

几何特征及符号	公差带定义	标注及解释
	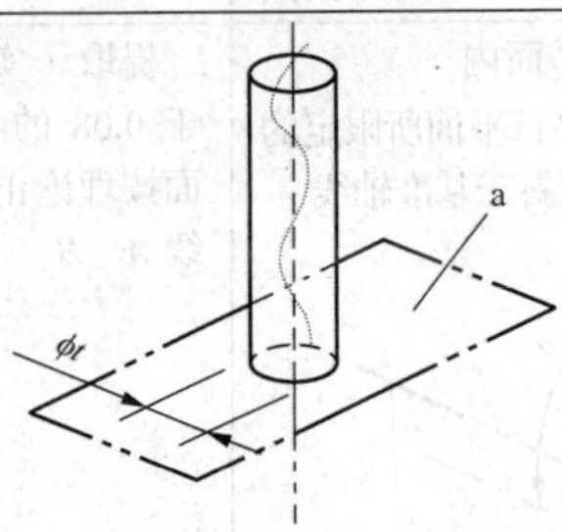 [a]基准平面。	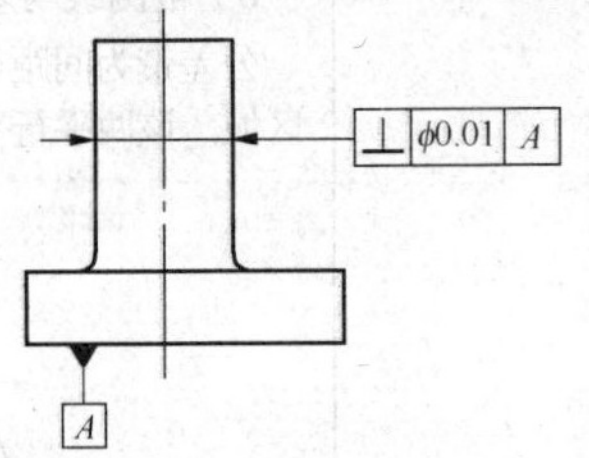
	面对基准线的垂直度公差	
垂直度公差 ⊥	公差带为间距等于公差值 t 且垂直于基准轴线的两平行平面所限定的区域 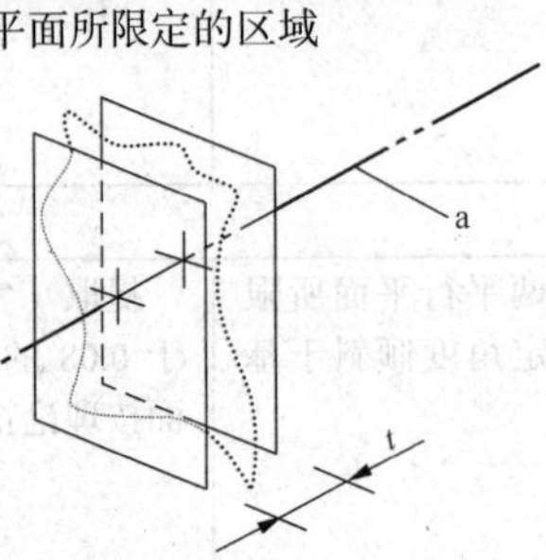 [a]基准轴线。	提取（实际）表面应限定在间距等于 0.08、且垂直于基准轴线 A 的两平行平面之间 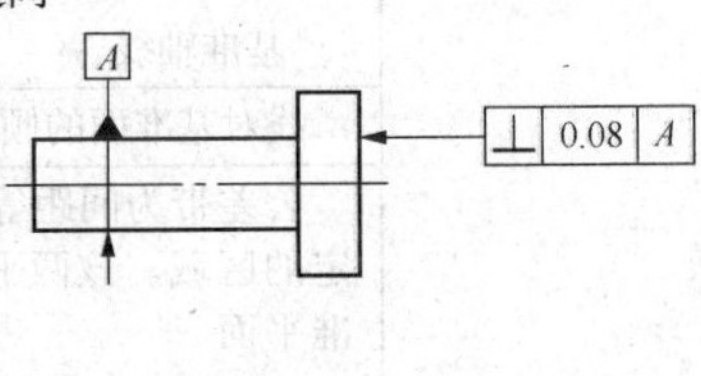
	面对基准平面的垂直度公差	
	公差带为间距等于公差值 t 且垂直于基准平面的两平行平面所限定的区域 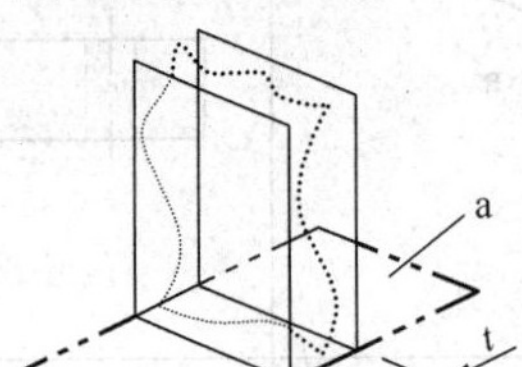 [a]基准平面。	提取（实际）表面应限定在间距等于 0.08、且垂直于基准平面 A 的两平行平面之间 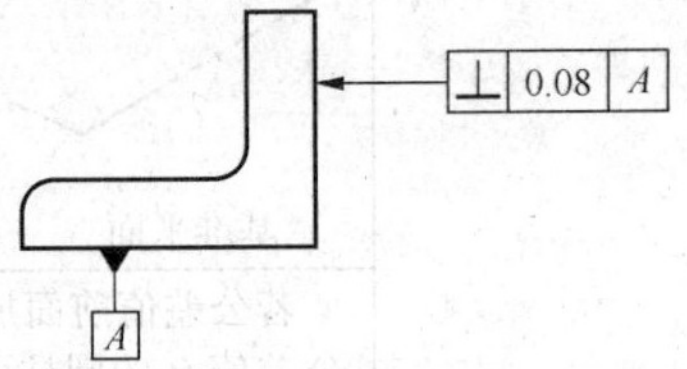
	线对基准线的倾斜度公差	
倾斜度 ∠	a）被测线与基准线在同一平面内 公差带为间距等于公差值 t 的两平行平面所限定的区域。该两平行平面按给定角度倾斜于基准轴线 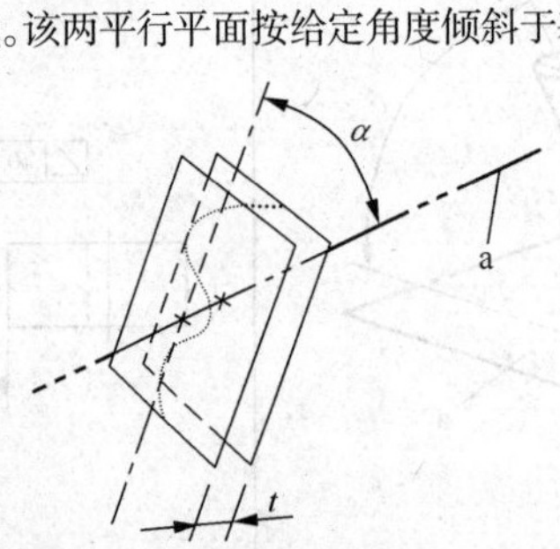 [a]基准轴线。	提取（实际）中心线应限定在间距等于 0.08 的两平行平面之间。该两平行平面按理论正确角度 60°倾斜于公共基准轴线 $A—B$ 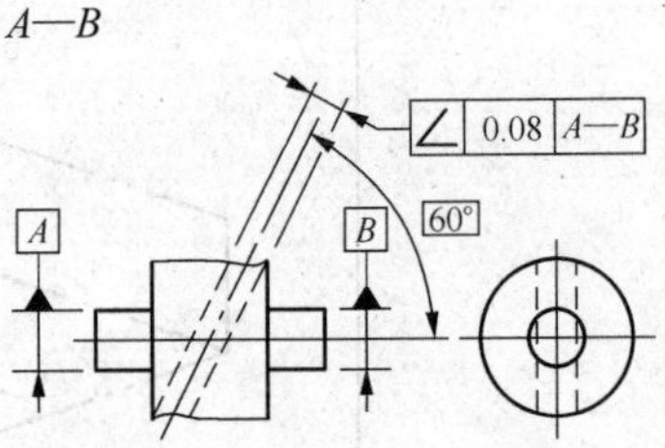

续表

几何特征及符号	公差带定义	标注及解释
	b）被测线与基准线不在同一平面内 公差带为间距等于公差值 t 两平行平面所限定的区域。该两平行平面按给定角度倾斜于基准轴线 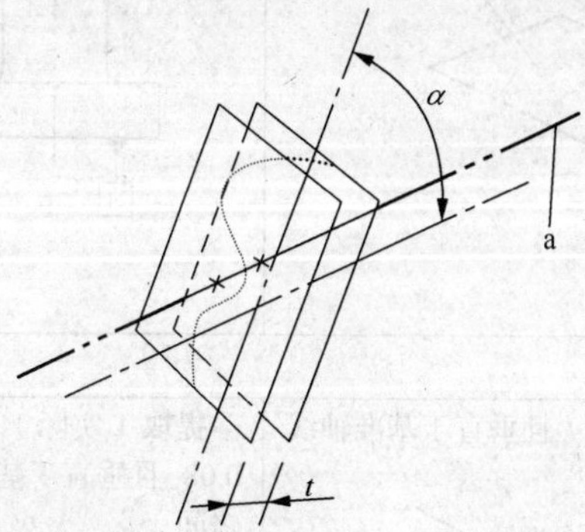 [a]基准轴线。	提取（实际）中心线应限定在间距等于 0.08 的两平行平面之间。该两平行平面按理论正确角度 60°倾斜于公共基准轴线 A—B 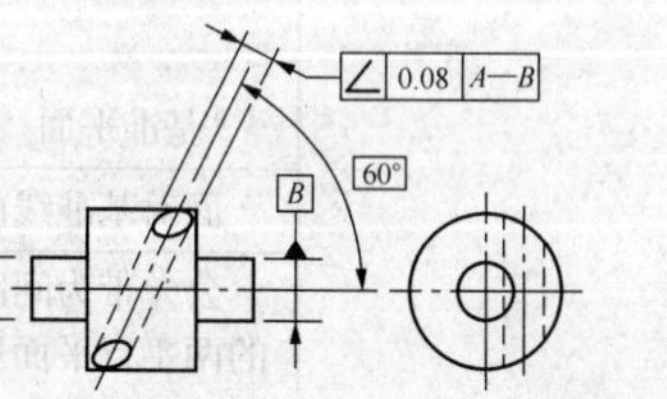
	线对基准面的倾斜度公差	
倾斜度 ∠	公差带为间距等于公差值 t 两平行平面所限定的区域。该两平行平面按给定角度倾斜于基准平面 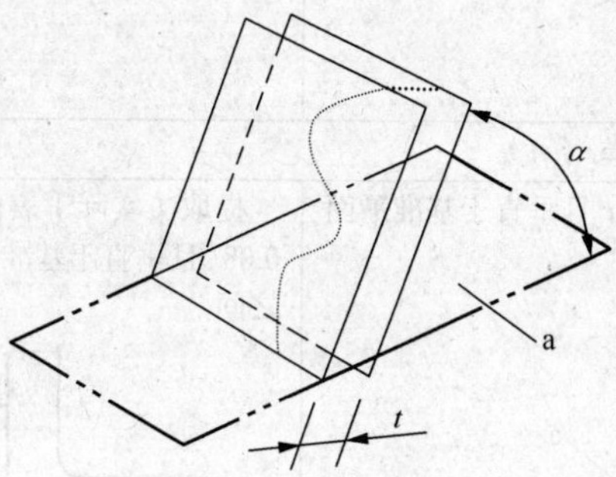 [a]基准平面。	提取（实际）中心线应限定在间距等于 0.08 的两平行平面之间。该两平行平面按理论正确角度 60°倾斜于基准平面 A 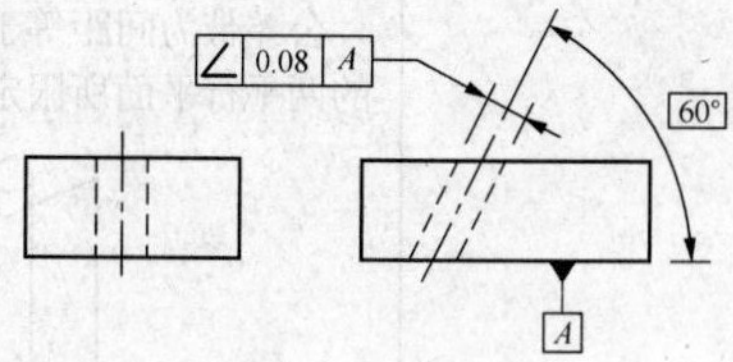
	若公差值前面加注了 ϕ，则公差带为直径等于公差值 ϕt 的圆柱面所限定的区域。该圆柱面公差带的轴线按给定角度倾斜于基准平面 A 且平行于基准平面 B 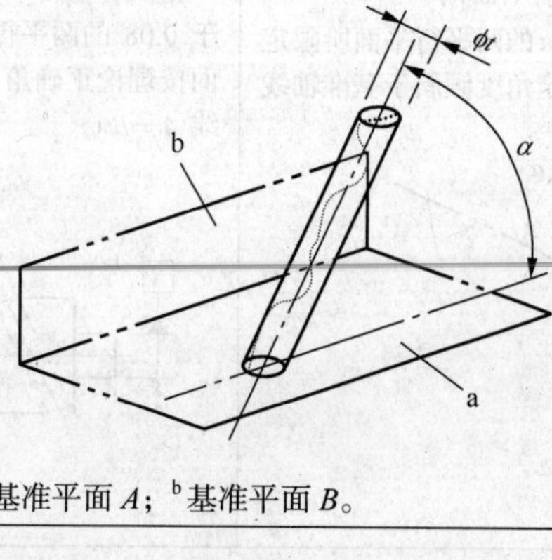 [a]基准平面 A；[b]基准平面 B。	提取（实际）中心线应限定在直径等于 ϕ0.1 的圆柱面内。该圆柱面的中心线按理论正确角度 60°倾斜于基准平面 A 且平行于基准平面 B 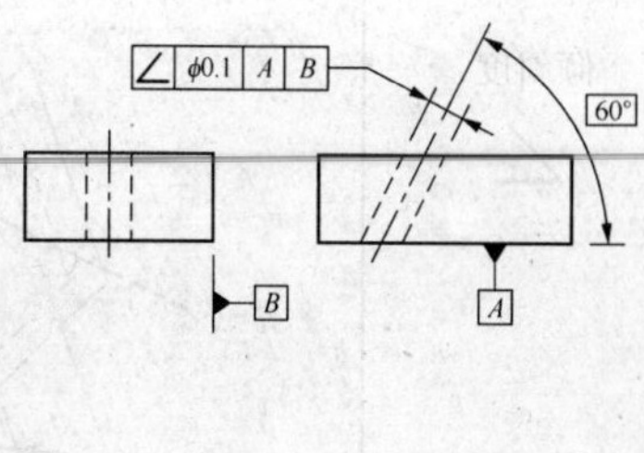

续表

几何特征及符号	公差带定义	标注及解释
倾斜度 ∠	面对基准线的倾斜度公差	
	公差带为间距等于公差值 t 两平行平面所限定的区域。该两平行平面按给定角度倾斜于基准直线 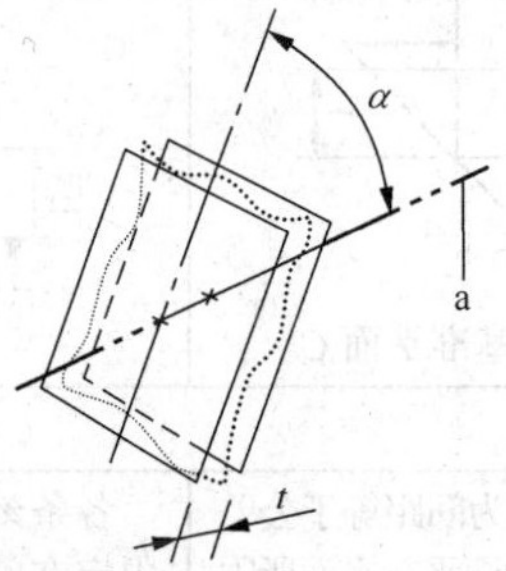 [a] 基准直线	提取（实际）表面应限定在间距等于 0.1 的两平行平面之间。该两平行平面按理论正确角度 75° 倾斜于基准轴线 A 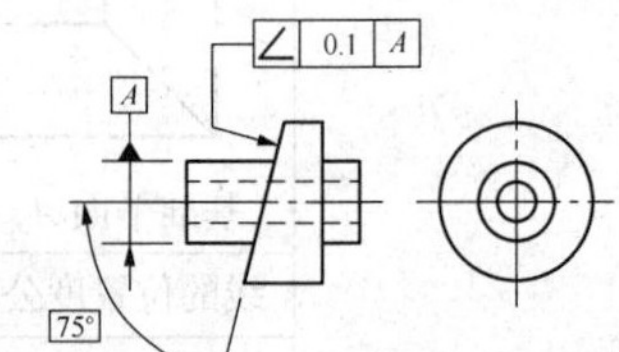
	面对基准面的倾斜度公差	
	公差带为间距等于公差值 t 两平行平面所限定的区域。该两平行平面按给定角度倾斜于基准平面 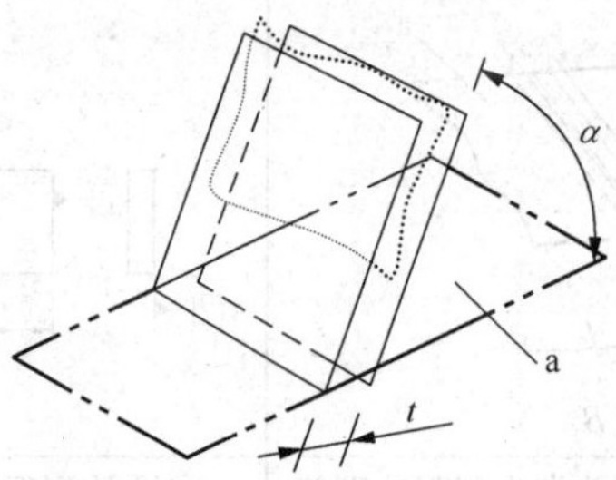 [a] 基准平面。	提取（实际）表面应限定在间距等于 0.08 的两平行平面之间。该两平行平面按理论正确角度 40° 倾斜于基准平面 A 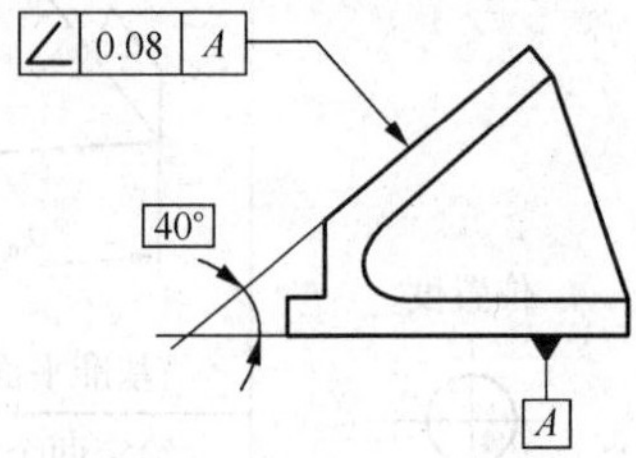

6.2.4　位置度公差带的定义、标注和解释

位置公差是指被测提取要素对已具有确定位置的拟合要素的允许变动量，拟合要素由基准和理论正确尺寸（长度或角度）确定的。当拟合要素和被测提取要素均为轴线时，为同轴度；当拟合要素和被测提取要素均为轴线，且足够短或为中心点时，为同心度；当拟合要素和被测提取要素为其他要素时，为对称度；其他情况均为位置度公差。位置公差带的定义、标注和解释如表 6-5 所示。

表 6-5　　　位置公差带的定义、标注和解释（摘自 GB/T 1182—2008）　　　单位：mm

几何特征及符号	公差带的定义	标注和解释
位置度 ⌖	点的位置度公差	
	公差值前加注 $S\phi$，公差带为直径等于公差值 $S\phi t$ 的圆球面所限定的区域。该圆球面中心的理论正确位置由基准 A、B、C 和理论正确尺寸确定	提取（实际）球心应限定在直径等于 $S\phi0.3$ 的圆球面内。该圆球面的中心由基准 A、B、C 和理论正确尺寸 30、25 确定 注：提取（实际）球心的定义尚未标准化

续表

<table>
<tr><th>几何特征及符号</th><th>公差带的定义</th><th>标注和解释</th></tr>
<tr><td rowspan="4">位置度
⌖</td><td>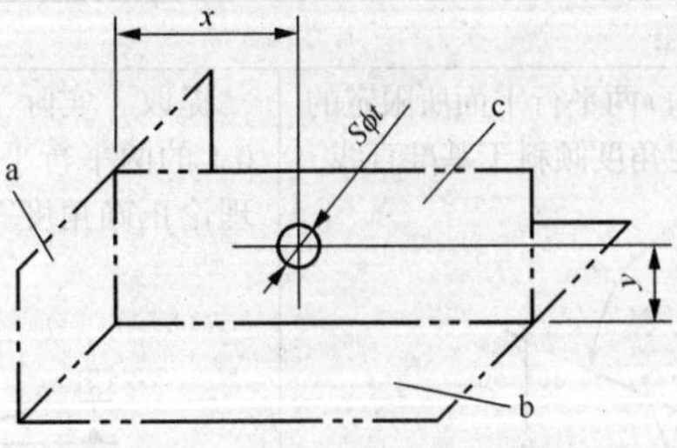
[a]基准平面 A；[b]基准平面 B；[c]基准平面 C。</td><td>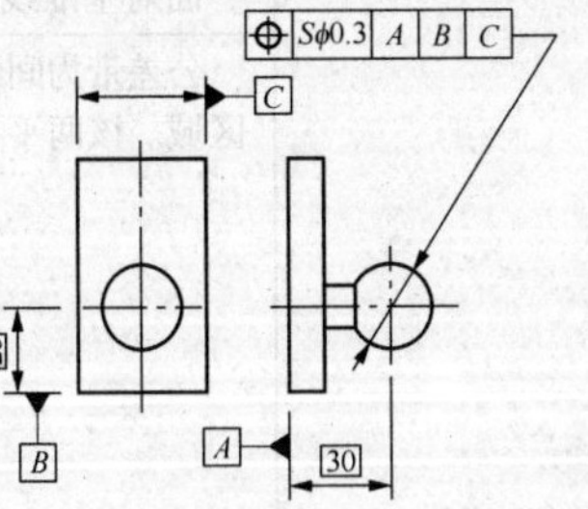</td></tr>
<tr><td colspan="2">线的位置度公差</td></tr>
<tr><td>给定一个方向公差时，公差带为间距等于公差值 t、对称于线的理论正确位置的两平行平面所限定的区域。线的理论正确位置由基准平面 A、B 和理论正确尺寸确定。公差只在一个方向上给定
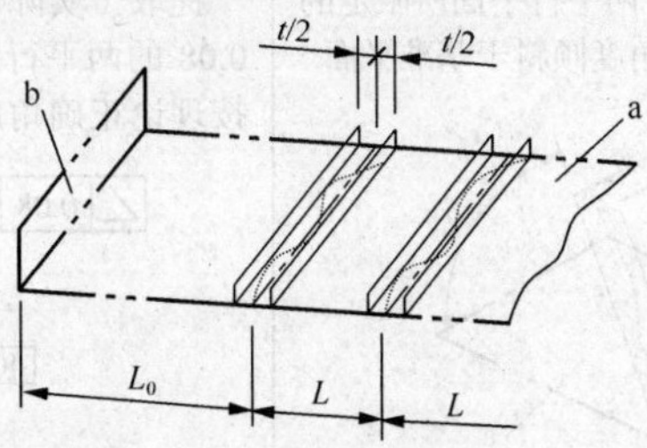
[a]基准平面 A；[b]基准平面 B。</td><td>各条刻度线提取（实际）的中心线应限定在间距等于 0.1、对称于基准平面 A、B 和理论正确尺寸 25、10 确定的理论正确位置的两平行平面之间
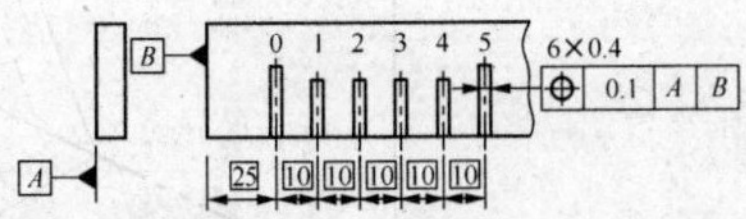</td></tr>
<tr><td>给定两个方向公差时，公差带为间距分别等于公差值 t_1 和 t_2、对称于线的理论正确（理想）位置的两对互相垂直的平行平面所限定的区域。线的理论正确（理想）位置由基准平面 C、A 和 B 及理论正确尺寸确定。该公差在基准体系的两个方向上给定
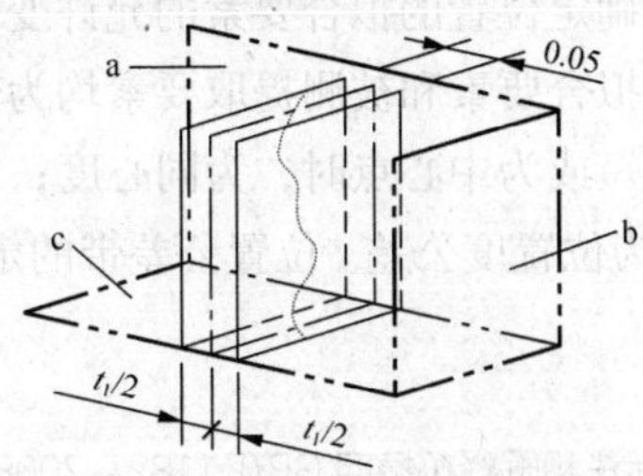
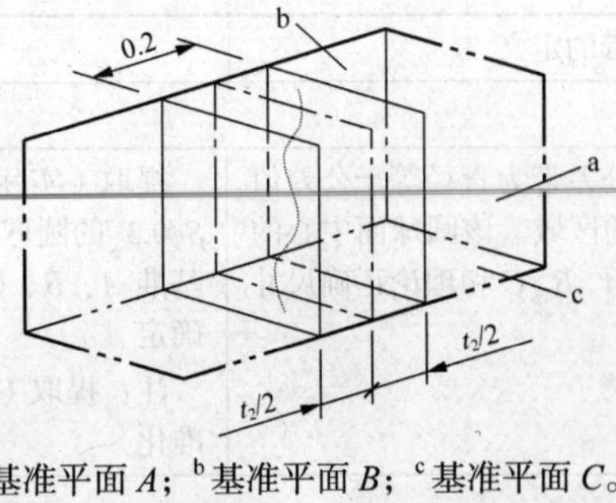
[a]基准平面 A；[b]基准平面 B；[c]基准平面 C。</td><td>各孔的测得（实际）中心线在给定方向上各自限定在间距分别等于 0.05 和 0.2、且互相垂直的平行平面内。每对平行平面对称于基准平面 C、A、B 和理论正确尺寸 20、15、30 确定的各孔轴线的理论正确位置
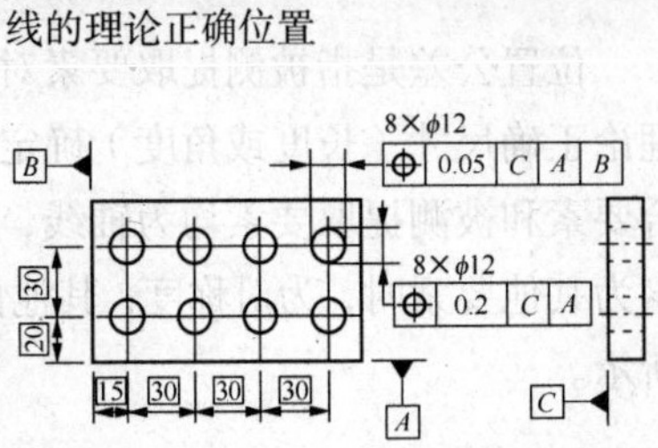</td></tr>
</table>

续表

<table>
<tr><th>几何特征及符号</th><th>公差带的定义</th><th>标注和解释</th></tr>
<tr><td rowspan="5">位置度
⌖</td><td rowspan="2">公差值前面加注了ϕ，公差带为直径等于公差值ϕt 的圆柱面所限定的区域。该圆柱面的轴线位置由基准平面 A、B、C 和理论正确尺寸确定
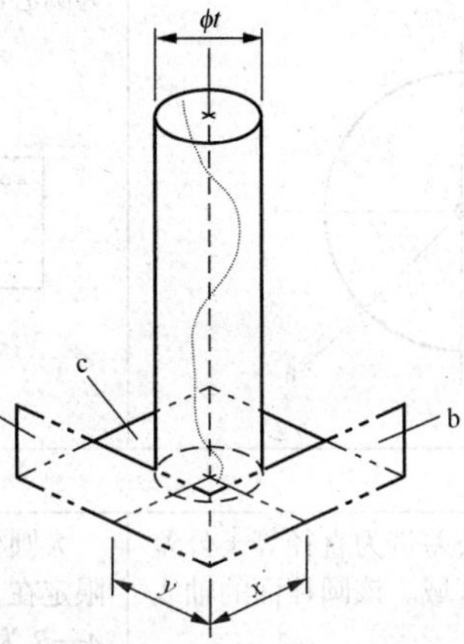
[a] 基准平面 A；[b] 基准平面 B；[c] 基准平面 C。</td><td>提取（实际）中心线应限定在直径等于公差值$\phi0.08$ 的圆柱面内。该圆柱面轴线的位置应由基准平面 C、A、B 和理论正确尺寸 100、68 确定的理论正确位置上
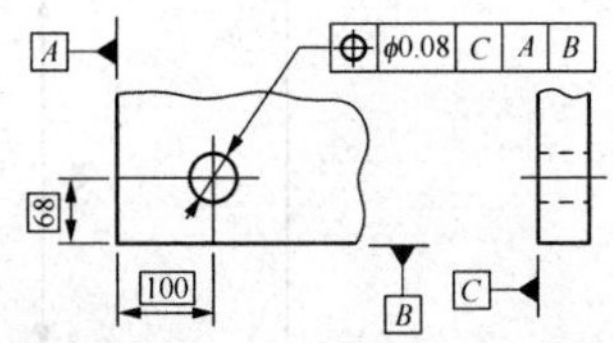</td></tr>
<tr><td>各提取（实际）中心线应各自限定在直径等于$\phi0.1$ 的圆柱面内。该圆柱面轴线应处于由基准平面 C、A、B 和理论正确尺寸 20、15、30 确定的各孔轴线的理论正确位置上
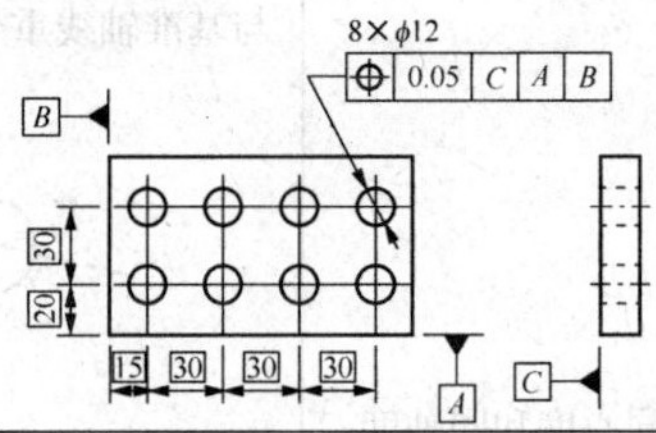</td></tr>
<tr><td colspan="2">轮廓平面或中心平面的位置度公差</td></tr>
<tr><td rowspan="2">公差带为间距等于公差值 t、且对称于被测面理论正确位置的两平行平面所限定的区域。面的理论正确位置由基准平面、基准轴线以及理论正确尺寸所确定
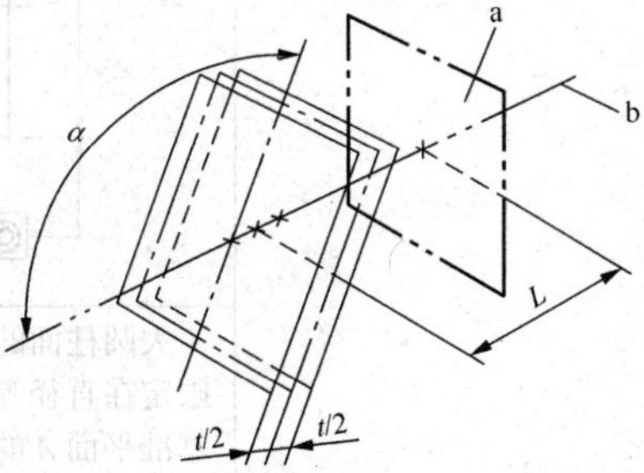
[a] 基准平面；[b] 基准轴线。</td><td>提取（实际）表面应限定在间距等于 0.05、且对称于被测面理论正确位置的两平行平面之间。该两平行平面对称于由基准平面 A、基准轴线 B 和理论正确尺寸 15、105°确定的被测面的方理论正确位置
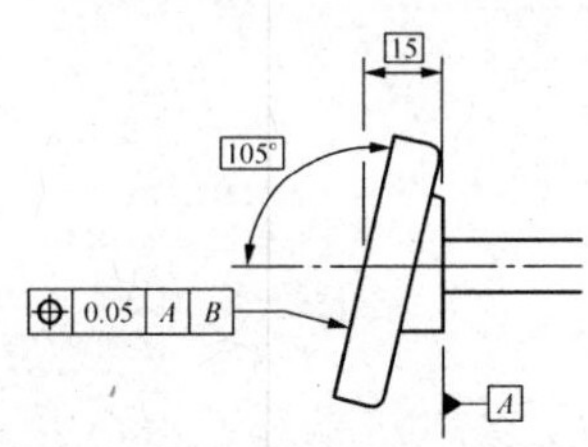</td></tr>
<tr><td>提取（实际）中心线应限定在间距等于 0.05 的两平行平面之间。该两平行平面对称于由基准轴线 A 和理论正确角度 45° 确定的各被测面的理论正确位置
</td></tr>
</table>

续表

几何特征及符号	公差带的定义	标注和解释
	点的同心度公差	
	公差值前面加注了ϕ，公差带为直径等于公差值ϕt的圆周所限定的区域。该圆的圆心与基准点重合 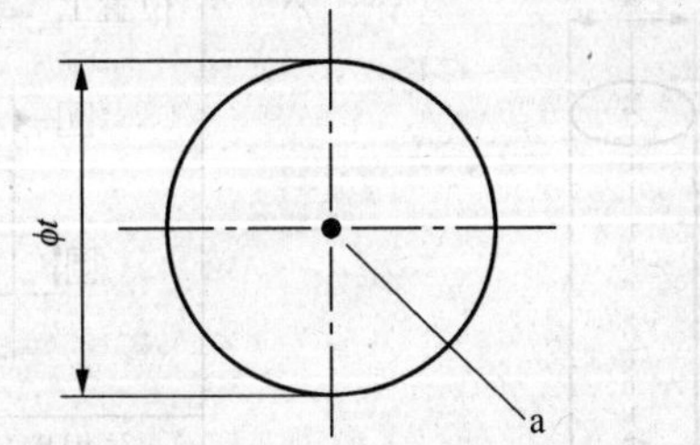 [a]基准点。	在任意横截面内，内圆的提取（实际）中心应限定在直径等于ϕ0.1、以基准点A为圆心的圆周内 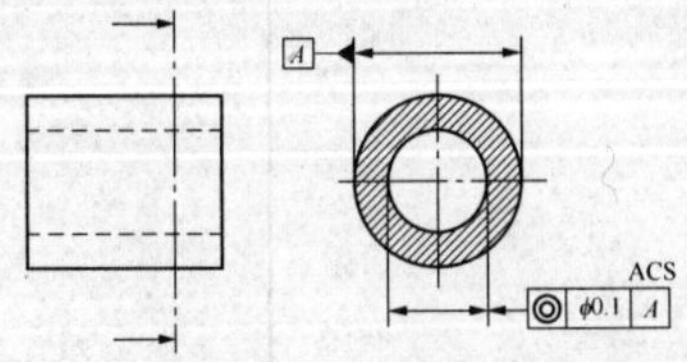
	轴线的同轴度公差	
同心度和同轴度 ◎	公差值前面加注了ϕ，公差带为直径等于公差值ϕt的圆柱面所限定的区域。该圆柱面的轴线与基准轴线重合 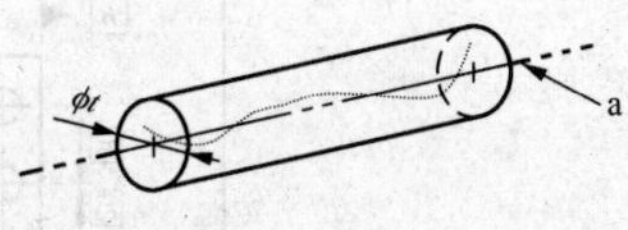 [a]基准轴线。	大圆柱面的提取（实际）的中心线应限定在直径等于ϕ0.08、以公共基准轴线A—B为轴线的圆柱面内 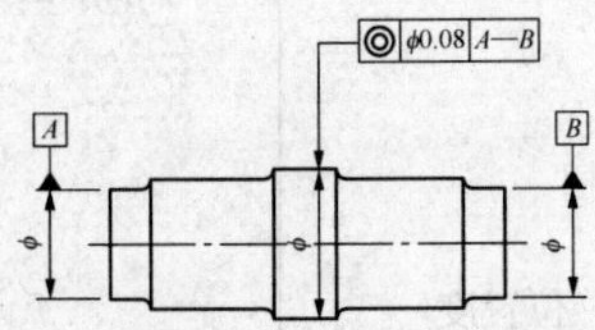
		大圆柱面的提取（实际）的中心线应限定在直径等于公差值ϕ0.1、以基准轴线A为轴线的圆柱面内 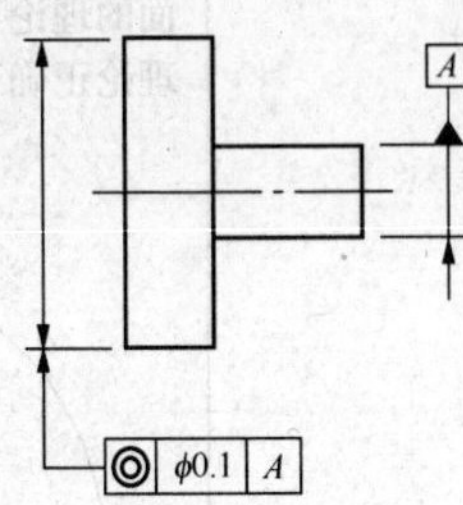
		大圆柱面的提取（实际）的中心线应限定在直径等于公差值ϕ0.1、以垂直于基准平面A的基准轴线B为轴线的圆柱面内 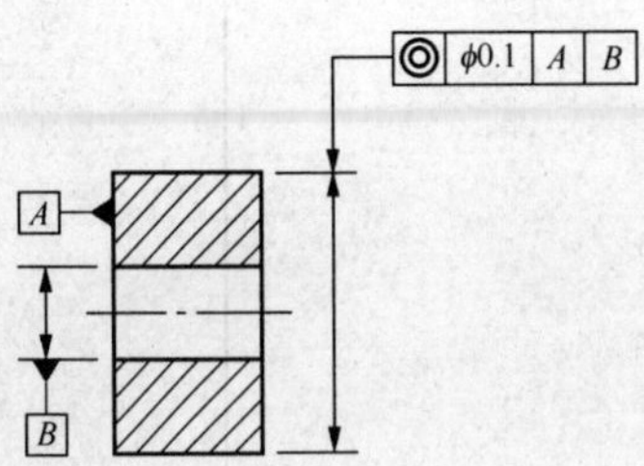

续表

几何特征及符号	公差带的定义	标注和解释
对称度 ⌯	中心平面的对称度公差	
	公差带为间距等于公差值 t、对称于基准中心平面的两平行平面所限定的区域 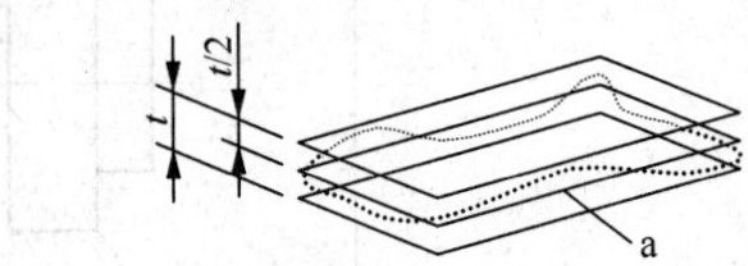 [a]基准中心平面。	提取（实际）的中心面应限定在间距等于 0.08、对称于基准中心平面 A 的两平行平面之间 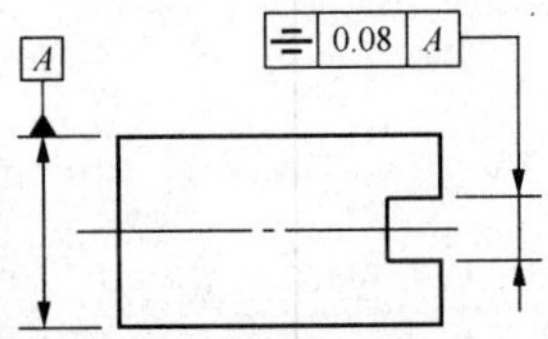 提取（实际）的中心面应限定在间距等于 0.08、对称于公共基准中心平面 $A—B$ 的两平行平面之间 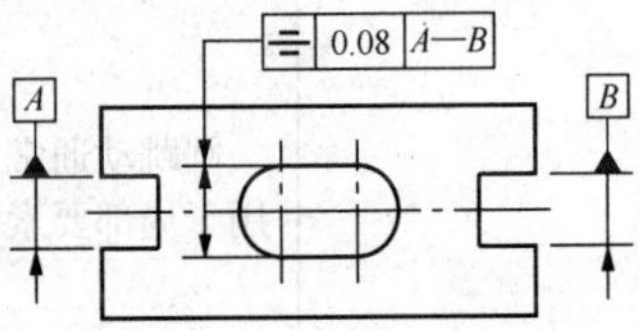

6.2.5　跳动公差带的定义、标注和解释

跳动公差是被测要素绕基准轴线回转一周或连续回转时所允许的最大跳动量。按照测量方向及公差带对基准轴线的不同，跳动公差分圆跳动（径向圆跳动、轴向圆跳动和斜向圆跳动）和全跳动（径向全跳动和轴向全跳动）。跳动公差带的定义、标注和解释如表 6-6 所示。

表 6-6　　跳动公差带的定义、标注和解释（摘自 GB/T 1182—2008）　　单位：mm

几何特征及符号	公差带的定义	标注和解释
圆跳动公差 ↗	径向圆跳动公差	
	公差带为任一垂直于基准轴线的横截面内，半径等于公差值 t、圆心在基准轴线上的同心圆所限定的区域 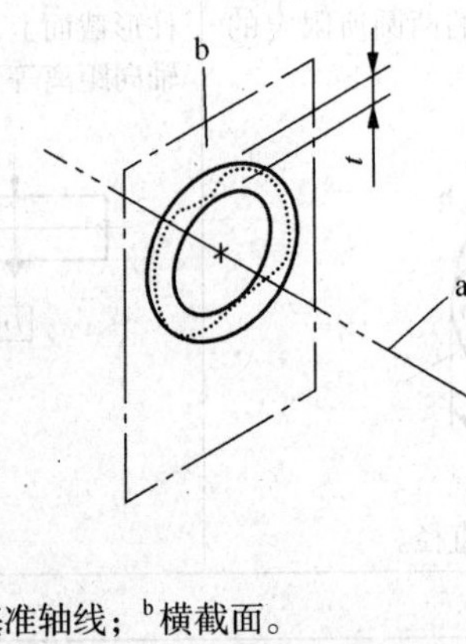 [a]基准轴线；[b]横截面。	在任一垂直于基准 A 的横截面内，提取（实际）圆应限定在半径差为 0.8、圆心在基准轴线 A 上的两同心圆之间 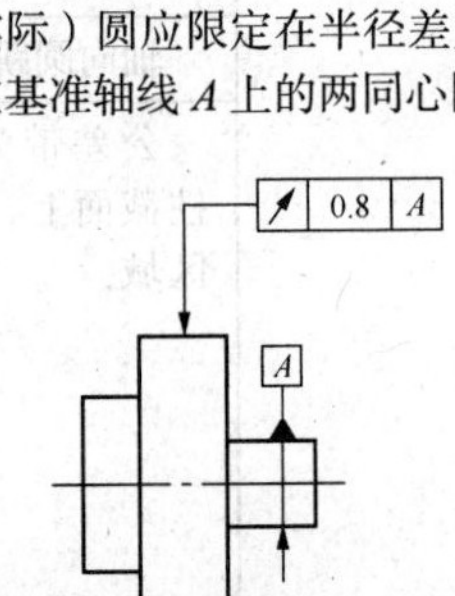 在任一平行于基准平面 B、垂直于基准轴线 A 的截面上，提取（实际）圆应限定在半径差为 0.1、圆心在基准轴线 A 上的两同心圆之间

续表

几何特征及符号	公差带的定义	标注和解释
		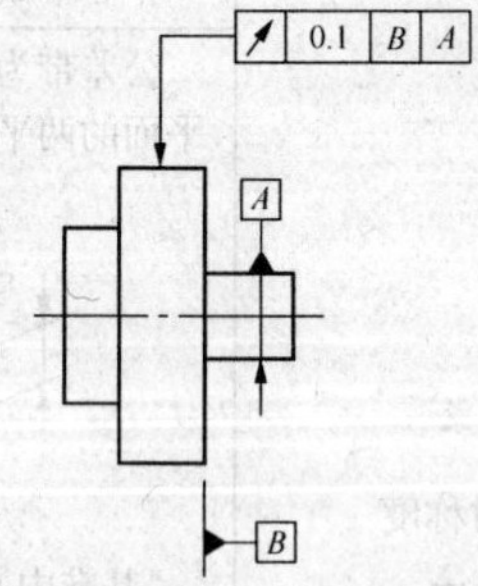
圆跳动公差	圆跳动通常适用于整个要素，但也可规定只使用于局部要素的某一指定部分	在任一平行于公共基准平面 *A*—*B* 垂直于基准轴线的截面上，提取（实际）圆应限定在半径差为 0.1、圆心在公共基准轴线 *A*—*B* 上的两同心圆之间 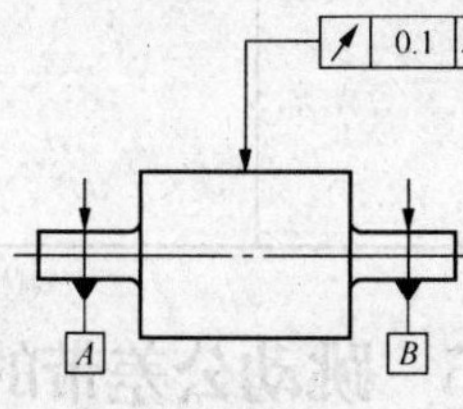
		在任一垂直于基准轴线的横截面内，提取（实际）圆弧应限定在半径差为 0.2.圆心在基准轴线 *A* 上的两同心圆弧之间 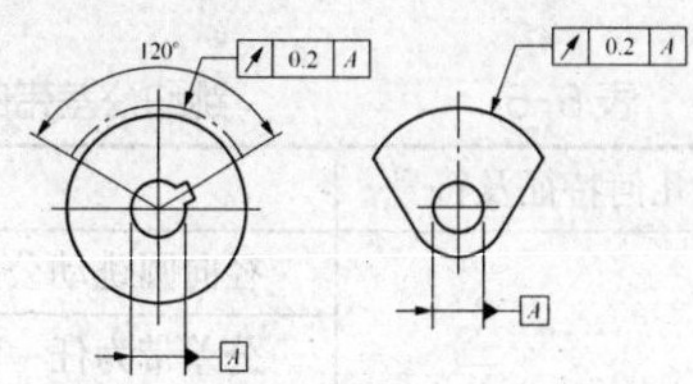
	轴向圆跳动公差	
	公差带为与基准轴线同轴的任一半径的圆柱截面上，间距等于公差值 *t* 的两圆所限定的区域  [a]基准轴线；[b]公差带；[c]任意直径。	在与基准轴线*D*同轴的任一半径的圆柱形截面上，提取（实际）圆应限定在轴向距离等于 0.1 的两个等圆之间 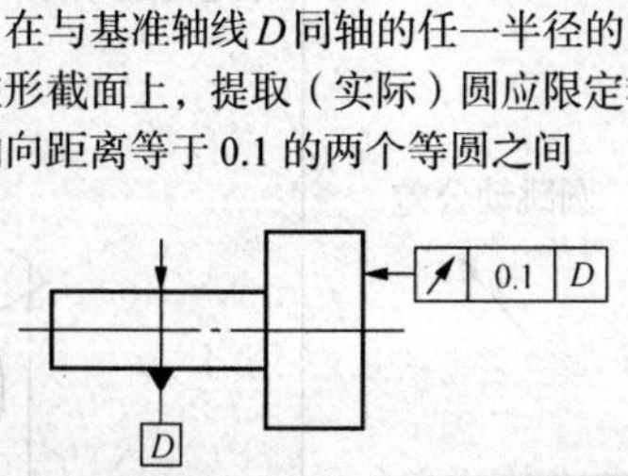
	斜向圆跳动公差	

续表

几何特征及符号	公差带的定义	标注和解释
圆跳动公差 ↗	公差带为与基准轴线同轴的某一圆锥截面上，间距等于公差值 t 的两圆所限定的圆锥面区域 除非另有规定，测量方向应沿被测表面的法向 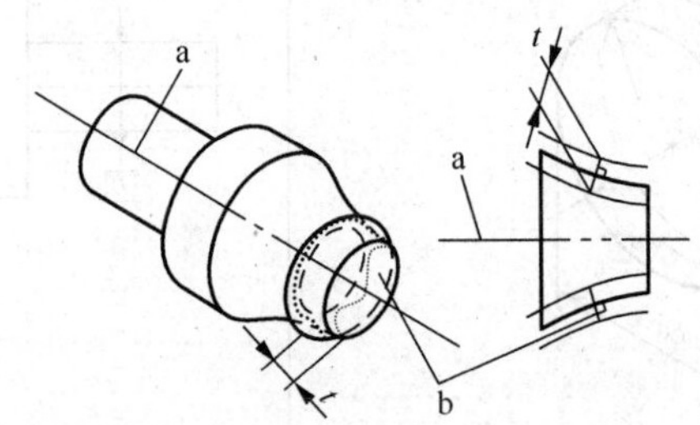 [a]基准轴线；[b]公差带。	在与基准轴线 C 同轴的任一圆锥截面上，提取（实际）线应限定在素线方向间距等于 0.1 的两不等圆之间 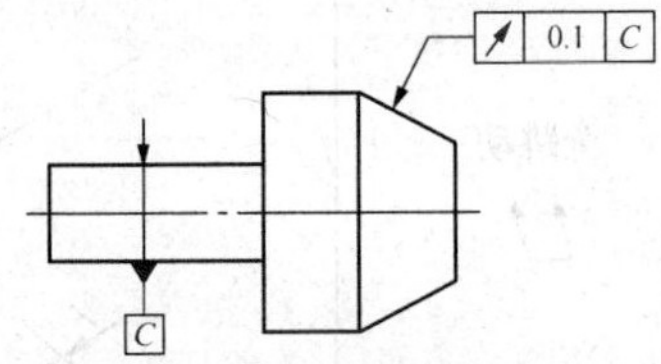 当标注公差的素线不是直线时，圆锥截面的锥角要随所测圆的实际位置而改变 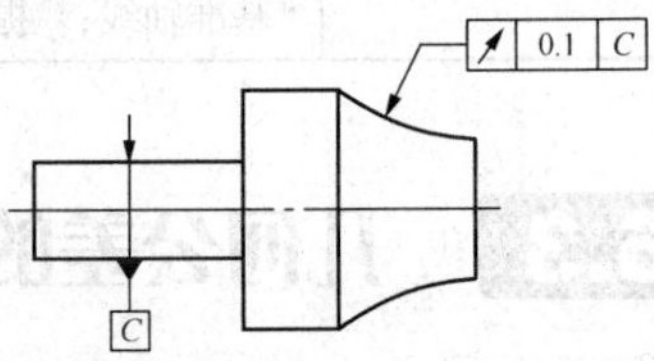
	给定方向上的斜向圆跳动公差	
	公差带为与基准轴线同轴、具有给定锥角的任一圆锥截面上，间距等于公差值 t 的两不等圆所限定的区域 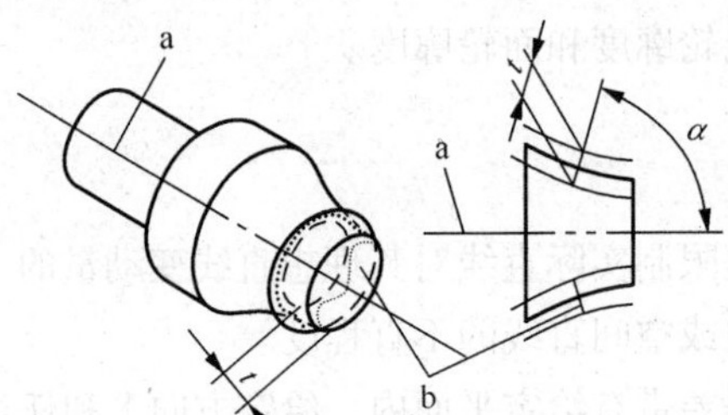 [a]基准轴线；[b]公差带。	在与基准轴线 C 同轴且在给定角度 60 度的任一圆锥截面上，提取（实际）圆应限定在素线方向间距等于 0.1 的两不等圆之间 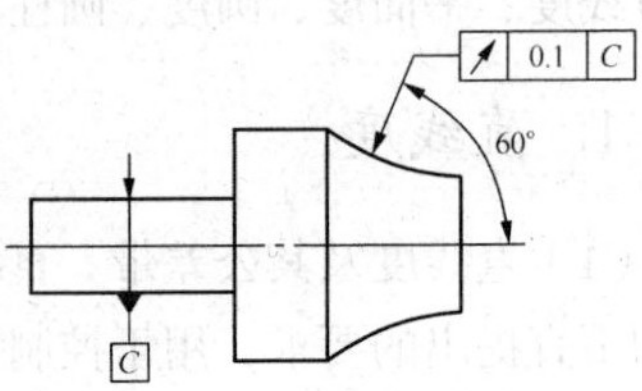
全跳动 ⌰	径向全跳动公差	
	公差带为半径差等于公差值 t，与基准轴线同轴的两圆柱面所限定的区域 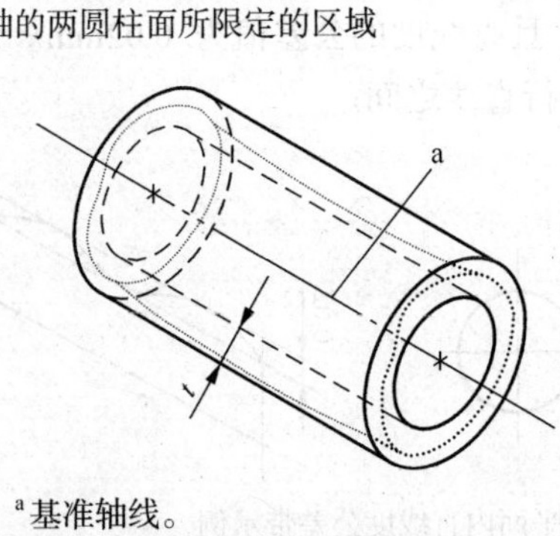 [a]基准轴线。	提取（实际）表面应限定在半径差等于 0.1，与公共基准轴线 $A—B$ 同轴的两圆柱面之间 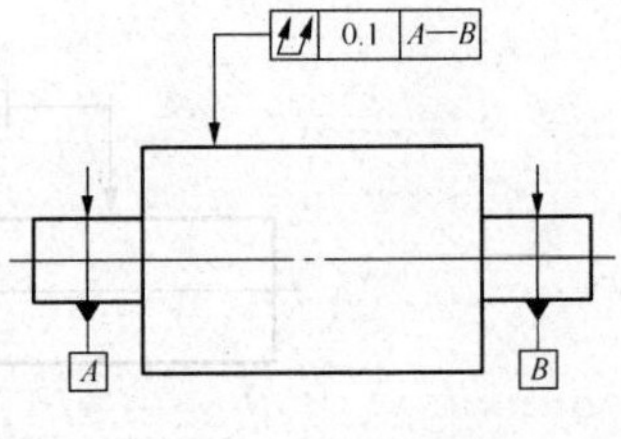
	轴向全跳动公差	

续表

几何特征及符号	公差带的定义	标注和解释
全跳动 	公差带为间距等于公差值 t，垂直于基准轴线的两平行平面所限定的区域 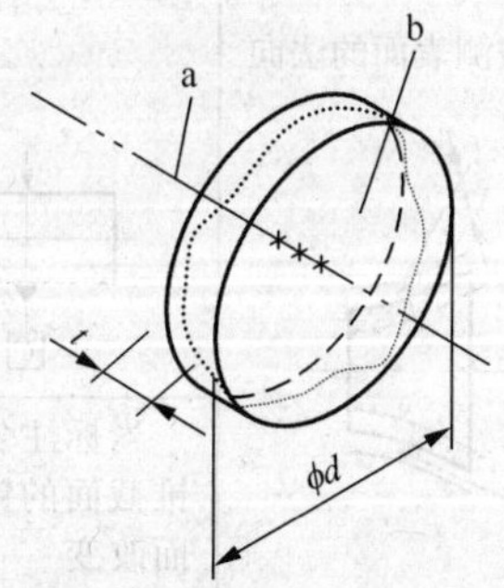 [a]基准轴线；[b]提取表面。	提取（实际）表面应限定在间距等于0.1、垂直于基准轴线 D 的两平行平面之间 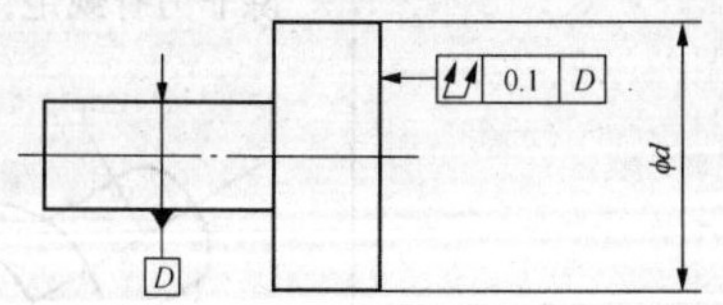

6.3 几何公差的测定方法

6.3.1 形状公差的测定方法

形状公差是单一实际要素的形状相对其理想要素的最大变动量。由 6.1 节可知形状公差项目有直线度、平面度、圆度、圆柱度、线轮廓度和面轮廓度。

1. 直线度

（1）直线度及其公差带。直线度是限制实际直线对其理想直线变动量的一项指标。是针对直线的不直提出的要求，用于控制平面内或空间直线的不直程度。

根据零件的功能不同，直线度的公差带有给定平面内、给定方向上和任意方向上的三种。

① 给定平面内的直线度。给定平面内的直线度除用于限制平面内的直线外，通常用于限制圆柱体、圆锥体素线与轴线的直线度。

给定平面内的直线度公差带是距离为公差值 t 的两平行直线之间的区域。如图 6-3 所示，表示圆柱面的任意一条素线都有直线度要求，且直线度的公差值为 0.02mm。合格的素线必须位于纵截面内，且距离为公差值 0.02mm 的两平行直线之间。

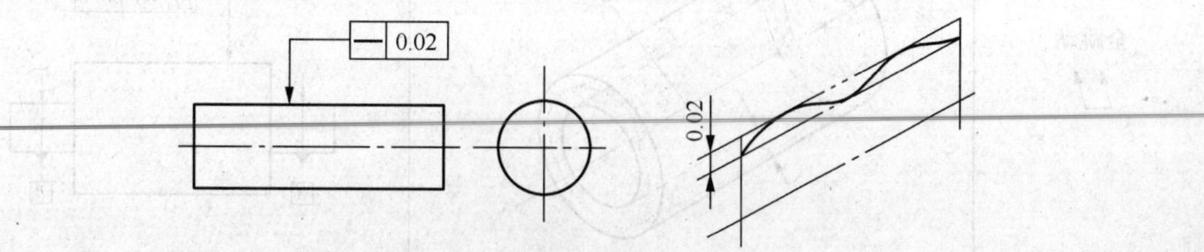

图 6-3 给定平面内直线度公差带示例

② 给定方向上的直线度。给定方向上的直线度的公差带是距离为公差值 t 的两平行平面之间的区域。如图 6-4 所示，表示刀口尺的棱线只在一个方向（箭头所指的方向）上有直线度要求，公差值是 0.02mm。合格的刀口尺的棱线必须位于箭头所指方向，且距离为 0.02mm 的两平行平面之间。

③ 任意方向的直线度。任意方向的直线度的公差带是直径为公差值 ϕt 的圆柱面内的区域。通常用于回转体类零件轴线的形状精度要求，公差值前边必须标注 ϕ。如图 6-5 所示，ϕd 圆柱体的轴线在 360 度范围内可以变动，公差值是 ϕ0.04mm。合格的轴线必须位于直径为公差值 ϕ0.04mm 的圆柱面内。

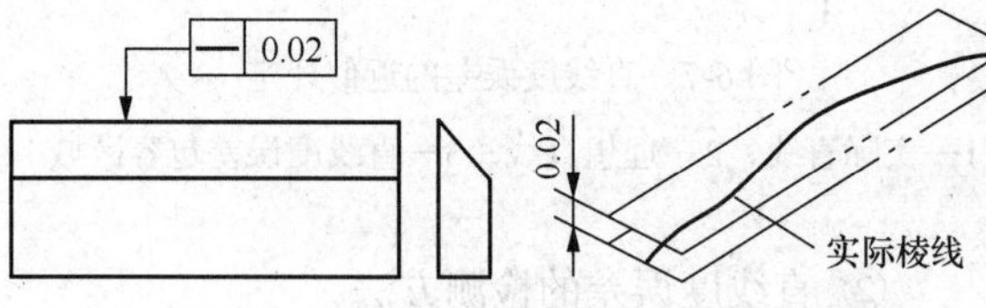

图 6-4　给定方向上直线度公差带示例

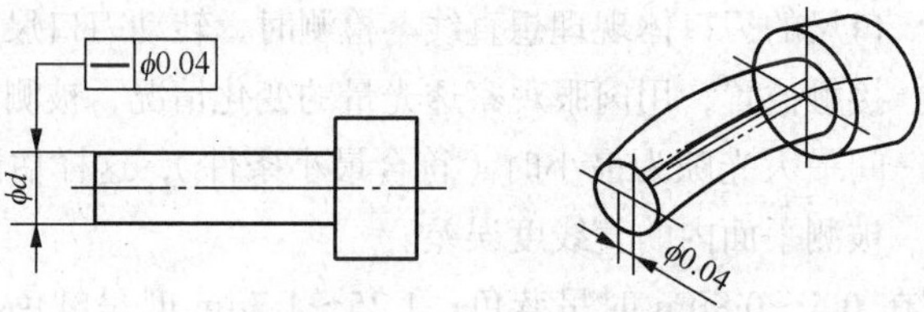

图 6-5　任意方向上直线度公差带示例

（2）直线度误差的评定与检测。直线度误差是指实际直线相对于理想直线的变动量。实际直线用实际测得的直线体现，理想要素要符合最小条件。

① 直线度误差的判断准则。

（a）用最小条件法（相间准则）评定直线度误差。在给定平面内，用两平行直线包容实际直线时，成高低相间的三点接触，具有图 6-6（a）、（b）所示的两种接触形式之一，即为最小包容区域，如图 6-6 所示，这种接触形式称为相间准则。

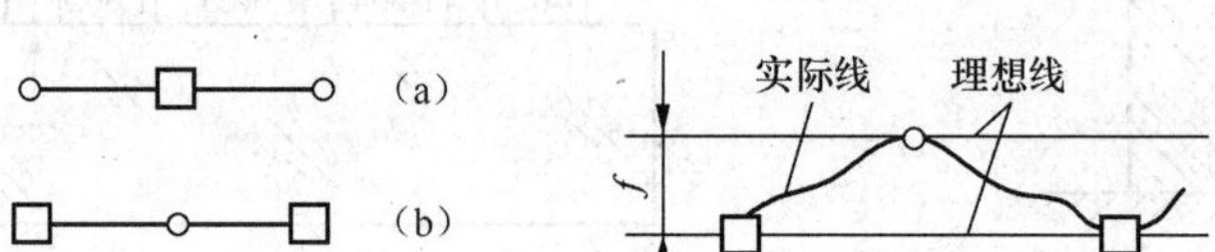

图 6-6　直线度误差的最小区域

○—最高点；□—最低点

（b）用近似方法（两端点连线法）评定平面度误差。将实际直线首尾相连成一条直线，该直线为这种评定方法的理想直线，过被测直线上距离理想直线最远的两点，分别做与理论直线平行的两平行线为近似评定法的包容区域，如图 6-7 所示。

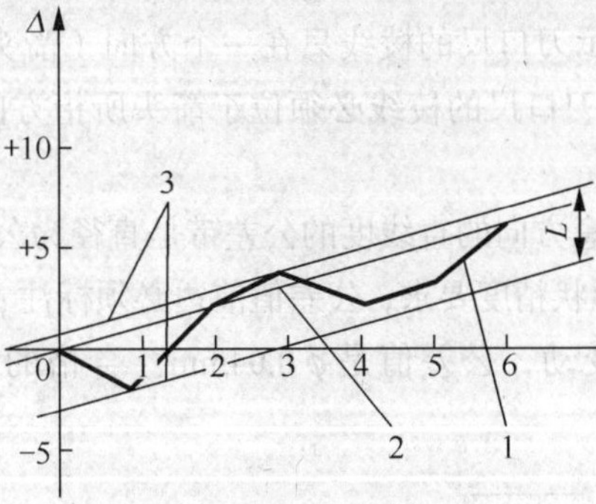

图 6-7　直线度误差的近似评定

1—实际直线；2—理想直线；3—直线度误差包容区域

直线度误差检测方法及案例

② 直线度误差的检测方法。

（a）光隙法。光隙法适用于磨削或研磨的较短表面的直线度误差的测量。如图 6-8 所示，用刀口尺测量平面上给定平面内直线度误差，刀口尺的刀口体现理想直线。检测时，转动刀口尺刃口与被测实际要素的接触位置，用肉眼观察透光量的变化情况，被测实际直线到刀口尺刃口间最大光隙为最小时（符合最小条件），这样估读出的最大光隙值就是被测平面内的直线度误差。

估读时，一般光隙在 0.5～0.8μm 时呈蓝色；1.25～1.7μm 时呈红色；＞2.5μm 时呈白色。如果对光隙的估计缺乏经验，可用量块研合在平面上与刀口尺组成标准光隙进行比较估读。如图 6-9 所示，刀口尺与中间 4 块量块上表面之间的光隙分别为 6μm、7μm、8μm 和 9μm 的标准光隙。

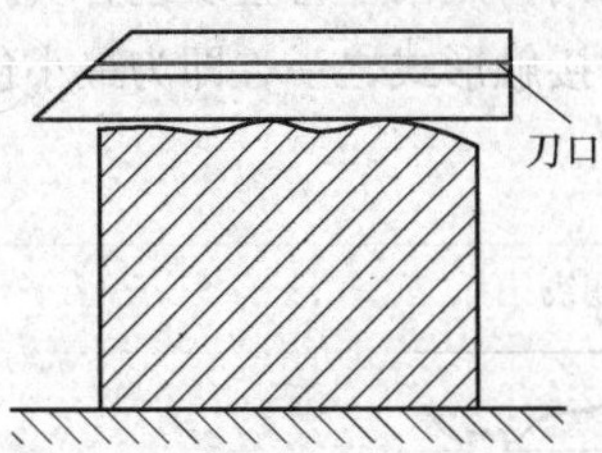

图 6-8　用刀口尺测量给定平面内直线度误差

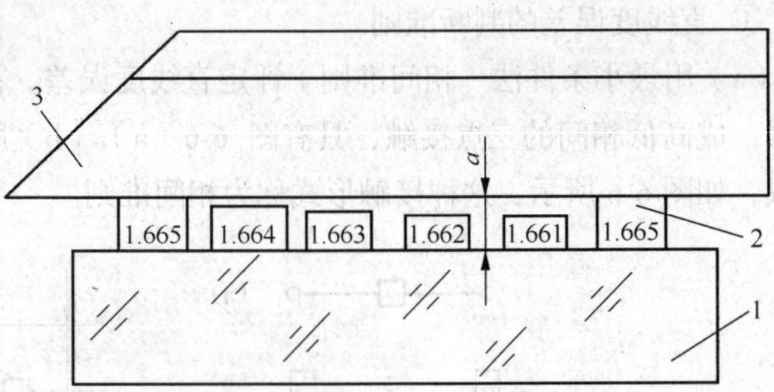

图 6-9　标准光隙的形成

1—平晶；2—量块；3—刀口尺；α—标准光隙

（b）指示器法。如图 6-10 所示，将被测零件安装在平行于平板的两顶尖之间。用带有两个指示器的表架，沿工件铅垂轴截面的两条素线测量，同时分别记录两指示器在各自测点的读数值 M_1 和 M_2，取各测点读数差值的一半 $\left(\frac{M_1-M_2}{2}\right)$ 中的最大差值作为该截面轴线的直线度误差。转动工件，按上述方法测量若干个截面，取其中最大的误差值作为被测零件轴线的直线度误差。

（c）节距法。节距法适用于车间或计量室对较长工件表面直线度误差的测量。测量原理是将被测直线按一定的跨距首尾相接分段进行测量，记录每段的后点对前点的高度差，用作图法求出直线度误差。节距法常用的测量仪器是水平仪或自准直仪。

水平仪测量法：如图 6-11 所示，用分度值为 0.02mm/M 的框式水平仪放在跨距为 200mm 的桥扳上，从工件被测要素的一端开始，将桥板首尾相接依次移动，分别读取水平仪上的数值，如表 6-7 所示。

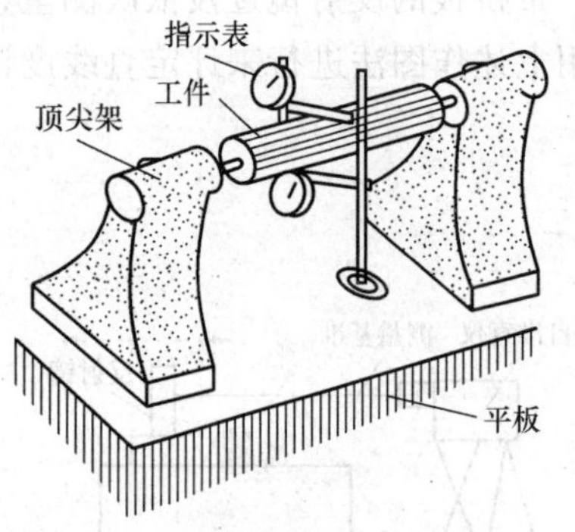

图 6-10　指示器法测量直线度误差

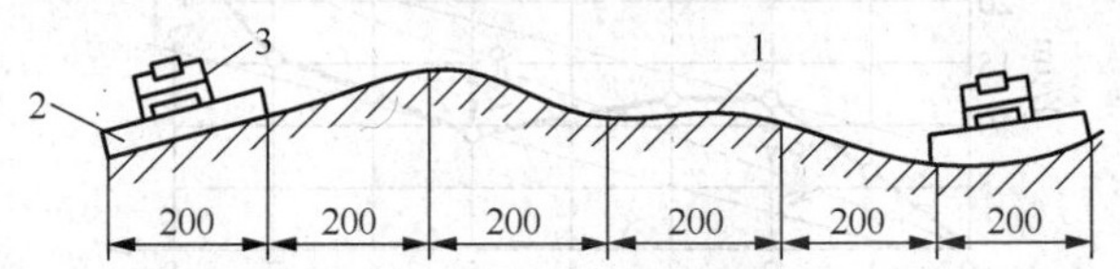

图 6-11　水平仪测量直线度误差原理

1—被测直线；2—桥板；3—框式水平仪

表 6-7　直线度测量数据　单位：格

测点序号	0	1	2	3	4	5	6	7	8
水平仪读数值	0	+6	+6	0	−1.5	−1.5	+3	+3	+9
累加值	0	+6	12	+12	+10.5	+9	+12	+15	+24

首先将表 6-7 中被测要素的读数值进行累加，再用累加值作图，如图 6-12 所示，X 轴为点序，横坐标按适当比例缩小。Y 轴为累加值，累加值按适当比例进行放大。两坐标间缩小、放大比例无必然联系，以作图方便、清晰为准。但是，为了使画出的图比较直观形象，横坐标应大于纵坐标上的分度为好。然后将各点进行连线，各点的连线为被测要素的实际直线。

作被测要素的最小包容区域（相间准则）来评定实际要素的直线度误差值，只需在实际轮廓线上找出最高（2 点、8 点）和最低（5 点）相间的三个点，通过两个高点（或两个低点）作一直线（理想直线），通过图中的最低点（或最高点）作另一平行线，将实际轮廓包容在内，两平行线间的区域为被测要素直线度误差的最小包容区域。按 Y 坐标方向量得被测要素的直线度误差 f = 9 格，为实际直线的直线度误差。水平仪的分度值是 0.02mm/M，工作长度为 200mm，所以分度值为 0.02/1000 × 200mm=0.004mm/格。则直线度误差 f=格 × 0.004mm/格 = 0.036mm，此误差只要小于给定的直线度公差就合格。

注意　直线度误差是最小包容区域的宽度，一定要在平行于 Y 轴方向度量，这样读出的误差值才准确。

按近似方法（两端点连线法）评定直线度误差值时，将图 6-12 中的实际要素首尾相连成一条直线，该直线为这种评定方法的理想直线。点序 2 的测量点至该理想直线的距离为最大正值，而点序 5、6、7 三点至该理想直线的距离为最大负值。这里所指的距离也是按 Y 轴方向度量，可在图上量得 $h_2 = 6$ 格，$h_5 = 6$ 格。因此，按两端点连线法评定的直线度误差为 $f = 12$ 格×0.004mm / 格=0.048mm。由此可见，近似法评定直线度误差方法简单，但误差值比最小包容区域法评定的直线度误差值大。

自准直仪法：如图 6-13 所示，将自准直仪固定不动，带桥板的反射镜逐段依次测量，并在自准直仪的读数显微镜中读得对应的数值，同样可以用上述作图法进行来评定直线度误差值。

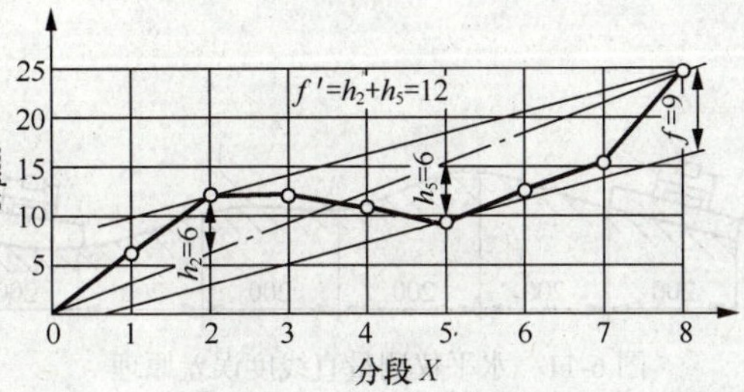

图 6-12　图解法求直线度误差

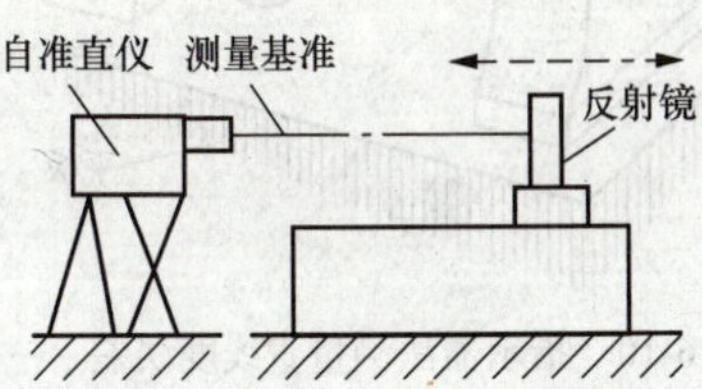

图 6-13　自准直仪测量原理

2. 平面度

（1）平面度及其公差带。平面度是限制实际平面相对其理想平面变动量的一项指标。

平面度的公差带是距离为公差值 t 的两平行平面之间的区域。如图 6-14 所示，零件的上表面有平面度要求，公差值是 0.08mm。合格的平面必须位于距离为公差值 0.08mm 的两平行平面之间。

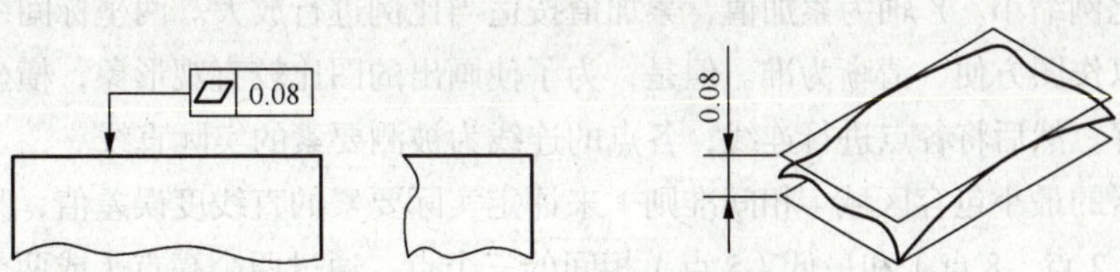

图 6-14　平面度公差带示例

（2）平面度误差的评定与检测。平面度误差是被测实际平面相对于理想平面的变动量。实际平面用测得平面来体现，理想平面要符合最小条件。

平面度误差检测方法及案例

① 平面度误差的判断准则　用最小条件评定平面度误差有下面 3 种准则。

（a）三角形准则。如果被测实际表面上有 3 个最高（低）点及 1 个最低（高）点分别与两个包容平面相接触，并且最高（低）点能投影到 3 个最低（高）点之间，如图 6-15（a）所示，称为三角形准则。

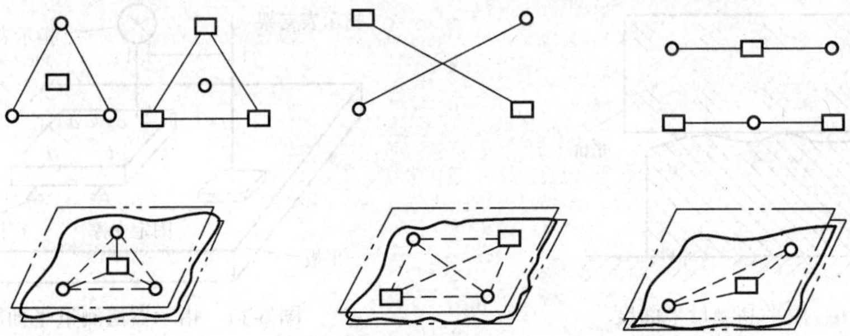

（a）三角形准则　　（b）交叉准则　　（c）直线准则

图 6-15　平面度误差的最小区域

□ —最低点；　○ —最高点

（b）交叉准则。如果被测表面上有两个最高（低）点和两个最低点（高）分别和两个平行的包容面相接触，并且两高（低）点投影于两低（高）点连线的两侧，如图 6-15（b）所示，称为交叉准则。

（c）直线准则。如果被测表面上的同一截面内有两个最高（低）点和一个最低（高）点分别和两个平行的包容面相接触，并且一个最低（高）点的投影要落在两个高（低）点的连线上，如图 6-15（c）所示，称为直线准则。

符合上述条件之一的两个包容面之间的距离为被测实际直线的直线度误差。

② 平面度误差的近似判别法　除最小区域法评定平面度误差外，工厂中经常使用以下两种平面度的近似的评定方法。

（a）三远点法。测量时，调整被测表面最远的三点，使其与平板平行，然后按一定的形式布点，对被测表面上各点进行测量，测量结果中最大值与最小读数值之差，就是平面度误差。

（b）对角线法。测量时，将被测表面上对角线方向最远的两个点调整成等高，然后，将另一条对角线方向上的最远的两个点也调整成等高，按一定的形式布点，对被测表面上各点进行测量，测量结果中最大值与最小读数值之差，就是平面度误差。

③ 平面度误差的检测方法常用的有干涉法和指示器法。

（a）干涉法。适用于平面度要求较高的小平面。如图 6-16 所示，测量时，将平晶贴在工件的被测表面上，观察干涉条纹。封闭的干涉条纹数乘以光波波长之半为平面度误差。干涉条纹越少平面度越好。

（b）指示器法。将被测零件支撑在平板上，平板工作面为测量基准，按一定的方式布点，如图 6-17 所示，用指示器对被测表面上各测点进行测量，并记录所测数据，然后，按一定的方法评定其误差值。

3. 圆度

（1）圆度及其公差带。圆度是限制实际圆相对其理想圆变动量的一项指标，是对圆柱面、圆锥面、球面等回转类零件，在正截面内圆形轮廓提出的形状要求。

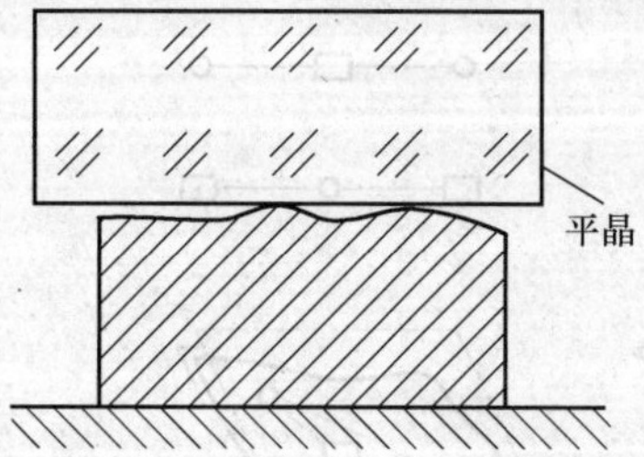

图 6-16　用平晶测量平面度

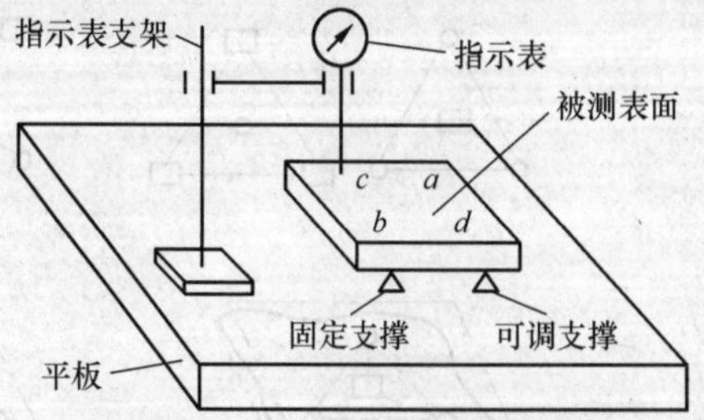

图 6-17　指示器法测量平面度示例

圆度、圆柱度误差检测方法及案例

圆度的公差带是在同一正截面上半径差为公差值 t 的两同心圆之间的区域。如图 6-18 所示，对圆柱表面有圆度要求，公差值是 0.02mm。被测要素各正截面内的实际圆必须位于半径差为 0.02mm 的两同心圆之间才是合格。

（2）圆度误差的评定与检测。圆度误差是在正截面内实际圆相对于理想圆的变动量。

① 圆度误差的判断准则。评定圆度误差的最小条件为交叉准则。如图 6-19 所示，由两同心圆包容实际被测轮廓至少有四个实测点内外相间地在两个圆周上，称为交叉准则，则半径差 f 为圆度误差。

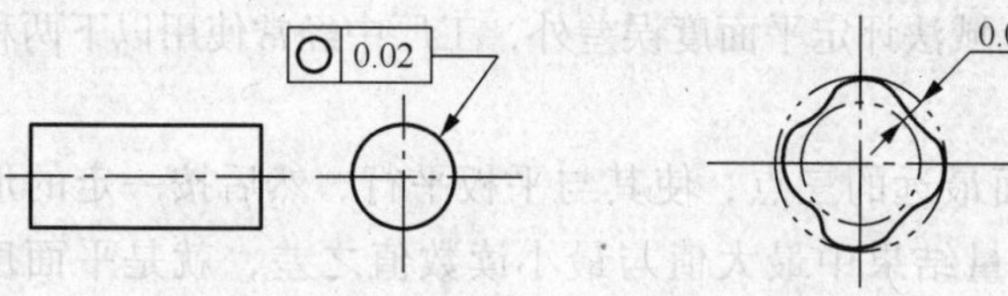

图 6-18　圆度公差带示例

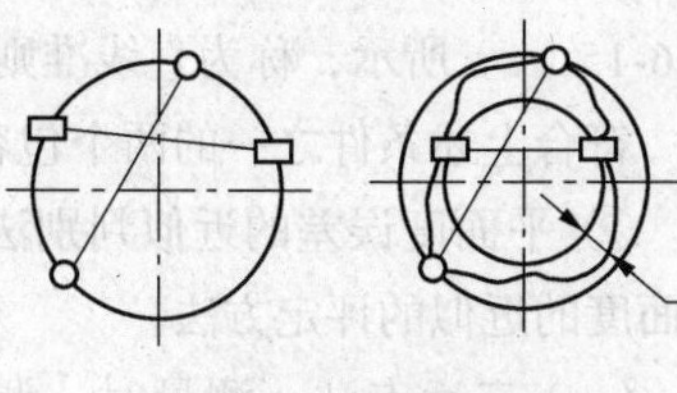

图 6-19　圆度误差的最小条件

② 圆度误差的检测方法。常用的测量方法有两大类：一类是在专用仪器上进行测量，如圆度仪、坐标测量机等；另一类是用普通的常用仪器进行测量。

（a）圆度仪测量法。如图 6-20 所示，圆度仪上回转轴带着传感器转动，使传感器上的测头沿被测表面回转一圈，测头的径向位移由传感器转变为电信号，经放大器放大，推动记录器描绘出实际轮廓线，通过计算机按选定的评定方法可得到所测截面的圆度误差值。按上述方法测量若干个截面，取其中最大的误差值作为该零件的圆度误差。

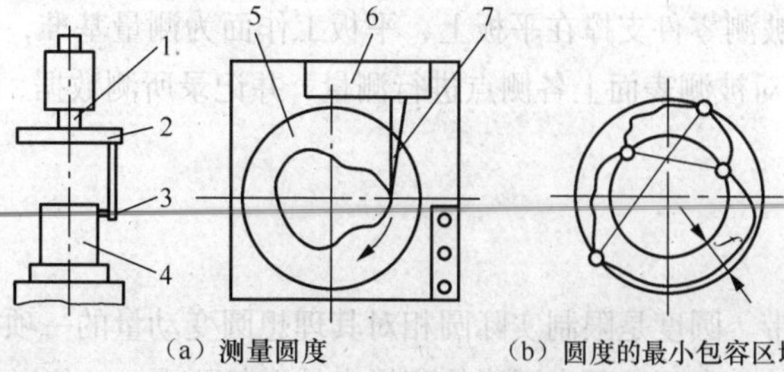

（a）测量圆度　　（b）圆度的最小包容区域

图 6-20　圆度仪测量圆度误差

1—圆度仪回转轴；2—传感器；3—测头；4—被测零件；5—转盘；6—放大器；7—记录器

（b）通用仪器测量法（近似评定方法）。有两点法和三点法两种，测量原理是通过测量被测零件正截面直径的变化量来近似的评定圆度误差的。

两点法用游标卡尺、千分尺或比较仪测量被测零件同一正截面内不同方向上的实际直径，直径最大变动量的一半就是此截面的圆度误差。按上述方法重复测量若干个截面，取其中最大的误差值作为被测零件的圆度误差。此方法适用于偶数棱圆的圆度误差的测量。

三点法如图 6-21 所示，将零件放置在 V 形块上，并固定其轴向位置。被测零件回转一周，指示器最大差值的一半为该截面的圆度误差。按上述方法重复测量若干个截面，取其中最大的误差值作为被测零件的圆度误差。此方法适用于奇数棱圆的圆度误差的测量。

4. 圆柱度

（1）圆柱度及其公差带。圆柱度是限制实际圆柱面相对于理想圆柱面变动量的一项指标。

圆柱度的公差带是半径差为公差值 t 的两同轴圆柱面之间的区域。如图 6-22 所示，对被测表面有圆柱度要求，公差值为 0.05mm，合格的圆柱面必须位于半径差为公差值 0.05mm 的两同轴圆柱面之间。

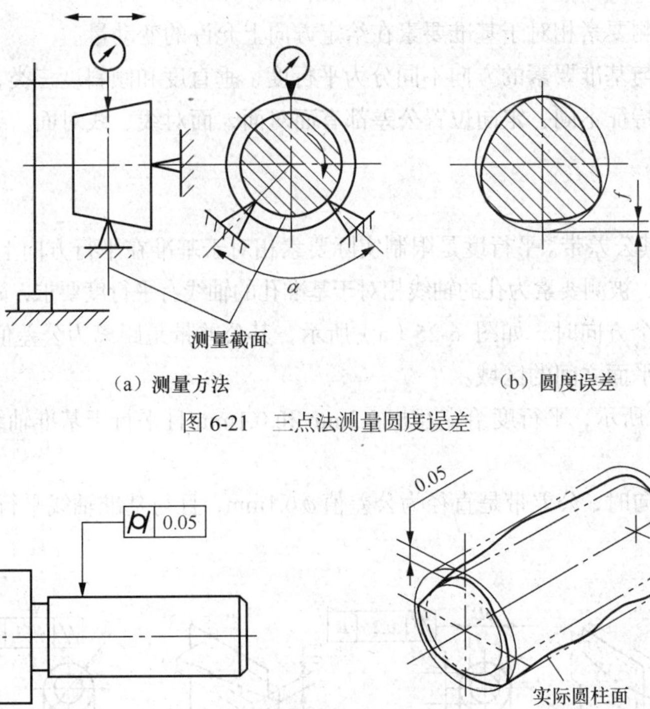

（a）测量方法　　（b）圆度误差

图 6-21　三点法测量圆度误差

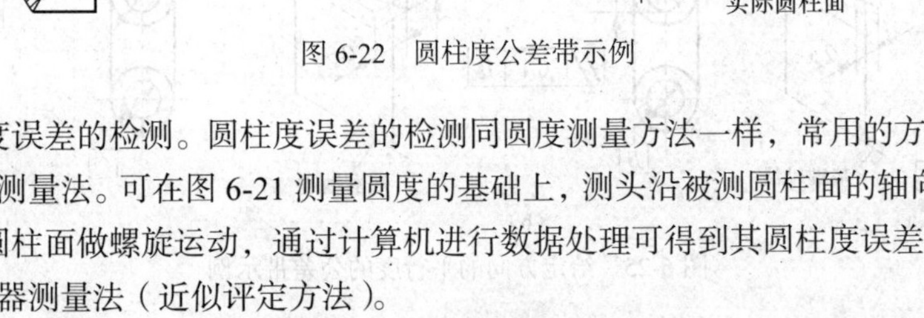

图 6-22　圆柱度公差带示例

（2）圆柱度误差的检测。圆柱度误差的检测同圆度测量方法一样，常用的方法有下面两种。

① 圆度仪测量法。可在图 6-21 测量圆度的基础上，测头沿被测圆柱面的轴向作精确地移动，即测头沿被测圆柱面做螺旋运动，通过计算机进行数据处理可得到其圆柱度误差值。

② 运用仪器测量法（近似评定方法）。

（a）两点法。如图 6-23 所示，此方法适用于偶数棱圆的圆柱度误差的测量。

（b）三点法。如图 6-24 所示，此方法适用于奇数棱圆的圆柱度误差的测量。

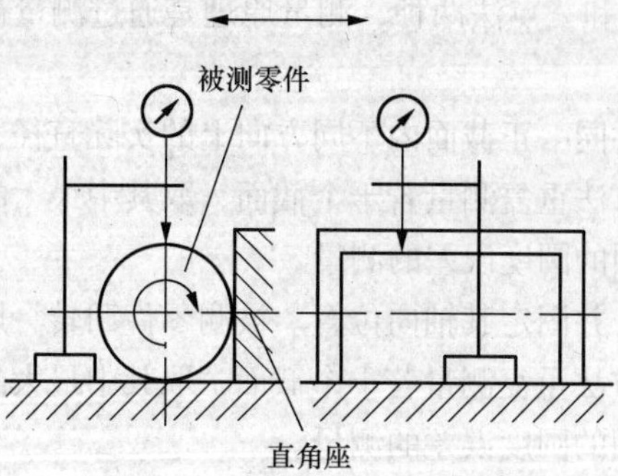

图 6-23　两点法测量圆柱度误差

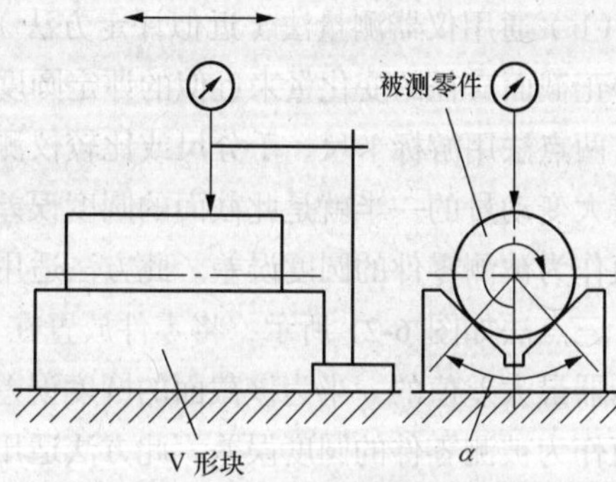

图 6-24　三点法测量圆柱度误差

两点法与三点法测量时均是将被测零件旋转一周，测量一个横截面上最大与最小读数，然后重复测量若干个横截面，取所有截面上的读数中最大值与最小值的一半作为被测实际要素的圆柱度误差。

6.3.2　方向公差的测定方法

方向公差是被测要素相对于基准要素在给定方向上允许的变动量。

按照被测要素与基准要素的方向不同分为平行度、垂直度和倾斜度三类，由于被测要素与基准要素各自的几何特征不同，定向位置公差都有面对面、面对线、线对面、线对线四种关系。

1. 平行度

（1）平行度及其公差带。平行度是限制实际要素相对于基准在平行方向上变动量的一项指标。

如图 6-25 所示，被测要素为孔的轴线相对于基准孔的轴线有平行度要求，简称线对线的平行度。

平行度给定一个方向时，如图 6-25（a）所示，其公差带是距离为公差值 0.2mm，且平行于基准轴线的两平行平面之间的区域。

如图 6-25（b）所示，平行度给定互相 0.2mm 和 0.1mm 且平行于基准轴线的两组平行平面之间的区域。

平行度任意方向时，公差带是直径为公差值 ϕ0.1mm，且与基准轴线平行的圆柱面内的区域，如图 6-25（c）所示。

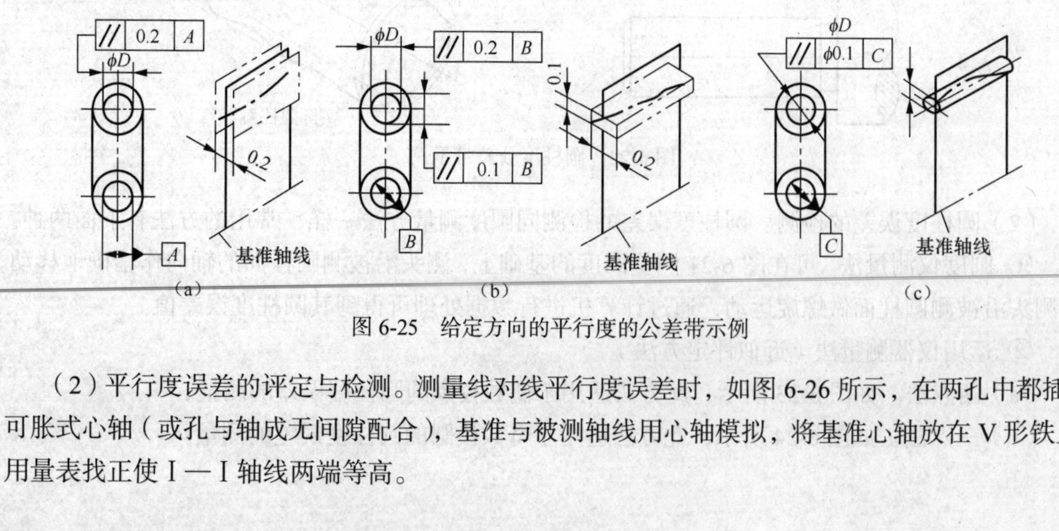

图 6-25　给定方向的平行度的公差带示例

（2）平行度误差的评定与检测。测量线对线平行度误差时，如图 6-26 所示，在两孔中都插入可胀式心轴（或孔与轴成无间隙配合），基准与被测轴线用心轴模拟，将基准心轴放在 V 形铁上，用量表找正使 I — I 轴线两端等高。

① 线对线平行度给定一个方向时，零件放置如图 6-26（a）所示，在Ⅱ—Ⅱ轴上测量距离为 L_2 的两个位置上分别测得读数为 M_1 和 M_2，则平行度误差为 $f_X = \frac{L_1}{L_2}\left|M_1 - M_2\right|$。

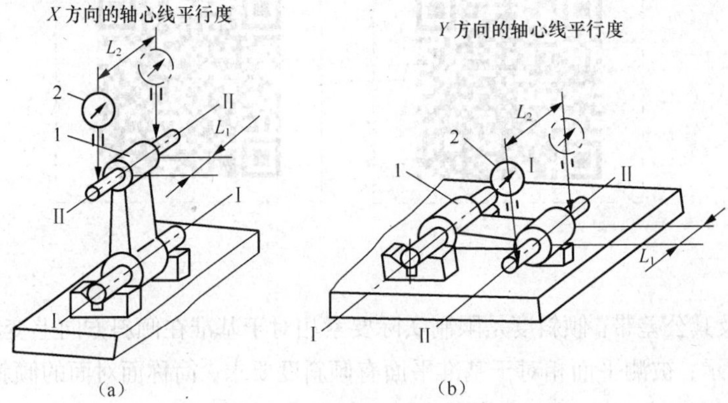

图 6-26　线对线平行度误差的测量方法

1—被测零件；2—指示器

② 线对线平行度给定互相垂直两个方向时，首先按图 6-26（a）所示测量，$f_X = \frac{L_1}{L_2}\left|M_1 - M_2\right|$，另一个方向按图 6-26（b）所示方式测量，$f_Y = \frac{L_1}{L_2}\left|M_1 - M_2\right|$。则 f_X 与 f_Y 分别不超其对应公差，零件合格。

③ 线对线平行度有任意方向要求时，可按上述方法分别测得 f_X 与 f_Y，然后计算轴线的平行度误差为 $f = \sqrt{f_X^2 - f_Y^2}$。

2. 垂直度

（1）垂直度及其公差带。垂直度是限制实际要素相对于基准在垂直方向上变动量的一项指标。如图 6-27 所示，孔对孔的轴线有垂直度要求，公差值为 0.02mm。则公差带是距离为公差值 0.02mm 且与基准孔轴线垂直的两平行平面之间的区域。

（2）垂直度误差的评定与检测。如图 6-28 所示，基准轴线和被测轴线由心轴模拟。转动基准心轴，在测量距离为 L_2 的两个位置上测得的数值分别是 M_1 和 M_2，则垂直度误差 $f = \frac{L_1}{L_2}\left|M_1 - M_2\right|$。

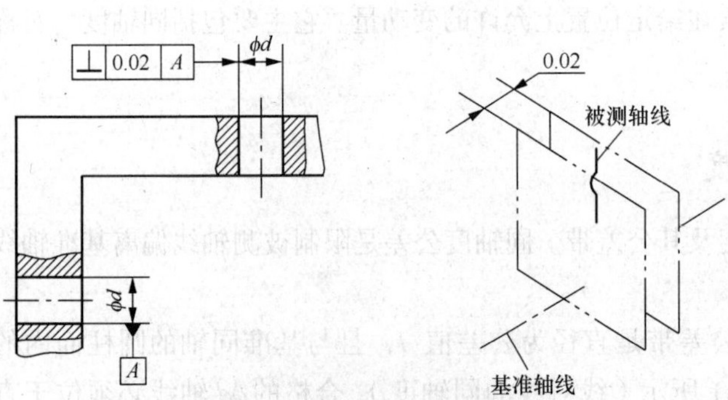

图 6-27　线对线的垂直度公差带示例

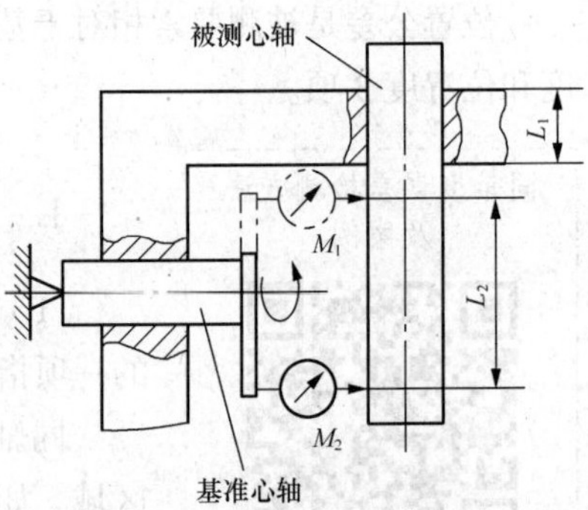

图 6-28　测量线对线的垂直度

线对面及线对线垂直度误差检测

面对面及面对线垂直度误差检测

3. 倾斜度

（1）倾斜度及其公差带。倾斜度是限制实际要素相对于基准在倾斜方向上变动量的一项指标。

如图 6-29 所示，被测平面相对于基准平面有倾斜度要求，简称面对面的倾斜度。公差带是距离为公差值 0.08mm 且与基准平面 *A* 成理论正确角度 45° 的两平行平面之间区域。合格的实际斜面应位于公差带内。

（2）倾斜度误差的检测。如图 6-30 所示，将被测零件置于定角座上，调整被测零件，使整个被测表面的读数差为最小。取指示器的最大与最小读数差值作为该零件的倾斜度误差。

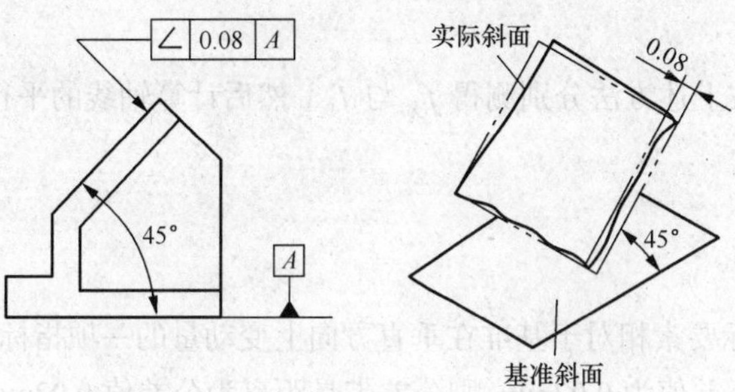

图 6-29 面对面的倾斜度公差带示例

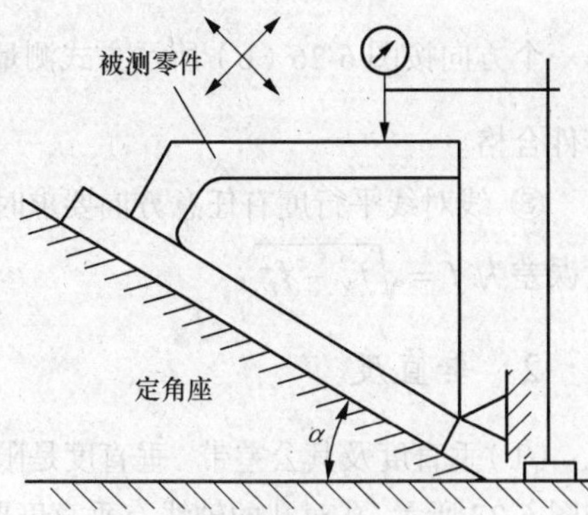

图 6-30 测量面对面的倾斜度

6.3.3 位置公差的测定方法

位置公差是被测要素相对于基准要素在给定位置上允许的变动量。它主要包括同轴度、对称度和位置度 3 项。

同轴度误差检测方法及案例

1. 同轴度

（1）同轴度及其公差带。同轴度公差是限制被测轴线偏离基准轴线的一项指标。

同轴度的公差带是直径为公差值 t，且与基准同轴的圆柱面内的区域。如图 6-31 所示（线对线的同轴度），合格的 ϕd 轴线必须位于直径为公差值 ϕ0.1mm，且与基准轴线同轴的圆柱面内。

（2）同轴度误差的检测。如图 6-32 所示，将零件放置在两个等高的刃口状 V 形块上，并调整公共轴线使两端等高。沿被测圆柱的轴剖面移动两指示器，取各对应点的读数差 $|M_1-M_2|$ 的最大值作为该剖面内的同轴度误差。转动被测零件，按上述方法测量若干个截面，取各剖面中读数差的最大值（绝对值）作为该零件的同轴度误差。

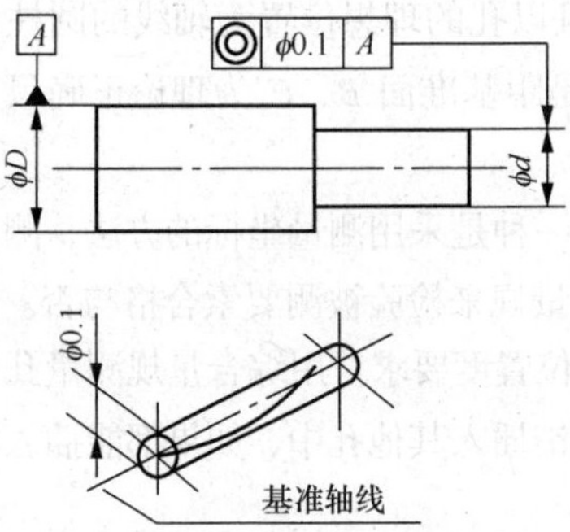

图 6-31　同轴度公差带示例

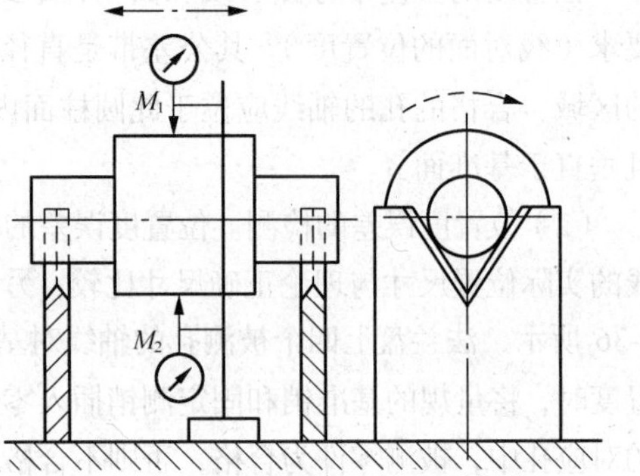

图 6-32　用两只指示器测量同轴度误差

2. 对称度

（1）对称度及其公差带。对称度是限制被测中心要素相对于基准中心要素的位置偏离量的一项指标。

对称度的公差带是距离为公差值 t，且相对于基准对称配置的两平行平面之间的区域。如图 6-33 所示（面对面的对称度），合格槽的中心面必须位于距离为公差值 0.1mm，且相对于基准中心面对称配置的两平行平面之间。

（2）对称度误差的检测。如图 6-34 所示，将零件放在平板上，测量槽面上各点的高度，然后翻转零件，测量另一槽面各对应点的高度，取测量面内对应两测点的最大差值作为对称度误差。

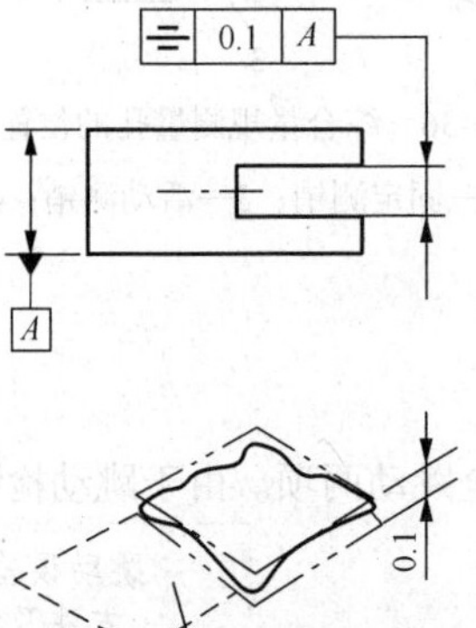

图 6-33　面对面对称度公差带示例

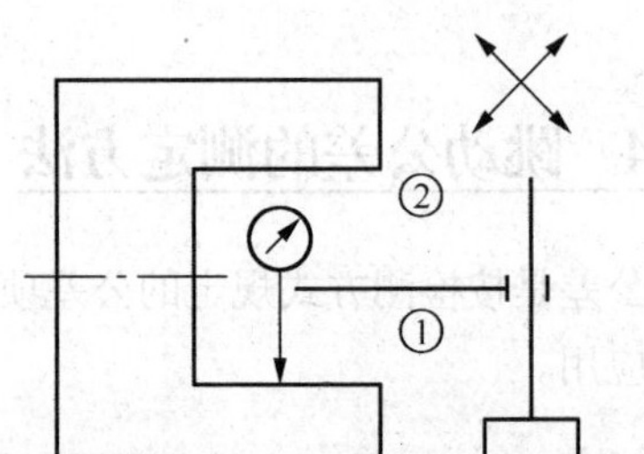

图 6-34　测量面对面对称度

3. 位置度

（1）位置度及其公差带。位置度是限制被测实际要素相对于其理想位置变动量的一项指标，其公差值如表 6-8 所示。

表 6-8　　位置度系数　　单位：μm

1	1.2	1.5	2	2.5	3	4	5	6	8
1×10^n	1.2×10^n	1.5×10^n	2×10^n	2.5×10^n	3×10^n	4×10^n	5×10^n	6×10^n	8×10^n

注：n 为正整数

位置度的公差带分点、线和面三种形式。如图 6-35 所示，对 ϕD 孔轴线相对于基准有位置度要求（线对面的位置度）。其公差带是直径为公差值 ϕ 0.1，且以孔的理想位置为轴线的圆柱面内的区域，合格的孔的轴线应位于此圆柱面内。孔的理想位置是距基准面 B、C 为理论正确尺寸，且垂直于基准面 A。

（2）位置度误差的检测。位置度误差的检测有两种方法：一种是采用测量坐标的方法，测出轴线的实际位置尺寸与理论正确尺寸比较；另一种方法是用综合量规来检验被测要素合格与否。如图 6-36 所示，法兰盘上四个被测孔的轴线对基准孔 ϕD 的轴线有位置度要求。用综合量规测量孔的位置度时，将量规的基准销和固定测销插入零件中，再用活动测销插入其他孔中，如果都能插入零件的对应孔中，被测零件为合格，否则不合格。

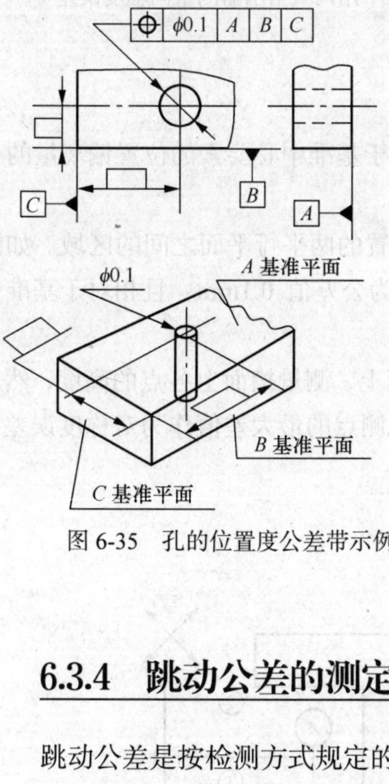

图 6-35　孔的位置度公差带示例

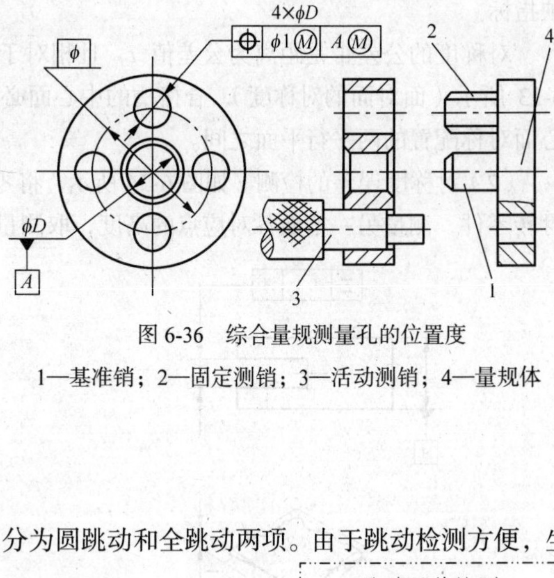

图 6-36　综合量规测量孔的位置度

1—基准销；2—固定测销；3—活动测销；4—量规体

6.3.4　跳动公差的测定方法

跳动公差是按检测方式规定的公差项目，分为圆跳动和全跳动两项。由于跳动检测方便，生产中广为应用。

跳动误差检测方法及案例

1. 圆跳动

（1）圆跳动及其公差带。圆跳动是限制被测实际要素绕基准轴线作无轴向移动旋转一周时，任意测量面内的最大与最小读数之差。按跳动的检测方向与基准轴线之间的位置关系不同，可分为径向圆跳动和端面圆跳动。

① 径向圆跳动的公差带。如图 6-37 所示，表示ϕd_1圆柱面对 $2\times\phi d_2$ 公共轴线 $A—B$ 有径向圆跳动要求。径向圆跳动的公差带是垂直于基准轴线的任一测量平面内半径差为公差值 t，且圆心在基准轴线上的两个同心圆之间的区域。

② 端面圆跳动的公差带。如图 6-38 所示，表示被测端面对基准轴线 A 有端面圆跳动要求。端面圆跳动的公差带是与基准轴线同轴的任意直径位置的测量圆柱面上，沿母线方向宽度为公差值 t 的圆柱面区域。

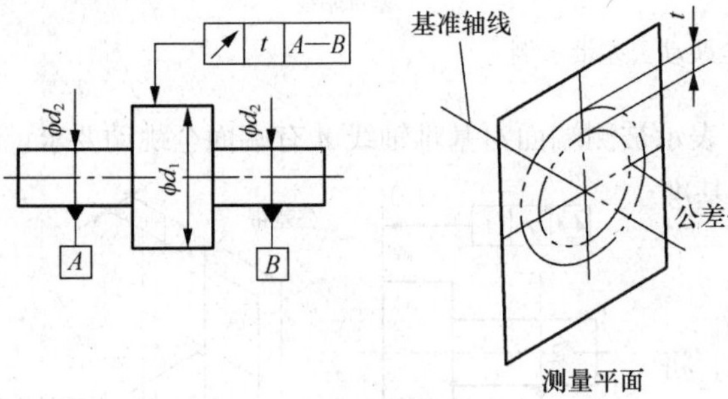

图 6-37　径向圆跳动公差带示例

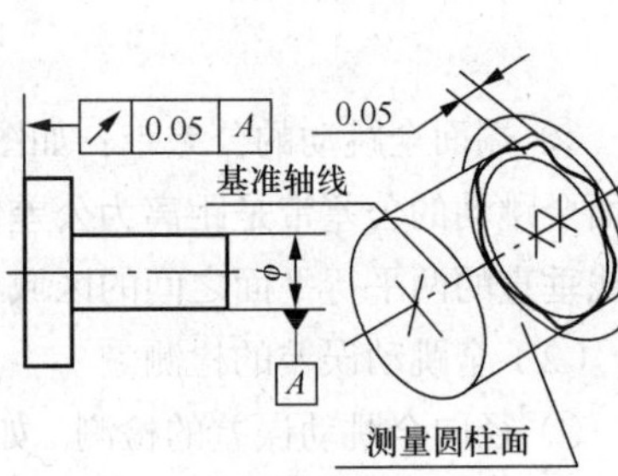

图 6-38　端面圆跳动公差带示例

（2）圆跳动误差的检测。

① 径向圆跳动误差的检测。如图 6-39 所示，基准轴线由 V 形铁模拟，被测零件轴向定位，指示器触头垂直于基准轴线。被测零件回转一周过程中，指示器读数的最大差值为所测平面的径向跳动误差。按上述方法重复测量若干个截面，取各截面读数最大差值为该零件的径向圆跳动误差。

② 端面圆跳动误差的检测。如图 6-40 所示，基准轴线由 V 形铁模拟，被测零件轴向定位，指示器平行于基准。被测零件回转一周过程中，指示器读数的最大差值为所测平面端面跳动误差。按上述方法重复测量若干个截面，取各截面读数最大差值为该零件的端面圆跳动误差。

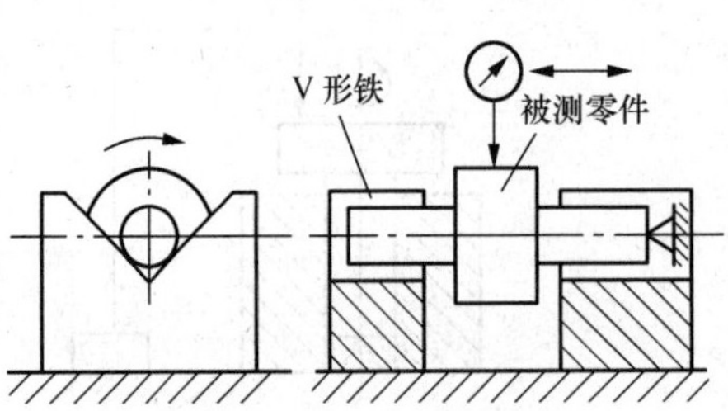

图 6-39　测量径向圆跳动

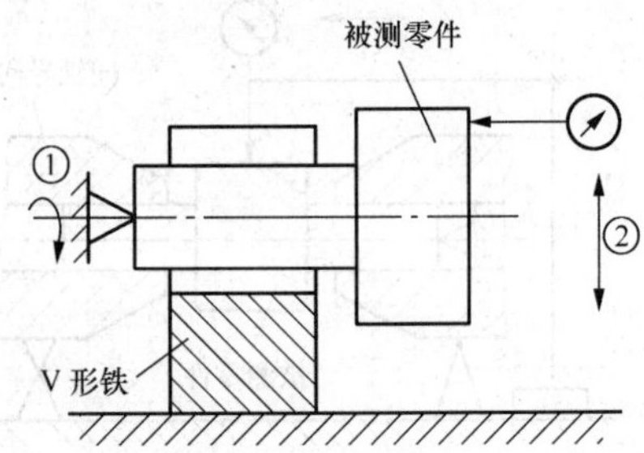

图 6-40　测量端面圆跳动

2. 全跳动

（1）全跳动及其公差带。全跳动是限制被测实际要素整个表面跳动的一项指标。

按被测表面绕基准轴线回转时，指示器的运动方向与基准轴线之间的相对关系不同，分为径向全跳动和端面全跳动。

① 径向全跳动的公差带如图 6-41 所示，表示ϕd_1圆柱面对 $2\times\phi d_2$ 公共轴线 $A—B$ 有有径向全跳动要求。径向全跳动的公差带是半径差为公差值 0.2，且与基准轴线同轴的两圆柱面之间的区域。

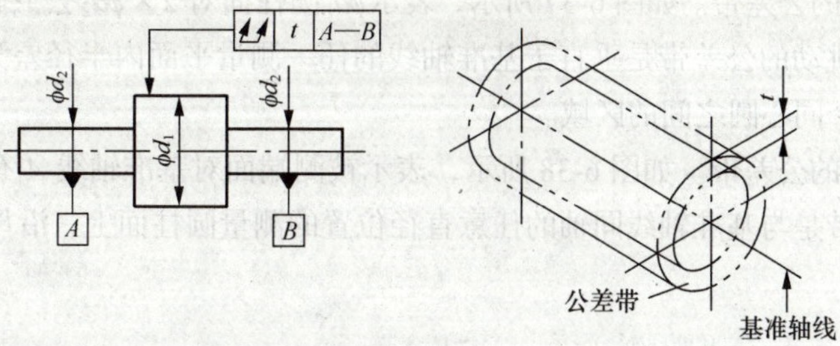

图 6-41　径向全跳动公差带示例

② 端面全跳动的公差带：如图 6-42 所示，表示被测端面对基准轴线 A 有端面全跳动要求。端面全跳动的公差带是距离为公差值 0.05，且与基准轴线垂直的两平行平面之间的区域。

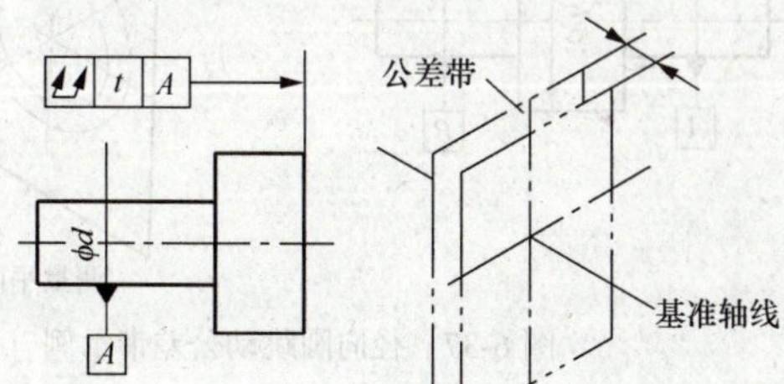

图 6-42　端面全跳动公差带示例

（2）全跳动误差的检测。

① 径向全跳动误差的检测。如图 6-43 所示，将被测零件固定在两同轴导向套筒内，同时轴向固定并调整该对套筒，使其同轴并与平板平行。在被测零件连续回转过程中，同时让指示器沿基准轴线的方向作直线运动，在整个测量过程中指示器读数的最大差值为所测零件的径向全跳动误差。

② 端面全跳动误差的检测。如图 6-44 所示，将被测零件支撑在导向套筒内，并在轴向固定。导向套筒的轴线应与平板垂直。在被测零件连续回转过程中，指示器沿其径向作直线运动，在整个过程中指示器读数的最大差值为所测平面的端面全跳动误差。

以上两种方法的基准也可以用 V 形铁来体现。

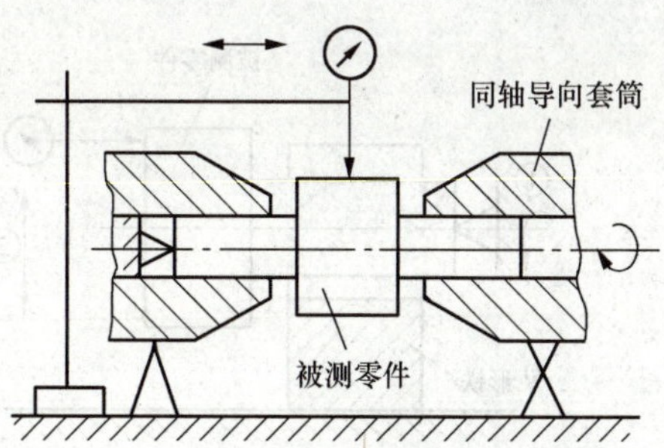

图 6-43　径向全跳动的测量

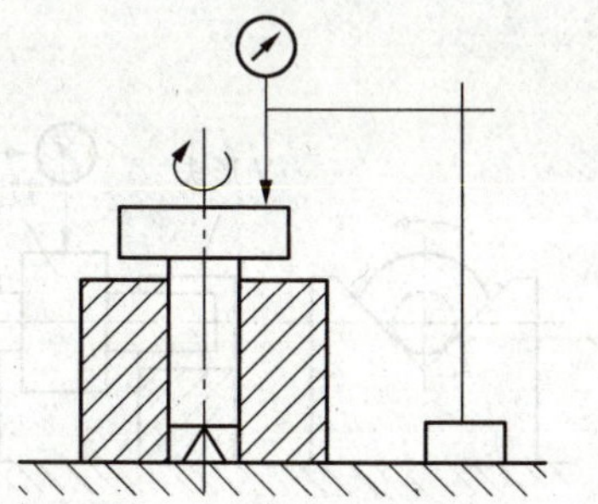

图 6-44　端面全跳动的测量

能力训练与拓展

发动机气缸测量是检测气缸磨损的重要手段，也是汽车维修测量作业的难点。

1. 量缸步骤和读数方法

量缸表由百分表（千分表）和测量附件组成，它是一种比较性测量仪表，使用时要首先给它“标定”。就像日常生活中用我们的臂展能够测量某一空间的长度，是因为我们自己很清楚自己臂展的具体长度。量缸表在实际测量时，测得的是被测缸径与这一标定位置增大或减小一定的量，而这一变化量可以从百分表（千分表）的读数 B 上反映出来。

量缸的步骤如下：

（1）由于量缸表一种比较性测量仪表，它所能够比较的范围为 1mm 以内，所以首先用游标卡尺测量气缸没有磨损部位的直径 ϕA，精确到小数点后一位。

（2）调整外径千分尺到 ϕA，并固定，作为量缸表的标定尺寸。再用夹具固定千分尺尺身；

（3）根据气缸直径 ϕA，选择量缸表的加长杆安装，暂不拧紧。

注意　加长杆的选择是要保证量缸表标定时，活动测头最好处于其变化范围的中间位置附近。以便无论实际缸径大于或小于 ϕA 时都能进行测量。

（4）用调整好的外径千分尺来标定，此时量缸表大指针调整到“0”，小指针位于某一定的位置。并记下小指针的大致位置 M，如图 6-45 所示。

注意　此后在测量完成之前就不能再调整量缸表。

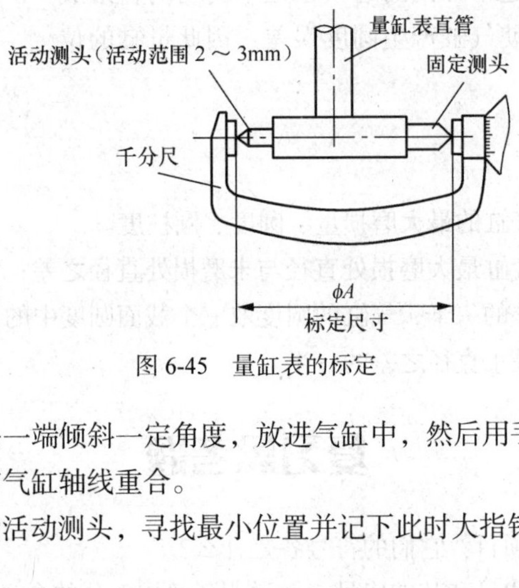

图 6-45　量缸表的标定

（5）将量缸表活动测头一端倾斜一定角度，放进气缸中，然后用手压住量缸表主体，慢慢移动量缸表直管，尽量使其与气缸轴线重合。

（6）沿气缸壁上下移动活动测头，寻找最小位置并记下此时大指针旋转方向及位置 B 和小指针的位置 C。

量缸表的读数方法：

读数时，首先要看小指针相对标定时，是变大、变小还是不变；再判断：大指针应该顺时针读、还是逆时针读。如果小指针测量时的读数大于（超过）标定的位置，则它相对标定值变大，大指针应该逆时针读；如果小指针测量时的读数小于（不到）标定的位置，则它相对标定值变小，大指针应该顺时针读；如果小指针测量时变化很小，不好判断变大还是变小，说明实际尺寸相对标定值的变化很“小”，则对大指针“逆时针”或“顺时针”读，哪一个值小读取哪个值。

可以简单地总结出十六字口诀：“小小逆加，小大顺减，不变取小，逆加顺减”。即：

“小小逆加”——“小”指针 C“小”于 M，“逆”时针读大指针所指数值 B，然后与标定值 ϕ“相加”，即：实际缸径=ϕ（$A+B$）。

"小大顺减"——"小"指针 C"大"于 M，"顺"时针读大指针所指数值 B，然后与标定值ϕ"相减"，即：实际缸径=$\phi(A-B)$。

"不变取小，逆加顺减"——小指针变化太小，看似"不变"，说明实际尺寸相对标定值ϕA 的变化很"小"。则对大指针"逆时针"或"顺时针"读，哪一个值小取哪个值，即"取小"。若该值是"逆"时针读的，则与标定值ϕ"相加"，即：实际缸径=$\phi(A+B)$。若该值是"顺"时针读的，则与标定值ϕ"相减"，即：实际缸径=$\phi(A-B)$。

总之，测量时，比较小指针标定位置 M 和当前位置 C；读取每个大指针数据后应随手记下"$-B$"（$C<M$ 时），"$+B$"（$C>M$ 时）数据，以备测量完成后集中进行计算。

2. 量缸位置

在正常情况下，气缸的上止点因为活塞运行速度为零，油膜难以形成，且气缸上部承受高温高压，因此磨损的最大部位是活塞在上止点位置即第一道活塞环相对应的缸壁。气缸沿工作表面在活塞环运动区域内的磨损是沿高度方向呈上大下小的不规则锥形。这就会使气缸产生圆柱度误差；另外，气缸沿圆周方向由于进气侧气体的吹射和冲刷使气缸壁的润滑油稀释并形成较多腐蚀成分，因此这个方向的磨损也是不均匀的，形成不规则的椭圆形。这就会使气缸产生圆度误差。因此量缸的位置如图 6-46 所示。

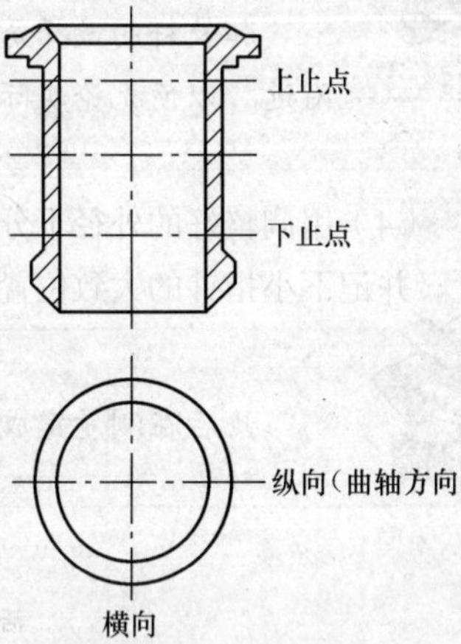

图 6-46　量缸的位置示意图

3. 结果处理

测量完成之后，计算气缸的最大磨损量、圆度、圆柱度。

气缸的最大磨损量是气缸最大磨损处直径与未磨损处直径之差；气缸各截面的圆度为各测量截面的最大与最小直径之差的一半，气缸的圆度取三个截面圆度中的最大值；气缸的圆柱度为所有有效测量结果中最大与最小直径之差的一半。

复习思考题

6-1　几何公差有哪些项目？它们的符号各是什么？

6-2　画出几何公差的代号和基准代号。并说明各组成部分的含义。

6-3　什么是零件的几何要素？零件的几何要素是如何分类的？

6-4　什么是形状误差和形状公差？

6-5　什么是形位公差带？形位公差带和尺寸公差带有哪些主要区别？

6-6　直线度公差有哪几种情况？各自的公差带形状如何？

6-7　试将下列技术要求标注在图 6-47 上。

（1）平面度公差为 0.01mm；

（2）端面对左端面的平行度公差为 0.03mm；

（3）ϕ70H7 孔的轴线对左端面的垂直度公差为 0.02mm；

（4）ϕ210h7 对ϕ70H7 轴线的同轴度公差为ϕ0.02mm；

（5）4 × ϕ20H8 的轴线对左端面（第一基准）和ϕ70H7 孔的轴线的位置度的公差值 0.015mm。

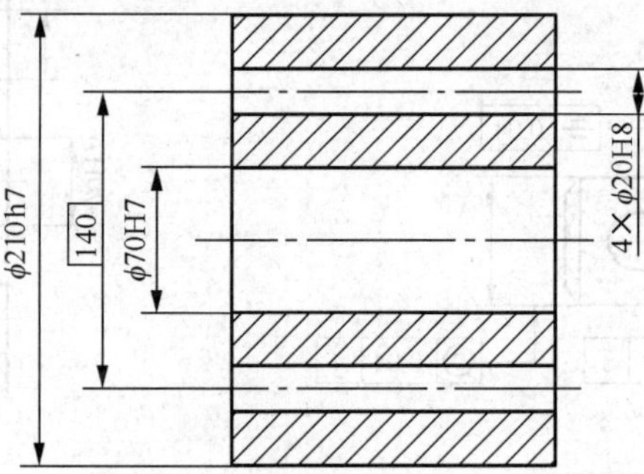

图 6-47

6-8 形位公差标注如图 6-48 所示，按要求填入表 6-9 中。

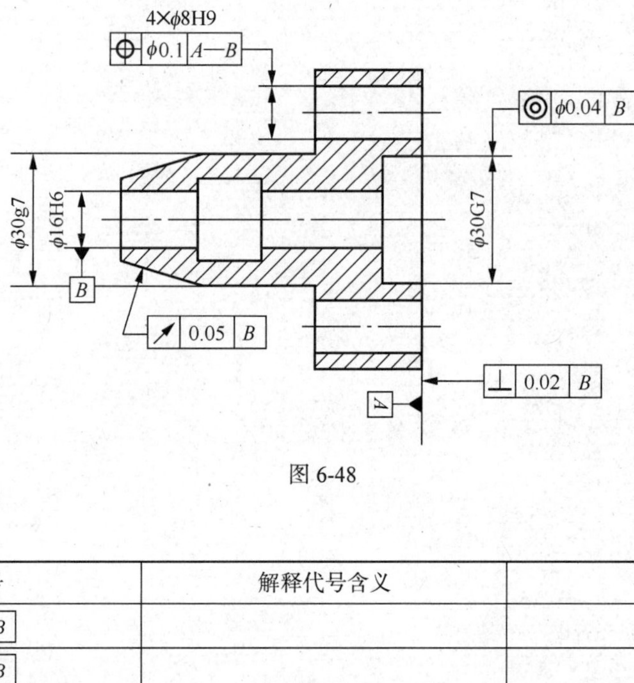

图 6-48

表 6-9

代　　号	解释代号含义	公差带形状
◎ φ0.04 B		
↗ 0.05 B		
⊥ 0.02 B		
⌖ φ0.1 A B		

6-9 改正图 6-49 中各项形位公差标注上的错误（不得改变形位公差项目）。

6-10 将下列技术要求标注在图 6-50 上。

（1）左端面的平面度公差为 0.01mm，右端面对左端面的平行度公差为 0.04mm。

（2）ϕ 70H7 孔的轴线对左端面的垂直度公差为 0.02mm。

（3）ϕ210h7 轴线对 70H7 孔轴线的同轴度公差为ϕ 0.03mm。

（4）4 × ϕ20H8 孔的轴线对左端面（第一基准）和ϕ70H7 孔轴线的位置度公差为ϕ0.15mm。

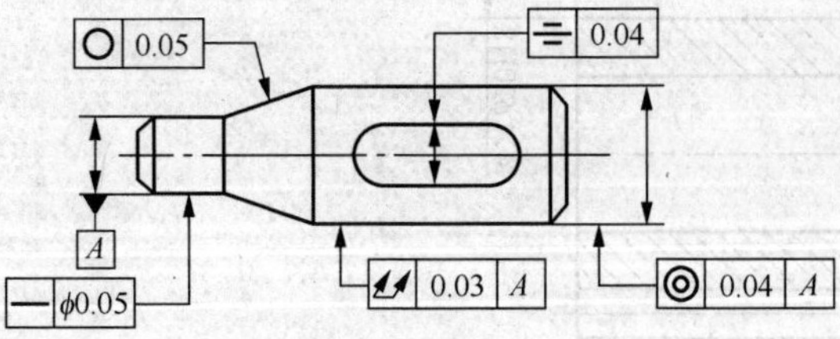

图 6-49

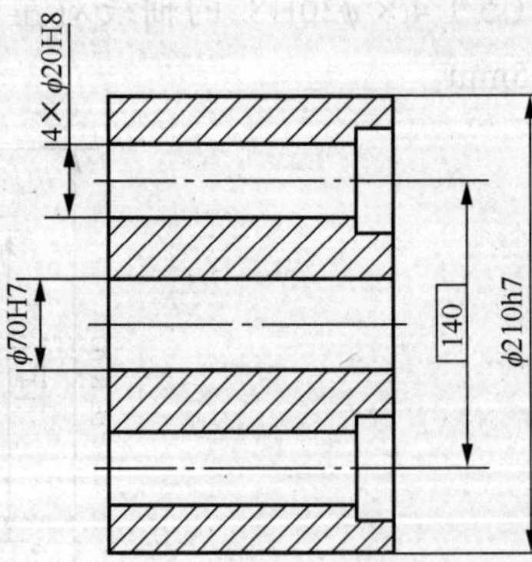

图 6-50

第7章 表面粗糙度

【知识准备】

表面粗糙度的标注规定和符号含义。

【学习以及能力目标】

（1）掌握：表面粗糙度对零件使用性能的影响；表面粗糙度的相关术语：取样长度、评定长度；表面粗糙度评定参数之幅度参数；表面粗糙度参数以及参数值的选用。

（2）了解：表面粗糙度滤波器的作用；表面粗糙度评定参数之附加参数；了解表面粗糙度表面特征以及经济加工方法；了解表面粗糙度的检测方法。

（3）能独立完成：理解汽车发动机连杆组各零件表面粗糙度轮廓算术偏差值 *Ra* 的选定；汽车常见零件表面粗糙度轮廓算术偏差值 *Ra* 的选定。

【教学建议】

（1）教具：以汽车某零件或部件为例；多媒体课件。

（2）建议：尽量利用汽车专业学生对汽车的兴趣，参照汽车零件的各个表面，结合多媒体课件观察、讲解和分析。

7.1 表面粗糙度概述

认识表面粗糙度

机械零件加工过程中，由于刀痕、切屑分离时金属产生塑性变形、机床振动、被加工表面摩擦等使被加工零件表面产生微小峰谷相间的起伏不平的痕迹。零件表面的这种微观几何形状误差被称为微观不平度，它常用表面粗糙度来衡量。峰谷起伏越小，表面越粗糙度值越小，表面也就越光滑。

事实上，加工好的零件表面叠加了宏观几何形状误差和表面粗糙度等几何误差，如图 7-1 所示。这三者可用波距（峰峰之间或谷谷之间的距离）与波高（峰谷之间的高度）间的比值来区别，一般比值大于 1000 者为宏观几何形状误差，小于 40 者为表面粗糙度，介于二者之间的为表面波度误差；也可用更直观的波距来区别：波距小于 1mm 属于表面粗糙度，波距介于 1～10mm 属于表面波度误差，波距大于 10mm 属于宏观几何形状误差。其中零件的宏观几何形状误差用几何公差来衡量和研究，具体详见本书第 6 章。

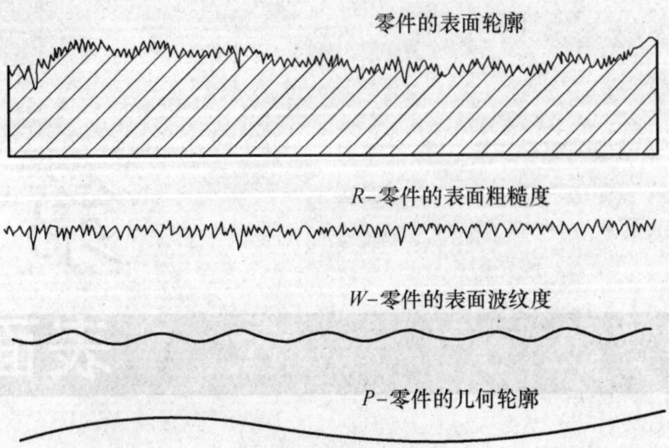

图 7-1　零件的表面实际情况

尽管表面粗糙度是一种微观误差，但是对零件的使用性能却有着重要的影响。主要表现在以下几个方面。

（1）影响零件表面的耐磨性。一方面，零件接触时，实际接触面是表面不平的峰顶处，表面越粗糙，实际的接触面积就越小。同等压力作用下，单位压力就越大。甚至会产生塑性变形，峰顶处折断或剪切等，使磨损加快；另一方面，如果采用的表面粗糙度太小，制造成本增加，且金属分子间吸附力增加，润滑油能存储形成干摩擦，最后形成胶合状态同样会加剧磨损。

（2）影响配合的稳定性。对间隙配合来说，表面越粗糙，就越易磨损，使工作过程中间隙逐渐增大；对过盈配合来说，由于装配时将微观凸峰挤平，减小了实际有效过盈，降低了连接强度。这对于那些配合稳定性要求高，配合过盈量、间隙量小的高速重载设备影响更显著。

（3）影响零件的抗疲劳强度。粗糙零件的表面存在较大的波谷，它们像尖角缺口和裂纹一样，对应力集中很敏感，从而影响零件的疲劳强度。

（4）影响零件的抗腐蚀性。粗糙零件的表面易使腐蚀性液体或气体渗入零件表面内层而锈蚀。另外峰谷间藏污纳垢，容易引起化学腐蚀和电化学腐蚀。

（5）影响零件间的密封性。粗糙零件静力密封时，液体或气体容易通过接触面间的缝隙渗出；动力密封时，表面粗糙度参数值过小，否则容易破坏油膜，摩擦磨损加剧。

此外，表面粗糙度对零件的镀涂层、导热性和接触电阻、反射能力和辐射性能、液体和气体流动的阻力、导体表面电流的流通等都会有不同程度的影响。

表面粗糙度的选择时，不仅要考虑零件的使用要求，还要考虑经济性。因此，设计零件时，除了考虑零件尺寸精度、几何精度外，还要考虑表面粗糙度的影响。

7.1.1　表面粗糙度的术语

为了合理评定加工后零件的表面粗糙度，国标规定了表面粗糙度的定义、参数及数值。

1. 轮廓滤波器

轮廓滤波器是滤去某些波长成分，保留所需表面成分的处理方法。轮廓滤波器是把轮廓分成长波、中波、短波三种成分，共有 λ_s、λ_c 和 λ_f 三种。简单地说就是：λ_s 滤波器滤去中、短波，保留表面总轮廓信息，即确定存在于表面粗糙度和比它更短波成分之间界限；λ_c 滤波器滤去中、长波，保留表面粗糙度信息；λ_f 滤波器滤去短波和长波，保留波纹度信息。

2. 取样长度

是为了限制和削弱表面波纹度和几何误差对表面粗糙度测量结果的影响，评定表面粗糙度时所规定一段基准线长度。取样长度过长，测量结果可能包含波纹的成分；取样长度过短，不能全面客观的反映表面粗糙度的实际情况。评定表面粗糙度轮廓的取样长度 l_r 与 λ_c 滤波器的截止波长相等，一般应包含 5 个及以上的峰和谷。显然取样长度 l_r 与表面粗糙度的高低有关，表面越粗糙，取样长度 l_r 越大，且取样长度 l_r 的走向应与轮廓走向相同。

3. 评定长度

评定长度 l_n 是评定轮廓所必须的一段长度，它可包括一个或几个取样长度。由于零件表面各部分的表面粗糙度不一定很均匀，在一个取样长度上往往不能合理地反映某一表面粗糙度特征，故需在表面上取几个取样长度来评定表面粗糙度。评定长度 l_n 一般包含 5 个取样长度 l_r，如图 7-2 所示。

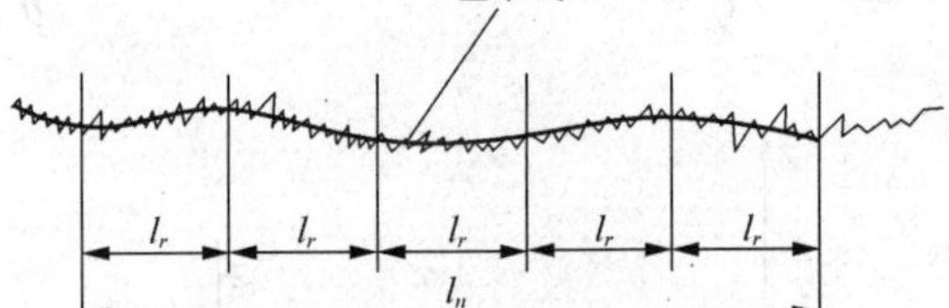

图 7-2　取样长度和评定长度

4. 基准线

中线是评定表面粗糙度参数给定的线。中线（见图 7-3）有以下两种。

在取样长度范围内，划分实际轮廓为上下两部分，且使上下面积和分别相等的线为轮廓的算术平均中线。采用光学仪器测量时，常用轮廓的算术平均中线作为基准线。

在取样长度范围内，使轮廓线上各点的轮廓偏距的平方和为最小的线为轮廓的最小二乘中线。采用光学仪器测量并用计算机辅助计算时，常常采用轮廓的最小二乘中线作为基准线。

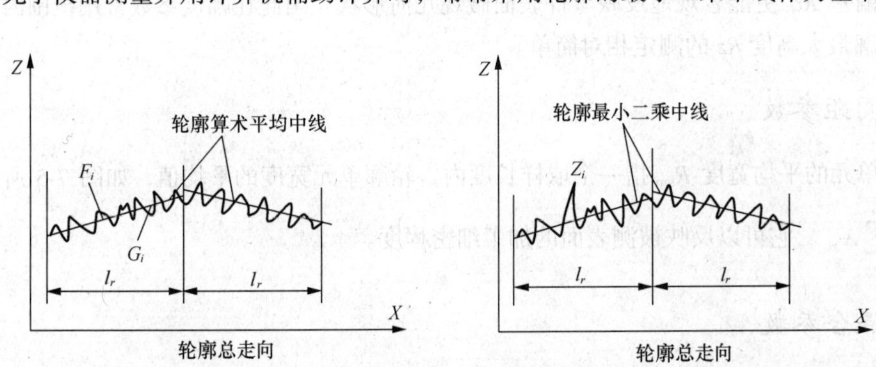

图 7-3　轮廓算术平均中线和最小二乘中线

7.1.2 表面粗糙度的评定参数

为定量评定表面粗糙度的轮廓，国标规定了表面微观几何形状的高度、间距和形状三方面的特征和相关参数。评定时采用幅度参数、间距参数和混合参数，其中幅度参数是基本参数，间距参数和混合参数是附加参数。而幅度参数列入了轮廓算术平均偏差 *Ra*、轮廓最大高度 *Rz*。有粗糙度要求的表面必须选择一个幅度参数，表面粗糙度在 0.025～6.3μm 时，推荐选用 *Ra*，其余选用 *Rz*。附加参数不能单独选用，只能作为幅度参数的附加参数，表面有特殊功能要求时选用。

1．幅度参数

GB/T 3505—2009 规定表面粗糙度的评定参数，在实际应用中根据需要选用，但幅度参数 *Ra* 或（和）*Rz* 是必须标注的。

（1）轮廓算术平均偏差 *Ra*：在一个取样长度（l_r）内，被测轮廓上各点至轮廓中线偏距绝对值的算术平均值，如图 7.4 所示。在实际测量中，测量点的数目越多，*Ra* 越准确。

$$Ra=\frac{1}{l_r}\int_0^{l_r}\left|z(x)\right|dx \quad \text{或近似为：} \quad Ra=\frac{1}{n}\sum_{i=1}^{n}\left|z_i\right|$$

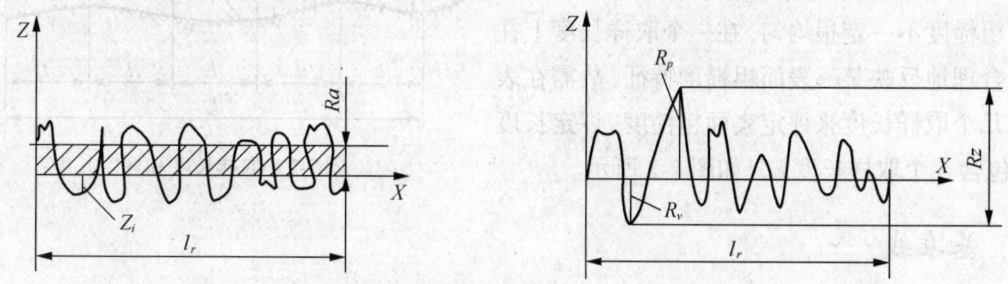

图 7-4 轮廓算术平均高度和最大高度

（2）轮廓最大高度 *Rz*：在一个取样长度（l_r）内，轮廓峰顶线 R_p 和谷底线 R_v 之间的距离，即 $Rz=R_p+R_v$，如图 7-3 所示。

显然幅度参数中轮廓算术平均偏差 *Ra* 和轮廓最大高度 *Rz* 的值越大，零件表面越粗糙。轮廓算术平均偏差 *Ra* 更能客观地反映零件表面微观几何形状，因此在幅度参数常用范围内优先选用 *Ra*。而轮廓最大高度 *Rz* 的测定相对简单。

2．间距参数

轮廓单元的平均宽度 R_{sm} 指一个取样长度内，轮廓单元宽度的平均值，如图 7-5 所示。即：$R_{\mathrm{sm}}=\frac{1}{m}\sum_{i=1}^{m}X_{si}$。它可以反映被测表面的加工细密程度。

3．混合参数

轮廓的支承长度率 $R_{\mathrm{mr}}(c)$是指评定长度范围内，在给定水平位置 *c* 上轮廓的实体材料长度

Ml(*c*)与评定长度的比率。表示轮廓的支承长度率随 *c* 位置变化关系的曲线称为轮廓支承长度率曲线。显然，不同的 *c* 位置有不同的轮廓支承长度率，如图 7-6 所示。

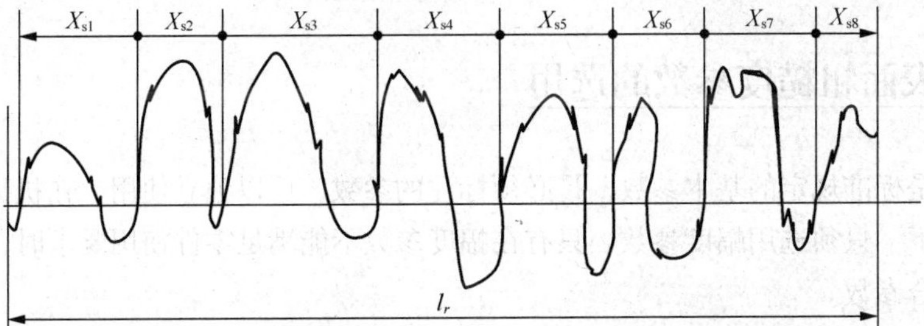

图 7-5　轮廓单元的宽度（间距参数）

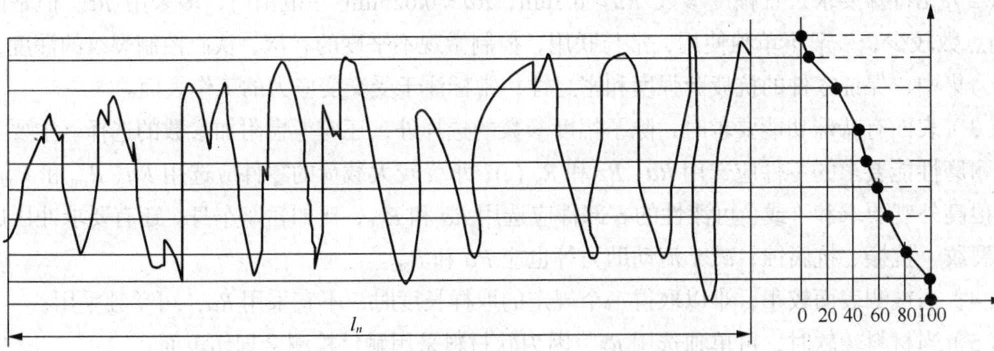

图 7-6　轮廓的支承长度率

轮廓的支承长度率从几何精度方面描述零件表面的支承与零件接触刚度以及耐磨性能的关系。由图 7-5 可以看出轮廓支承长度率与零件的实际轮廓形状有关，它能直观反映两零件的实际接触面积大小，是零件表面耐磨性能的指标。比较图 7-7 中（a）（b）（c）可得出：对于不同的实际轮廓，在相同评定长度内，对于相同的水平截距，轮廓的支承长度率越大，表示零件表面实际的实体部分越多，支撑面积越大，接触刚度越搞，耐磨性能越好。

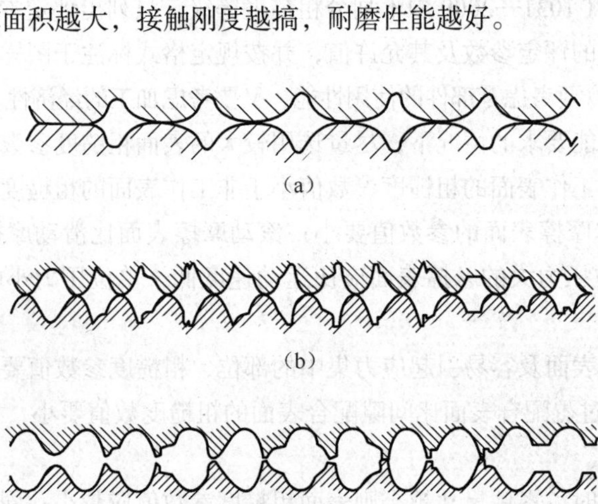

图 7-7　不同轮廓支承长度率的零件接触情况比较

7.2 表面粗糙度的选用

7.2.1 表面粗糙度参数的选用

幅度参数是标准规定的基本参数，是必须标注的参数，可以独立使用。在机械零件设计时，绝大多数情况下，只须选用幅度参数。只有在幅度参数不能满足零件使用要求时，才给出间距参数或（和）混合参数。

（1）无特殊要求，且幅度参数 Ra=0.025～6.3μm，Rz=0.1～25μm 在范围内，轮廓算术平均偏差能较客观的反映表面微观几何形状，优先选用。

（2）无特殊要求，且幅度参数 $Ra>6.3$μm，$Ra<0.025$μm 在范围内，多采用 Rz。但是由于 Rz 测点数较少，一般不单独使用，常与联用，控制微观不平度的谷深，从而控制裂纹的深度，防止应力集中，保证零件的抗疲劳强度和密封性，常标注于受交变应力的工作表面。

（3）表面有特殊功能要求时，除了幅度参数的选择外，还应考虑附加参数的选择。主要有：很高耐磨性能要求的零件应选用 Ra、Rz 和 $R_{mr}(c)$；承受较大载荷的零件应选用 Ra、R_{sm} 和 $R_{mr}(c)$；具有很高外观要求和（或）可漆性的零部件应选用 Ra 和 R_{sm}，比如轿车车身。还有要求冲压成型后抗裂纹、抗振、抗腐蚀、减小流动助力等也应 Ra 和 R_{sm}。

（4）当被测表面较小，难以取得一个规定的取样长度时，不宜采用 Ra，可单独采用；

（5）当材料较软时，可单独选用 Rz，因为软材料采用触针检测会划伤表面。

7.2.2 表面粗糙度参数值的选用

机械零件的表面粗糙度值见国标 GB/T 1031—2009。设计者根据表面功能和生产经济合理性优先选用表中基本系列，基本系列不能满足要求时，可选取补充系列值。

值得注意的是 GB/T 1031—2009 中不划分粗糙度等级，只列出评定参数的允许数系，设计者根据具体条件选择适当的评定参数及其允许值，并按规定格式标注于图样上。

表面粗糙度值选用既要考虑零部件的使用性能，又要考虑加工的经济性。它选用的一般原则为：

（1）在满足表面功能要求的情况下，尽量选用较大的表面粗糙度参数值。

（2）同一零件上，工作表面的粗糙度参数值小于非工作表面的粗糙度参数值。

（3）摩擦表面比非摩擦表面的参数值要小；滚动摩擦表面比滑动摩擦表面的粗糙度参数值小；运动速度高，单位压力大的摩擦表面应比运动速度低，单位压力小的摩擦表面的粗糙度参数值要小。

（4）受循环载荷的表面及容易引起应力集中的部位，粗糙度参数值要小。

（5）一般情况下，过盈配合表面比间隙配合表面的粗糙度数值要小，对间隙配合，间隙越小，粗糙度的参数值应越小。

（6）配合性质相同时，零件尺寸越小则表面粗糙度参数值应越小；同一精度等级，小尺寸比大尺寸、轴比孔的表面粗糙度参数值要小。

（7）要求防腐蚀、密封性能好或外观美观的表面，其表面粗糙度参数值应较小。

通常尺寸公差、表面形状公差小时，表面粗糙度参数值也小。但表面粗糙度参数值和尺寸公差、表面形状公差之间并不存在确定的函数关系，例如，手轮、手柄的尺寸公差值较大，表面粗糙度参数值却较小。

7.2.3　汽车典型零件的表面粗糙度参数选择分析

汽车发动机连杆组（见图 7-8）将发动机曲轴和活塞连接起来。它主要有连杆本体 3、连杆大头盖 7、连杆小头衬套 2、连杆大头轴瓦 6 和连杆螺栓 4（或螺钉）等。其中连杆本体由三部分构成，与活塞销连接的部分称连杆小头；与曲轴连接的部分称连杆大头，连接小头与大头的杆部称连杆杆身。连杆小头多为薄壁圆环形结构，为减少与活塞销之间的磨损，在小头孔内压入薄壁青铜衬套。且在小头和衬套上钻孔或铣槽，以使飞溅的油沫进入润滑衬套与活塞销的配合表面。

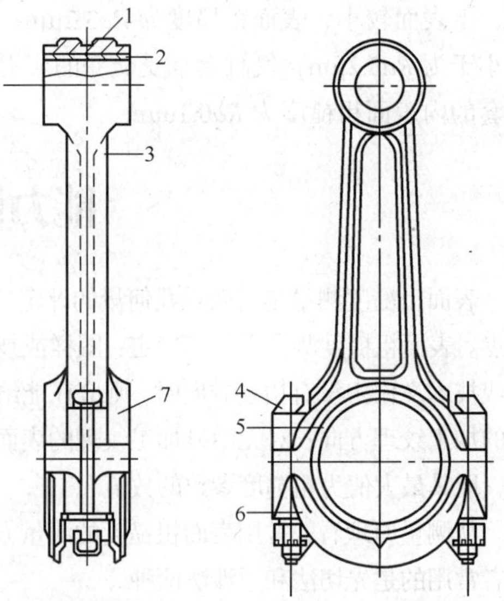

图 7-8　发动机连杆组

1—连杆小头；2—衬套；3—连杆本体；4—连杆螺栓；5—连杆盖；6—连杆大头轴瓦；7—连杆大头盖

连杆除了应具有足够的结构刚度外，还应有足够的疲劳强度。疲劳强度不足，往往会造成连杆体或连杆螺栓断裂，进而产生整机破坏的重大事故。而零件的表面粗糙度对零件的疲劳强度有很大影响。表 7-1 所示为连杆组各零件重要加工表面表面粗糙度值以及部分零件关键尺寸公差等级。

表 7-1　　连杆组各零件重要加工表面表面粗糙度值以及部分零件关键尺寸公差等级

项目		*Ra* / μm	公差等级	项目	*Ra* / μm
连杆衬套孔		0.63	IT6	连杆大头分开面	1.6
连杆大头孔		0.8	IT6	螺栓孔支撑面	1.6
连杆小头孔	加衬套	1.25	IT7	端面	3.2
	不加衬套	0.63	IT7		
大小头间距			IT8		

齿轮传动因其传动平稳，传动比精确，工作可靠、效率高、寿命长，使用的功率、速度和尺寸范围大等优点，在汽车中仍然被广泛使用。一般说来，轿车，微型客车变速器齿轮精度为 6～8 级，表面粗糙度为 *Ra*1.6μm；中重型货车以及越野车变速 Z 器齿轮精度为 7～9 级，表面粗糙度为 *Ra*3.2μm；对于精度等级为 6 级的齿轮孔、齿轮轴颈、齿轮定位端面的表面粗糙度要求较高，一般为 *Ra*0.4～0.8μm；齿轮非定位端面和非工作端面的表面粗糙度要求一般为 *Ra*6.3～25μm。

发动机曲轴是发动机最重要的部件。它承受连杆传来的力，并将其转变为转矩通过曲轴输出并驱动发动机上其他附件的工作。曲轴受到旋转质量的离心力、周期变化的气体惯性力和往复惯性力的共同作用，使曲轴承受弯曲扭转载荷的作用。要求曲轴有足够的强度和刚度，轴颈表面需耐磨、工作均匀、平衡性好。发动机曲轴毛坯一般是铸造或锻造的，连杆轴颈和主轴颈广泛采用CNC 控制的曲轴磨床进行精磨加工，表面粗糙度为 *Ra*0.2～0.4μm，而连杆轴颈、主轴和曲柄之间的过渡圆角的表面粗糙度值为。

气缸体是发动机的主体，它将各个气缸和曲轴箱连成一体，是安装活塞、曲轴以及其他零件和附件的支承骨架。因为气缸体上部是并列的气缸筒，气缸体上表面较大，且要与气缸盖形成良好的密封，但它与气缸盖用螺栓连接，因此其表面粗糙度一般为 *Ra*3.2μm；气缸体的下部是曲轴箱，下表面较小，表面粗糙度为 *Ra*3.2μm；气缸承孔的表面粗糙度和气缸套的外表面粗糙度一般不小于为 *Ra*3.2μm，气缸套承受交变的应力和热载荷，且与活塞、活塞环之间为动密封，因此气缸套的内表面粗糙度为 *Ra*0.16μm。

能力训练与拓展

表面粗糙度测量是对微观几何量的评定，与一般那长度测量相比，具有测量精度高，测量值小的特点。表面粗糙度测量方向的确定：图样或技术文件中规定测量方向时，按规定方向进行测量；当图样或技术文件中没有指定方向时，则应在能给出粗糙度参数最大值的方向测量，该方向垂直于被测表面的加工纹理方向；对无明显加工纹理的表面，测量方向可以是任意的，一般可选择几个方向进行测量，取其最大值为粗糙度参数的数值。

从测量原理看，常用表面粗糙度的测量方法主要有比较法、印摸法、触针法和光学测量法，其中后者常用的是光切法和干涉法两种。

1. 比较法

将表面粗糙度比较样块（简称样块，见图 7-9）根据视觉和触觉与被测表面比较，判断被测表面粗糙度相当于哪一数值，或测量其反射光强变化来评定表面粗糙度（限于篇幅这里不讲述。请有兴趣的读者查阅激光测长技术）。样块是一套具有平面或圆柱表面的金属块，表面经磨、车、镗、铣、刨等切削加工，电铸或其他铸造工艺等加工而具有不同的表面粗糙度。有时可直接从工件中选出样品经过测量并评定合格后作为样块。

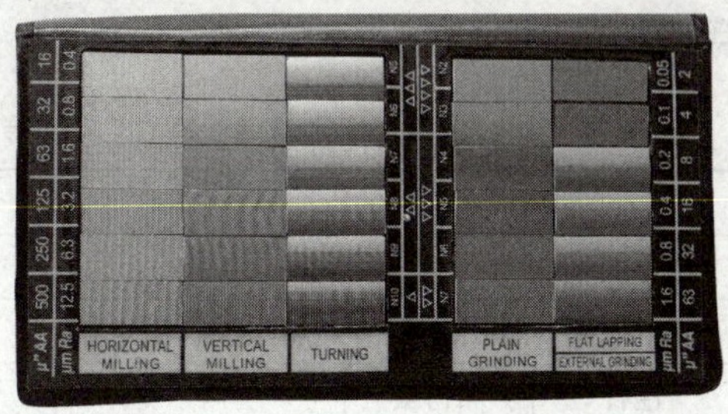

图 7-9 铣削加工零件表面粗糙度样块

也可以使用显微镜将被测表面与表面粗糙度比较样块靠近在一起，用比较显微镜观察两者被放大的表面，以样块工作面上的粗糙度为标准，观察比较被测表面是否达到相应样块的表面粗糙度；从而判定被测表面粗糙度是否符合规定。

利用样块根据视觉和触觉评定表面粗糙度的方法虽然简便，但不能测出粗糙度参数值，且会受到主观因素影响，常不能得出正确的表面粗糙度数值。

2. 印摸法

在实际测量中，常会遇到深孔，盲孔、凹槽，内螺纹等既不能使用仪器直接测量，也不能使用样板比较的表面，这时常用印摸法。印摸法是利用一些无流动性和弹性的塑性材料（如石蜡等）贴合在被测表面上，将被测表面的轮廓复制成模，然后测量印模，从而来评定被测表面的粗糙度。

3. 针描法

利用针尖曲率半径为 2μm 左右的金刚石触针沿被测表面缓慢滑行，金刚石触针的上下移动，再由电学式长度传感器将这种位移量转换为电信号，经放大、滤波、计算后由显示仪表指示出表面粗糙度数值，也可用记录器记录被测截面轮廓曲线。一般将仅能显示表面粗糙度数值的测量工具称为表面粗糙度测量仪，同时能记录表面轮廓曲线的称为表面粗糙度轮廓仪，简称轮廓仪。这两种测量工具都有电子计算电路或电子计算机，它能自动计算出 *Ra*、*Rz* 和其他多种评定参数，测量效率高，适用于测量 *Ra* 为 0.025～6.3μm 的表面粗糙度。

这种测量方法的优点是效率高，可现场进行。缺点在于：受触针直径限制，对于 1～2μm 以下的，难以探及谷底，影响测量精度；另外测量软材料时，触针可能会划伤被测表面。

4. 光学测量法

（1）干涉法。利用光波干涉原理（见平晶、激光测长技术）将被测表面的形状误差以干涉条纹图形显示出来，并利用放大倍数高（可达 500 倍）的显微镜将这些干涉条纹的微观部分放大后进行测量，以得出被测表面粗糙度。应用此法的表面粗糙度测量工具称为干涉显微镜。这种方法适用于测量 *Rz* 和 *Ry* 为 0.025～0.8μm 的表面粗糙度。

（2）光切法。光线通过狭缝后形成的光带投射到被测表面上，以它与被测表面的交线所形成的轮廓曲线来测量表面粗糙度。由光源射出的光经聚光镜、狭缝、物镜 1 后，以 45°的倾斜角将狭缝投影到被测表面，形成被测表面的截面轮廓图形，然后通过物镜 2 将此图形放大后投射到分划板上。利用测微目镜和读数鼓轮先读出 h 值，计算后得到 H 值。应用此法的表面粗糙度测量工具称为光切显微镜。它适用于测量 *Rz* 和 *Ry* 为 0.8～100μm 的表面粗糙度，需要人工取点，测量效率低。

复习思考题

7-1　简述表面粗糙度的含义以及它对零部件使用性能的影响。

7-2　为什么规定取样长度和评定长度？这二者之间有什么关系？

7-3　评定表面粗糙度的参数有哪些？简述它们的符号、名称和定义。

7-4　选择表面粗糙度参数值，应考虑哪些因素？

7-5　设计时如何处理尺寸公差、形状公差和表面粗糙度参数值的关系？

7-6　一般情况下，分别比较ϕ60H7 与ϕ6H7，比较ϕ40H6/s6 与ϕ40H6/f5，ϕ70H7/h6 与ϕ70H7/d6，哪种情况下应选用较小的表面粗糙度值？为什么

7-7　常用的表面粗糙度测量方法有哪些？各种方法适应测量哪些评定参数？

第3篇

液压与气压传动技术

第8章 液压传动基础

【知识准备】

牛顿第一、第二、第三定律；动量定理；机械能守恒定律；帕斯卡液压传递原理。

【学习以及能力目标】

（1）掌握：液压与气压传动静力学基础知识；液压传动系统工作原理及组成；液压油黏性、黏温特性的基本概念及衡量指标；液压冲击与气穴现象的原因、危害。

（2）了解：流体动力学基本方程以及应用；液压油选用的基本原则；减小液压冲击与气穴造成危害的常见措施；液压传动系统的图示方法。

（3）能独立完成：液压与气压传动静力学、液压油黏性、黏温特性方面的练习题；液压冲击与气穴现象的原因、危害的分析。

【教学建议】

（1）教具：以汽车各液压系统的液压油为例讲述液压油特性；多媒体课件。

（2）建议：尽量利用汽车专业学生对汽车的兴趣，参照实物，结合多媒体课件观察、讲解和分析。

从图 8-1 所示手动液压千斤顶的工作过程可知液压传动是依靠液压油在密封容积变化中的压力能实现运动和动力传递的。液压传动装置本质上是一种能量转换装置，它先将机械能转换为便于输送的液压能，后又将液压能转换为机械能。

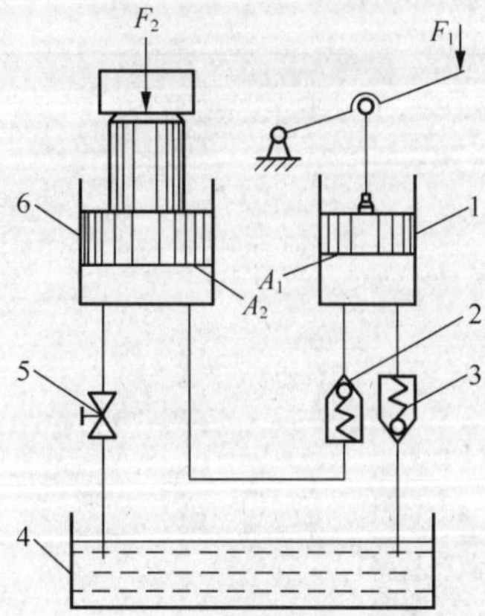

图 8-1　手动液压千斤顶工作原理图

1—小活塞及小液压缸；2，3—单向阀；4—油箱；5—截止阀；6—大活塞及大液压缸

8.1　液压油

液压油的作用及特性

液压油作为液体传动的工作介质，它不仅传递运动和动力，还对液体装置的机构和零件起润滑、防锈和冷却的作用。因此其物理化学性质，如黏性、黏温特性、可压缩性、密度、抗燃性、抗凝性、沸点等都对液体系统有着非常重要的影响。为此，这里将介绍液压油的一些主要性质，以便于我们合理选用液压油。

8.1.1　液压油的黏性

1. 黏性的物理意义

液体处于静止状态时不能抵抗剪切变形，但当两层液体之间有相对运动时，其接触面上就会产生抵抗液体相对运动的内摩擦力：运动快的液体层会对运动慢的液体层产生拉力，运动慢的液体层会对运动快的液体层产生阻力。液体具有内摩擦力的特性就是液体的黏性，或者说黏性是运动液体具有抵抗剪切变形的能力。由于液体的黏性，液体在运动过程中必须克服其内摩擦力而做功，从而导致能量损失。因此液体的黏性也是液体传动系统中产生机械能损失的根源。

根据牛顿内摩擦定律，任意单位面积的两薄层间的液体切应力为：

$$\tau = \mu \frac{\mathrm{d}u}{\mathrm{d}y} \tag{8-1}$$

式中，μ——动力黏度，单位为 Pa.s；

du，dy——两薄层间的流速差和距离（见图 8-2）；

$\frac{\mathrm{d}u}{\mathrm{d}y}$——速度梯度，即流速沿垂直于流速方向的变化率。

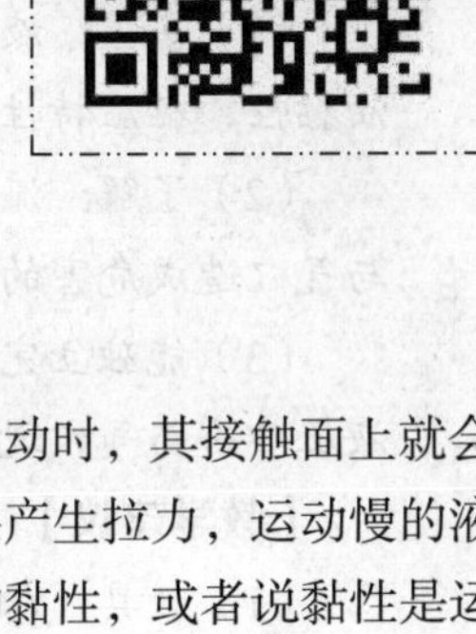

图 8-2　液体的黏性

由式（8-1）知，液体在静止时，由于 $\frac{\mathrm{d}u}{\mathrm{d}y}=0$，内摩擦力为零，因此液体在静止状态时无黏性。

2. 黏度

液体黏性的大小用黏度来表示。常用的黏度有三种：动力黏度、运动黏度和相对黏度（又称条件黏度）。

（1）动力黏度。它又称绝对黏度，其物理意义为：液体在单位速度梯度下流动时，液体层间单位面积上产生的内摩擦力。根据式（8-1）有：

$$\mu = \tau \frac{\mathrm{d}u}{\mathrm{d}y} \tag{8-2}$$

动力黏度的法定计量单位为 Pa·s 和 MPa·s，它与工程上仍然沿用的非法定计量单位 P（泊，$\mathrm{dyn \cdot s/cm^2}$）之间的关系是 1Pa·s=10P。

（2）运动黏度。动力黏度与该液体的密度之比值称为运动黏度，一般用ν表示

$$\nu = \frac{\mu}{\rho} \tag{8-3}$$

运动黏度无明确物理意义，由于其单位含有长度和时间量纲，类似于运动学量，故称为运动黏度。运动黏度的法定计量单位为 $\mathrm{m^2/s}$ 或者 $\mathrm{mm^2/s}$，液压油的黏度等级是以其 40° 的某一中心运动黏度近似值来表示的，例如，某液压油的黏度等级为 32，则该液压油 40° 时其运动黏度等级为 $32\mathrm{mm^2/s}$，即 32cSt（厘斯）。

（3）相对（条件）黏度。它指用黏度计在特定条件下测出来的黏度。各相对（条件）黏度都有相应的专门测量方法。各国采用的相对黏度不一样，如我国、俄罗斯、德国等采用恩氏黏度（°E），美国采用赛氏（SSU）黏度，英国采用雷氏黏度（°R）。

3. 黏度与温度、压力的关系

液压油对温度的变化极为敏感，一般说来，温度升高，黏度会下降。这在日常生活也可以观察到。我们把油液的这种性质称为油液的黏温特性。不同种类的液压油有不同的黏温特性。黏温特性好的液压油其黏度随温度变化较小，因而油温变化对液压系统性能影响较小。国内外常采用黏度指数Ⅵ来衡量黏温特性的好坏，黏度指数Ⅵ越大，表明油液随温度的变化率小，即黏温特性好。一般液压油的黏度指数Ⅵ在 90 以上，优异的工作液的黏度指数Ⅵ在 100 以上。

液体所受压力越大，液体分子间距离越小，内聚力越大，内摩擦力越大，黏度也就越大。但由于一般液压系统，压力在 32MPa 以下时，压力对黏度的影响不大，可以忽略不计。

4. 液体的可压缩性

液体随压力增大而发生体积变小的性质称为液体的可压缩性。液体压缩性大小用压缩系数κ表示。

$$\kappa = -\frac{1}{V}\frac{\mathrm{d}V}{\mathrm{d}P} \tag{8-4}$$

式中，V——液体体积；

$\mathrm{d}V$——液体体积改变量；

$\mathrm{d}P$——液体所受压力改变量。

由此可知，压缩系数κ表示液体在单位压力改变下的体积相对变化量。

κ的倒数称为液体的体积模量，即

$$K = \frac{1}{\kappa} = -V\frac{\mathrm{d}P}{\mathrm{d}V} \tag{8-5}$$

由式（8-5）可知，液体的体积模量 K 表示单位体积变化量所需要的压力增量。常用 K 值说明液体抵抗压缩能力的大小。常温下，液体体积模量 $K=1.4\times10^3\sim2\times10^3$MPa，数值很大。因此，一般可认为油液是不可压缩的。

但是若液体中混入了气体，其抗压缩的能力大大降低，这将影响液压系统的性能。而有较高稳定性要求且压力较大的液压系统中，应尽力减少液压油中混入的气体及挥发物质（如汽油、煤油、乙醇、笨等）的含量。

8.1.2　液压油的种类、选择、使用与维护

1. 液压油的种类

液压油可分成可燃型（矿物油、合成烃型）、难燃型（乳化型、水、水-乙二醇型、合成型）和专业液压油（航空专用、舰船专用、炮用、车辆制动专用等）三大类。液压油的主要品种及其特性和用途如表 8-1 所示。

表 8-1　液压油的主要品种及其特性

类　型	名　称	ISO 代号	特性和用途
矿油型	全损耗系统用油	L-HH	不含任何添加剂的基础性母液压油，一般不宜作传动介质，仅适用于要求不高、低压系统的润滑
	普通液压油	L-HL	精制矿油加添加剂。具有一定的抗氧化和防锈能力，可用于低压系统、机床主轴箱、齿轮箱的润滑
	抗磨液压油	L-HM	在 L-HL 基础上添加有极压抗磨剂和金属钝化剂，广泛应用于各类低、中、高压系统，例如，工程机械和车辆液压系统
	导轨液压油	L-HG	在 L-HM 基础上添加有改善黏滑性能的添加剂，具有良好的润滑和抗低速爬行性能。可适用于导轨和液压系统共用一种油的机床
	高黏度指数液压油	L-HR	在 L-HL 基础上添加黏度指数添加剂，具有很好的黏温特性，适用于对黏温特性有特殊要求的低压系统，如数控机床或装有伺服阀的液压系统
	低温液压油	L-HV	在 L-HM 基础上添加有抗凝剂。可适用于−40℃～20℃的低温环境
		L-HS	与 L-HV 相类似，但低温黏性更小
	汽轮机油	L-TSA	深度精制矿物油加添加剂，改善抗氧化性、抗泡沫性等。汽轮机专用，也可用于一般液压系统
乳化型	水包油乳化液	L-HFA	高水基液，难燃，黏温特性好，有一定的防锈能力，润滑性差，易泄露，适用于有抗燃要求，流量大，易泄露的系统
	油包水乳化液	L-HFB	矿物型液压油，既抗磨防锈又抗燃，适用于具有抗燃要求的中压系统
合成型	水-乙二醇液	L-HFC	难燃，黏温特性好，抗蚀，能在−30℃～60℃使用，适用于具有抗燃要求，中性能的低压系统
	磷酸酯液	L-HFDR	难燃、润滑性能好、抗磨、抗氧化，有毒。能在−54℃～135℃使用，适用于具有抗燃要求，精密的高压系统

2. 液压油的选择

首先是油液品种的选择。根据是否是液压专用，有无起火危险，液压系统对环境，对抗磨性等方面的要求进行选择；其次是选择液压油黏度等级。

液压元件中，液压泵由于压力高、转速高、温度高，且液压油被泵吸入时受剪力作用，对液压油的性能最为敏感，因此通常根据液压泵的类型以及要求，选择液压油的黏度范围，详见表 8-2。除考虑液压泵外，在选择液压油黏度等级时，还应考虑以下几个方面。

（1）工作压力。若选用液压油黏度过高，则液压系统因摩擦而引起功率损失，从而使系统机械效率下降；若选用液压油黏度过低，则液压系统因泄漏而引起功率损失，从而使系统容积效率下降。但一般来说，工作压力高的系统宜选择黏度大的液压油，这有利于减少泄漏和容积损失。根据经验有：

当 $0\text{MPa}<p<7\text{MPa}$ 时，$\nu=32\sim68$ cSt；

当 $7\text{MPa}<p<21\text{MPa}$ 时，$\nu=68\sim100$ cSt；

当 $21\text{MPa}<p<32\text{MPa}$ 时，$\nu>100$ cSt。

（2）运动速度。当液压系统工作部件运动速度较高时，宜选用黏度较小液压油，这有利于减少液流的摩擦损失。

（3）环境温度。液压系统环境温度高时，宜选用黏度较大液压油，这有利于减少液流的容积损失。

表 8-2　液压泵用油的黏度范围及推荐牌号

名　称	运动黏度/（$mm^2\cdot s^{-1}$）		工作压力/MPa	工作温度/℃	推荐用油牌号
	允许	最佳			
叶片泵 1200rpm 叶片泵 1800rpm	16～220 20～220	26～54	7	5～40	L-HH32，L-HH46
				40～80	L-HH46，L-HH68
			14 以上	5～40	L-HL32，L-HL46
				40～80	L-HL46，L-HL68
齿轮泵	4～220	25～54	12.5 以下	5～40	L-HL32，L-HL46
				40～80	L-HL46，L-HL68
			10～20	5～40	L-HL46，L-HL68
				40～80	L-HM46，L-HM68
			16～32	5～40	L-HM32，L-HM68
				40～80	L-HM46，L-HM68
径向柱塞泵 轴向柱塞泵	10～65 4～76	16～48	14～35	5～40	L-HM32，L-HM46
				40～80	L-HM46，L-HM68
			35 以上	5～40	L-HM32，L-HM68
				40～80	L-HM68，L-HM100

3. 液压油的使用与维护

（1）正确合适的工作温度。任何一种液压油都会因长时间温度的交变作用而发生品质变化，从而影响液压系统的性能。因此正确合适的使用温度很重要。不同品种液压油有不同的正常工作温度。

例如，目前90%以上液压系统采用的石油基矿物油，其连续工作状态时的温度为80℃～140℃。

（2）液压油的污染控制。液压油污染是造成液压系统故障的主要原因。据国外统计，液压系统故障75%以上是液压油污染和性质劣变而引发的，因此除正确选择液压油外，恰当的使用、维护和管理液压油就显得非常重要了。

液压油的污染源及控制措施如表8-3所示。

表8-3　液压油的污染源及其控制措施

污染源		控制措施
固有污染物	液压元件加工装配残留物	装配前对相应液压元件进行彻底清洗
	管件、油箱残留及锈蚀物	
	系统组装过程残留物	系统组装完成后进行彻底清洁，达到规定清洁度后才投入使用
外界侵入污染物	更换和补充油液时侵入	选择正确的、洁净的新油
	经油箱呼吸孔侵入	采用密闭式油箱，安装空气滤清器和干燥器
	经油缸活塞杆侵入	采用可靠的活塞杆防尘密封装置并加强维护
	维护和检修时侵入	保持维护和检修环境、工具的清洁；彻底清除与工作液不相容清洗液或脱脂剂；维护和检修后循环过滤，清洗系统
	水侵入	干燥过滤
	空气侵入	排放空气；防止气泡被吸入泵内；提高元件接合处的密封性能
内部生成污染物	元件磨损产物	定期检查、清洗、更换油液过滤器
	油液氧化产物	清除油液中的水、空气和金属微粒；控制油温，抑制油液氧化；定期检查、更换油液

（3）液压油的定期检测。除对污染物进行过程控制之外，还应定期抽检液压油的品质。根据液压油的黏度、酸度、水分、杂质含量确定是否应该更换。

8.2 液体传动基础知识

液体传动过程中受力所遵循的规律就是传统力学之一的流体力学。以下内容将分别简单介绍流体静力学和动力学基础知识。

8.2.1 液体静力学基础

1. 液体静压力

压力p可定义为

$$p=\lim_{\Delta A\to 0}\frac{\Delta F}{\Delta A}$$

若法向力F均匀地作用在面积A上，则压力表示为

$$p=\frac{F}{A} \tag{8-6}$$

由此可见，这里的压力就是物理学中的压强。由于液体质点间的内聚力很小，不能受拉，只能受压，所以液体的静压力具有下面两个重要的特性。

（1）液体静压力垂直于作用面，其方向与该面的内法线方向一致。液体由于质点间凝聚力很小，在受到拉力或剪力时，会发生流动，液体不在保持静止。因此静止液体受到力的作用方向只能为：与该面的内法线方向一致。

（2）静止液体内任一点所受到的液体静压力在各个方向上都相等。显然，若静止液体的某一点所受到的液体静压力在某个方向上不相等，即该质点在该方向上力不平衡，自然就不会静止。

2. 液体静力学方程

如图 8-3 所示，在一密闭容器内，静止液体所受的力有液体的重力、液面上的外加力以及容器壁面作用于液体表面上的反压力。若求在液面下深 h 处点 A 的压力 p，可以从液体内部取出一个底面包含点 A 的竖直小液柱，其上顶与液面重合。设小液柱底面积为 ΔA，高为 h，液体的密度为 ρ，则这个小液柱在重力及周围液体的压力作用下，处于平衡状态，其平衡式为：

$$p\Delta A = p_0\Delta A + \rho gh\Delta A$$

即

$$p = p_0 + \rho gh \tag{8-7}$$

上式即为液体静力学基本方程。重力作用下的静止液体内压力分布有以下特征。

（1）静止液体中任一点的压力由液面上的压力 p_0 和液柱自身重力所产生的压力 ρgh 两部分构成。

（2）静止液体内的压力随深度 h 的增加而线性增加。

（3）同一液体中，离液面深度相同处各点的压力均相等。由压力相等的点组成的面称为等压面。显而易见，重力场下静止液体的等压面是水平面。

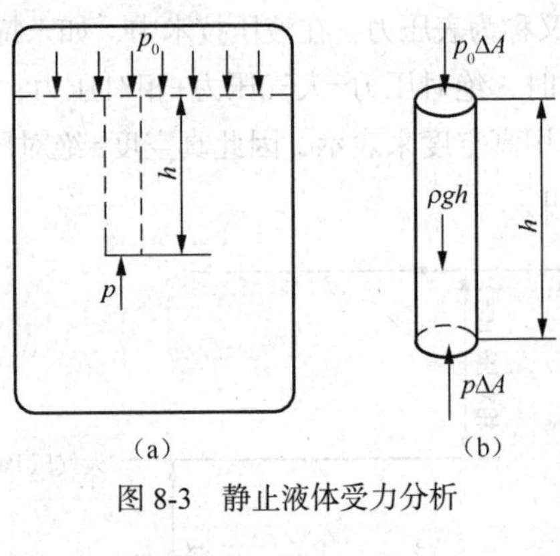

图 8-3　静止液体受力分析

然而，通常在实际的液压传动系统中，外力作用产生的压力与液体自重相比，后者较小，通常可以忽略不计，可以近似认为整个静止液体内部压力相等。

认识帕斯卡原理

3. 静止液体内部压力的传递

盛放在密闭容器内的液体，其外加压力 p_0 发生变化时，只要液体仍保持静止不变，液体中任一点的压力会按式（8-7）发生同样的变化。即在密闭容器中，施加在静止液体上的压力以等值传递到各个点。这就是静压传递原理，又称帕斯卡定理。

图 8-4 所示为帕斯卡定理运用的一个典型实例。由于两缸联通且密闭，因此在忽略重力影响的前提下，根据帕斯卡定理有 $p_1=p_2$ 或 $\frac{F_1}{A_1}=\frac{F_2}{A_2}$。

液体压力的产生

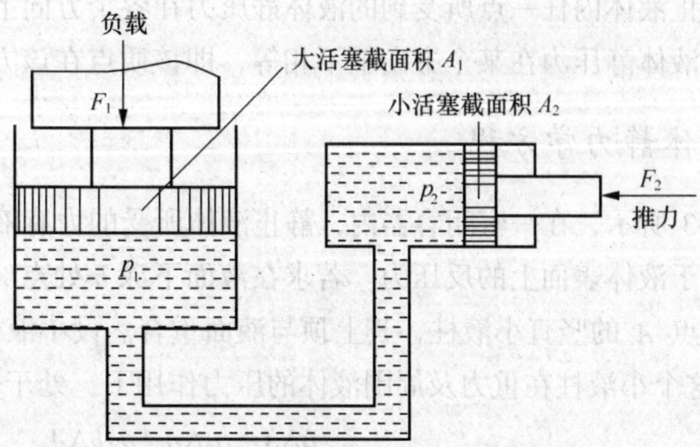

图 8-4 帕斯卡定理运用实例

若负载为零，忽略活塞质量和其他阻力情况下，无论怎样推动小活塞，也不能在液体中形成压力。由此可见液压系统的压力是由外界负载决定的。

4. 压力的表示方法及单位

压力的表示方法根据其测试的参考基准不同有两种：一种以绝对真空为基准，另一种以大气压力为基准（见图 8-5）。以绝对真空为基准测得的压力称为绝对压力，以大气压力为基准测得的压力称为相对压力。由于绝大多数仪表外部受大气压力作用，内部受绝对压力作用，这些仪表测得的压力为相对压力，所以相对压力又称为表压力。在液压技术中，如未特别说明均指相对压力。

当绝对压力大于大气压力时，绝对压力=大气压力+相对压力；当绝对压力小于大气压力时，比大气压力小的那部分压力值用真空度来表示，因此真空度=绝对压力−大气压力。绝对压力、相对压力和真空度的关系见图 8.4。

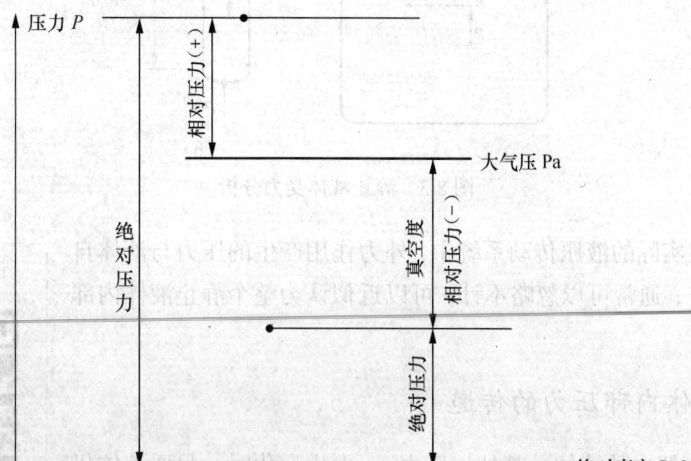

图 8-5 绝对压力、相对压力和真空度

压力的单位为 Pa（N/m^2），但量值太小，工程中常用 MPa，$1MPa=10^6Pa$。在工程实际中重力加速度 g 通常取 $10m/s^2$，因此，人们常用到的公斤力/厘米 ^{2}（kgf/cm^2）、水柱高、汞柱高和巴（bar）间的换算关系为：1atm（1 个大气压）$=1\ kgf/cm^2=10^5\ Pa=1\ bar$；1 米水柱高（$1mH_2O$）$=10^4\ Pa=0.1\ kgf/cm^2$；1 毫米汞柱（1mmHg）$=1.33\times10^2\ Pa$。

8.2.2　液体动力学基础

流体动力学研究流体运动和引起运动的原因，也就是研究流体流动的速度、压力、内摩擦力之间的关系。流体力学的连续性方程、动量方程、伯努利方程分别从系统的质量、动量、能量来研究流体，这三个方程是流体力学的基本方程。同时三个方程也是液压技术中分析问题和设计计算的理论依据。

1. 几个基本概念

（1）理想流体。理想流体是一种假设的流体，它既无黏性也不可压缩。但事实上，流体既可压缩也有黏性，这样假设的原因在于使我们研究流体时问题简化。在理想情况下，推导出一些简洁的结论，再通过实验修正。

（2）恒定流动与非恒定流动。恒定流动就是流体在流动时，流体中任一点的速度、压力、密度均不发生变化。所以它又称为稳定流动、定常流动、非时变流动。否则就称为非恒定流动。

（3）迹线和流线。迹线指流体质点的轨迹线。而流线指流体流动的某一瞬间一条标志各质点运动状态的曲线，如图 8-5（a）所示。流线上各点瞬间的流向均与该点的切线相重合，所以流线既不相交也不发生转折，它是光滑的曲线。在恒定流动时流线的形状不随时间而改变。迹线与流线比较，前者是同一质点不同时刻的轨迹，时间是其参变量；后者是同一瞬间不同质点的运动状态。但是在恒定流动时，迹线与流线重合。

（4）流束和通流面积。在流场中任画一封闭曲线，只要该曲线不是流线，经过曲线上每一点的流线组成的管状表面称为流管，如图 8-6（b）所示外围所形成的管状体。流管内所有流线的总和称为流束，如图 8-6（b）所示。当封闭曲线的面积 ΔA 很小时，该流束称为微流束或元流。$\Delta A\to0$ 时，即为流线。由此可知，流束是流体中具有一定质量和能量的物理概念。

通流面积指与流束所有迹线正交的截面，它可能是平面，也可能是曲面，如图 8-6（c）所示。

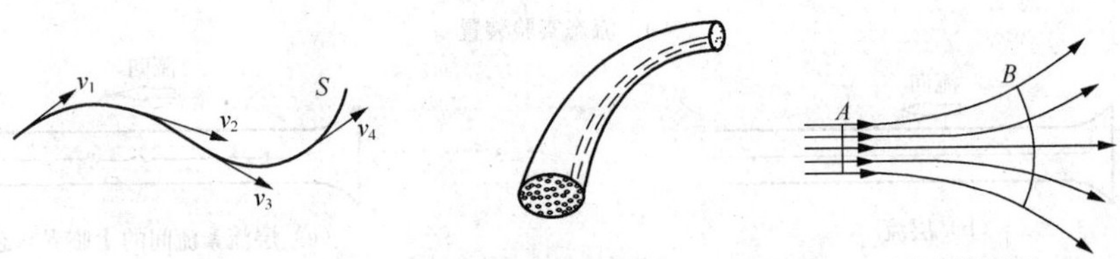

（a）流线　（b）流管和流束　（c）通流截面

图 8-6　流线、流管和流束、通流截面

（5）流量和截面平均流速。流量指单位时间流过通流面积的流体量，它有质量流量（一般用 Q_m 表示）与体积流量（一般用 Q_V 表示）之分。流体力学中，通常用体积流量，单位为 m^3/s。

设元流通流截面各点流速为 u，根据流量的定义有 $dQ=udA$。通过该通流截面上的流量就等于所有元流流量之和，即

$$Q=\int_A dQ=\int_A u dA \tag{8-8}$$

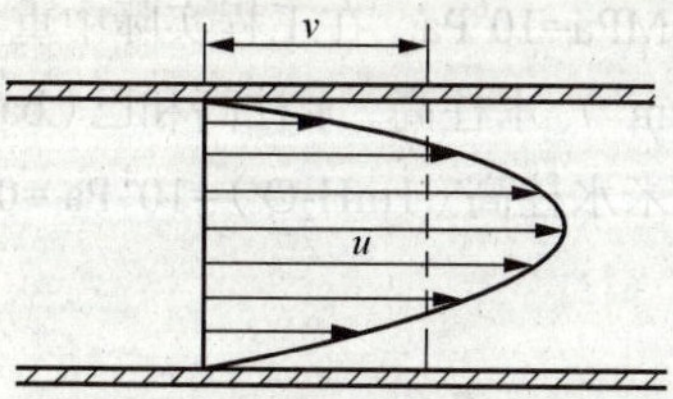

图 8-7 平均流速与实际流速

然而，通流面积 A 上的实际流速 u 并不均匀，如图 8-7 所示。工程中便引入了平均流速 v 的概念，它是通流面积 A 上的流量对通流面积的平均，即

$$v=\frac{Q}{A}=\frac{\int_A u\mathrm{d}A}{A} \tag{8-9}$$

2. 流体的流动状态

十九世纪末，雷诺实验观察管内水的流动状态，发现液体流动有两种状态：层流和紊流。在图 8-8 所示的小容器 2 中盛装的是有色的，与水密度一致的液体，大容器 4 盛装透明纯净的水。通过调节阀门 1、3、6 可以改变有色液体的流态。通过该实验可以观察到：当管中平均流速 v 较小时，颜色液呈一直线状，与周围清水互不掺混，这种有规则的分层流动被称为层流，如图 8-8（b）所示。随着 v 的增大到某一值时（称为上临界值），颜色液将开始曲折，此时层流开始被破坏，如图 8-8（c）所示；随着 v 继续增大到另一更大值时（称为下临界值），颜色液上下产生波动并出现断裂，如图 8-8（d）所示，这时流体运动已趋于紊乱；若流速再行增大，颜色液流线消失，这说明管中流体质点已杂乱无章，这就称为紊流，如图 8-8（e）所示。

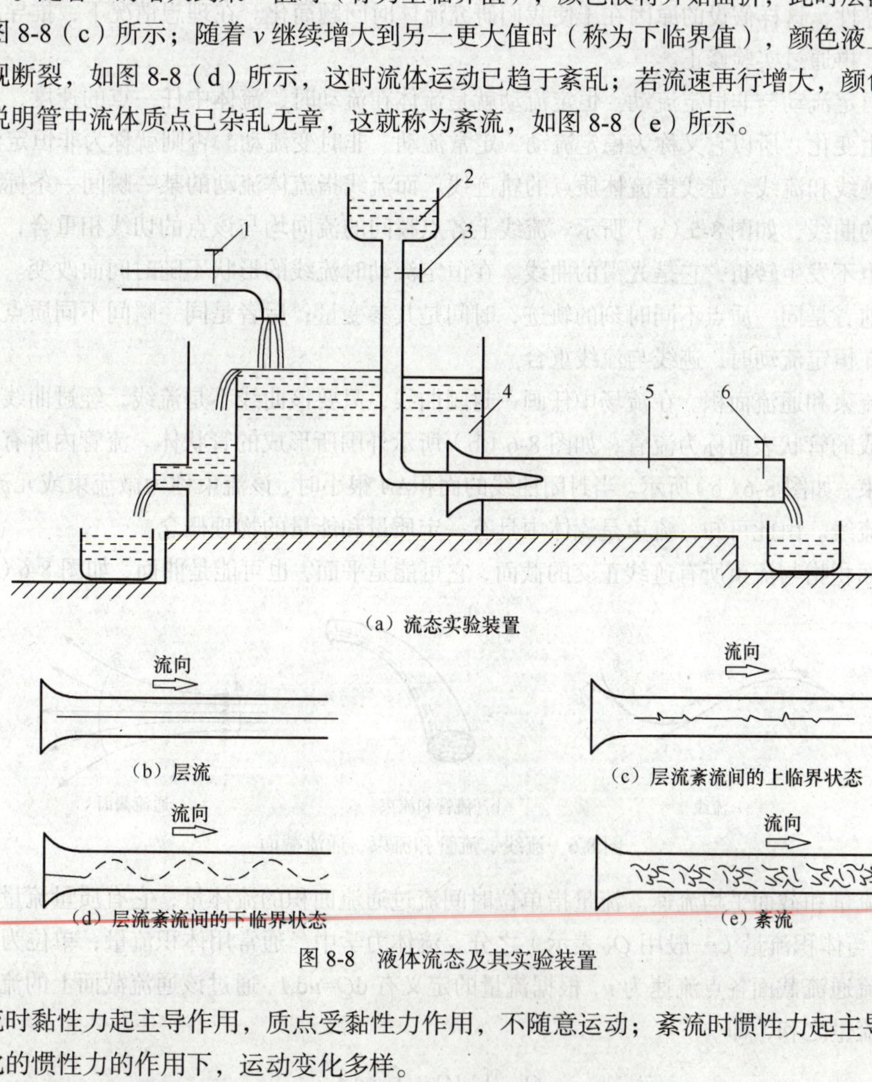

图 8-8 液体流态及其实验装置

层流时黏性力起主导作用，质点受黏性力作用，不随意运动；紊流时惯性力起主导作用，质点在变化的惯性力的作用下，运动变化多样。

液体在圆管中的流动状态与管内液体的平均流速 v、管道内径 d 和液体的运动黏度 ν 有关，

液体流动是层流还是紊流，需用雷诺数 R_e 来判别，$R_e = \dfrac{vd}{\nu}$

雷诺数的物理意义：雷诺数是液流的惯性力与内摩擦力的比值。雷诺数较小时，液体的内摩擦力起主导作用，液体质点运动受黏性约束而不会随意运动，液流状态为层流；雷诺数较大时，惯性力起主导作用，液体黏性不能约束质点运动，液流状态为紊流。

实验指出：液流从层流变为紊流时的雷诺数大于由紊流变为层流时的雷诺数，工程中一般都以后者作为判断液流状态的依据，称其为临界雷诺数，记作 R_{e_c}。当 $R_e < R_{e_c}$ 时液流为层流；反之，则多为紊流。

临界雷诺数由实验求得。对于光滑金属圆管中液流的 R_{e_c} 为 2000～2320，对于橡胶软管中液流的 R_{e_c} 为 1600～2000，其它通道的 R_{e_c} 可查阅有关资料。

3．流体的质量守恒定律——连续性方程

连续性方程是质量守恒定律在流体力学中的一种体现。图 8-9 所示为一不等截面管，液体在管内作恒定流动，任取 1、2 两个通流截面，设其面积分别为 A_1 和 A_2，两个截面中液体的平均流速和密度分别为 v_1、v_2 和 ρ_1、ρ_2，根据质量守但定律，在单位时间内两截面的液体质量相等，则有

$$\rho_1 v_1 A_1 = \rho_2 v_2 A_2 \tag{8-10}$$

即不考虑液体的压缩性，有 $\rho_1=\rho_2$，又得

$$v_1 A_1 = v_2 A_2 = 常量 \tag{8-11}$$

即：

$$Av = 常量 \tag{8-12}$$

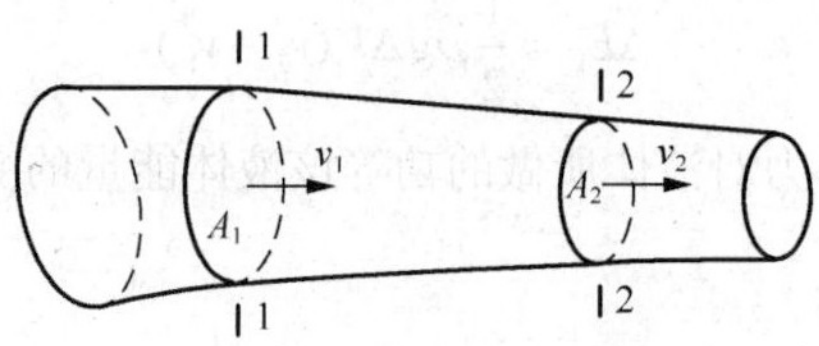

图 8-9　液流连续性原理

这就是液流的连续性方程，它说明恒定流动中流过各截面的不可压缩流体的流量是不变的，即流量是连续的。由此可知，液体的流速和通流截面的面积成反比。也就是说，同样条件下，粗管流速低，细管流速快。

4．伯努利方程

（1）理想伯努利方程。伯努利方程是能量守恒定律在流体力学中的一种体现。设密度为 ρ 的理想液体在图 8-9 所示的通道内作恒定流动。现任取图 8-10 所示两通流截面 1—1 和 2—2 为研究对象，两截面至水平参考面的距离分别为 h_1 和 h_2，两截面处液体的平均流速分别为 v_1 和 v_2，压力分别为 p_1 和 p_2。

假设经过时间 dt 以后，12 段的液体移动到 1′2′段。现分析该段液体的功能变化。

① 外力所做的功。作用在该液段上的作用力有侧面和断面的压力，由于理想液体无黏性，侧面的压力不会产生摩擦力做功，所以外力做功的仅是两断面压力做功的代数和。

$$W = p_1 A_1 v_1 \mathrm{d}t - p_2 A_2 v_2 \mathrm{d}t \quad (8\text{-}13)$$

由连续性方程有：$v_1 A_1 = v_2 A_2 =$ 常量，则有：

$$W = (p_1 - p_2)\Delta V \quad (8\text{-}14)$$

式中，ΔV 为 12 段或 $1'2'$ 段液段的体积。

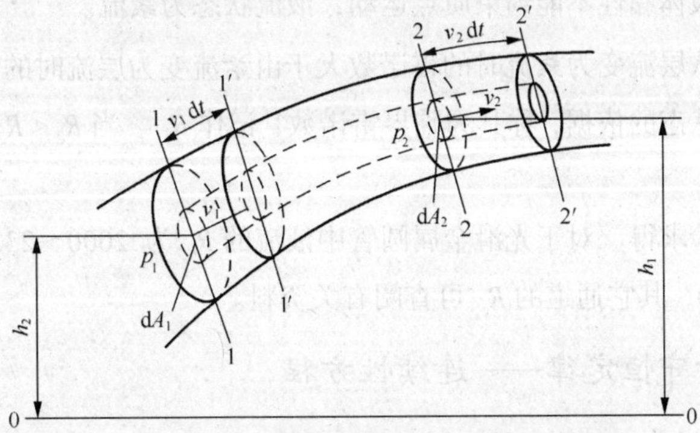

图 8-10　理想液体伯努利方程推导示意图

② 液体机械能的变化。因是理想流体做恒定流动，经过时间 dt 后，中间段 $1'2$ 液体的所有力学参数均未发生变化，故这段液体的能量不变化，液体机械能仅仅表现在 11 和 22 两段液体的能量差别上。由于两段液体具有相同的质量和体积所以它们的重力势能差ΔE_p和动能差ΔE_k分别为：

$$\Delta E_\mathrm{p} = \rho g \Delta V (h_2 - h_1) \quad (8\text{-}15)$$

$$\Delta E_\mathrm{k} = \frac{1}{2}\rho g \Delta V (v_2^2 - v_1^2) \quad (8\text{-}16)$$

根据机械能守恒定律，外力对液体所做的功等该液体能量的变化量，即 $W=\Delta E_\mathrm{p}+\Delta E_\mathrm{k}$，将式（8-15）和（8-16）代入有：

$$(p_1 - p_2)\Delta V = \rho \mathrm{g} \Delta V (h_2 - h_1) + \frac{1}{2}\rho \Delta V (v_2^2 - v_2^2) \quad (8\text{-}17)$$

整理得到：

$$p_1 + \rho g h_1 + \frac{1}{2}\rho v_1^2 = p_2 + \rho g h_2 + \frac{1}{2}\rho v_2^2 \quad (8\text{-}18)$$

或写成：

$$h + \frac{p}{\rho g} + \frac{v^2}{2g} = \text{常数} \quad (8\text{-}19)$$

从物理角度来看，h 表示单位质量的液体相对于某基准面所具有的位能，$\frac{p}{\rho g}$ 表示单位质量的液体所具有的压力能，$\frac{v^2}{2g}$ 表示单位质量的液体所具有的动能。因此伯努利方程的物理意义是：在封闭管道做恒定流动的理想液体具有三种形式的能量：压力能，重力势能和动能，且其在流动过程中，这三种形式的能可以相互转化，但总量不变。

从几何角度来看，h 表示元流过流断面上某点相对于某基准面的位置高度，又称位置水头；从这个角度上来看，$\frac{p}{\rho g}$ 称为压力水头；$\frac{v^2}{2g}$ 称为流速水头。

（2）实际伯努利方程。实际上，一方面由于流体存在内摩擦力而消耗一部分能量（用 h_w 表示）；另一方面由于在推导理想伯努利能量平衡方程时，以平均流速代替了实际流速，总存在差异，因此应考虑动能修正系数（用α表示）。动能修正系数由理论推导和实验测定，对圆管来说，$1.1 \leqslant \alpha \leqslant 2$，层流时为 1.1，紊流时为 2。这样实际伯努利方程为：

$$p_1 + \rho g h_1 + \frac{1}{2}\rho\alpha_1 v_1^2 = p_2 + \rho g h_2 + \frac{1}{2}\rho\alpha_2 v_2^2 + h_w \qquad (8\text{-}20)$$

或写成：

$$h_1 + \frac{p_1}{\rho g} + \frac{\alpha_1 v^2}{2g} = h_2 + h_w + \frac{p_2}{\rho g} + \frac{\alpha_2 v^2}{2g} \qquad (8\text{-}21)$$

实际伯努利方程是液体动力学最基本、最重要的方程。实际应用时，应注意其适用条件为：恒定流动，所取计算点的截面为缓变流（缓变流指流线之间的夹角很小，曲率半径很大的液流，即流线趋于平行的液流）。

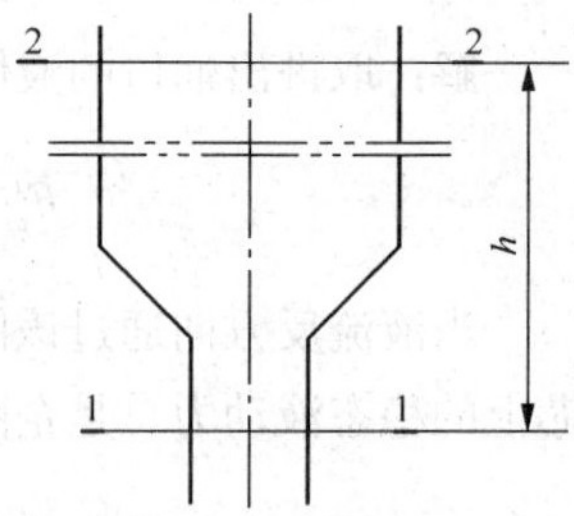

图 8-11　变截面输水管

【例 8-1】图 8-11 所示为变截面竖直放置的圆管，通流截面直径比为 4，在小截面的流速为 v_1，压力为 p_1，液体密度为 ρkg/m^3，试问该输水管最高可以将水送到什么高度？这里将水的流动视为恒定流动。

解：设输水管最高可以将水送到 h m，设截面 1—1 为基准面，高度为 0，压力为 p_1 流速为 v_1；输水的最高面 2—2 为计算面，输水至最高位置 h 时的压力 p_2，流速 v_2 均为 0，则由理想伯努利方程有：

$$p_1 + \frac{1}{2}\rho v_1^2 = \rho g h \qquad (8\text{-}22)$$

即

$$h = \frac{p_1}{\rho g} + \frac{v_1^2}{2g} \qquad (8\text{-}23)$$

式（8-23）表明，泵的最高送水能力不仅与泵出口的压力相关还与泵的出口流速相关，且泵出口的流速对泵的最高送水能力影响远大于泵出口的压力。若 v_1 =10m^3/s，p_1=2MPa，则 h 因泵出口的压力而产生的送水高度约为 0.2m，但是因流速而获得的送水高度为 5m，远大于前者。

5. 液流动量方程

液流动量方程是动量定理在流体力学中的具体应用。液压传动中，经常计算液流作用在固体壁面上的力，这应用动量定理解决比较方便。

刚体力学动量定理指出：作用在物体上的合外力等于物体单位时间内的动量变化量。即 $\Sigma\overline{F} = \frac{m\overline{v}_2}{\mathrm{d}t} - \frac{m\overline{v}_1}{\mathrm{d}t}$。若对一定流量 q 恒定流动的理想液体而言，则有作用在物体上的合外力 $\Sigma\overline{F}$ 为：

$$\Sigma\overline{F} = \rho q(\overline{v}_2 - \overline{v}_1) \qquad (8\text{-}24)$$

式中，ρ——液体的密度；

$\overline{v}_1$、$\overline{v}_2$——液流在前、后两个过流断面上的平均流速矢量。

对实际流体来说，由于液体存在黏性，因此引入动量修正系数β，则实际流体作用在固体上的合外力（$\Sigma\overline{F}$）等于实际流体的合外力的反作用力（$\Sigma\overline{F'}$），即

$$\Sigma\overline{F} = \Sigma\overline{F'} = \rho q(\beta_2\overline{v}_2 - \beta_1\overline{v}_1) \tag{8-25}$$

式中，β_1，β_2——动量修正系数，层流时取 1，紊流时取 1.33。

【例 8-2】求图 8-12 所示滑阀阀芯所受的轴向液动力。

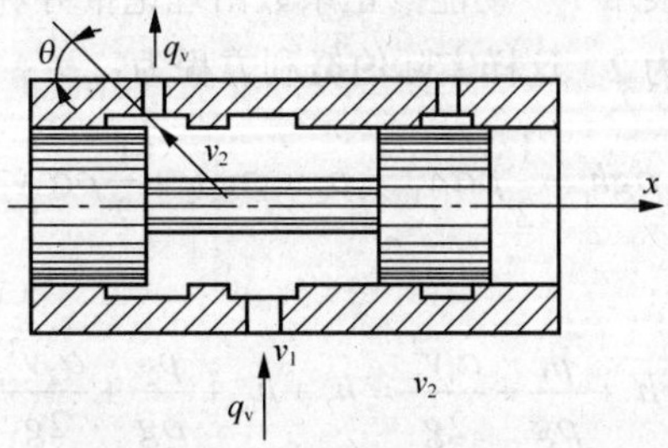

图 8-12 滑阀阀芯轴向液动力分析

解：取进出油口的液体为研究体积，根据式（8-24），并考虑 x 方向的液动力，则有

$$F_x' = \rho q_v\left[\beta_1 v_1\cos 90° - (-\beta_2 v_2\cos\theta)\right] = \rho q_v\beta_2 v_2\cos\theta$$

当液流反方向通过该阀门时，同理有上面相同的结果。说明在这两种情况下，作用在滑阀滑芯上的稳态液动力总是企图关闭阀口。

6. 液体流动时的压力损失

实际液体具有黏性，流动时需要克服阻力，这就需要消耗—部分能量，具有有能量损失。液体流动的能量损失在实际伯努利方程中主要表现为式（8-21）中的 h_w，故称为压力损失。压力损失可以分为两类：沿程压力损失和局部压力损失。

沿程压力损失是液体沿等直径管流动时产生的。它主要由液体的体流动时的内、外摩擦力引起的。它的大小主要取决于液体的流速、黏度、管路的长度和直径，其中流速对其影响最大，当流速较小，液流为层流时，压力损失较小；而当流速较大，液流为紊流时，压力损失较大。沿程压力损失可用达西公式计算：

$$\Delta p_y = \lambda\frac{l\rho v^2}{2d} \tag{8-26}$$

式中，λ——沿程压力损失系数；

v——平均流速；

d——管径；

l——液流直管长度。

局部压力损失液体流经阀口、弯管、通流截面积等地方发生流速或流向改变时，液流质点之间相互撞击、摩擦等而造成较大能量的损失。局部压力损失可用下式计算：

$$\Delta p_j = \xi\frac{\rho v^2}{2} \tag{8-27}$$

式中，ξ——局部压力损失系数，可查《液压传动设计手册》。

在液压传动系统中，由于管路一般都不是很长，液流的压力损失主要考虑局部压力损失。

8.2.3　液压冲击与气穴现象

1．液压冲击

液压系统中，当快速地换向或关闭液压回路时，会使液流速度急速地改变（变向、急剧降低或者急停）。由于液流的惯性或运动部件的惯性，会使系统内的压力发生突然的升高或降低，这称为液压冲击现象。由于这种液压冲击就像用锤子敲击一样，因此水力学中称之为水锤现象。发生液压冲击时，冲击力很大，这时液体就是弹性物体，同时管壁也表现出弹性，所以液压冲击衰减过程是渐进的、有起伏的。

液压冲击的危害很大。发生液压冲击时管路内的压力激增很多倍，可能会造成管道破裂，尤其是密封件损坏；液压冲击衰减会引起系统振荡和冲击噪声；由于压力升高，可能使系统中某些元器件产生误动作，引发事故。因此应尽量减少冲击的影响。一般可以采取以下措施。

（1）缓慢关闭阀门，削减冲击强度。

（2）在阀门前设置储能器，以减小冲击传递的距离。

（3）将管中液流流速限制在一定的范围，防止管路破坏。同时，采用橡胶软管也可以减小液压冲击。

（4）在液压元件中设置阻尼孔、开卸荷槽。

（5）在系统安装安全阀，在冲击压力过大时卸载。

2．气穴现象

一般液体中溶解有空气，水中溶解的空气的体积容量比约为 2%，液压油中溶解有 6%～12%。空气在液压油中的溶解度与压力成正比。当压力降低时，就要分解出很多呈游离状态的小气泡，这些呈分散状态的小气泡不断聚合长大，使原来充满液流的管道混有许多大的气泡而不连续，这称为气穴现象（或空穴现象）。

当液压系统出现气穴时，大量的气泡破坏了液流的连续性，造成流量和压力的脉动，气泡又随液流流入高压区而破裂，造成冲击、引起震动、发出噪声。气泡破裂时从油液中溢出的气体具有较强的酸化作用，使得金属表面产生腐蚀，这种由于气穴现象而产生的腐蚀称为气蚀。

气穴多发生在阀口和液压泵的入口处。由于阀口狭窄，流速增加，压力大大下降，以致气穴；油泵安装高度过大，吸油管直径太小，吸油阻力太大，或泵速较高，泵进口处真空度过大，也会产生气穴。

为减小气穴和气蚀的危害，可采取以下措施。

（1）油泵吸油管直径不能太小，并限制其流速，降低吸油高度。

（2）油泵转速不宜太高，以防不充分。

（3）管路尽量平直，避免急转弯，急窄流。

（4）节流口压降要小，一般控制其前后压差比小于 3.5。

（5）管路密封要好，防止空气渗入。

（6）采用抗气蚀能力强的金属材料，提高零件抗气蚀能力。

8.3 液压传动系统概述

流体传动根据传递介质的不同可以分为气体传动和液体传动。而根据其工作原理的不同又可分为液压传动和液力传动。液压传动是利用流体压力进行能量转换和传递动力的；液力传动是利用流体动能进行能量转换和传递动力的，例如，汽车中的耦合器和液力变矩器。

8.3.1 液压传动系统的组成、特点及应用

1. 液压传动系统的组成

液压传动系统形式各异、功能变化无穷尽，但是无论是简单的液压千斤顶，还是复杂的工程机械液压系统及精密的数控液压伺服系统，它们都由五个部分组成，即动力元件、执行元件、控制元件、辅助元件和液压油。液压传动系统由这几个部分来完成能量的传递、控制与存储，液压传动系统的能量转换如图 8-13 所示。

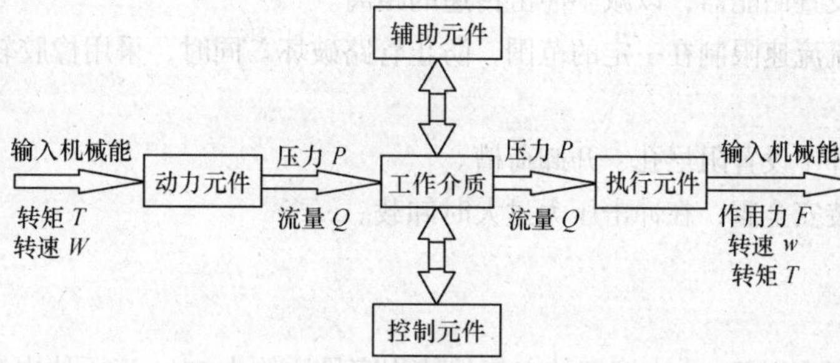

图 8-13 液压传动系统的能量转换示意图

① 液压油是液压系统中传递能量的工作介质，是能量的载体。

② 动力元件的作用是将原动机的机械能转换成液体的压力能，动力元件指液压传动系统中的油泵，它向整个液压传动系统提供动力。液压泵的结构形式一般有齿轮泵、叶片泵和柱塞泵。

③ 执行元件的作用是将液体压力能转换为机械能，驱动负载做直线往复运动，如液压缸，或者回转运动，如液压马达。

④ 控制元件在液压传动系统中控制和调节液体的压力、流量和方向。根据控制功能的不同，液压阀可分为压力控制阀、流量控制阀和方向控制阀。压力控制阀又分为益流阀（安全阀）、减压阀、顺序阀、压力继电器等；流量控制阀包括节流阀、调整阀、分流集流阀等；方向控制阀包括单向阀、液控单向阀、换向阀等。根据控制方式不同，液压阀可分为开关式控制阀、定值控制阀和比例控制阀。

⑤ 辅助元件包括油箱、滤油器、油管及管接头、密封圈、压力表、油位油温计等。它们虽然称为辅助元件但在液压传动系统中是必不可少的，且其功能是多方面的。

2. 液压传动的特点

按照传动介质来分，目前的四大类传动方式：机械传动、电气传动、液压传动和气压传动，任何一种动力传动都不可能十全十美。它们独有各自的特点。

液压传动的主要优点：

（1）液压传动可以输出很大的推力或转矩，可实现低速大吨位运动，这是它的突出优点。

（2）液压传动能很方便地实现无级调速，调速范围大，可高达 1000∶1，且它还可在系统运行过程中调速。这在机械传动和电传动中很难做到。

（3）在相同功率条件下，液压传动装置体积小、重量轻、结构紧凑。统计表明，液压泵和液压马达单位功率的质量仅为电机的 1/10 左右。液压马达的转矩和转动惯量比约为电机的 10 倍，因此液压马达的加速性能好、响应快，它的这种特点对伺服控制系统意义巨大，可以提高系统的动态性能，使增益提高、频带变宽。

（4）液压传动使执行元件的运动十分均匀稳定，可使运动部件换向时无换向冲击，且因其反应速度快，故可实现频繁换向。

（5）借助于各种控制阀门可使液压系统操作简单、调控方便、易自动化。

（6）液压传动系统便于实现过载保护，使用安全、可靠，且各液压运动件均在油液中工作能自行润滑，故其使用寿命长。

（7）液压元件之间可采用管道连接、或采用集成式连接，其布局、安装有很大的灵活性，可构成其他传动方式难以组成的复杂系统。

（8）液压元件易于实现系列化、标准化和通用化，便于设计、制造、维修和推广使用。

液压传动的主要缺点：

（1）效率较低。液压传动过程中，经过了两次能量的转换，存在机械能和压力能的损失，故效率较低，一般为 75%～80%。

（2）容易泄漏。泄漏不仅降低系统效率，还影响传动的平稳性和准确性，且污染环境，严重时还可能引发火灾。

（3）对污染敏感。受污染的液压油对液压元件危害极大，例如，磨损加剧、性能变差、寿命缩短甚至破坏元件。液压油污染是引起液压系统故障的主要原因。

（4）检修困难。液压系统故障时，判定故障原因和部位比较困难，要求检修人员应有较高的技术水平、专业维修知识和判断故障原因的分析能力和经验。

（5）对温度敏感。由于油的黏度随温度的改变而改变，故不宜在高温或低温的环境下工作。

（6）实现定比传动困难。液压传动是以液压油为工作介质，在相对运动表面间不可避免地要有泄漏，同时油液也不是绝对不可压缩的。因此不宜应用在在传动比要求严格的场合，例如，螺纹和齿轮加工机床的传动系统。

（7）液压元件精度高，产品成本高。

3. 液压传动的应用

我国的液压工业始于上个世纪五十年代，其产品最初应用于机床和锻压设备上，后来又用于拖拉机和工程机械。目前，我国的液压元件已从低压到高压形成了系统列，并在各种机械上设备上得到了广泛的使用。

在机床业中，液压技术是最早得到应用的。冷加工机床有组合机床、拉床和各种仿形机床等。热加工机床采用液压系统的有压铸机、射压造型机、液压机、冲压机、快锻机。

在冶金工业中采用液压系统的机械有高炉加料机、炼钢电炉控制系统、炉前机械手、轧钢机压下系统、弯辊平衡系统、带钢跑偏控制系统等。

在汽车工业中，被广泛采用的有自动变速器液压控制系统、汽车液压悬架系统、汽车液压制动系统、汽车液压减震系统、液压转向助力系统、汽车 EPS 液压系统等。这些液压系统或多或少地应用在了越野车、载重车、轿车中。

在工程机械中，普遍采用了液压技术，如挖掘机、轮船转载机、汽车起重机、履带推土机、自行铲运机、震动式压路机、自卸式垃圾车、扫路车等。

近几年来，在很多高技术领域也采用了液压技术，如太阳能跟踪系统、海浪模拟装置、船舶驾驶模拟系统、地震模拟装置、宇航环境模拟装置、核电站防震系统等。

总之，一切工程领域都有液压技术。在大功率、自动化控制时，采用液压技术优势尤其明显。

8.3.2 液压传动系统的图示方法

液压传动系统的图示方法有以下三种。

1. 装配结构图

装配结构图能准确地表达系统和元件的结构、几何尺寸和装配关系，但绘制复杂，不能简单明了、直观地表达各元件的功能。它主要用于设计、制造、装配和维修的场合，而在液压系统性能分析和设计时不适合采用。对于汽车维修行业，一般在进行配件的装配和维修时才会采用。

2. 结构原理图

结构原理图能够直观表达各种元件的工作原理以及系统的功能，并比较接近元件的实际结构，易于理解。但图形绘制较复杂、难于标准化，且对元件结构形状、几何尺寸、装配关系表达不准确。它可以用于液压元件原理解释、说明以及理论分析和研究。在汽车液压系统分析中常采用图 8-14 所示的 BOSCH 汽车 ABS 控制系统（博世控制系统）。

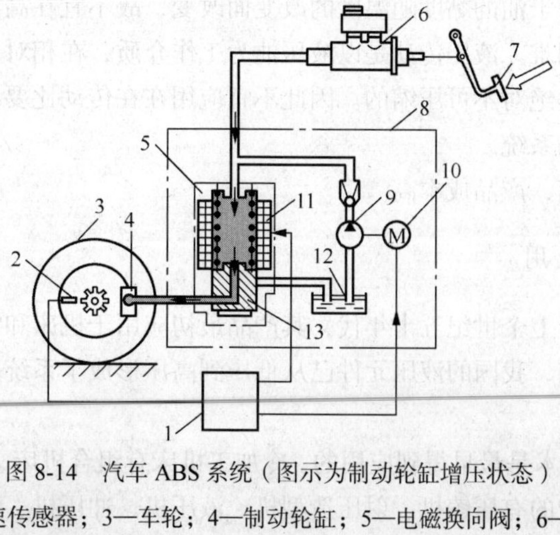

图 8-14 汽车 ABS 系统（图示为制动轮缸增压状态）

1—ABS 电控单元；2—轮速传感器；3—车轮；4—制动轮缸；5—电磁换向阀；6—制动主缸；7—制动踏板；8—ABS 压力调节器；9—液压泵；10—电动机；11—电磁线圈；12—油箱；13—换向阀阀芯

3. 职能符号图

在液压系统中，凡是功能相同的元件，尽管结构和原理不同，均用同一符号表示，这种仅仅表示功能的符号称为液压元件的职能符号。而用液压元件职能符号绘制的液压系统图，仅仅表示系统和各元件的功能并不表示元件结构、参数和具体的安装位置。

职能符号图简洁标准、绘制方便、功能清晰、阅读容易、便于液压系统的性能分析和设计。图 8-15 所示为某自卸车货箱侧翻液压系统图。

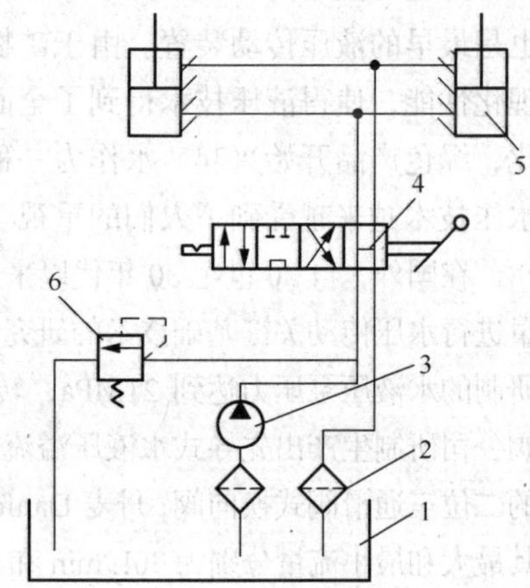

图 8-15　自卸车货箱侧翻液压系统图

1—油箱；2—粗滤油器；3—液压泵；4—换向阀；5—液压缸；6—溢流阀

职能符号图是一种工程语言，我国制定的液压与气动图形符号标准和国际标准以及多数发达国家的标准很接近，是一种通用的国际技术语言。常见的职能符号见附录。

用职能符号图绘制液压系统图时，如果无特殊说明，则均指元件处于静止或零位。常用的方向性元件符号（如油箱、储能器等）必须按规定绘制，其他元件符号也不得任意倾斜。

能力训练与拓展

1. 能力训练

如图 8-16 所示，液压泵吸油管内径为 d，吸油高度为 H，吸油量为 Q，吸油管口和管内的能量损失为 h_w，求泵吸油口 A 的绝对压力。

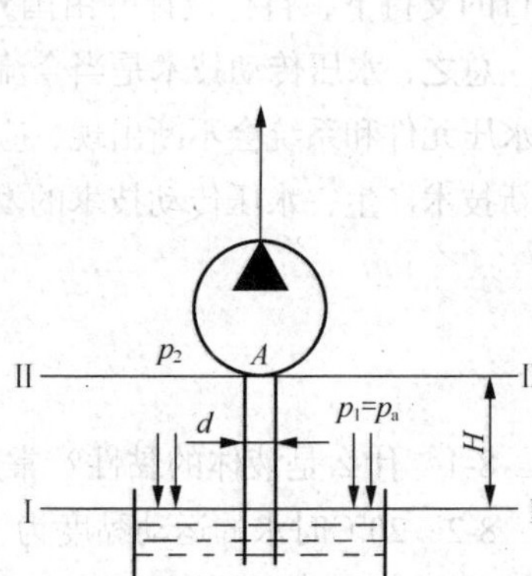

图 8-16　泵吸油口压力计算实例

根据题意设油箱油面为基准面 I—I，泵的吸油口为 II—II 为计算面，基准面 I—I 的高度为 0，压力为 p_1，且有油箱右面的压力等于大气压力 p_a，流速为 v_1，根据实际情况这里的流速 v_1 相对很小，可以忽略，因此 $v_1=0$；基准面 II—II 的高度为 H，流速为 v_2，则由实际伯努利方程有：

$$p_a + 0 + \frac{1}{2}\rho\alpha_1 v_1^2 = p_2 + \rho g H + \frac{1}{2}\rho\alpha_2 v_2^2 + h_w$$

由于 $v_1=0$，$v_2 = \dfrac{4Q}{\pi d^2}$，代入上式整理有：

$$p_2 = p_a - (\rho g H + \frac{8\alpha_2 Q^2}{\pi^2 d^4 g} + h_w) < p_a$$

上式表明，泵吸油口的压力始终小于大气压力，具有真空度，这也是泵吸油的条件。上式也表明泵吸油口的真空度的大小与液压泵安装的高度有关，这说明安装液压泵的高度受泵吸油口真空度限定，因为安装液压泵的高度过大会使泵吸油口的真空度大而产生气蚀损坏液压泵部件。

2. 水压技术简介

人类对液压的认识来源于水压，世界上第一台水压机（由英国人 Joseph Bramah 18 世纪制成）也是最早的液压传动装置。由于矿物油型液压油具有黏度大、相容性好、抗腐蚀、耐磨等优良的理化性能，使得液压技术得到了全面发展。然而，随着石油资源的枯竭，污染的加剧，生态的恶化，绿色产品开始兴起。水作为一种清洁能源，具有矿物油型液压油不可比拟的环保优势。因此水压技术越来越受到了人们的重视。

在国外，自 20 世纪 80 年代以来，日、美、英、德、丹麦、芬兰等西方各发达国家都相继集中力量进行水压传动关键基础技术的研究，并取得了突破性进展，而且已有成熟的产品出现。例如，日本研制的水液压泵压力达到 21MPa，转速为 1800r/min，容积效率为 86%，总效率达 81%；美国 Hunt 阀公司研制生产出先导式水液压溢流阀，工作压力为 21MPa；德国 Hauhinco 公司生产出压力为 32MPa 的二位三通滑阀式换向阀；丹麦 Danfoss 公司研制出带压力补偿的 VOH30M 型流量控制阀（调速阀），其最大和最小流量分别为 30L/min 和 2L/min，最大和最小压降分别为 14MPa 和 1.5MPa。

在国内，20 世纪 90 年代初期，华中科技大学在高水基液压传动技术研究的基础上率先开展了海水液压传动技术的研究，拉开了国内水压传动技术研究的序幕，并于 1996 年研制出国内第一台阀配流式海水柱塞泵，最高工作压力 6.3MPa，额定流量 100L/min；随后又研制出压力为 7MPa 和 14MPa、流量为 100L/min 和 10L/min 的直动式溢流阀和节流阀以及压力为 14MPa、流量为 40L/min 的先导式溢流阀。1997 年浙江大学流体传动与控制国家重点实验室在教育部“211 工程”项目的支持下，自行设计并由国外公司加工制作出一台完整的水压传动系统实验台。

总之，水压传动技术是当今流体传动与控制技术发展的前沿之一，已引起人们的普遍关注，新的水压元件和系统会不断出现，应用领域将不断拓展，特别是随着科学技术的进步，不断有新材料和新技术产生，水压传动技术的发展前景是非常广阔的，也是国际液压行业一个新的经济增长点。

复习思考题

8-1 什么是液体的黏性？常用的黏度表示方法有哪些？说明黏度的单位。

8-2 20℃时水的运动黏度为 $1.0mm^2/s$，密度为 $1.0g/cm^3$；空气的运动黏度为 $15.0mm^2/s$，密度为 $1.2\times10^{-3}g/cm^3$，请比较水和空气的黏性。（提示：只有动力黏度才能直接反映流体的黏性大小。）

8-3 液压油有哪些品种？如何选用液压油？

8-4 压力的定义是什么？压力有哪几种表示方法？它们的关系如何？

8-5 液体有哪几种流态？如何判定？

8-6 写出理想流体的连续性方程，并说明其物理意义。

8-7 写出理想流体伯努利方程，并说明其物理意义。

8-8 写出实际流体伯努利方程，并说明它与理想流体伯努利方程的区别。

8-9 管路中的压力损失受哪些因素的影响？

8-10 液压冲击和空穴现象是如何产生的？有何危害？如何防止？

8-11 液压传动系统由哪几部分组成？各有何功用？

8-12 液压传动有哪些优缺点？

8-13 液压传动图示方法有哪几种？各有何特点？

第9章

液压泵

【知识准备】

零件图、装配图的识读；基本的作图能力；机构的受力特点分析；能量之间的转换。

【学习以及能力目标】

（1）掌握：齿轮泵的工作原理和结构特点；叶片泵的工作原理和结构特点；柱塞泵的工作原理和结构特点。

（2）了解：容积式液压泵的工作条件；齿轮泵性能参数计算。

（3）能独立完成：液压泵的工作原理分析；各种液压泵的职能符号。

【教学建议】

（1）教具：各种泵实物；动画；图片；多媒体课件。

（2）建议：尽量利用汽车专业学生对汽车的兴趣，参照实物，结合多媒体课件观察、讲解和分析。

9.1 液压泵概述

液压泵是液压系统中的动力装置，是能量转换元件。它由原动机（电动机或内燃机）驱动，把输入的机械能转换为工作液体的压力能输出到系统中去，为执行元件提供动力。它是液压系统不可缺少的核心元件，其性能好坏直接影响到系统是否正常工作。其图形符号如图9-1所示。

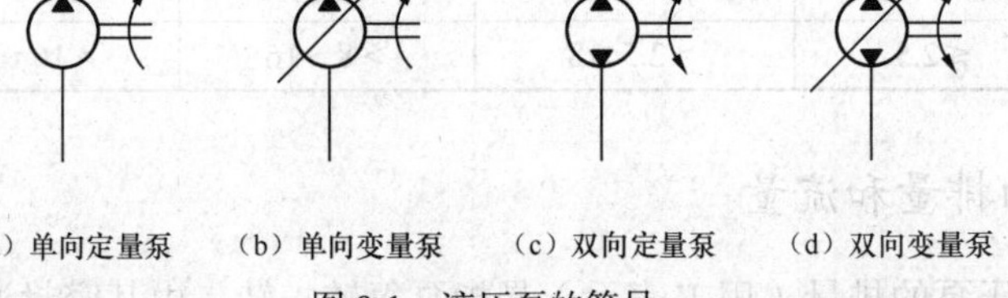

（a）单向定量泵　（b）单向变量泵　（c）双向定量泵　（d）双向变量泵

图9-1　液压泵的符号

作为液压系统动力源的液压泵分类方法有很多。按其在单位时间内输出的流量可否调节而分成定量泵和变量泵；按其结构形式可以分为齿轮泵、叶片泵和柱塞泵三种，其中齿轮泵有内啮合和外啮合之分，叶片泵有单作用和双作用之分，柱塞泵有轴向式和径向式之分。

9.1.1 液压泵的工作原理

液压泵是靠密封腔容积的变化来工作的。图 9-2 所示为一单柱塞液压泵的工作原理图。图中柱塞 2 安装在缸体 3 中形成一个密封容积 a，柱塞在弹簧 4 的作用下始终紧抵在偏心轮 1 上。原动机驱动偏心轮 1 旋转时，柱塞 2 将做往复运动，使密封容积 a 的大小发生周期性的交替变化。当 a 由小变大时就形成部分真空，油箱中油液在大气压作用下，经吸油管顶开单向阀 6 进入油箱而实现吸油；反之，当 a 由大变小时，a 腔中吸满的油液将顶开单向阀 5 流入系统而实现压油。原动机驱动偏心轮不断旋转，液压泵就不断地吸油和压油，这样液压泵就将原动机输入的机械能转换成液体的压力能输出。

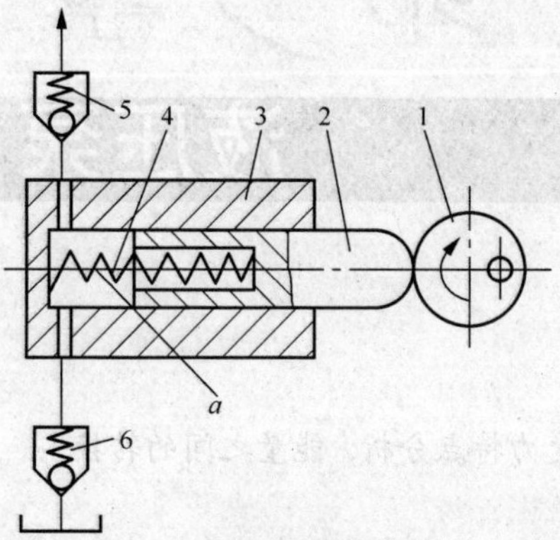

图 9-2 液压泵工作原理图

1—偏心轮；2—柱塞；3—缸体；4—弹簧；5，6—单向阀

液压泵正常工作必备的条件：（1）具有密封容积；（2）密封容积能交替变化；（3）应有配油装置；（4）吸油时油箱表面与大气相通。

理解液压泵的工作原理并不难，其与医用注射器的工作原理相似，注射器吸入液体，就是泵吸油，注射器向外推，就是泵的压油过程。

9.1.2 液压泵的主要性能参数

1. 液压泵的压力

（1）工作压力。液压泵实际工作时的输出压力称为工作压力。工作压力的大小取决于外负载的大小和排油管路上的压力损失，而与液压泵的流量无关。

（2）额定压力。液压泵在正常工作条件下，按试验标准规定连续运转的最高压力称为液压泵的额定压力。工作压力超过此值即为过载。

由于液压传动用途不同，系统所需要的压力也不同，为了便于液压元件设计、生产和使用，将压力分为以下几个等级，如表 9-1 所示。

表 9-1 压力分级

压力等级	低压	中压	中高压	高压	超高压
压力 p/MPa	≤2.5	>2.5～8	>8～16	>16～32	>32

2. 液压泵的排量和流量

（1）排量。液压泵的排量（用 V 表示）是指泵每转一转，由其密封油腔几何尺寸变化所计算得出的输出液体的体积，即在无泄漏的情况下，其每转一转所能输出的液体体积，常用单位为 mL/r。

（2）理论流量 q_{vt}。理论流量是指在不考虑液压泵的泄漏流量的情况下，在单位时间内所排出的液体体积的平均值。显然，如果液压泵的排量为 V，其主轴转速为 n，则该液压泵的理论流量 q_{vt} 为：

$$q_{vt}=Vn \tag{9-1}$$

（3）实际流量 q_v。它是泵工作时的输出流量，这时的流量必须考虑到泵的泄漏。它等于泵理论流量减去泄漏损失的流量 Δq_v，即：

$$q_v = q_{vt} - \Delta q_v \tag{9-2}$$

（4）额定流量 q_{vn}。它是泵在额定转速和额定压力下输出的流量。由于泵存在泄漏，所以泵实际流量 q 和额定流量 q_{vn} 都小于理论流量 q_{vt}。

3. 液压泵的功率和效率

（1）液压泵的功率损失。液压泵的功率损失有容积损失和机械损失两部分。

（2）液压泵的功率。

① 理论功率。液压泵的输入为机械能，表现为转矩和转速；其输出为压力能，表现为压力和流量。当用液压泵输出的压力能驱动液压缸克服负载 F 以速度 v 运动时（若不考虑能量损失），则液压泵和液压缸的理论功率为

$$P_t = 2\pi n T_t = Fv = pAv = pq_{vt} = pVn \tag{9-3}$$

式中，n——液压泵的转速；

T_t——驱动液压泵的理论转矩；

p——液压泵的工作压力；

A——液压缸的有效工作面积。

② 输入功率 P_{in}。液压泵的输入功率是指作用在液压泵主轴上的机械功率，当输入转矩为 T，角速度为 ω 时，有：

$$p_{in} = T\omega = 2\pi n T \tag{9-4}$$

③ 输出功率 P_{ou}。液压泵的输出功率是指液压泵在工作过程中的实际吸、压油口间的压差 Δp 和输出流量 q 的乘积，即：

$$P_{ou} = \Delta p q_v \tag{9-5}$$

式中，Δp——液压泵吸、压油口之间的压力差，N/m^2；

q_v——液压泵的实际输出流量，m^3/s；

p——液压泵的输出功率，N·m/s 或 W。

在实际的计算中，若油箱通大气，液压泵吸、压油的压力差往往用液压泵出口压力 p 代入，所以有：

$$P_{ou} = pq_v \tag{9-6}$$

（3）液压泵的效率。

① 容积效率 η_v。容积损失是指液压泵流量上的损失，液压泵的实际输出流量总是小于其理论流量，其主要原因是由于液压泵内部高压腔的泄漏、油液的压缩以及在吸油过程中由于吸油阻力太大、油液黏度大以及液压泵转速高等原因而导致油液不能全部充满密封工作腔。

液压泵的容积损失用容积效率来表示，它等于液压泵的实际输出流量 q_v 与其理论流量 q_{vt} 之比，即：

$$\eta_v = \frac{q_v}{q_{vt}} = \frac{q_{vt} - \Delta q_v}{q_{vt}} = 1 - \frac{\Delta q_v}{q_{vt}} \tag{9-7}$$

因此液压泵的实际输出流量 q_v 为

$$q_v = q_{vt}\eta_v = Vn\eta_v \tag{9-8}$$

式中，V——液压泵的排量，m^3/r；

n——液压泵的转速，r/s。

液压泵的泄漏量随压力升高而增大，其容积效率随着液压泵工作压力的增大而减小，且随液压泵的结构类型不同而异。

② 机械效率。机械损失是指液压泵在转矩上的损失。液压泵的实际输入转矩 T 总是大于理论上所需要的转矩 T_t，其主要原因是由于液压泵体内相对运动部件之间因机械摩擦而引起的摩擦转矩损失以及因液体的黏性而引起的摩擦损失。液压泵的机械损失用机械效率表示，它等于液压泵的理论转矩 T_t 与实际输入转矩 T 之比，设转矩损失为 ΔT，则液压泵的机械效率为：

$$\eta_m = \frac{T_t}{T} = \frac{1}{1 + \frac{\Delta T}{T_t}} \tag{9-9}$$

由式（9-3）可得，$T_t = pV/2\pi$，代入式（9-9）可得

$$\eta_m = \frac{pV}{2\pi T} \tag{9-10}$$

液压泵的总效率 η 为其实际输出功率和实际输入功率的比值，即

$$\eta = \frac{P_{ou}}{P_{in}} = \frac{pq_v}{2\pi nT} = \frac{q_v}{Vn}\frac{pV}{2\pi T} = \eta_v\eta_m \tag{9-11}$$

常见的液压泵的容积效率和总效率如表 9-2 所示。

表 9-2　　泵的容积效率和总效率

泵 的 类 别	齿 轮 泵	叶 片 泵	柱 塞 泵
容积效率 η_v	0.7～0.9	0.8～0.95	0.85～0.98
总效率 η	0.6～0.8	0.75～0.85	0.75～0.9

9.2 齿轮泵

齿轮泵是一种常用液压泵。其主要特点是结构简单、制造方便、价格低廉、体积小、重量轻、自吸性能好、对油液污染不敏感和工作可靠等。其主要缺点是流量和压力脉动大、噪声大、排量不可调。

按齿轮的啮合形式的不同，齿轮泵分为外啮合齿轮泵和内啮合齿轮泵，由于外啮合齿轮泵工艺简单、加工方便，因而应用最广。下面介绍外啮合齿轮泵的工作原理、结构特点和性能。

9.2.1　齿轮泵的工作原理和结构

外啮合齿轮泵的工作原理图如图 9-3 所示。其主要结构由泵体、一对外啮合的齿轮、泵轴和前后泵盖组成。

当泵的主动齿轮按图示箭头方向旋转时，齿轮泵右侧（吸油腔）齿轮脱开啮合，使密封容积增大，形成局部真空，油箱中的油液在外界大气压的作用下，经吸油管路、吸油腔进入齿间。随着齿轮的旋转，吸入齿间的油液被带到另一侧，进入压油腔。这时轮齿进入啮合，使密封容积逐渐减小，齿轮间部分的油液被挤出，从压油腔输送到系统中去，形成了齿轮泵的压油过程。齿轮在电机带动下不断地旋转，齿轮泵就不断地吸、压油。齿轮啮合时齿向接触线把吸油腔和压油腔分开，起配油作用。

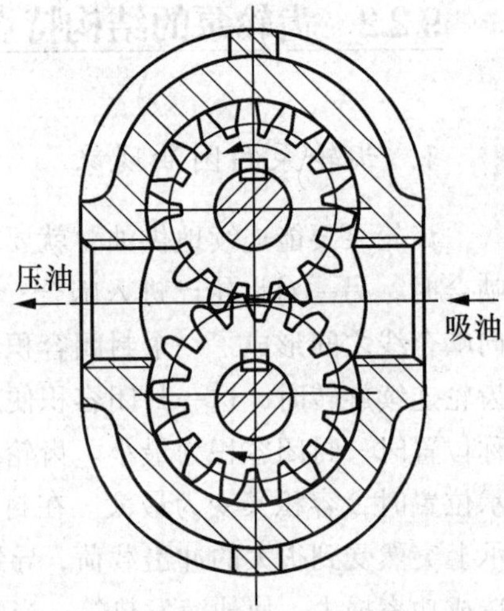

图 9-3　外啮合齿轮泵工作原理

图 9-4 所示为 CB-B 外啮合齿轮泵的结构图，它属于中低压泵，不能承受较高的压力。其额定压力为 2.5MPa，排量为 2.5～125mL/r，转速为 1450r/min，主要用于机床作动力源以及各种补油、润滑和冷却系统。

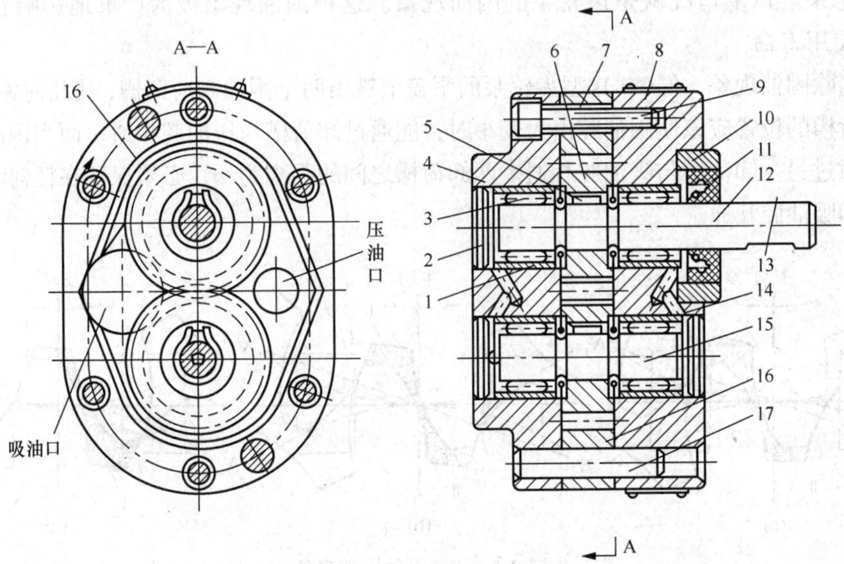

图 9-4　CB-B 齿轮泵的结构

1—轴承外环；2—堵头；3—轴承；4—后泵盖；5—键；6—齿轮；7—泵体；8—前泵盖；9—螺钉；10—压环；11—骨架式密封圈；12—主动轴；13—键；14—泄油孔；15—从动轴；16—卸荷槽；17—定位销

该泵采用了泵体 7 与两泵盖 4、8 三片式结构，两泵盖与泵体用两个定位销 17 和六个螺钉 9 连接，这种结构便于制造和维修时控制齿轮端面和盖板间的端面间隙（小流量泵间隙为 0.025～0.04mm，大流量泵间隙为 0.04～0.06mm）。泵体内有一对齿数相同的互相啮合的齿轮，两齿轮分别用键连接在由滚针轴承支承的主动轴 12 和从动轴 15 上。该泵采用了内部泄油方式，从压油腔泄漏到滚针轴承的油液可通过泄油通道流回吸油腔，以保证冷油循环润滑轴承，同时也降低堵头2和骨架式密封圈11处的密封要求。为防止油液从泵体与盖板的结合面处向外泄漏和减小螺钉9的拉力，在泵体两端面上开有封油卸荷槽16，将渗入泵体和盖板结合面间的压力油引回吸油腔，既防止了油液外溢，同时也润滑了滚针轴承。

9.2.2 齿轮泵的结构特点分析

1. 齿轮泵的困油现象

齿轮泵要能连续地供油，就要求齿轮啮合的重叠系数 $\varepsilon > 1$，也就是当一对齿轮尚未脱开啮合时，另一对齿轮已进入啮合，这样就出现同时有两对齿轮啮合的瞬间，在两对齿轮的齿向啮合线之间形成了一个封闭容积。一部分油液也就被困在这一封闭容积中（见图9-5（a）），齿轮连续旋转时，这一封闭容积便逐渐减小，到两啮合点处于图 9-5（b）所示节点两侧的对称位置时，封闭容积为最小。齿轮再继续转动时，封闭容积又逐渐增大，直到图 9-5（c）所示位置时，容积又变为最大。在封闭容积减小时，被困油液受到挤压，压力急剧上升，使轴承上突然受到很大的冲击载荷，导致泵剧烈震动，这时高压油从一切可能泄漏的缝隙中挤出，造成功率损失，使油液发热等。当封闭容积增大时，由于没有油液补充，因此形成局部真空，使原来溶解于油液中的空气分离出来，形成了气泡。油液中产生气泡后，会引起噪声、气蚀等一系列恶果。以上情况就是齿轮泵的困油现象。这种困油现象极为严重地影响着泵的工作平稳性和使用寿命。

为了消除困油现象，在CB-B型齿轮泵的泵盖上铣出两个困油卸荷凹槽，其几何关系如图9-6所示。卸荷槽的位置应该使困油腔由大变小时，能通过卸荷槽与压油腔相通；而当困油腔由小变大时，能通过另一卸荷槽与吸油腔相通。两卸荷槽之间的距离为 a，必须保证在任何时候都不能使压油腔和吸油腔互通。

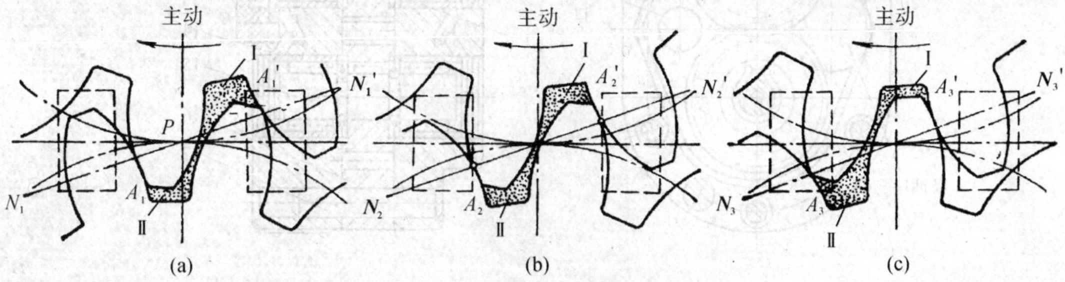

图 9-5　齿轮泵的困油现象

按上述对称开的卸荷槽，当困油封闭腔由大变至最小时（见图 9-6），由于油液不易从即将关闭的缝隙中挤出，故封闭油压仍将高于压油腔压力；齿轮继续转动，当封闭腔和吸油腔相通的瞬间，高压油又突然和吸油腔的低压油相接触，会引起冲击和噪声，于是 CB-B 型齿轮泵将卸荷槽的位置整个向吸油腔侧平移了一个距离。这时封闭腔只有在由小变至最大时才和压油腔断开，油压没有突变。封闭腔和吸油腔接通时，封闭腔不会出现真空也没有压力冲击，这样改进后，齿轮泵的振动和噪声就得到了进一步改善。

2. 径向不平衡力

齿轮泵工作时，在齿轮和轴承上承受径向液压力的作用。如图 9-7 所示，泵的右侧为吸油腔，左侧为压油腔。在压油腔内有液压力作用于齿轮上，沿着齿顶的泄漏油，具有大小不等的压力，就是齿轮和轴承受到的径向不平衡力。液压力越高，这个不平衡力就越大，其结果不仅加速了轴承的磨损，降低了轴承的寿命，甚至使轴变形，造成齿顶和泵体内壁的摩擦等。为了解决径向力不平衡问题，在有些齿轮泵上，采用开压力平衡槽的办法来消除径向不平衡力，但这将使泄漏增大，容积效率降低等。CB-B 型齿轮泵则采用缩小压油腔，以减少液压力对齿顶部分的作用面积来减小径向不平衡力，所以泵的压油口孔径比吸油口孔径要小。

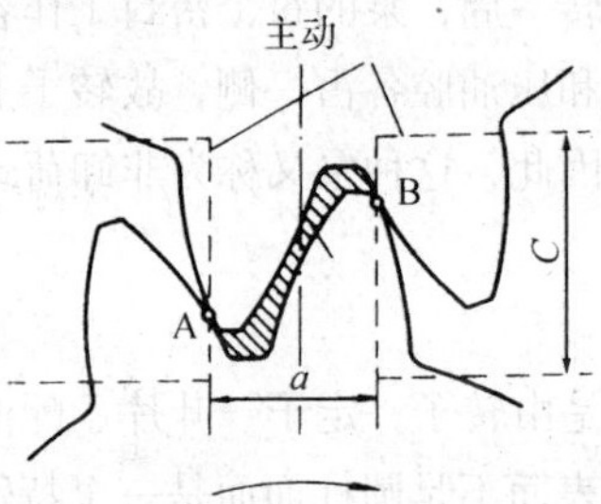

图 9-6　齿轮泵的困油卸荷槽图

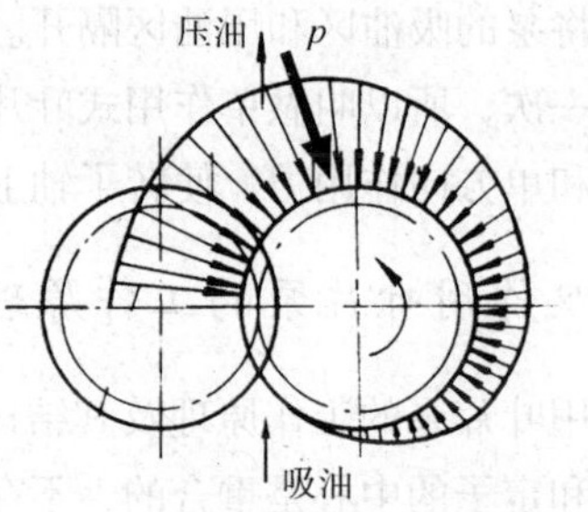

图 9-7　齿轮泵的径向不平衡力

3. 齿轮泵的泄漏途径

在液压泵中，运动件间是靠微小间隙密封的。这些微小间隙从运动学上形成摩擦副，而高压腔的油液通过间隙向低压腔泄漏是不可避免的；齿轮泵压油腔的压力油可通过三条途径泄漏到吸油腔去：一是通过齿轮啮合线处的间隙（齿侧间隙）；二是通过体定子环内孔和齿顶间隙的径向间隙（齿顶间隙）；三是通过齿轮两端面和侧板间的间隙（端面间隙）。在这三类间隙中，端面间隙的泄漏量最大，占 70%～80%，而且泵的压力越高，由间隙泄漏的液压油液就越多。因此为了实现齿轮泵的高压化，为了提高齿轮泵的压力和容积效率，需要从结构上来采取措施，一般采用对齿轮端面间隙进行自动补偿的办法。

9.3 叶片泵

叶片泵具有结构紧凑、流量均匀、噪声小、运转平稳等优点，广泛用于中、低压液压系统中。但它也存在着结构复杂、吸油能力差、对油液污染比较敏感等缺点。

叶片泵有单作用式和双作用式两种。所谓单作用式是指叶片泵转子每转一圈完成一次吸油、压油；而双作用式则是转子每转一周叶片泵完成两次吸油、压油。通常，单作用式叶片泵为变量泵，双作用式为定量泵。

9.3.1 叶片泵的工作原理

1. 单作用叶片泵的工作原理

如图 9-8 所示，单作用叶片泵由转子 1、定子 2、叶片 3 和泵体、端盖及配油盘等组成。定子的内表面是一个圆柱表面（作为工作表面）。转子安装于定子中间，并使转子和定子的圆心存在一个偏心距 e，叶片装在转子上的槽内，且能够灵活滑动。当转子转动时，由于离心力作用（也有在叶片槽底部通过压力油或用弹簧推出的），叶片顶部紧贴在定子内表面滑动，这样在定子、转子、每两个相邻叶片和两侧配油盘之间就形成若干个变化的密封工作容腔。设转子按图 9-8 所示逆时针方向回转时，在图的右半部叶片逐渐伸出，使这半部分叶片间的各密封工作容腔逐渐增大，造成部分真空，油箱中的油液在大气压力作用下由吸油口经配油盘的吸油窗口（图中右部月牙形虚线油口），进入这些密封工作容腔，这一过程就是吸油。在图的左半部，叶片逐渐被定子内表面压入槽内，这部分叶片间的各密封工作容腔逐渐缩小，腔内的油液则从压油窗口（图中左部配油盘上的月牙形油口）被挤出，这就是压油过程。在配油盘上两窗口之间有一段距离，称为封油区，将泵的吸油区和压油区隔开。这种泵的转子每转一周，泵的每个密封工作容腔完成吸油和压油各一次，所以叫做单作用式叶片泵。泵的吸油腔和压油腔各占一侧，故转子上必然作用有高压一侧和单方向作用力，使转子轴上承受不平衡力，因此，这种泵又称为非卸荷式叶片泵。

2. 双作用叶片泵的工作原理

双作用叶片泵的工作原理及其结构见图 9-9，它也是由转子、定子、叶片、配油盘等组成。但其转子和定子的中心是重合的，不存在偏心。定子内表面不是圆柱面而是一个特殊曲面，它是由两段长径为 R、短径为 r 的同心圆弧和四段过渡曲线相交替连接而成。当转子按图示方向回转时，叶片在离心力和其底部液压力的作用下向外滑出与定子内表面接触。于是，在叶片、转子、定子和配油盘之间便构成若干个密封工作容腔。当一对相邻的叶片从小半径圆弧曲线经过渡曲线转到大半径圆弧曲线时，它们所构成的密封工作腔则由小变大形成部分真空。这时油液便从配油盘上对应这一过程的窗口进入，完成吸油过程。转子继续转动，在从大圆弧曲线转到小圆弧曲线的过程中，密封工作容腔逐渐减小，使油液通过对应这一过程的配油盘窗口挤出，完成排油过程。这种叶片泵每转一周，各密封工作容腔完成两次吸油和两次排油，故称为双作用式叶片泵。由于该泵的两个吸油区和两个压油区为对称布置，作用于转子上的径向液压力互相平衡，因此，这种叶片泵又称为卸荷式叶片泵。

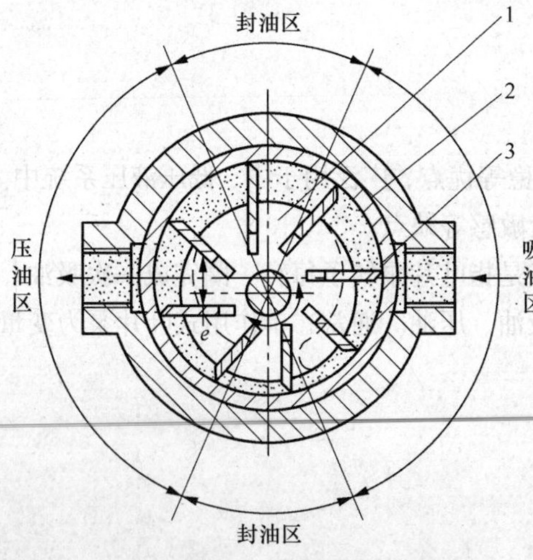

图 9-8　单作用叶片泵的工作原理

1—转子；2—定子；3—叶片

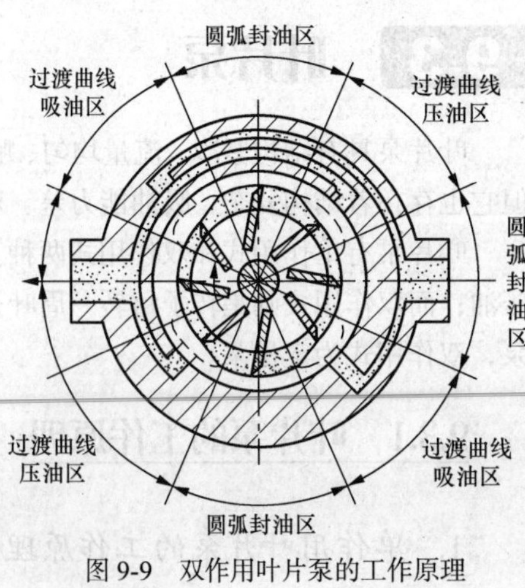

图 9-9　双作用叶片泵的工作原理

9.3.2　限压式变量叶片泵

限压式变量叶片泵是单作用叶片泵，根据前面介绍的单作用叶片泵的工作原理，改变定子和转子间的偏心距 e，就能改变泵的输出流量，限压式变量叶片泵能借助输出压力的大小自动改变偏心距 e 的大小来改变输出流量。当压力低于某一可调节的限定压力时，泵的输出流量最大；压力高于限定压力时，随着压力增加，泵的输出流量线性减少，其工作原理如图 9-10 所示。泵的出口经通道 7 与活塞腔 6 相通。在泵未运转时，定子 2 在弹簧 9 的作用下，紧靠活塞 4，并使活塞 4 靠在螺钉 5 上。这时，定子和转子有一偏心量 e_0，调节螺钉 5 的位置，便可改变 e_0。当泵的出口压力 p 较低时，则作用在活塞 4 上的液压力也较小，若此液压力小于上端的弹簧作用力，当活塞的面积为 A、调压弹簧的刚度 k_s、预压缩量为 x_0 时，有：

$$pA < k_s x_0 \tag{9-12}$$

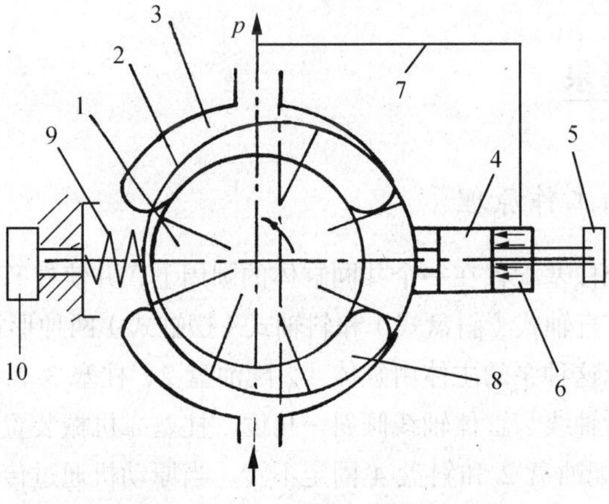

图 9-10　限压式变量叶片泵的工作原理

1—转子；2—定子；3—吸油窗口；4—活塞；5—螺钉；6—活塞腔；7—通道；
8—压油窗口；9—调压弹簧；10—调压螺钉

此时，定子相对于转子的偏心量最大，输出流量最大。随着外负载的增大，液压泵的出口压力 p 也将随之提高，当压力升至与弹簧力相平衡的控制压力 p_B 时，有：

$$p_B A = k_s x_0 \tag{9-13}$$

当压力进一步升高，使 $pA > k_s x_0$，这时，若不考虑定子移动时的摩擦力，液压作用力就要克服弹簧力推动定子向上移动，随之泵的偏心量减小，泵的输出流量也减小。p_B 称为泵的限定压力，即泵处于最大流量时所能达到的最高压力。调节调压螺钉 10，可改变弹簧的预压缩量 x_0，即可改变 p_B 的大小。

设定子的最大偏心量为 e_0，偏心量减小时，弹簧的附加压缩量为 x，则定子移动后的偏心量 e 为：

$$e = e_0 - x \tag{9-14}$$

这时，定子上的受力平衡方程式为：

$$pA = k_s (x_0 + x) \tag{9-15}$$

将式（9-13）、式（9-15）代入式（9-14）可得：

$$e = e_0 - A(p - p_B) / k_s \quad (p \geqslant p_B) \tag{9-16}$$

式（9-16）表示了泵的工作压力与偏心量的关系，由式可以看出，泵的工作压力越高，偏心量就越小，泵的输出流量也就越小，且当 $p = k_s(e_0 + x_0) / A$ 时，泵的输出流量为零。控制定子移动的作用力是将液压泵出口的压力油引到柱塞上，然后再加到定子上去，这种控制方式称为外反馈式。

9.4 柱塞泵

柱塞泵是依靠柱塞在其缸体内往复运动时密封工作腔的容积变化来实现吸油和压油的。由于柱塞与缸体内孔均为圆柱表面，容易得到高精度的配合，所以这类泵的特点是泄漏小，容积效率高，能够在高压下工作。它常用于高压、大流量和流量需要调节的液压系统，如工程机械、液压机、龙门刨床、拉床等液压系统。

9.4.1 轴向柱塞泵

1. 轴向柱塞泵的工作原理

轴向柱塞泵是将多个柱塞配置在一个共同缸体的圆周上，并使柱塞中心线和缸体中心线平行的一种泵。轴向柱塞泵有直轴式（斜盘式）和斜轴式（摆缸式）两种形式。图 9-11 所示为直轴式轴向柱塞泵的工作原理，这种泵的主体由缸体 1、配油盘 2、柱塞 3 和斜盘 4 组成。柱塞沿圆周均匀分布在缸体内。斜盘轴线与缸体轴线倾斜一角度，柱塞靠机械装置或在低压油作用下压紧在斜盘上（图中为弹簧），配油盘 2 和斜盘 4 固定不转。当原动机通过传动轴使缸体转动时，由于斜盘的作用，迫使柱塞在缸体内作往复运动，通过配油盘的配油窗口进行吸油和压油。如图 9-11 中所示回转方向，当缸体转角在 π～2π 范围内，柱塞向外伸出，柱塞底部缸孔的密封工作容积增大，通过配油盘的吸油窗口吸油；在 0～π 范围内，柱塞被斜盘推入缸体，使缸孔容积减小，通过配油盘的压油窗口压油。缸体每转一周，每个柱塞各完成吸、压油一次，如果改变斜盘倾角，就能改变柱塞行程的长度，即改变液压泵的排量。改变斜盘倾角方向，就能改变吸油和压油的方向，即成为双向变量泵。

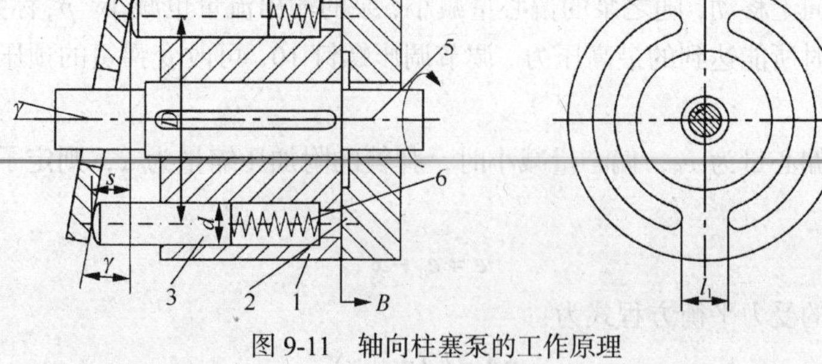

图 9-11　轴向柱塞泵的工作原理

1—缸体；2—配油盘；3—柱塞；4—斜盘；5—传动轴；6—弹簧

配油盘上吸油窗口和压油窗口之间的密封区宽度应稍大于柱塞缸体底部通油孔宽度。但不能相差太大，否则会发生困油现象。一般在两配油窗口的两端部开有小三角槽，以减小冲击和噪声。

斜轴式轴向柱塞泵的缸体轴线相对传动轴轴线成一倾角，传动轴端部用万向铰链、连杆与缸体中的每个柱塞相连接。当传动轴转动时，通过万向铰链、连杆使柱塞和缸体一起转动，并迫使柱塞在缸体中作往复运动，借助配油盘进行吸油和压油。这类泵的优点是变量范围大，泵的强度较高，但和上述直轴式相比，其结构较复杂，外形尺寸和重量均较大。

轴向柱塞泵的优点：结构紧凑、径向尺寸小、惯性小、容积效率高，目前最高压力可达 40.0MPa，甚至更高，一般用于工程机械、压力机等高压系统中，但其轴向尺寸较大，轴向作用力也较大，结构比较复杂。

2. 轴向柱塞泵的结构特点

图 9-12 所示为 SCYl4-lB 型轴向柱塞泵，它由主体和变量机构两部分组成。

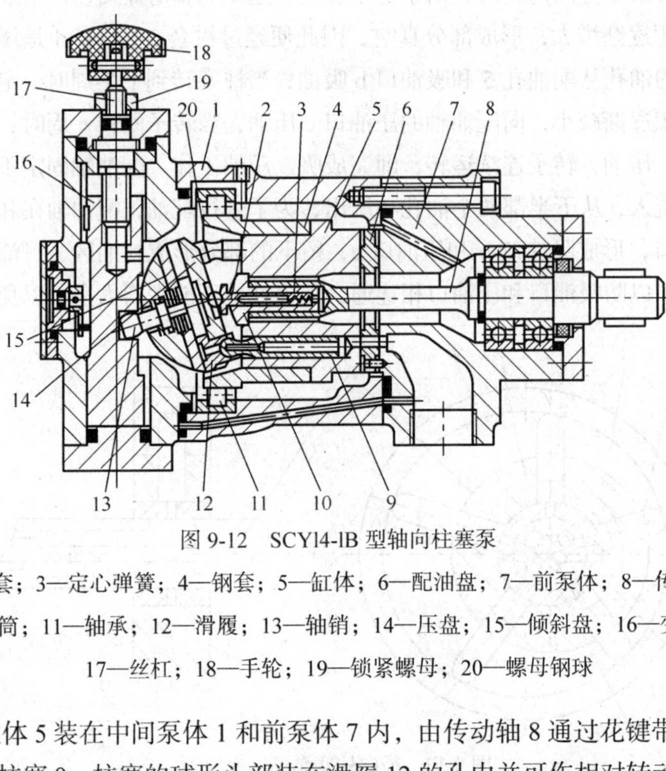

图 9-12　SCYl4-lB 型轴向柱塞泵

1—泵体；2—内套；3—定心弹簧；4—钢套；5—缸体；6—配油盘；7—前泵体；8—传动轴；9—柱塞；10—外套筒；11—轴承；12—滑履；13—轴销；14—压盘；15—倾斜盘；16—变量活塞；17—丝杠；18—手轮；19—锁紧螺母；20—螺母钢球

（1）主体。缸体 5 装在中间泵体 1 和前泵体 7 内，由传动轴 8 通过花键带动旋转。在缸体的 7 个柱塞孔内装有柱塞 9，柱塞的球形头部装在滑履 12 的孔内并可作相对转动。定心弹簧 3 通过内套 2、钢球 20 和压盘 14 将滑履压在倾斜盘 15 上，使泵具有一定自吸能力，同时定心弹簧又通过外套筒 10 将缸体压在配油盘 6 上。缸体外镶有钢套 4，支承在圆柱滚子轴承 11 上，使压盘对缸体的径向分力由圆柱滚子轴承来承受，而避免传动轴和缸体受弯矩。缸体柱塞孔中的压力油经柱塞和滑履的中心小孔，送至滑履与倾斜盘的接触平面间，形成静压润滑膜，以减小摩擦磨损。缸体对配油盘的压力，除定心弹簧力外，还有缸体柱塞孔底部台阶面上所受的液压力，此力比弹簧力大得多，而且随泵的工作压力升高而增大，使缸体和配油盘保持良好贴合，使磨损间隙能得到自动补偿，因此泵具有较高的容积效率。

（2）变量机构。轴向柱塞泵的最大优点是只要改变倾斜盘的倾角就能改变排量。若转动手轮 18，使丝杠 17 转动，因导向键的作用，变量活塞 16 便上下移动，轴销 13 则使支承在变量壳体上的倾斜盘绕钢球的中心转动，而改变倾斜盘的倾角，相应也就改变了泵的排量。当流量调好后，可用锁紧螺母 19 锁紧。这种变量机构结构简单，但操纵力较大，通常只能在停机或工作压力较低的情况下操纵。

轴向柱塞泵除了有手动变量外，还有手动伺服变量、压力补偿变量、电动变量、恒压变量、零位对中式变量等。SCYI4-1B 型轴向柱塞泵主体部分是通用部件，只要换上不同变量机构，就可组成不同的变量泵。

9.4.2 径向柱塞泵

径向柱塞泵的工作原理如图 9-13 所示，柱塞 1 径向排列装在缸体 2 中，缸体由原动机带动连同柱塞 1 一起旋转，所以缸体 2 一般称为转子，柱塞 1 在离心力（或在低压油）的作用下抵紧定子 4 的内壁，当转子按图示方向回转时，由于定子和转子之间有偏心距 e，柱塞绕经上半周时向外伸出，柱塞底部的容积逐渐增大，形成部分真空，因此便经过衬套 3（衬套 3 是压紧在转子内，并和转子一起回转）上的油孔从配油孔 5 和吸油口 b 吸油；当柱塞转到下半周时，定子内壁将柱塞向里推，柱塞底部的容积逐渐减小，向配油轴的压油口 c 压油，当转子回转一周时，每个柱塞底部的密封容积完成一次吸、压油，转子连续运转，即完成吸、压油工作。配油轴固定不动，油液从配油轴上半部的两个孔 a 流入，从下半部两个油孔 d 压出，为了进行配油，配油轴在和衬套 3 接触的一段加工出上下两个缺口，形成吸油口 b 和压油口 c，留下的部分形成封油区。封油区的宽度应能封住衬套上的吸压油孔，以防吸油口和压油口相连通，但尺寸也不能大得太多，以免产生困油现象。

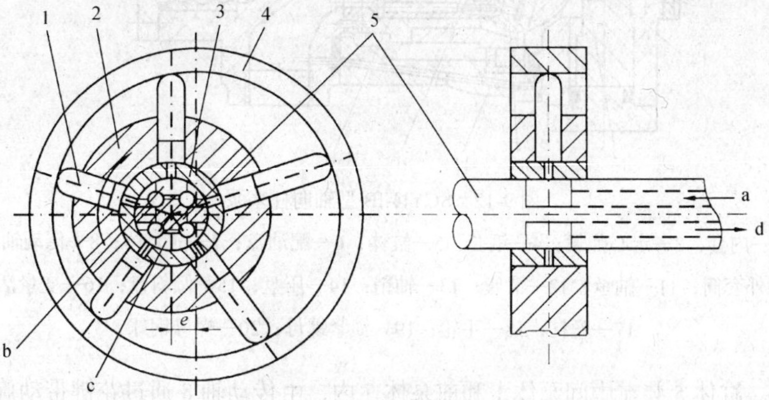

图 9-13　径向柱塞泵的工作原理

1—柱塞；2—缸体；3—衬套；4—定子；5—配油轴

能力训练与拓展

1. 双级叶片泵

为了要得到较高的工作压力，也可以不用高压叶片泵，而用双级叶片泵。双级叶片泵是由两个普通压力的单级叶片泵装在一个泵体内在油路上串接而成的，如果单级泵的压力可达 7.0MPa，那么双级泵的工作压力就可达 14.0MPa。

双级叶片泵的工作原理如图 9-14 所示，两个单级叶片泵的转子装在同一根传动轴上，当传动轴回转时就带动两个转子一起转动。第一级泵经吸油管从油箱吸油，输出的油液就送入第二级泵的吸油口，第二级泵的输出油液经管路送往工作系统。设第一级泵输出压力为 p_1，第二级泵输出压力为 p_2，正常工作时 $p_2=2p_1$。但是由于两个泵的定子内壁曲线、宽度等不可能做得完全一样，两个单级泵每转一周的容量就不可能完全相等。如果第二级泵每转一周的容量大于第一级泵，第二级泵的吸油压力（也就是第一级泵的输出压力）就要降低，第二级泵前后压力差就加大，因此载荷就增大；反之，第一级泵的载荷就增大。为了平衡两个泵的载荷，在泵体内就需要设载荷平衡阀。第一级泵和第二级泵的输出油路分别经管路 1 和 2 通到平衡阀的大滑阀和小滑阀的端面，两滑阀的面积比 $A_1/A_2=2$。如果第一级泵的流量大于第二级时，油液压力 p_1 就增大，使 $p_1>1/2p_2$，因此 $p_1A_1>p_2A_2$，平衡阀被推向右，第一级泵的多余油液从管路 1 经阀口流回第一级泵的进油管路，使两个泵的载荷获得平衡；如果第二级泵流量大于第一级时，油压 p_1 就降低，使 $p_1A_1>p_2A_2$，平衡阀被推向左，第二级泵输出的部分油液从管路 2 经阀口流回第二级泵的进油口而获得平衡；如果两个泵的容量绝对相等时，平衡阀两边的阀口都封闭。

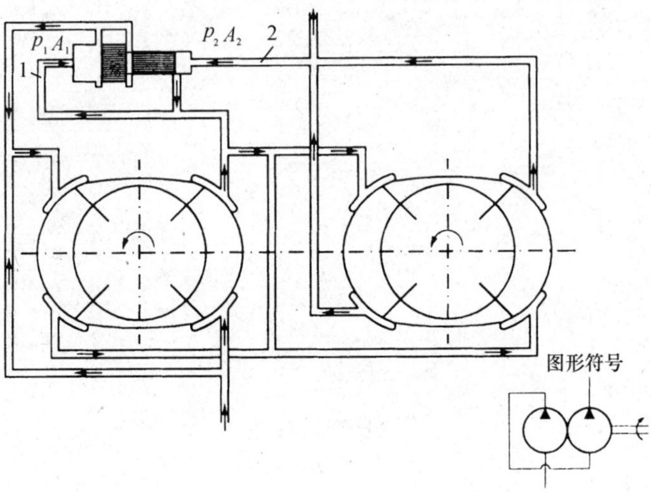

图 9-14　双级叶片泵的工作原理

1、2—管路

2. 双联叶片泵

双联叶片泵是由两个单级叶片泵装在一个泵体内在油路上并联组成。两个叶片泵的转子由同一传动轴带动旋转，有各自独立的出油口，两个泵可以是相等流量的，也可以是不等流量的。

双联叶片泵常用于有快速进给和工作进给要求的机械加工的专用机床中，这时双联泵由一小流量和一大流量泵组成。当快速进给时，两个泵同时供油（此时压力较低），当工作进给时，由小流量泵供油（此时压力较高），同时在油路系统上使大流量泵卸荷。这与采用一个高压大流量的泵相比，可以节省能源，减少油液发热。这种双联叶片泵也常用于机床液压系统中需要两个互不影响的独立油路中。

复习思考题

9-1 试述液压泵的工作原理。

9-2 容积式液压泵的主要参数有哪些?

9-3 如何计算液压泵的工作压力、流量、排量、功率和效率?

9-4 液压泵的排量与流量有什么不同?各决定于哪些因素?

9-5 什么是齿轮泵的困油现象?

9-6 变量叶片泵的困油现象与齿轮泵的困油观象有何不同?轴向柱塞泵有没有困油现象?为什么?

9-7 试分析齿轮泵、叶片泵、柱塞泵的特点及其使用场合。

第10章 液压缸和液压马达

【知识准备】

零件图、装配图的识读；基本的作图能力；机构的受力特点分析；能量转换原理。

【学习以及能力目标】

（1）掌握：活塞式液压缸的结构特点；液压马达的特点。

（2）了解：液压缸的类型及特点；液压缸的典型结构和组成；液压马达的工作原理；了解汽车以及工程机械中常用的液压缸、液压马达的类型和特点。

（3）能独立完成：单杠式活塞液压缸的计算；液压缸的职能符号理解与识读。

【教学建议】

（1）教具：各种液压缸实物；动画；图片；多媒体课件。

（2）建议：尽量利用汽车专业学生对汽车的兴趣，选用汽车典型液压零部件，结合多媒体课件观察、讲解和分析。

10.1 液压缸

在液压传动系统中，将液压泵提供的液压能转变为机械能的能量转换装置称为液压执行元件，它包括液压缸和液压马达。液压马达习惯上是指输出旋转运动的液压执行元件，而把输出直线运动（其中包括输出摆动运动）的液压执行元件称为液压缸。

双作用油缸

10.1.1 液压缸的类型及特点

液压缸的种类很多，其详细分类说明与各液压缸符号如表 10-1 所示。

表 10-1　　常见液压缸的种类及特点

分　类	名　称	符　号	说　明
单作用液压缸	柱塞式液压缸		柱塞仅单向运动，返回行程是利用自重或负荷将柱塞推回
	单活塞杆液压缸		活塞仅单向运动，返回行程是利用自重或负荷将活塞推回
	双活塞杆液压缸		活塞的两侧都装有活塞杆，只能向活塞一侧供给压力油，返回行程通常利用弹簧力、重力或外力
	伸缩液压缸		它以短缸获得长行程。用液压油由大到小逐节推出，靠外力由小到大逐节缩回
双作用液压缸	单活塞杆液压缸		单边有杆，两向液压驱动，两向推力和速度不等
	双活塞杆液压缸	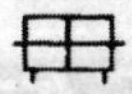	双向有杆，双向液压驱动，可实现等速往复运动
	伸缩液压缸		双向液压驱动，伸出由大到小逐步推出，由小到大逐节缩回
组合液压缸	弹簧复位液压缸		单向液压驱动，由弹簧力复位
	串联液压缸	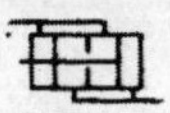	用于缸的直径受限制，而长度不受限制处，获得大的推力
	增压缸（增压器）	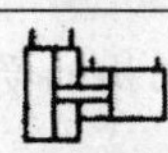	由低压力室 A 缸驱动，使 B 室获得高压油源
	齿条传动液压缸		活塞往复运动经装在一起的齿条驱动齿轮获得往复回转运动
摆动液压缸			输出轴直接输出扭矩，其往复回转的角度小于 360℃，也称摆动马达

10.1.2　活塞式液压缸

液压缸按其结构形式，可以分为活塞缸、柱塞缸和摆动缸三类。活塞缸和柱塞缸能实现往复运动，输出推力和速度，摆动缸则能实现小于 360°的往复摆动，输出转矩和角速度。

活塞式液压缸根据其使用要求不同分为双杆式和单杆式两种。其固定方式有缸体固定和活塞杆固定两种。

（1）双杆式活塞缸。双杆式活塞缸的活塞两端都有一根直径相等的活塞杆伸出，它根据安装方式不同又可以分为缸体固定式和活塞杆固定式两种。

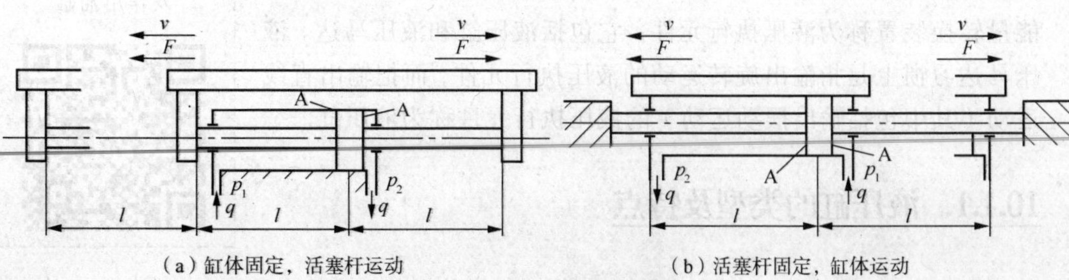

（a）缸体固定，活塞杆运动　　（b）活塞杆固定，缸体运动

图 10-1　双杆活塞式液压缸

图 10-1（a）所示为缸体固定式的双杆活塞缸。它的进、出油口布置在缸筒两端，活塞通过活塞杆带动工作台移动，当缸的左腔进压力油，右腔回油时，活塞带动工作台向右移动；反之，右腔进压力油，左腔回油时，活塞带动工作台向左移动。当活塞的有效行程为 l 时，整个工作台的运动范围为 $3l$，所以机床占地面积大，一般适用于小型机床。

图 10-1（b）所示为活塞杆固定的双杆活塞缸。其缸体与工作台相连，活塞杆通过支架固定在机床上，动力由缸体传递。在这种安装形式中，当缸的左腔进压力油，右腔回油时，缸体带动工作台向左移动；反之，缸体带动工作台向右移动。其工作台的移动范围只等于液压缸有效行程 l 的两倍（$2l$），因此占地面积小。进出油口可以设置在固定不动的空心活塞杆的两端，使油液从活塞杆中进出，也可设置在缸体的两端，但必须使用软管连接。当工作台行程要求较长时，可采用活塞杆固定的形式。

由于双杆活塞缸两端的活塞杆直径通常是相等的，因此它左、右两腔的有效面积也相等。当分别向左、右腔输入相同压力和相同流量的油液时，液压缸左、右两个方向的推力和速度相等。当活塞的直径为 D，活塞杆的直径为 d，液压缸进、出油腔的压力为 p_1 和 p_2，输入流量为 q 时，双杆活塞缸的推力 F 和速度 v 为

$$F = A\left(p_1 - p_2\right) = \frac{\pi}{4}\left(D^2 - d^2\right)\left(p_1 - p_2\right) \tag{10-1}$$

$$v = \frac{q}{A} = \frac{4q}{\pi\left(D^2 - d^2\right)} \tag{10-2}$$

式中，A——活塞的有效工作面积。

双杆活塞缸在工作时，设计成一个活塞杆是受拉的，而另一个活塞杆不受力，因此这种液压缸的活塞杆可以做得细些。

（2）单杆式活塞缸。如图 10-2 所示，活塞只有一端带活塞杆，单杆液压缸也有缸体固定和活塞杆固定两种形式，但它们的工作台移动范围都是活塞有效行程的两倍。

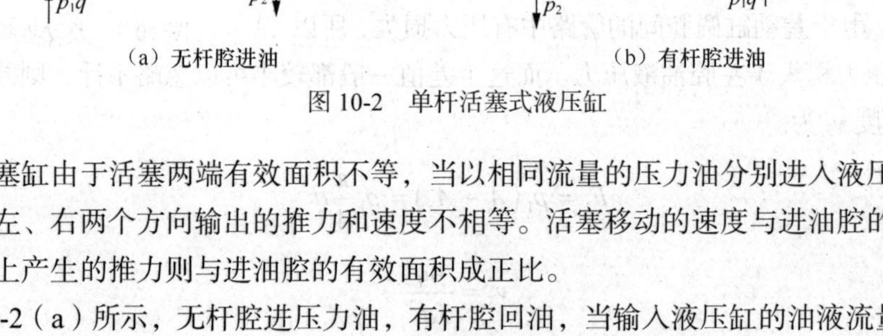

图 10-2　单杆活塞式液压缸

单杆活塞缸由于活塞两端有效面积不等，当以相同流量的压力油分别进入液压缸的左、右两腔，液压缸左、右两个方向输出的推力和速度不相等。活塞移动的速度与进油腔的有效面积成反比，而活塞上产生的推力则与进油腔的有效面积成正比。

如图 10-2（a）所示，无杆腔进压力油，有杆腔回油，当输入液压缸的油液流量为 q，液压缸进出油口压力分别为 p_1 和 p_2 时，其活塞上所产生的推力 F_1 和速度 v_1 为

$$F_1 = A_1 p_1 - A_2 p_2 = \frac{\pi}{4}\left[\left(p_1 - p_2\right)D^2 + p_2 d^2\right]$$

若回油腔直接接油箱，则

$$F_1 = A_1 p_1 = \frac{\pi}{4} p_1 \quad (10\text{-}3)$$

无杆腔进油，活塞输出的速度为

$$v_1 = \frac{q}{A_1} = \frac{4q}{\pi D^2} \quad (10\text{-}4)$$

如图 10-2（b）所示，当有杆腔进压力油，无杆腔回油时，即油液从如图 10-2（b）所示的右腔（有杆腔）输入时，其活塞上所产生的推力 F_2 和速度 v_2 为

$$F_2 = A_2 p_1 - A_1 p_2 = \frac{\pi}{4}\left[\left(p_1 - p_2\right)D^2 - p_1 d^2\right]$$

若回油腔直接接油箱，则

$$F_2 = A_2 p_1 \quad (10\text{-}5)$$

有杆腔进油，活塞输出的速度为

$$v_2 = \frac{q}{A_2} = \frac{4q}{\pi\left(D^2 - d^2\right)} \quad (10\text{-}6)$$

由上式可知，由于 $A_1>A_2$，所以 $F_1>F_2$。若把两个方向上的输出速度 v_1 和 v_2 的比值称为速度比，记作 λ_v，则

$$\lambda_v = \frac{v_2}{v_1} = \frac{1}{1-\left(d/D\right)^2} \quad (10\text{-}7)$$

因此，活塞杆直径越小，越接近于 1，活塞两个方向的速度差值也就越小，如果活塞杆较粗，活塞两个方向运动的速度差值就较大。在已知 D 和 λ_v 的情况下，也就可以较方便地确定 d。

如果向单杆活塞缸的左右两腔同时通压力油，如图 10-3 所示，即所谓的差动连接，作差动连接的单出杆液压缸称为差动液压缸。开始工作时差动缸左右两腔的油液压力相同，但是由于左腔（无杆腔）的工作面积比右腔（有杆腔）的工作面积大，活塞向右的推力大于向左的推力，故其活塞向右运动，同时使右腔中排出的油液（流量为 q'）也进入左腔，加大了流入左腔的流量（$q+q'$），从而也加快了活塞移动的速度。实际上活塞在运动时，由于差动缸两腔间的管路中有压力损失，所以右腔中油液的压力稍大于左腔油液压力。而这个差值一般都较小可以忽略不计，则差动缸活塞推力 F_3 和运动速度 v_3 为：

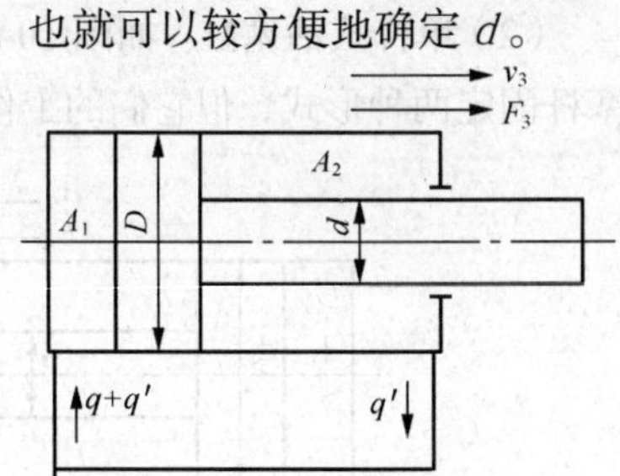

图 10-3　差动连接液压缸

$$F_3 = p_1\left(A_1 - A_2\right) = p_1 \frac{\pi}{4} d^2 \quad (10\text{-}8)$$

$$v_3 = \frac{4q}{\pi d^2} \quad (10\text{-}9)$$

比较式（10-4）和式（10-9）可知，$v_3>v_1$；比较式（10-3）和式（10-8）可知，$F_3<F_1$。这说明在输入流量和工作压力相同的情况下，差动连接时液压缸的推力比非差动连接时小，速度比非差动连接时大，也就是单杆活塞缸差动连接时能使其速度提高，同时其推力下降。利用这一点，

可使在不加大油源流量的情况下得到较快的运动速度，这种连接方式被广泛应用于组合机床的液压动力滑台和其他机械设备的快速运动中。

如果要求快速运动和快速退回速度相等，即需 $v_2=v_3$，则推导出条件为

$$D=\sqrt{2}d \tag{10-10}$$

10.1.3　其他液压缸

柱塞式液压缸的工作原理

1. 柱塞缸

柱塞缸是一种单作用液压缸，在液压力的作用下只能实现单方向的运动，它的回程需要借助其他外力来实现。其工作原理如图 10-4（a）所示，柱塞与工作部件连接，缸筒固定在机体上。当压力油进入缸筒时，推动柱塞带动运动部件向右运动，但反向退回时必须靠其他外力或自重驱动。若需要实现双向运动，则柱塞缸通常必须成对反向布置使用，如图 10-4（b）所示。

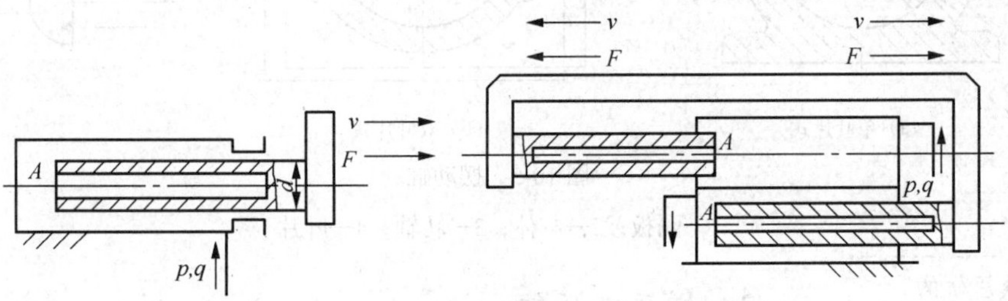

（a）　　　　（b）

图 10-4　柱塞式液压缸

当柱塞的直径为 d，输入液压油的流量为 q，压力为 p 时，其柱塞上所产生的推力 F 和速度 v 为

$$F=pA=p\frac{\pi}{4}d^2 \tag{10-11}$$

$$v=\frac{q}{A}=\frac{4q}{\pi d^2} \tag{10-12}$$

柱塞式液压缸的主要特点是柱塞与缸筒无配合要求，缸筒内孔不需精加工，甚至可以不加工。运动时由缸盖上的导向套来导向，所以它特别适用于行程较长的场合。

摆动式液压缸的工作原理

2. 摆动缸

摆动式液压缸也称摆动液压马达。用于将液压油的压力能转变为其输出轴往复摆动的机械能。当它通入压力油时，它的主轴能输出小于 360° 的摆动运动，常用于工夹具夹紧装置、送料装置、转位装置以及需要周期性进给的系统中。它有单叶片和双叶片两种形式。

图 10-5（a）所示为单叶片式摆动缸，它的摆动角度较大，可达 300°。

当摆动缸进出油口压力为 p_1 和 p_2，输入流量为 q 时，它的输出转矩 T 和角速度 ω 各为

$$T = b\int_{R_1}^{R_2}\left(p_1 - p_2\right)r\mathrm{d}r = \frac{b}{2}\left(R_2^2 - R_1^2\right)\left(p_1 - p_2\right) \tag{10-13}$$

$$\omega = 2\pi n = \frac{2q}{b\left(R_2^2 - R_1^2\right)} \tag{10-14}$$

式中，b——叶片的宽度；

R_1、R_2——叶片底部、顶部的回转半径。

图 10-5（b）示为双叶片式摆动缸，它的摆动角度较小，可达 300°。它的输出转矩是单叶片式的两倍，而角速度则是单叶片式的一半。

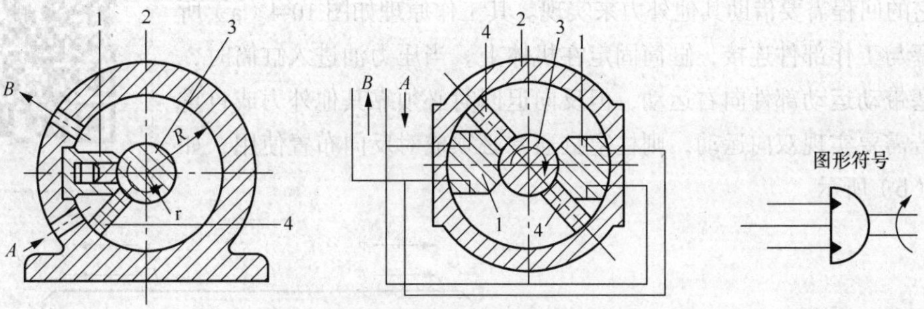

（a）单叶片式　（b）双叶片式

图 10-5　摆动缸

1—隔板；2—缸体；3—转轴；4—叶片

增压液压缸的工作原理

3. 增压液压缸

增压液压缸又称增压器。图 10-6 所示为一种由活塞缸和柱塞缸组成的增压缸，它利用活塞和柱塞有效面积的不同使液压系统中的局部区域获得高压。它有单作用和双作用两种型式，单作用增压缸的工作原理如图 10-6（a）所示，当输入活塞缸的液体压力为 p_1，活塞直径为 D，柱塞直径为 d 时，柱塞缸中输出的液体压力为高压，其值为：

$$p_2 = p_1\left(D/d\right)^2 = Kp_1 \tag{10-15}$$

式中，$K=D^2/d^2$，称为增压比，它代表其增压能力。

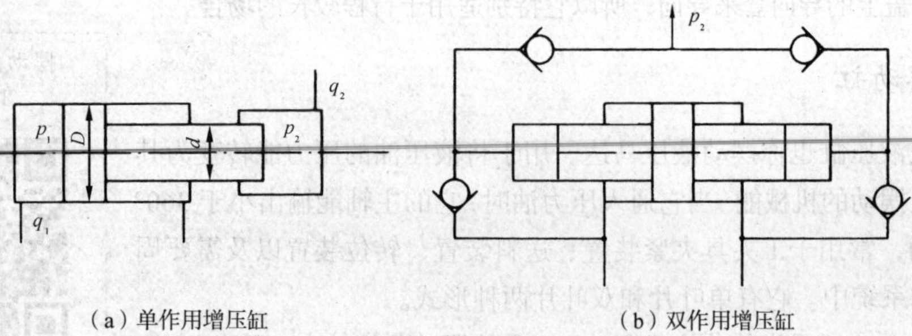

（a）单作用增压缸　（b）双作用增压缸

图 10-6　增压缸

显然增压能力是在降低有效能量的基础上得到的，也就是说增压缸仅仅是增大输出的压力，并不能增大输出的能量。

单作用增压缸在柱塞运动到终点时，不能再输出高压液体，需要将活塞退回到左端位置，再向右行时才又输出高压液体，为了克服这一缺点，可采用双作用增压缸，如图 10-6（b）所示，由两个高压端连续向系统供油。

4．伸缩缸

伸缩缸又称多级缸，它一般由两个或多个活塞缸套装而成，前一级活塞缸的活塞杆内孔是后一级活塞缸的缸筒，伸出时可获得很长的工作行程，缩回时可保持很小的结构尺寸。伸缩缸被广泛用于起重运输车辆上。

伸缩缸可以分为图 10-7（a）所示的单作用式以及图 10-7（b）所示的双作用式，前者靠外力回程，后者靠液压回程。

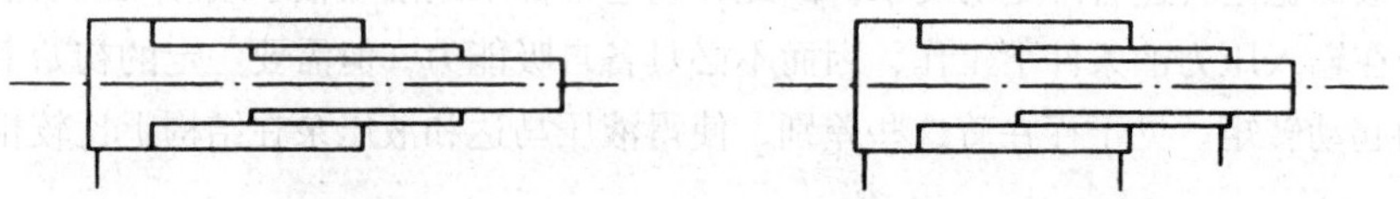

（a）单作用式　　（b）双作用式

图 10-7　伸缩缸

伸缩缸的外伸动作是逐级进行的。首先是最大直径的缸筒以最低的油液压力开始外伸，当到达行程终点后，稍小直径的缸筒开始外伸，直径最小的末级最后伸出。随着工作级数变大，外伸缸筒直径越来越小，工作油液压力随之升高，工作速度变快。即在通入有压流体时各级活塞按有效面积大小依次先后动作，并在其输入流量不变的情况下，输出推力逐级减小，速度逐级加大，其值为：

$$F_i = p_1 \frac{\pi}{4} D_i^2 \tag{10-16}$$

$$v_i = 4q / \pi D_i^2 \tag{10-17}$$

10.2 液压马达

液压马达（简称马达）是将液压能转换为机械能的能量转换装置，以旋转运动向外输出机械能，得到输出轴上的转矩和转速。其图形符号如图 10-8 所示。

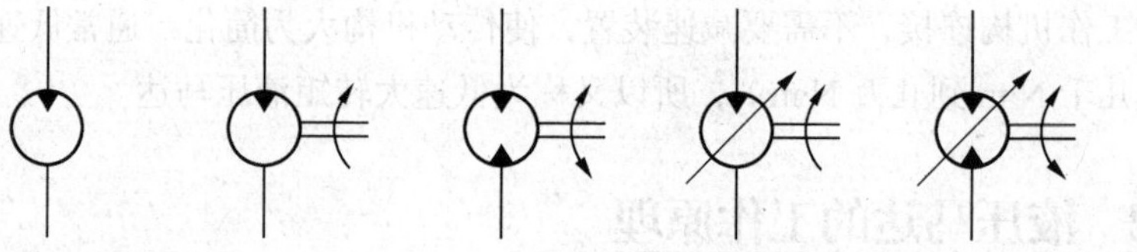

（a）液压马达一般符号　（b）单向定量马达　（c）双向定量马达　（d）单向变量马达　（e）双向变量马达

图 10-8　液压马达图形符号

10.2.1 液压马达的特点

液压马达是把液体的压力能转换为机械能的装置，从能量转换的观点来看，液压泵与液压马达是可逆工作的液压元件，即液压泵可以作液压马达用，液压马达也可作液压泵用。向任何一种液压泵输入工作液体，都可使其变成液压马达工况；反之，当液压马达的主轴由外力矩驱动旋转时，也可变为液压泵工况。因为它们具有同样的基本结构要素——密闭而又可以周期变化的容积和相应的配油机构。

虽然从原理上讲，液压泵可以作液压马达用，液压马达也可作液压泵用。但事实上同类型的液压泵和液压马达虽然在结构上相似，但由于两者的工作情况不同，从而使得两者在结构上也有一些差异。而且对它们的性能要求也不一样，所以同类型的液压马达和液压泵之间仍存在许多差别。首先液压马达应能够正、反转，因而必须要求其内部结构对称；其转速范围也需要足够大，特别对它的最低稳定转速有一定的要求。因此，它通常都采用滚动轴承或静压滑动轴承；其次液压马达由于在输入压力油条件下工作，因而不必具备自吸能力，但需要一定的初始密封性，才能提供必要的起动转矩。见于存在着这些差别，使得液压马达和液压泵在结构上比较相似，但不能可逆工作。

液压马达按其结构类型来分可以分为齿轮式、叶片式、柱塞式和其他型式。

齿轮式液压马达

力矩马达的工作原理

按液压马达的额定转速分为高速和低速两大类。额定转速高于 500r / min 的属于高速液压马达，额定转速低于 500r / min 的属于低速液压马达。

高速液压马达的基本型式有齿轮式、螺杆式、叶片式和轴向柱塞式等。它们的主要特点是转速较高、转动惯量小，便于起动和制动，调节（调速及换向）灵敏度高。通常高速液压马达输出转矩不大（仅几十 N·m 到几百 N·m），所以又称为高速小转矩液压马达。

低速液压马达的基本型式是径向柱塞式，此外也有轴向柱塞式、叶片式和齿轮式等结构型式。低速液压马达的主要特点是排量大、体积大、转速低（有时可达每分钟几转甚至零点几转），因此可直接与工作机构连接，不需要减速装置，使传动机构大为简化，通常低速液压马达输出转矩较大（可达几千 N·m 到几万 N·m），所以又称为低速大转矩液压马达。

10.2.2 液压马达的工作原理

常用的液压马达的结构与同类型的液压泵很相似，下面对叶片液压马达的工作原理进行介绍。图 10-9 所示为叶片液压马达的工作原理图。

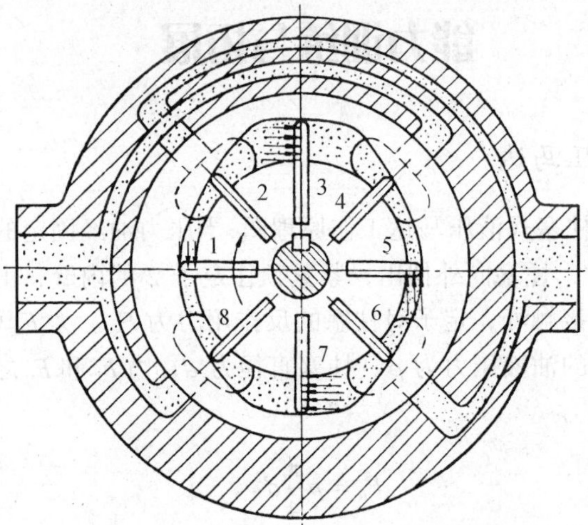

图 10-9　叶片液压马达的工作原理图

1～7—叶片

叶片式液压马达

当压力为 p 的油液从进油口进入叶片 1 和 3 之间时，叶片 2 因两面均受液压油的作用所以不产生转矩。叶片 1、3 上，一面作用有压力油，另一面为低压油。由于叶片 3 伸出的面积大于叶片 1 伸出的面积，因此作用于叶片 3 上的总液压力大于作用于叶片 1 上的总液压力，于是压力差使转子产生顺时针的转矩。同样道理，压力油进入叶片 5 和 7 之间时，叶片 7 伸出的面积大于叶片 5 伸出的面积，也产生顺时针转矩。这样，就把油液的压力能转变成了机械能，这就是叶片马达的工作原理。当输油方向改变时，液压马达就反转。

当定子的长短径差值越大，转子的直径越大，以及输入的压力越高时，叶片马达输出的转矩也越大。

在图 10-16 中，叶片 2、4、6、8 两侧的压力相等，无转矩产生。叶片 3、7 产生的转矩为 T_1，方向为顺时针方向。叶片 1、5 产生的转矩为 T_2，方向为逆时针方向，则：

$$T = T_1 - T_2 = B\left(R_1^2 - R_2^2\right)\cdot p \tag{10-18}$$

理论研究表明，对结构尺寸已确定的叶片马达，其输出转速 n 决定于输入油的流量。

由于压力油作用，受力不平衡使转子产生转矩。叶片式液压马达的输出转矩与液压马达的排量和液压马达进出油口之间的压力差有关，其转速由输入液压马达的流量大小来决定。由于液压马达一般都要求能正反转，所以叶片式液压马达的叶片要径向放置。为了使叶片根部始终通有压力油，在回、压油腔通入叶片根部的通路上应设置单向阀，为了确保叶片式液压马达在压力油通入后能正常启动，必须使叶片顶部和定子内表面紧密接触，以保证良好的密封，因此在叶片根部应设置预紧弹簧。

叶片式液压马达体积小，转动惯量小，动作灵敏，可适用于换向频率较高的场合，但泄漏量较大，低速工作时不稳定。因此叶片式液压马达一般用于转速高、转矩小和动作要求灵敏的场合。

能力训练与拓展

1. 径向柱塞式液压马达

图 10-10 所示为径向柱塞式液压马达工作原理图，当压力油经固定的配油轴 4 的窗口进入缸体 3 内柱塞 1 的底部时，柱塞向外伸出，紧紧顶住定子 2 的内壁，由于定子与缸体存在一偏心距 e。在柱塞与定子接触处，定子对柱塞的反作用力为 F_N。力 F_N 可分解为 F_F 和 F_T 两个分力。当作用在柱塞底部的油液压力为 p，柱塞直径为 d，力 F_F 和 F_N 之间的夹角为 φ 时，它们分别为

$$F_F = p\frac{\pi}{4}d^2 \tag{10-19}$$

$$F_T = F_F \tan\varphi \tag{10-20}$$

力 F_T 对缸体产生一转矩，使缸体旋转。缸体再通过端面连接的传动轴向外输出转矩和转速。

上面分析的是一个柱塞产生转矩的情况，由于在压油区作用有好几个柱塞，在这些柱塞上所产生的转矩都使缸体旋转，并输出转矩。径向柱塞液压马达多用于低速大转矩的情况下。

2. 轴向柱塞马达

轴向柱塞马达的结构形式基本上与轴向柱塞泵一样，故其种类与轴向柱塞泵相同，也分为直轴式轴向柱塞马达和斜盘式轴向柱塞马达两类。轴向柱塞马达的工作原理如图 10-11 所示。

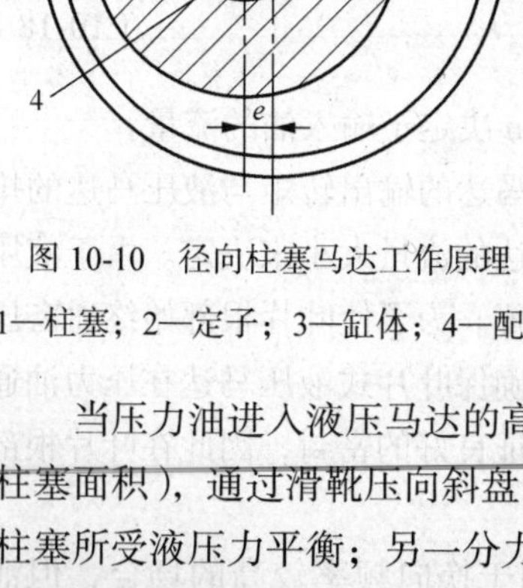

图 10-10　径向柱塞马达工作原理

1—柱塞；2—定子；3—缸体；4—配油轴

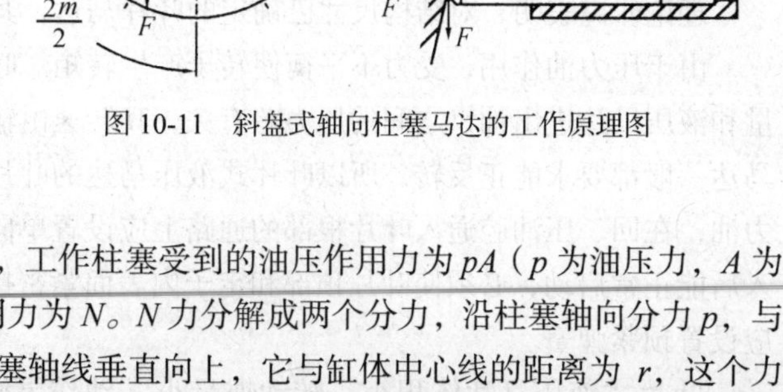

图 10-11　斜盘式轴向柱塞马达的工作原理图

当压力油进入液压马达的高压腔之后，工作柱塞受到的油压作用力为 pA（p 为油压力，A 为柱塞面积），通过滑靴压向斜盘，其反作用力为 N。N 力分解成两个分力，沿柱塞轴向分力 p，与柱塞所受液压力平衡；另一分力 F，与柱塞轴线垂直向上，它与缸体中心线的距离为 r，这个力便产生驱动马达旋转的力矩。F 力的大小为：

$$F = pA\tan\gamma \tag{10-21}$$

式中，γ——斜盘的倾斜角度，°。

这个 F 力使缸体产生扭矩的大小，由柱塞在压油区所处的位置而定。设有一柱塞与缸体的垂直中心线成 φ 角，则该柱塞使缸体产生的扭矩 T 为：

$$T = Fr = FR\sin\phi = pAR\tan\gamma\sin\phi \tag{10-22}$$

式中，R——柱塞在缸体中的分布圆半径，m。

随着角度 φ 的变化，柱塞产生的扭矩也跟着变化。整个液压马达能产生的总扭矩，是所有处于压力油区的柱塞产生的扭矩之和。因此，总扭矩也是脉动的，当柱塞的数目较多且为单数时，脉动较小。

当输入液压马达的油液压力一定时，液压马达的输出扭矩仅和每转排量有关。因此，提高液压马达的每转排量，可以增加液压马达的输出扭矩。

一般而言，轴向柱塞马达都是高速马达，输出扭矩小，因此，必须通过减速器来带动工作机构。如果能使液压马达的排量显著增大，也就可以使轴向柱塞马达做成低速大扭矩马达。

复习思考题

10-1　液压缸的能量转换和液压泵的区别？

10-2　液压缸的分类？

10-3　双杠式活塞液压缸为什么两个方向进油（工作压力一定，流量一定）受力 F 和速度 v 相同？

10-4　单杆式活塞液压缸进油方式有几种？如何计算？

10-5　液压马达和液压泵的区别及相似之处有哪些？

第11章 液压控制阀

【知识准备】

液压油基本特性；液体静力学；液体动力学；流量、流速、流态、压力损失和孔口流量特性等基本概念。

【学习以及能力目标】

（1）掌握：单向阀、液控单向阀的工作原理以及结构特点；换向滑阀的的工作原理、结构特点以及换向阀的控制方式；溢流阀、减压阀、顺序阀、压力继电器的工作原理、结构特点以及它们的区别；节流阀、调速阀的工作原理、结构特点。

（2）了解：滑阀中位机能的特点以及选用。

（3）能按照国家标准熟练画出单向阀、液控单向阀、溢流阀、减压阀、顺序阀、节流阀、调速阀、压力继电器的职能符号并理解相应元件的功能。

【教学建议】

（1）教具：液压控制元件实物图和模型；多媒体课件。

（2）建议：参照实物和模型，结合动画讲解和分析液压控制元件的结构和功能。

液压控制阀是液压系统中控制油液压力、流量及流动方向的元件，其作用是控制和调节压力油流动方向、压力和流量，以满足执行元件的启动、停止、运动方向、运动速度、动作顺序等方面的要求，使整个液压系统能按要求协调地工作。

液压控制阀在结构上，由阀体、阀芯（座阀或滑阀）和驱使阀芯动作的元部件（如弹簧、电磁铁）组成；在工作原理上，阀的开口大小，阀进、出口间压差以及流过阀的流量之间的关系都符合孔口流量公式，只是各种阀控制的参数不同。

根据用途和工作特点不同，液压控制阀一般可以分为三大类：方向控制阀（用来控制液压系统中油液流动方向以满足执行元件运动方向的要求，如单向阀、换向阀等）；压力控制阀（用来控制液压系统中的工作压力或通过压力信号来实现控制，如溢流阀、减压阀、顺序阀等）；流量控制阀（用来控制液压系统中油液的流量，以满足执行元件调速的要求，如节流阀、调速阀等）。

11.1 方向控制阀

方向控制阀主要用来控制液压系统中液流的方向。其原理是利用阀芯和阀体间相对位置的改变，实现油路与油路间的接通或断开，以满足执行元件运动方向的要求，包括单向阀和换向阀两类。

11.1.1 单向阀

1. 普通单向阀

普通单向阀的
工作原理

普通单向阀是指允许压力油单方向流动且反向截止的控制阀元件。液压系统中对普通单向阀的要求主要是压力油正向通过阀时压力损失小；反向截止时密封性能好；动作灵敏，工作时冲击和噪声小等。

图 11-1 所示为普通单向阀的工作原理结构图和图形符号。

单向阀通常设置在液压泵的出油口处，以防止油液倒流，同时可以防止由于系统压力突然升高，油液倒流损坏液压泵。

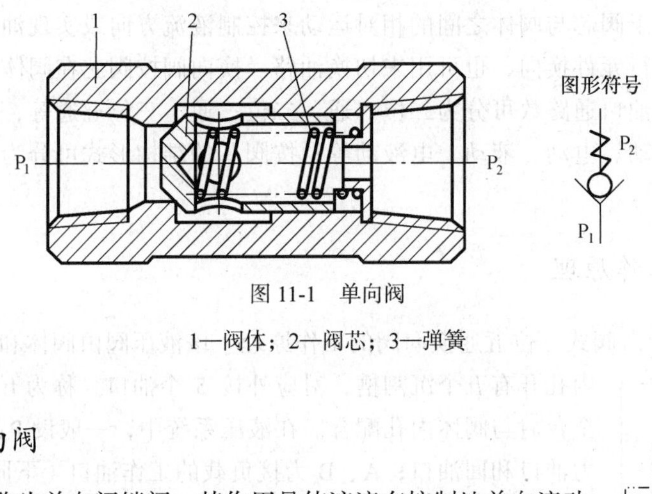

图 11-1　单向阀

1—阀体；2—阀芯；3—弹簧

2. 液控单向阀

液控单向阀的
工作原理

液控单向阀又称为单向闭锁阀，其作用是使液流有控制地单向流动，起保压、支撑等功用。图 11-2 所示为液控单向阀的结构，该阀由单向阀和液控装置组成。

其工作原理如下所述：当控制油口 K 处无压力油通入时，和普通单向阀相似，压力油只能从通口 P_1 流向通口 P_2，实现正向导通；当压力油从 P_2 口流入时，液压油将阀芯 2 推压在阀座上，封闭油路，实现反向截止，此时，液控单向阀和普通单向阀的作用一样。当控制油口 K 通入压力油推动控制活塞 1（控制活塞上腔油液经外部泄漏口 L 流出）将锥阀阀芯 2 顶起时，P_2 和 P_1 导通，液流从两个方向都可以自由通过。

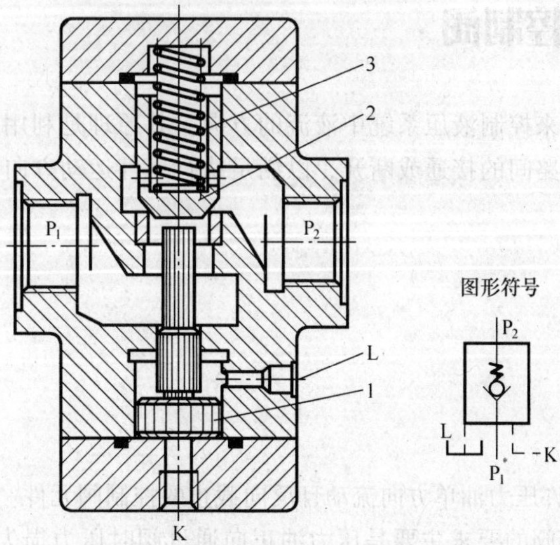

图 11-2　液控单向阀

1—活塞；2—阀芯；3—弹簧

11.1.2　换向阀

换向阀是借助于阀芯与阀体之间的相对运动来控制液流方向或实现油路通断的元件。换向阀既可用来使执行元件换向，也可用来切换油路。换向阀按阀芯在阀体孔内的工作位置数和换向阀所控制的油口通路数可分为二位二通、二位三通、三位五通等；按换向阀的控制方式可分为手动、机动、电动、液动、电液动等；按阀芯的结构形式可分为滑阀式、转阀式、锥阀式等类型。

1. 换向阀工作原理

图 11-3 所示为滑阀式三位五通换向阀的工作原理。该液压阀由阀体和阀芯组成。阀体的内孔开有五个沉割槽，对应外接 5 个油口，称为五通阀。阀芯上有三个台肩与阀体内孔配合。在液压系统中，一般设 P、T（T_1、T_2）为压力油口和回油口；A、B 为接负载的工作油口（下同）。在图 11-3（b）所示位置（中间位置），各油口互不相通，如果使阀芯右移一段距离，如图 11-3（a）所示，则 P、A 相通，B、T_2 相通，液压缸活塞右移；如果使阀芯左移，如图 11-3（b）所示，则 P、B 相通，A、T_1 相通，液压缸活塞左移。

滑阀换向阀

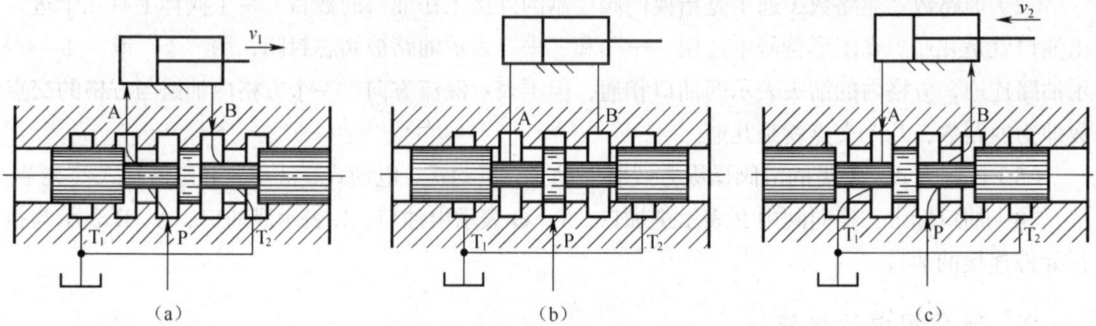

图 11-3　滑阀式换向阀工作原理

2. 换向阀图形符号

按阀芯在阀体内的工作位置数和换向阀所控制的油口通路数不同，换向阀有二位二通、二位三通、二位四通、三位四通、三位五通等类型，如表 11-1 所示。其图形符号的含义如下：

表 11-1　　常见滑阀式换向阀主体结构形式

<table>
<tr><th>名　称</th><th>结构原理图</th><th>职 能 符 号</th><th colspan="3">使 用 场 合</th></tr>
<tr><td>二位二通</td><td>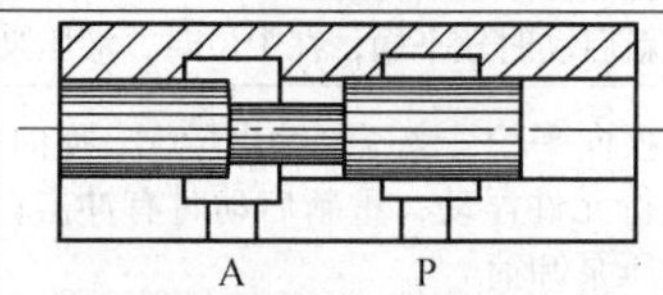</td><td>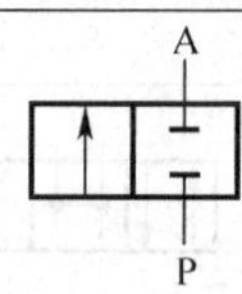</td><td colspan="3">控制油路的接通与切断（相当于一个开关）</td></tr>
<tr><td>二位三通</td><td>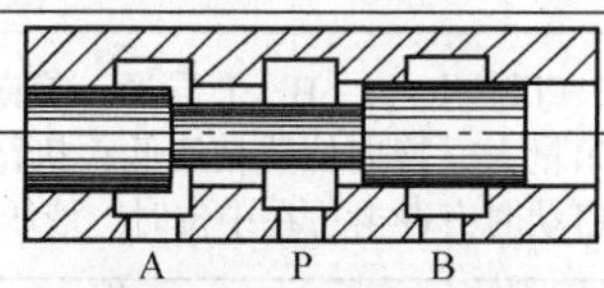</td><td>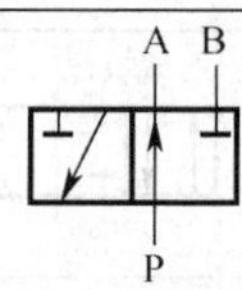</td><td colspan="3">控制液流方向（从一个方向变换成另一个方向）</td></tr>
<tr><td>二位四通</td><td>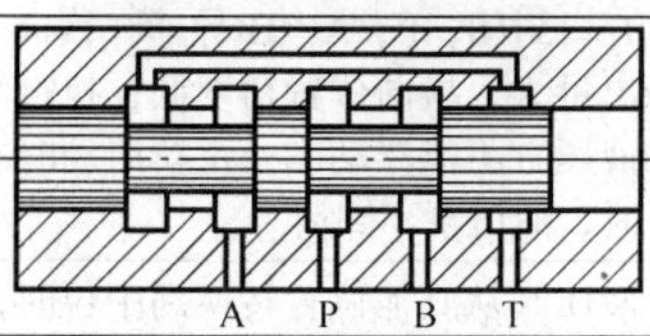</td><td>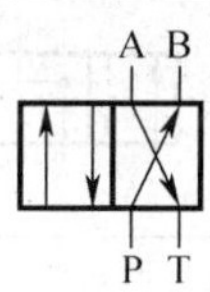</td><td rowspan="3">控制执行元件换向</td><td>不能使执行元件在任一位置上停止运动</td><td rowspan="2">执行元件正反向运动时回油方式相同</td></tr>
<tr><td>三位四通</td><td>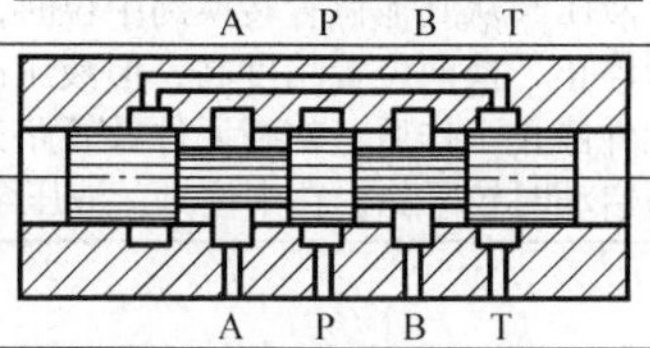</td><td>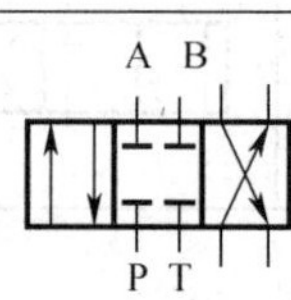</td><td>能使执行元件在任一位置上停止运动</td></tr>
<tr><td>三位五通</td><td>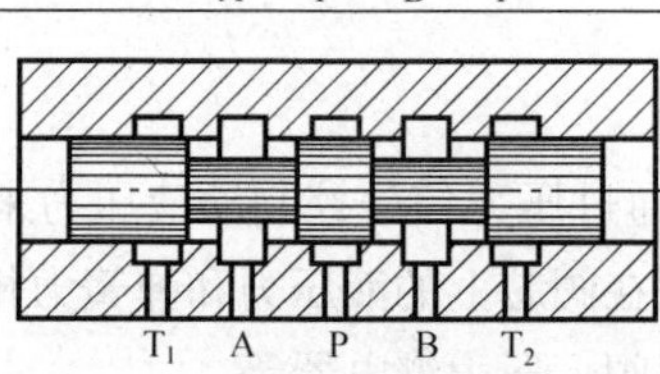</td><td>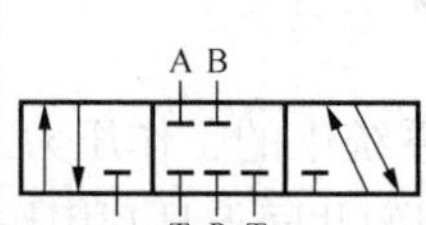</td><td>能使执行元件在任一位置上停止运动</td><td>执行元件正反向运动时可以得到不同的回油方式</td></tr>
</table>

（1）位置数：位置数（位）是指阀芯在阀体孔中的位置，有几个位置就称为几位，职能符号图图形中“位”用粗实线方格（或长方格）表示，有几位即画几个方格来表示。三位换向阀的中格和二位换向阀靠近弹簧的一格为常态位置（静止位置或零位置），即阀芯末受到外部控制力作用时所处的位置。

（2）通路数：通路数（通）是指换向阀控制的外接工作油口的数目。一个阀体上有几个进、出油口就是几通。在图形符号中，用“┬”和“┴”表示油路被阀芯封闭，用“↑”或“↓”表示油路连通，方格内的箭头表示两油口相通，但不表示液流方向。一个方格内油路与方格的交点数即为通路数，几个交点就是几通。

（3）控制方式：常见的滑阀操纵方式有手动式、机动式、电动式、液动式和电液动式等类型。

（4）油口标示：换向阀中 P 表示进油口，T、O 表示出油口，L 表示泄油口，A、B 表示与执行元件连接的油口。

3. 换向阀中位机能

当三位换向阀的阀芯处于中间位置时，其各油口间有多种不同的连通方式，这种连通方式称为滑阀中位机能。表 11-2 列出了几种常用中位机能的名称、结构原理、图形符号和中位特点。

表 11-2　三位四通换向阀常见的中位机能形式、符号及其特点

中位形式	结构原理图	符号	中位特点
O	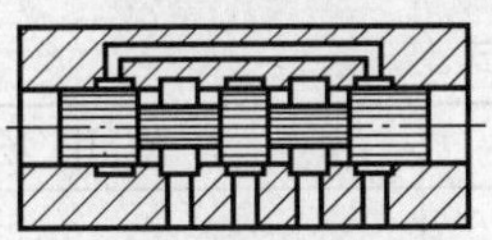	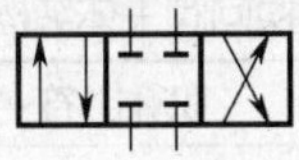	液压阀从其他位置转换至中位时，执行元件立即停止，换向位置精度高，但液压冲击大；执行元件停止工作后，油液被封闭在阀后的管路、元件中，重新启动时较平稳；在中位时，液压泵不能卸荷
H	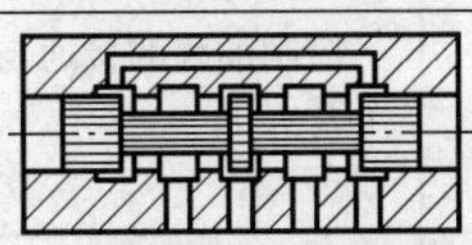	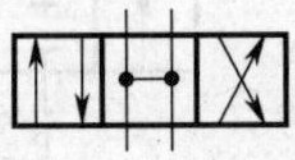	换向平稳，液压缸冲出量大，换向位置精度低；执行元件浮动；重新启动时有冲击；在中位时，液压泵卸荷
Y	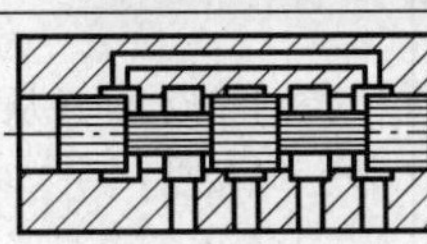	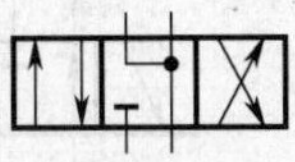	P 口封闭，A、B、T 导通。换向平稳，液压缸冲出量大，换向位置精度低；执行元件浮动；重新启动时有冲击；在中位时，液压泵不卸荷
P	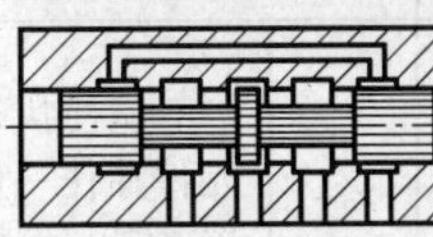		T 口封闭，P、A、B 导通。换向平稳，液压缸冲出量大，换向位置精度低；执行元件浮动（差动液压缸不能浮动）；重新启动时有冲击；在中位时，液压泵不卸荷
M	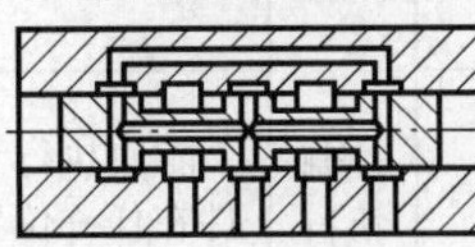	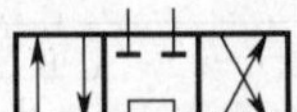	液压阀从其他位置转换到中位时，执行元件立即停止，换向位置精度高，但液压冲击大；执行元件停止工作后，执行元件及管路充满油液，重新启动时较平稳；在中位时，液压泵卸荷

11.2 压力控制阀

压力控制阀是用来控制液压系统中的工作压力或通过压力信号控制油液压力来实现某种动作的液压阀，简称压力阀。压力阀的共同点是利用作用在阀芯上的液压力和弹簧力相平衡的原理来工作的。常用的压力控制阀有溢流阀、减压阀、顺序阀、压力继电器等。

11.2.1 溢流阀

溢流阀的主要用途是溢去系统多余的油液，同时使系统压力得到调整并保持基本恒定。常用溢流阀按其结构形式和基本动作方式分为直动式和先导式两种。

1. 直动式溢流阀

直动式溢流阀靠液压系统中的压力油直接作用在阀芯上与弹簧力相平衡，控制阀芯的启闭动作实现溢流。

溢流阀

图 11-4 所示为直动式溢流阀。P 为进油口，T 为回油口，进口压力油经阀芯 7 中间阻尼孔作用在阀芯的底部端面上，当进油压力较小时，阀芯在弹簧 3 的作用下处于下端位置，将 P 和 T 两油口隔开。当进油压力升高，在阀芯下端所产生的作用力超过弹簧的压紧力时，阀芯上升，阀口被打开，将多余的油液排回油箱。通过调节调压弹簧的预压缩量就可调节溢流阀进油口处压力。

先导式溢流阀

2. 先导式溢流阀

先导式溢流阀的工作原理是通过压力油先作用在先导阀芯上与弹簧力相平衡，再作用在主阀芯上与弹簧力相平衡，实现控制主阀芯的启闭动作。中、高压系统常采用先导式溢流阀。

图 11-5 所示为 Y 形先导式溢流阀，该阀由先导阀和主阀两部分组成。先导阀用于调节压力，主阀用于控制溢流阀口的启闭而稳定压力。

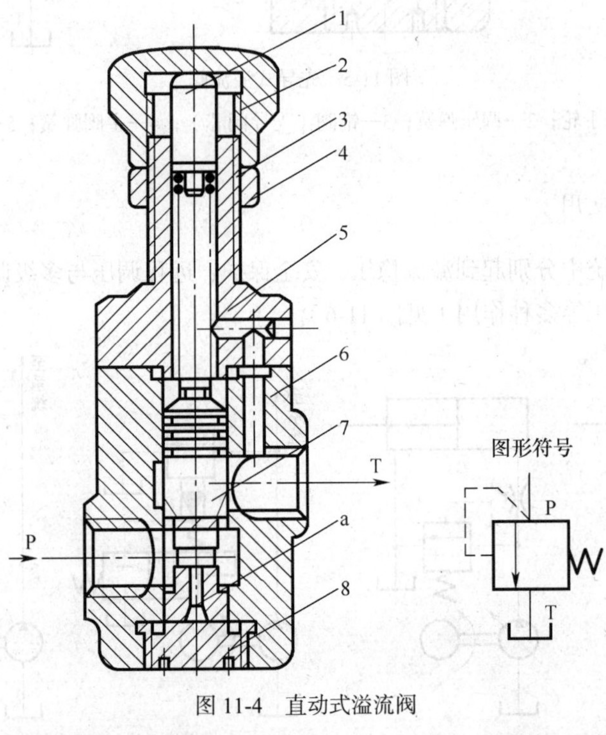

图 11-4　直动式溢流阀

1—推杆；2—调整螺母；3—弹簧；4—锁紧螺母；5—阀盖；6—阀体；7—阀芯；8—螺塞

压力油从进油口进入进油腔 P 后，经主阀芯 5 的径向孔再分为两路：一路经轴向孔 f 进入主阀芯的下端；另一路经阻尼孔 e 进入主阀芯的上端，再经孔 c 和 b 作用于先导阀的锥阀 3 上。系统压力较低时，先导阀关闭，主阀芯两端液压力相等，主阀芯在平衡弹簧 4 作用下处于最下端（图示位置），主阀溢流阀口关闭。系统压力升高到作用于锥阀的液压力大于先导阀调压弹簧 2 的作用力时，先导阀（可视为小型直动型溢流阀）开启。此时，P 油腔压力油经孔 e、c、b、锥阀阀口、孔 a 和 T 油腔流回油箱，由于阻尼小孔 e 的作用，在主阀芯两端形成一定压力差，主阀芯在此压力差作用下克服平衡弹簧的弹力而向上移动，主阀溢流阀口开启，实现溢流稳压作用。调节手轮 1 可调节调压弹簧的预压缩量，进而调整系统压力。

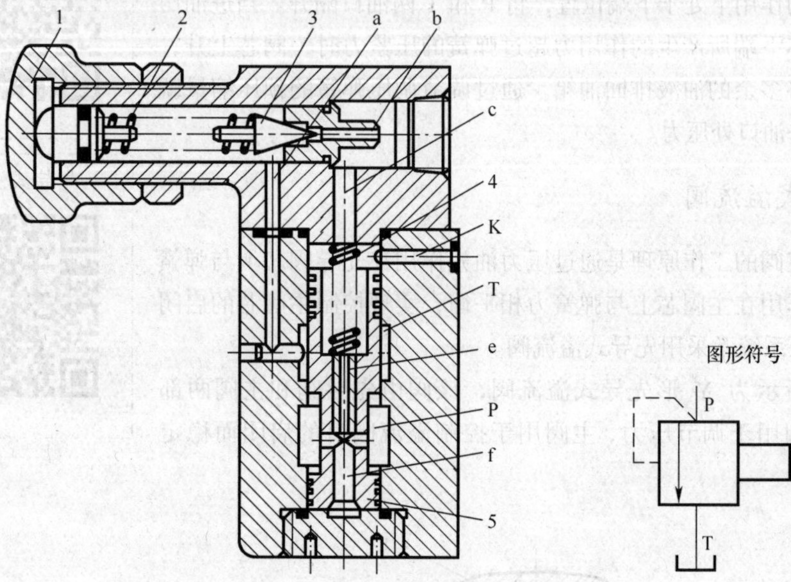

图 11-5　先导式溢流阀

1—调节手轮；2—调压弹簧；3—锥阀（先导阀芯）；4—主阀弹簧；5—主阀芯

3. 溢流阀的应用

溢流阀在液压系统中分别起到溢流稳压、安全保护、远程调压与多级调压，使油泵卸荷以及液压缸回油腔形成背压等多种作用（见图 11-6）。

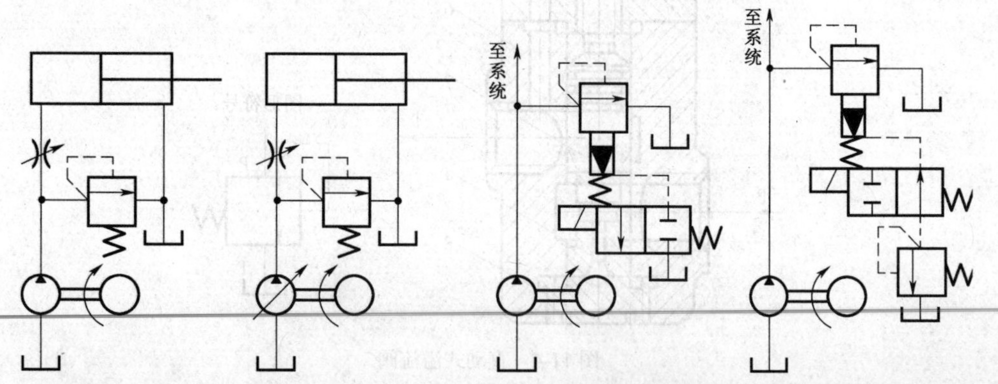

（a）调压溢流　　（b）安全保护　　（c）使泵卸荷　　（d）远程调压

图 11-6　溢流阀应用

11.2.2　减压阀

减压阀是用来降低液压系统中某一回路的油液压力的压力控制阀。

减压阀的工作原理

1. 减压阀结构及原理

减压阀利用压力油通过缝隙（液阻）产生降压的原理，使出口压力低于进口压力，并保持出口压力为一定值。缝隙越小，压力损失越大，减压作用就越强。减压阀按结构形式和基本动作方式分为直动式和先导式两种，直动式较少单独使用，先导式应用较多；按功用可以分为定值减压阀、定差减压阀和定比减压阀。

图 11-7 所示为 J 形先导式减压阀。它在结构上和 Y 形先导式溢流阀类似，由先导阀和主阀两部分组成。压力油从进油口进入进油腔 P_1，经减压阀口减压后，再从出油腔 P_2 和出油口流出。P_2 腔压力油经小孔 f 进入主阀芯 5 的下端，同时经阻尼小孔 e 流入主阀芯上端，再经孔 c 和 b 作用于锥阀 3 上。当出油口压力较低时，先导阀关闭，主阀芯两端压力相等，主阀芯被平衡弹簧 4 压在最下端，减压阀口开度为最大，压降最小，减压阀不起减压作用；当出油口压力达到先导阀的调定压力时，先导阀开启，此时 P_2 腔压力油经孔 e、c、b、先导阀阀口、孔 a 和泄漏口 L 流回油箱。由于阻尼小孔 e 的作用，主阀芯两端产生压力差，主阀芯便在此压力差作用下克服平衡弹簧的弹力上移，减压阀口减小，使出油口压力降低至调定压力。由于外界干扰（如负载变化）出油口压力变化时，减压阀将会自动调整减压阀口的开度以保持出油口的压力稳定。调节手轮 1 即可调节调压弹簧 2 的预压缩量，从而调定减压阀的出油口压力。图 11-7（b）所示为直动式减压阀的图形符号，也是减压阀的一般符号。图 11-7（c）所示为先导式减压阀的图形符号。

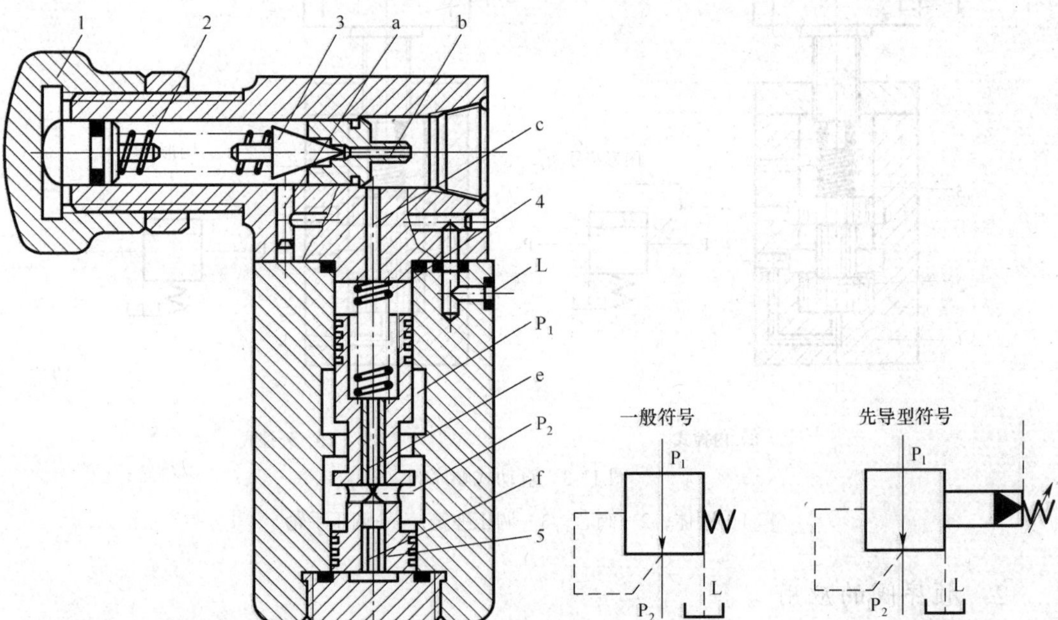

图 11-7　先导式减压阀

1—调压手轮；2—调压弹簧；3—锥阀；4—平衡弹簧；5—主阀芯

2. 减压阀的应用

减压阀常用于降低某一支路的油液压力，使该支油路的压力稳定且低于系统的调定压力，如夹紧系统、控制系统和润滑系统。

减压阀出口压力还与出口的负载相关，若因负载建立的压力低于调定压力，则出口压力由负载决定，此时减压阀不起减压作用。与先导式溢流阀相同，减压阀可在先导阀的远程控制口接远程调压阀时实现远程控制或多级调压。

11.2.3 顺序阀

1. 顺序阀结构及原理

顺序阀以压力为控制信号实现油路的自动接通或断开。其结构和工作原理与溢流阀相似，其主要区别在于溢流阀的出油口接油箱，而顺序阀的出油口接执行元件。

顺序阀按结构形式和基本动作方式有直动式和先导式两种，直动式顺序阀一般用于低压系统，先导式顺序阀一般用于中、高压系统。当它利用外来控制油液控制顺序阀阀口启闭时，称为液控顺序阀。从油路控制方式上可分为内控式和外控式。

图 11-8 所示为直动式顺序阀的结构原理图，图 11-8（a）所示为内控式、图 11-8（b）所示为外（液）控式。在图 11-8（a）中，进口压力油的压力没有达到调定压力时，顺序阀关闭；当达到调定压力时，顺序阀开启。在图 11-8（b）中，阀芯的启闭是利用通入控制油口 k 的外部控制油来控制的。

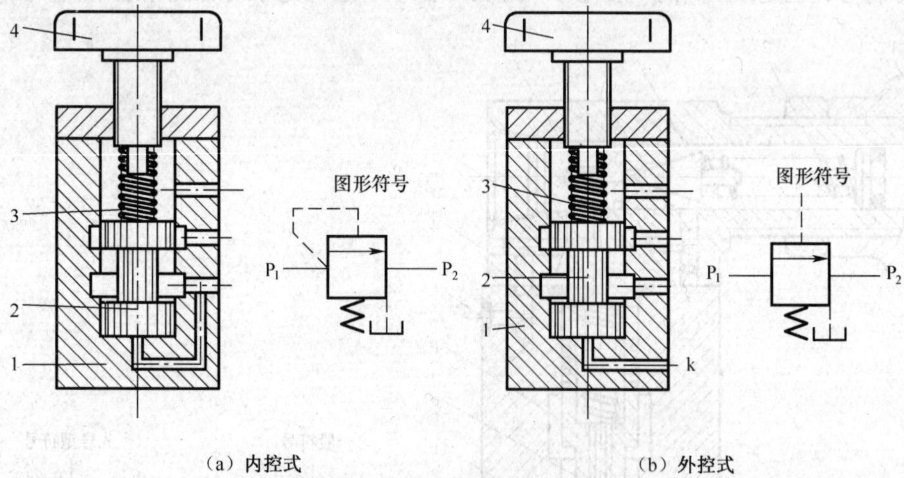

图 11-8 直动式顺序阀

1—阀体；2—阀芯；3—调压弹簧；4—调压手轮

2. 顺序阀的应用

顺序阀利用系统压力的变化来控制其阀口启闭，实现对各执行元件动作顺序的控制，在油路中相当于以油液压力作为信号来控制油路通断的液压开关。

内控式顺序阀可用在系统中作为平衡阀或背压阀，串联在垂直运动的执行元件上，用于平衡执行元件以及运动部件的重力；外控式顺序阀一般用作卸荷阀。

溢流阀、减压阀和顺序阀的主要差别在其图形符号上有所体现。

11.3 流量控制阀

流量控制阀用来控制液压系统中油液的流量，以满足执行元件调速的要求，简称流量阀。流量控制阀通过改变阀口通流面积的大小来调节通过阀口的流量，以控制执行元件的运动速度，通常与溢流阀并联使用。常用的流量控制阀有节流阀和调速阀等。

11.3.1 节流阀

节流阀是结构简单的流量阀，常与其他形式的阀相组合，形成单向节流阀或行程节流阀。

节流阀的工作原理

图 11-9 所示为 L 形节流阀（板式），这种节流阀的节流孔口是轴向三角槽式。压力油从进油口 P_1 进入，经孔 b、阀芯 1 左端轴向三角槽、孔 a 和出油口 P_2 流出。旋转手柄 3，利用推杆 2 使阀芯作轴向移动，便可改变节流孔口通流面积。此节流阀结构简单、体积小，但负载和温度变化对流量稳定性的影响较大。图 11-9（b）所示为节流阀的图形符号，也是节流阀一般符号。

节流阀结构简单、制造容易、体积小、使用方便、造价低。但负载和温度的变化对流量稳定性的影响较大，因此该节流阀只适用于负载和温度变化不大或速度稳定性要求不高的液压系统。

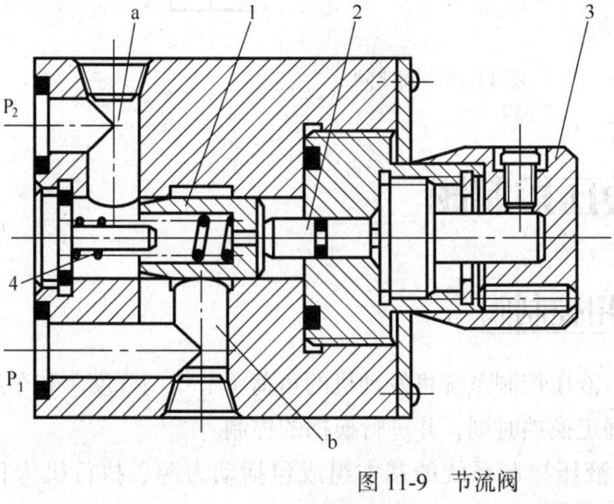

图 11-9　节流阀

1—阀芯；2—推杆；3—旋转手柄

11.3.2 调速阀

为了获得稳定的调速性能，需采用调速阀。调速阀在特定的工作条件下，其调定的速度（流量）可以不受负载变化的影响。

调速阀是由定差减压阀和节流阀串联而成。如图 11-10 所示，减压阀入口的压力为 p_1，经过减压口 h 减压后的压力为 p_m，p_m 同时为节流阀的入口压力。节流阀出口的压力为 p_2，由外负载决定。调速阀正常工作时，$\Delta p=p_m-p_2$ 基本恒定。当外负载增大时，p_2 增大，减压阀弹簧腔压力增大，阀芯原平衡被打破，阀芯向左移动，开大减压口 h，使 p_m 增大，维持 $\Delta p=p_m-p_2$ 基本恒定；当外负载减小时，阀芯运动情况正好相反，同样维持节流阀前后压力差值基本恒定，从而保持通过节流阀的流量稳定。

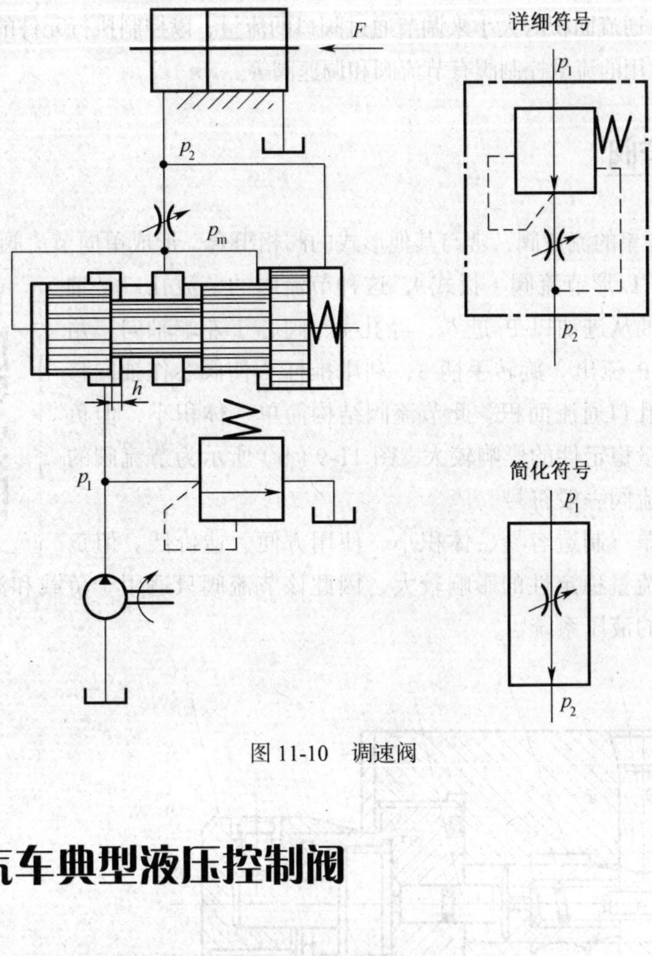

图 11-10　调速阀

11.4 汽车典型液压控制阀

11.4.1 自动变速器常用控制阀

对于全液控自动变速器来说，液压控制系统将发动机的负荷（节气门开度）和车速信号转换为不同的油压，并以此为主参数确定换挡时刻，并进行换挡的控制。

液压控制系统的基本组成。液压控制系统的基本组成包括动力源、执行机构和控制机构三大部分，主要元件如图 11-11 所示。液压控制阀包括主油路调压阀、手动阀、换挡阀、节气门阀、速控阀（调速阀）、强制降挡阀等。液压控制系统还包括一些辅助装置，例如，用于防止换挡冲击的蓄能器、单向阀等。本书将介绍主油路调压阀、强制换挡阀、节气门阀、调速阀等。

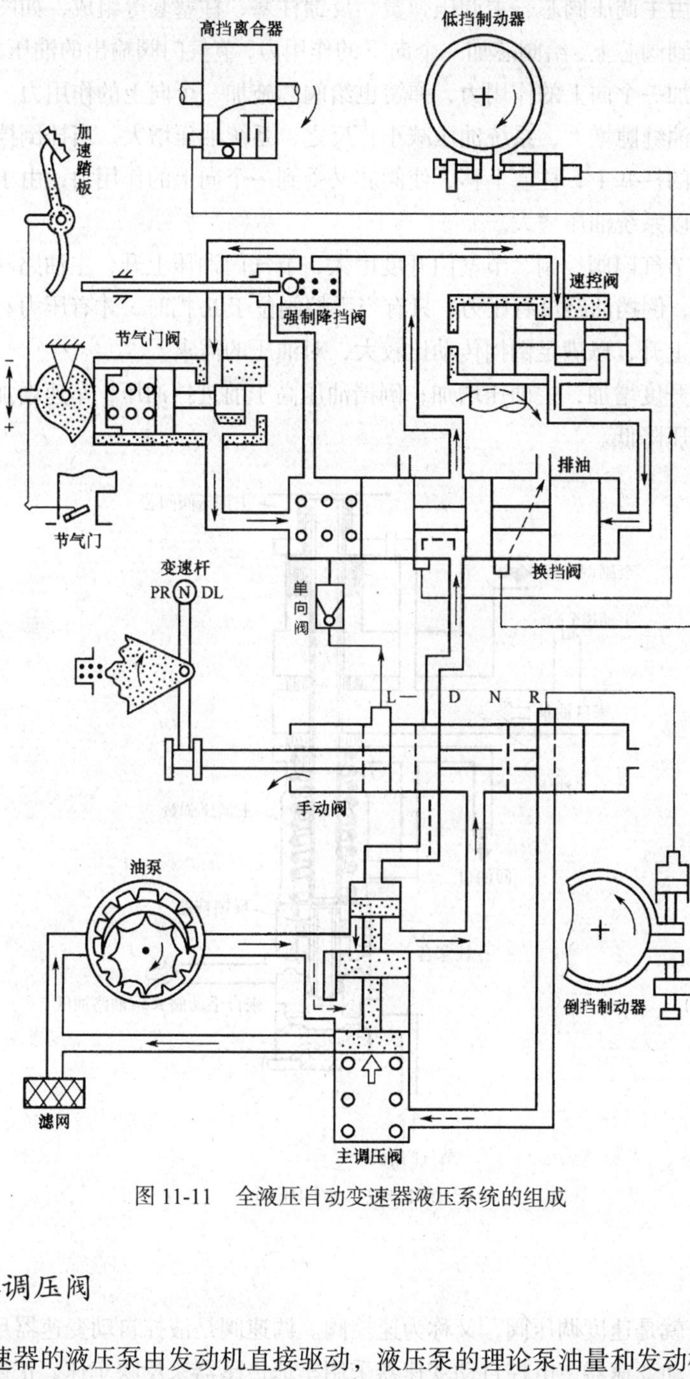

图 11-11 全液压自动变速器液压系统的组成

1. 主油路调压阀

汽车自动变速器的液压泵由发动机直接驱动，液压泵的理论泵油量和发动机转速成正比。为了保证自动变速器正常工作，液压泵的泵油量在最低时也能保证自动变速器各部分的需要，并保证油路中有足够高的油压，以防止油压过低，使离合器、制动器打滑，影响自动变速器的动力传递。由于发动机的怠速和最高转速间差距很大，因此当发动机高速转动时，液压泵的泵油量将大大超过自动变速器所需的油量，导致油压过高，发动机负荷增加，并引起换挡冲击。因此，必须在油路中设置一个主调压阀，使液压泵的泵油压力稳定在一定范围内，以满足变速器各种工况对油压的需求。

主油路调压阀由主调压阀芯、主调压弹簧、反馈柱塞、柱塞套等组成，如图 11-12 所示。来自油泵的油压作用到阀芯上，给阀芯加一个向下的作用力，节气门阀输出的油压力作用到柱塞上，通过柱塞给阀芯施加一个向上的作用力，弹簧也给阀芯施加一个向上的作用力。当节气门开度小时，阀芯下移，泄油缝隙增大，系统油压减小；反之，系统油压增大。当挂倒挡时，又有一个油压作用到直径不同的柱塞上，柱塞上移，使阀芯又受到一个向上的作用力，由于向上的作用力增大，阀芯上移，所以系统油压增大。

节气门油压受节气门阀控制，节气门开度增大，节气门油压上升，主油路随之升高，反之，则下降。前进挡时，倒挡油路没有压力，只有当手控阀位于 R 挡时，才有压力有作用到反馈柱塞上，使主油路油压上升，以满足倒挡传动比较大，对油压的需求。

总之，节气门开度增加，主油压增加；倒挡油压高于前进挡油压；车速增加，节气门油压会降低，从而使主油压降低。

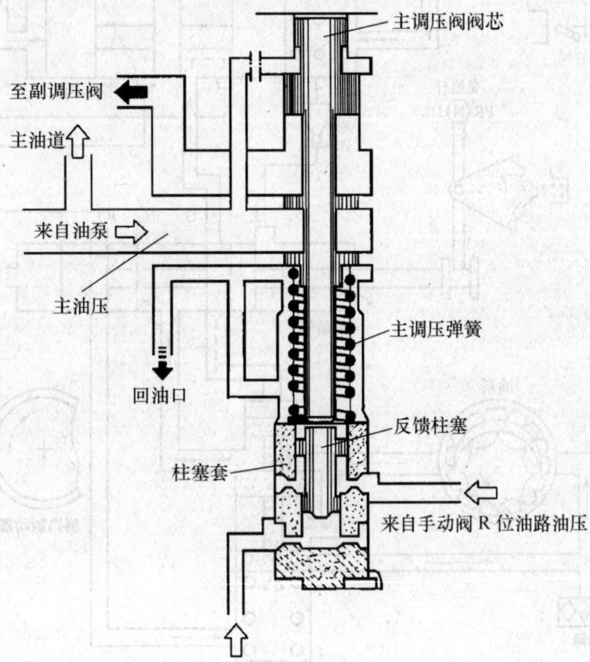

图 11-12　主调压阀

2. 调速阀

调速阀实质上就是速度调压阀，又称为速控阀。调速阀是液控自动变速器反应车速信号的装置，仅用于液控自动变速器，电控自动变速器采用车速传感器来反映车速。正确的速控油压对于自动变速器的正常工作非常重要，如果速控油压过高，会导致换挡的车速提前；而速控油压过低，会导致换挡的车速滞后。

为了使换挡规律能满足汽车行驶的需要，使汽车获得最经济的耗油率，要求调速阀在低速和高速时具有不同的调速工作特性，因此大部分液控自动变速器的调速阀采用的是双级式的。常见的双级调速阀安装在自动变速器输出轴上，与输出轴一起旋转，输出与车速相对应的调速油压，将车速型号成比例转换为压力信号，传递到各换挡阀，控制变速器的换挡时刻。

调速阀的结构如图 11-13 所示。它主要由调速阀轴 1、调速重块 2、调速滑阀 3、调速阀壳体 4、调速弹簧 5 等组成。图中的工作油压来自主油道，速控油压输出到三个换挡阀和调速阀的调压阀。

当自动变速器输出速度很低或为零时，调速阀进油口关闭，无速控油压输出；随着自动变速器输出速度升高，离心力使调速阀轴 1、调速重块 2、调速滑阀 3 外移，进油口打开一定开度，压力油经调速阀后到出油口，同时压力油作用在调速阀上使调速滑阀内移，进油口关小。

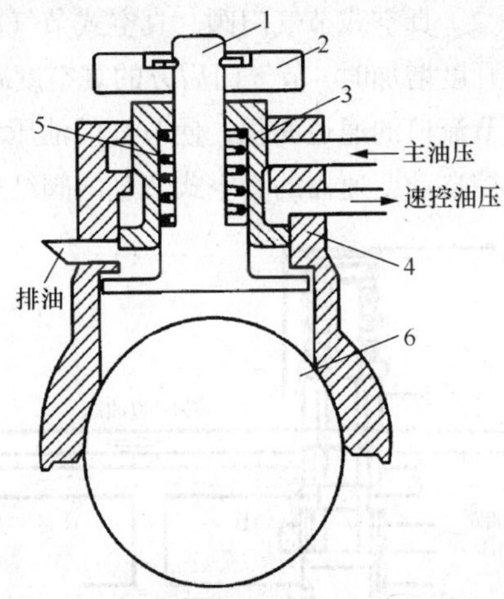

图 11-13　液控自动变速器调速阀结构示意图

1—调速阀轴；2—调速重块；3—调速滑阀；4—调速阀壳体；5—调速弹簧；6—变速器输出轴

简单地说，作用在滑阀上的力包括向外的离心力和向内的速控油压力。当汽车低速行驶时，阀轴和滑阀构成一体，在重锤和滑阀的离心力作用下使滑阀向外移动，此时速控油压随着车速的增加而增加。当车速增加到一定程度时，阀轴被壳体内部台阶限位而不再向外移动，此时滑阀向外移动仅能靠自身的离心力，因此，速控油压随着车速的增加而缓慢增加。这样速控油压与车速的关系分成两个阶段，一般把这种形式的速控阀称为双级（或二级）调速阀，与此类似的还有三级调速阀。

3. 节气门阀

反映节气门开度的信号是自动变速器自动换挡的两个重要参数之一（另一个参数是车速信号）。液控自动变速器采用节气门阀来反映节气门开度的大小。节气门阀的功用是产生与节气门开度成正比的控制油压（节气门油压），该油压传给主调压阀和换挡阀，控制主油压和换挡。节气门阀有两种类型：机械式节气门阀和真空式节气门阀。

（1）机械式节气门阀。机械式节气门阀由强制降挡柱塞、节气门阀、弹簧等组成。强制降挡柱塞装有滚轮，与节气门凸轮相接触。节气门凸轮经拉索与加速踏板相连。当踩下加速踏板使节气门开度增加时，节气门拉索拉动节气门凸轮转动，将强制降挡柱塞上推，并通过弹簧将节气门阀体向上推，使节流口开大，输出的节气门油压增加，使得节气门油压与节气门开度成正比。全液控自动变速器的机械式节气门阀结构示意如图 11-14 所示。

当踩下加速踏板时，降档柱塞通过拉索和节气门凸轮向上运动，节气门阀体被弹簧向上推移，打开主油路通道，产生节气门油压。同时节气门油压作用在阀体的 B 处。另外，来自加压阀的油压作用在 A 处。阀体 A 处和 B 处上横断面积比下横断面积小，A、B 两处合力作用向下，将节气门阀体向下推动一点点。当向下推动阀体的作用力与弹簧的作用力相平衡时，阀体关闭主油路油道。节气门油压就由向下和向上推动节气门阀体作用力之差决定，也就是有发动机节气门开度和车速决定。当发动机节气门开度增大时，降挡柱塞向上推移量增加，节气门阀体上移也增加，主油路通往节气门油压通道面积增加，节气门油压上升。当调速器油压升高时，来自减压阀的油压上升，向下压节气门阀体，主油路通往节气门油压通道面积减小，节气门油压下降。同时，一节气门油压为基础油压的节气门油压控制随动阀的油压作用于一次调节阀，从而根据节气门开度和车速调节主油路压力。

（2）真空式节气门阀。真空式节气门阀的真空气室与发动机节气门后的进气歧管相通，当节气门开度增加时，节气门后方的真空度减小，即真空气室的压力增加，使推杆带动滑阀向下移动，增大节流口的通道面积，使节气门油压增加。同样，当节气门开度减小时，节气门油压会下降。全液控自动变速器的真空式节气门阀结构如图 11-15 所示。

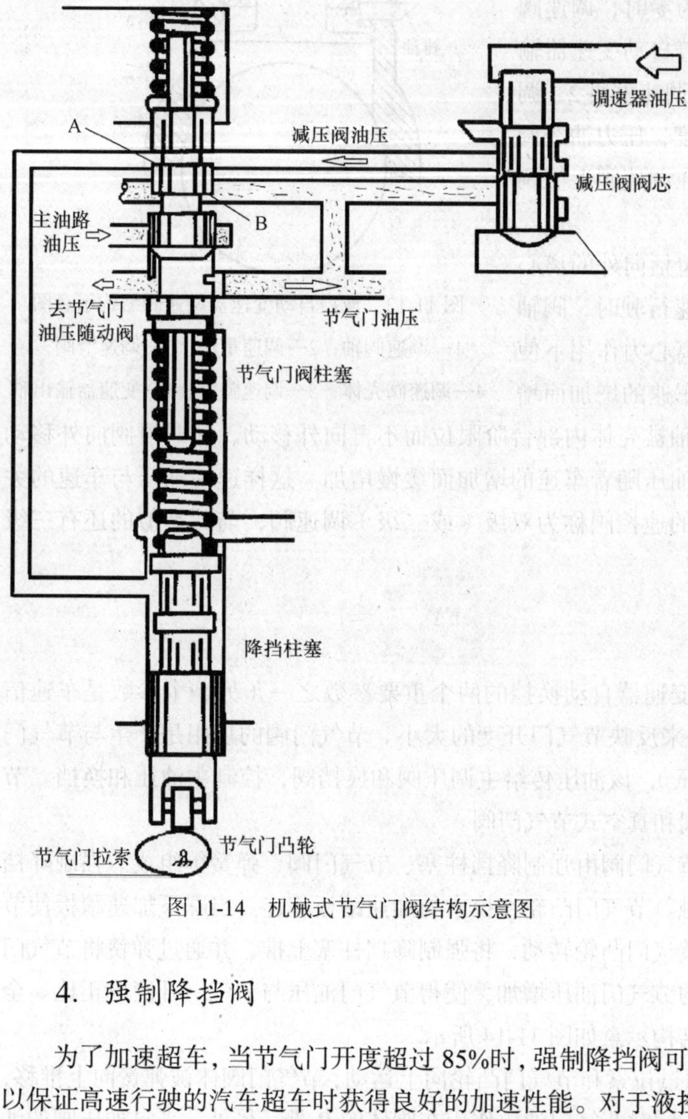

图 11-14　机械式节气门阀结构示意图

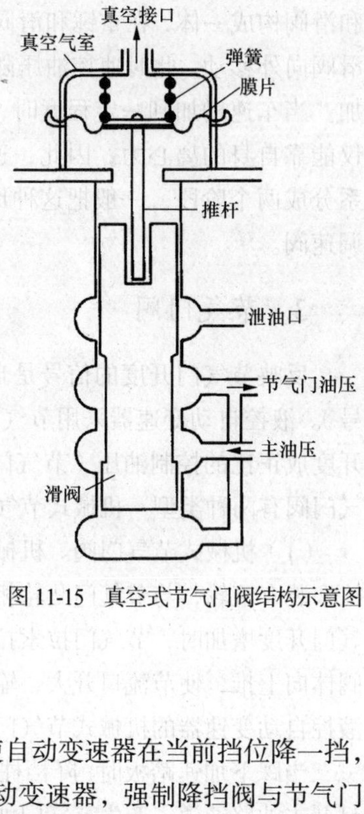

图 11-15　真空式节气门阀结构示意图

4. 强制降挡阀

为了加速超车，当节气门开度超过 85%时，强制降挡阀可以使自动变速器在当前挡位降一挡，以保证高速行驶的汽车超车时获得良好的加速性能。对于液控自动变速器，强制降挡阀与节气门阀安装在一起，当节气门开度超过 85%时，节气门凸轮将强制降挡柱塞顶起到一定程度，使主油压能到达相应换挡阀，使换挡阀动作，在当前挡位降一挡。

注意　对于电控自动变速器，一般设有强制降挡开关（KD 开关），当节气门开度超过 85%时，KD 开关闭合，自动变速器控制单元收到该开关信号后控制换挡电磁阀，使自动变速器在当前挡位降一挡。

强制降挡阀主要有两种类型，即机械式和电磁式。机械式强制降挡阀结构如图 11-16（a）所示。在节气门接近全开时，节气门拉索通过节气门凸轮推动强制降挡阀，使之打开一条通往各个换挡油路的通道，该油路的压力油作用在换挡阀上，迫使换挡阀移动至低挡位置，从而使自动变速器降低一个挡位。电磁式强制降挡阀结构如图 11-16（b）所示，当加速踏板踩到接近全开位置时，强制降挡开关闭合，电磁阀得电，推动阀杆的消失，阀芯在弹簧作用下右移，让主油路压力进入各换挡阀，迫使换挡阀移动至低挡位置，自动变速器降低一个挡位。

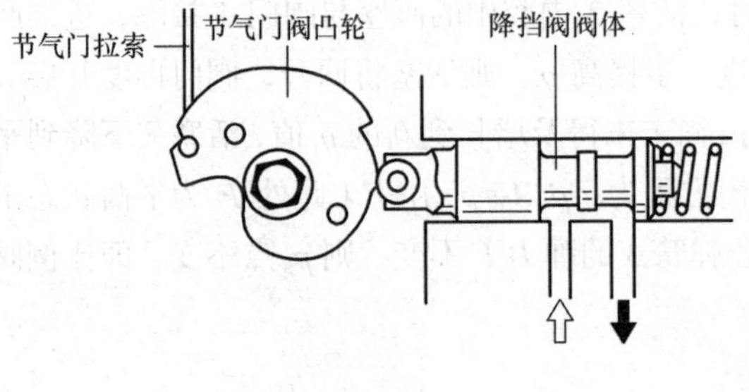

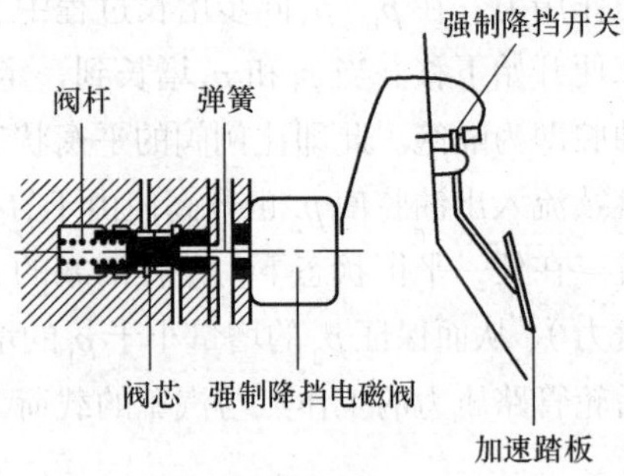

图 11-16　强制换挡阀

11.4.2　制动力调节阀

目前常见的制动力调节装置有限压阀、比例阀、感载阀、惯性阀等，它们一般都是串联在后制动管路中，但也有的是串联在前制动管路中。但是目前制动力调节的最佳装置是制动防抱死装置，它可使前后制动管路压力的实际分配特性曲线，更接近于相应的理想分配特性曲线。

1. 限压阀

限压阀串联于液压或气压制动回路的后制动管路中，其作用是当前、后制动管路压力 p_1 和 p_2 由零同步增长到一定值后，自动将 p_2 限定在该值不变，避免后轮抱死。液压限压阀的结构如图 11-17 所示。自进油口输人的控制压力是前制动管路压力（亦即主缸压力）p_1，从出油口输出的是后制动管路压力 p_2。阀门与活塞连接成一体，装入阀体后，弹簧即受到一定的预紧力。在弹簧力的作用下阀门离开阀体上的阀座而抵靠着阀盖。阀门凸缘上开有若干个通油切口，当输入压力 p_1 较低时，阀门一直保持开启，因而 p_2=p_1，即限压阀尚未起限压作用。当 p_2 与 p_1 同步增长到一定值 p_s 时，活塞上所受的液压作用力将弹簧压缩使阀门关闭，后轮轮缸与主缸隔绝。此后 p_2 即保持定值 p_s，不再随 p_1 增长，限压阀发挥作用。

2. 非感载比例阀

重心高度与轴距比值较小的中型汽车在制动时的前后轮之间载荷转移较少，理想的促动管路压力分配特性曲线中端斜率较大。这种车辆如果再用限压阀，虽然可以满足制动时前轮的最大制动力的要求，但紧急制动时，后轮制动的附着力远小于前轮，即附着力利用率太低，不能满足制动力尽可能大的需求。非感载比例阀正好可以解决这一问题。

将非感载比例阀串联于液压或气压制动回路的后制动管路中，当前、后促动管路压力 p_1 与 p_2 同步增长到一定值 p_s 后，即自动对 p_2 的增长加以节制，也即使 p_2 的增量小于 p_1 的增量。

非感载比例阀一般采用两端承压面积不等的差径活塞结构。工作原理如图 11-18 所示，比例阀不工作时，差径活塞 2 在弹簧 3 的作用下处于上极限位置。此时阀门 1 保持开启，因而在输入控制压力 p_1 与输出压力 p_2 从零同步增长的初始阶段，总是 $p_1=p_2$。但是压力 p_1 的作用面积为 $A_1=\pi(D^2-d^2)/4$，压力阀的作用面积为 $A_2=\pi D^2/4$，因而 $A_2>A_1$，故活塞上方液压作用力大于活塞下方液压作用力。在 p_1、p_2 同步增长过程中当活塞上、下两端液压作用之差超过弹簧 3 的预紧力时，活塞便开始下移。当 p_1 和 p_2 增长到一定值 p_s 时，活塞 2 内腔中的阀座与阀门 1 接触，进油腔与出油腔即为隔绝。此即比例阀的平衡状态。若进一步提高 p_1，则活塞将回升，阀门再度开启。油液继续流入出油腔使 p_2 也升高但由于 $A_2>A_1$，p_2 尚未来得及增长到新的 p_1 值，活塞又下降到平衡位置。在任一平衡状态下，差径活塞的力的平衡方程为：$p_2A_2=p_1A_1+F$（此处 F 为平衡状态下的弹簧力）。从而保证 p_2 的增量小于 p_1 的增量，若弹簧 3 的弹力 F 不变，则 p_s 点不变，即比例阀节制后轮管路压力的工作点与汽车的载荷无关。

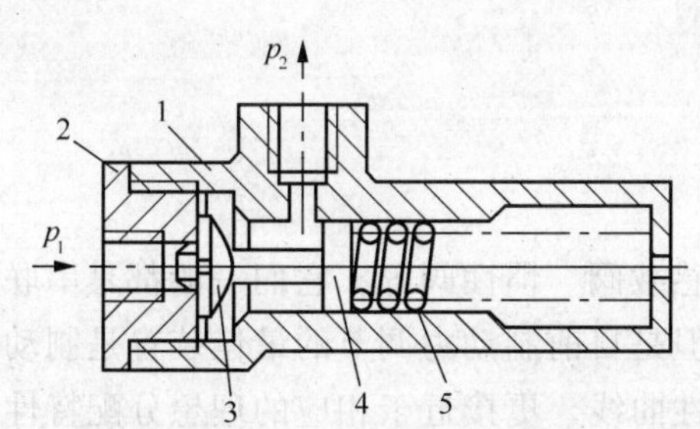

图 11-17　液压限压阀结构

1—阀体；2—阀盖；3—阀芯；4—活塞；5—弹簧

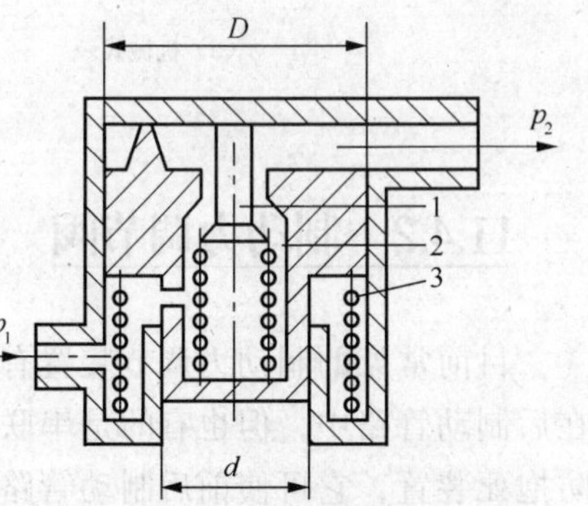

图 11-18　非感载比例阀

1—阀；2—差径活塞；3—弹簧

3．感载比例阀和感载限压阀

有些汽车在实际装载质量不同时，其总重力和重心位置变化较大，因而满载和空载下的理想制动管路压力分配特性曲线差距也较大。在此情况下，采用一般的特性曲线不变的制动力调节装置已不能保证汽车的制动性能符合法规的要求，故有必要采用特性随汽车实际装载质量变化而变化的感载阀。液压系统用感载阀有感载比例阀和感载限压阀两类。

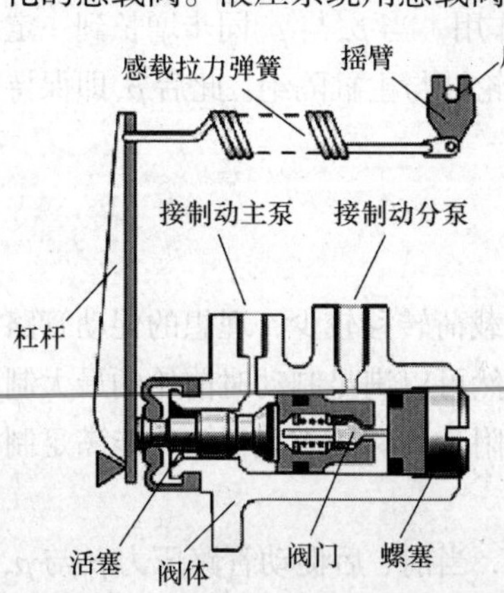

图 11-19　感载比例阀结构

感载比例阀及其感载控制机构的原理如图 11-19 所示，阀体安装在车架上，其中的活塞右部的空腔内有阀门。不制动时，活塞在感载拉力弹簧通过杠杆施加的推力作用下处于右极限位置，如图 11-20（a）所示。阀门因其杆部顶触螺塞而开启。制动时，来自主缸而压力为 p_1 的制动液由进油口 A 进入并通过阀门从出油口 B 输出至后促动管路，此时输出压力 $p_1=p_2$。因活塞右端承压面积大于左端承压面积，故 p_1 和 p_2 对活塞的作用力不等。于是活塞不断左移，最后使其上的阀门接触而达到平衡状态，如图 11-20（b）所示。此后，p_2 的增量将小于 p_1 的增量。

感载比例阀特点是作用于活塞的轴向力是可变的。拉力弹簧右端经吊耳与摇臂相连而摇臂则夹紧在汽车后悬架的横向稳定杆的中部。当汽车装载量增加时，后悬架载荷也增加，因而后轮向车身移近后悬架的横向稳定抨便带动摇臂转过一个角度，将弹簧进一步拉伸，作用于活塞上的推力便增大。反之，汽车装载量减小。这样，调节作用起始点控制压力值 p_s 就随汽车实际装载量而变化。

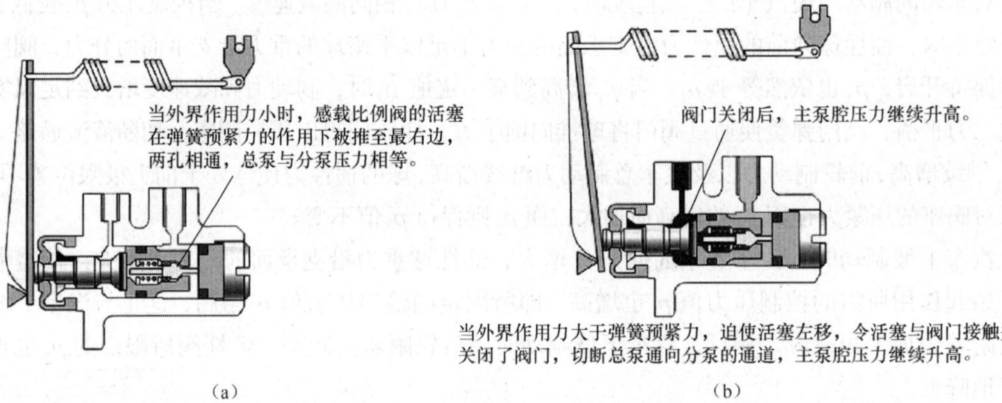

图 11-20　感载比例阀工作情况

感载限压阀的结构如图 11-21 所示。弹簧力 F 与其压缩量有关，因而与推杆行程也有关，并可由感载控制机构控制。感载控制机构向感载阀输入与载荷直接相关的悬架变形量。然而，除了汽车总重分配到悬架上之外，当车辆在不平路行驶时，悬架的瞬时冲击载荷会干扰感载阀的工作，为此，感载控制机构设有容量较大的弹簧缓冲这一冲击载荷，减小它对感载阀的干扰，另外，液压油的阻尼也会衰减这些干扰。

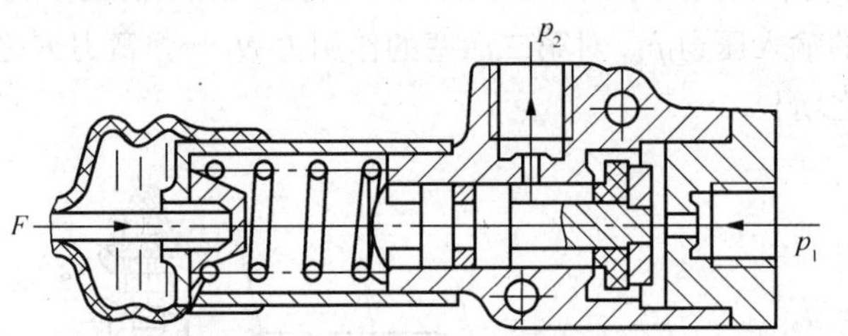

图 11-21　载限压阀的结构

4. 惯性比例阀和惯性限压阀

惯性阀根据汽车制动时作用在重心上的惯性力，自动分配前后轮之间的制动力。惯性阀（也称 G 阀）与感载阀的工作特性曲线相似。其特点是调节作用起始点的控制压力值 p_s 取决于汽车制动时作用在汽车重心上的惯性力，即 p_s 不仅与汽车总质量或实际装载质量有关，而且与汽车制动减速度有关。惯性阀也有惯性限压阀、惯性比例阀两类。

惯性限压阀内有一个惯性球，如图 11-22 所示。

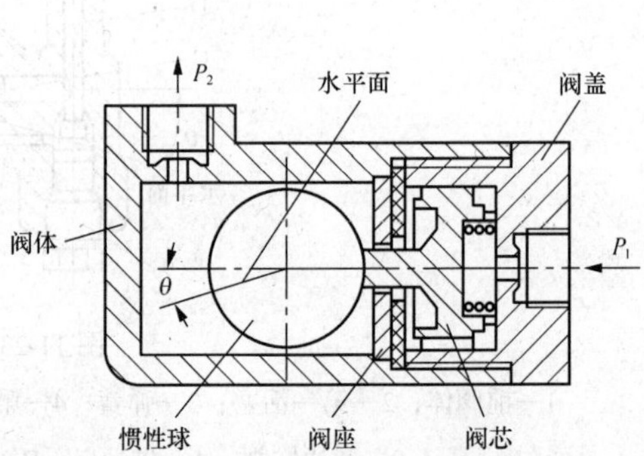

图 11-22　惯性限压阀结构

惯性球的支承面相对于水平面的仰角 θ 必须大于零，惯性阀方可能起作用。汽车在水平路面上时，θ 应为 10° ～13° 。

通常惯性球在其本身重力作用下处于下极限位置，并将阀门推到与阀盖接触位置，使得阀门与阀座之间保持一定的间隙。此时进油口与出油口连通。汽车在水平路面上制动时，来自主缸的压力油即由进油口输入惯性阀，再从出油口进入后制动管路，输出压力 p_2 即等于输入压力 p_1，当路面对车轮的制动力使汽车产生减速度时，惯性球也具有相同的减速度。当控制压力 p_1 较低、减速度较小时，惯性球向前的惯性力沿支承面的分力不足以平衡球的重力沿支承面的分力，阀门便仍然保持开启，p_2 也依然等于 p_1。当 p_1 增高到某一定值 p_s 时，制动力和减速度增大到足以实现上述二力平衡，阀门弹簧便通过阀门将球推向前上方，使阀门得以压靠阀座，切断液流通路。此后 p_1 继续增高，前轮制动力以及汽车总制动力继续增高，球的惯性力使球处于前上极限位置不动，阀门对阀座的压紧力也因 p_1 的增高而加大，而 p_2 则保持 p_s 值不变。

汽车上坡制动时，由于支承面仰角 θ 增大，惯性球重力沿支承面的分力也增大，使得惯性阀开始起作用所需的控制压力值 p_s 也增高，即所限定的输出压力值 p_2 增高，这正与汽车上坡时后轮附着力加大相适应。相反，汽车下坡制动时，后轮附着力减小，惯性阀所限定的 p_2 也正好相应地降低。

如图 11-23 所示，惯性比例阀的阀座位于惯性球的前方，惯性球兼起阀门作用，阀体上部有两个同心但直径不等的油腔 E 和 G，E 腔与出油口 B 连通，而 G 腔通过油道 H 与进油口 A 连通。E 腔中直径较大的第一活塞与 G 腔中直径较小的第二活塞组成差径活塞组。在输入压力 p_1 和输出压力 p_2 同步增长的初始阶段，惯性球保持在后极限位置不动，进油口 A 与出油道 C、D 相通，因而 $p_2=p_1$。此时差径活塞组两端的液压作用力不等，其差值由弹簧承受。当该力超过弹簧预紧力时，差径活塞组便进一步压缩弹簧而右移。当 p_1、p_2 同步增长到某一定值 p_s 时，惯性球沿倾斜角为 θ 的支承面向上滚到压靠阀座时，油腔 E 和 G 便互相隔绝，差径活塞组停止右移。此后，继续增长的输入压力 p_1，对第二活塞的作用力 N_1 与弹簧力 F 之和作用于第一活塞上，使 E 腔压力 p_2 也随之增长。

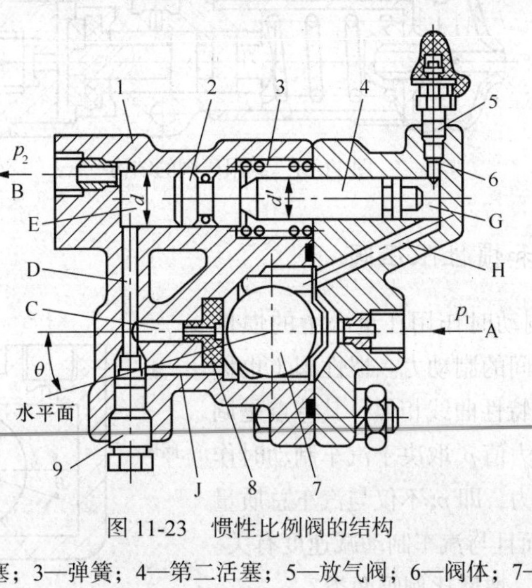

图 11-23　惯性比例阀的结构

1—前阀体；2—第一活塞；3—弹簧；4—第二活塞；5—放气阀；6—阀体；7—惯性球；8—阀座；9—旁通锥阀；A—进油口；B—出油口；C、D、J、H—油道；E、G—油腔当汽车实际装载量不同时，其总质量也不同。在总制动力相同的情况下，满载汽车的减速度比空车的小。但是使同一惯性阀开始起作用的减速度值只与仰角 θ 有关，而与汽车装载量无关。因此，汽车满载时，相应于调节作用起始点的控制压力值 p_s 比空载时的高。在某些情况下不需要惯性比例阀起作用时，可将旁通锥阀旋出，使旁通油道 H 与出油道 D 连通。于是阀门被短路，差径活塞组失效。

能力训练与拓展

电液比例控制阀是一种按输入的电气信号连续地、按比例地对油液的压力、流量或方向进行远距离控制的阀。电液比例控制阀的构成，在原理上相当于在普通液压阀装上一个电气—机械转换器（如比例电磁铁、动圈式力马达、力矩马达、伺服电机及步进电机等）以代替原有的控制（驱动）部分。它具有结构简单、成本低等优点，广泛应用于要求对液压参数进行连续控制或程序控制，但对控制精度和动态特性要求不太高的液压系统中。

1. 比例电磁铁

比例电磁铁是一种直流电磁铁，与普通换向阀用电磁铁的不同在于比例电磁铁的输出推力与输入的线圈电流基本成比例。这一特性使比例电磁铁可作为液压阀中的信号给定元件。

2. 电液比例压力阀

用比例电磁铁取代先导式溢流阀中先导阀的手调装置（调压手柄），便成为先导式比例溢流阀。

3. 电液比例方向阀

电液比例方向阀在控制液流方向的同时，还兼有控制流量的作用，所以又称为电液比例方向流量阀。

电液比例方向阀依靠先导级阀控制输出的液压力和主阀芯的弹簧力的相互作用来控制液动换向阀的正、反向开口量，进而控制液流的方向和流量。

4. 比例流量阀

普通电磁比例流量阀就是将流量阀的调节手轮改换成比例电磁铁。通过控制比例电磁铁的输入电信号，控制调速阀节流口的开度，进而控制调速阀的控制流量。

复习思考题

11-1　液控单向阀和普通单向阀功能上有何区别?

11-2　换向阀的种类有哪些？举例说明“位”和“通”的含义是什么？分别说明 O 形、M 形、P 形和 H 形三位四通换向阀在中间位置时的性能特点。

11-3　单向阀能否作为背压阀用?

11-4　电液换向阀适用于什么场合？

11-5　画出溢流阀、减压阀及顺序阀的职能符号图形，并比较它们在结构上的异同之处。

11-6 直动式溢流阀为何不适用于作高压大流量的溢流阀？

11-7 顺序阀的工作过程是什么？其符号是什么？

11-8 试举例绘图说明溢流阀在系统中的不同用处。

11-9 为什么减压阀的调压弹簧腔要接油箱？如果把这个油口堵死将会怎样？

11-10 使用调速阀时，进、出油口能不能反接？试分析原因。

11-11 调速阀为什么能够使执行机构的运动速度稳定？

第12章 液压系统辅助元件

【知识准备】

液压油基本特性；液体静力学和动力学等基础知识。

【学习以及能力目标】

（1）掌握：蓄能器、过滤器、管道、油箱和压力表的功用和类型。

（2）了解：蓄能器、过滤器、压力表以及油箱的结构。

（3）按照国家标准熟练表示画出各种蓄能器、过滤器、油箱、压力表的职能符号。

【教学建议】

（1）教具：液压辅助元件实物图和模型；多媒体课件。

（2）建议：参照实物和模型，结合动画、工程实例讲解和分析辅助元件的结构和功能。

液压系统辅助元件是指那些既不直接参与能量转换，也不直接参与方向、压力、流量等控制的在液压系统中必不可少的元件或装置。它主要包括油管、管接头、过滤器、蓄能器、压力计及压力计开关、油箱和密封元件等。对系统的动态性能、工作稳定性、工作寿命、噪声和温升等有直接影响。

12.1 油管及管接头

油管、管接头称为连接件，其作用是将分散的液压元件连接起来，构成一个完整的液压系统。连接件的性能与结构对液压系统的工作状态有直接的影响。

1. 油管

液压系统中使用的油管种类很多，有钢管、铜管、尼龙管、塑料管、橡胶管等。在选用时要考虑液压系统压力的高低、液压元件安装的位置及液压设备工作的环境等因素。

（1）钢管能承受高压，价格低廉、耐油、抗腐蚀、刚性好，但装配弯形较困难。常用的有 10 号、16 号冷拔无缝钢管，主要用于中、高压系统中。

（2）紫铜管装配时弯形方便，且内壁光滑、摩擦阻力小，但易使油液氧化，耐压力较低，抗震能力差。它常用在液压装置内配接不便之处。

（3）尼龙管弯形方便，加热后可以随意弯曲成形或扩口，冷却后又能定形不变，承压能力因材质而异，价格低廉，但寿命较短，可在中、低压系统中部分替代紫铜管。

（4）橡胶软管由耐油橡胶夹以 1～3 层钢丝编织网或钢丝绕层做成。其特点是装配方便，能减轻液压系统的冲击、吸收震动，但制造困难，价格较贵，寿命短。它一般用于有相对运动部件间的连接。低压管由耐油橡胶夹帆布制成，可用作回油管道。

（5）耐油塑料管价格便宜，装配方便，但耐压力低，长期使用会变质老化。它一般用于压力低于 0.5 MPa 的回油管、泄油管等。

油管安装应合理布置，尽量减少弯曲；吸油管和回油管应尽量相距远些，两管之间要用隔板隔开，以增加油液循环距离。

2. 管接头

管接头是油管与油管、油管与液压件之间的可拆式连接件。它必须满足装拆方便、连接牢固、密封可靠、外形尺寸小、通流能力大、压降小、工艺性好等要求。

管接头的种类很多，按接头的通路分，有直通式、角通式、三通式和四通式；按接头与阀体或阀板的连接方式分，有螺纹式、法兰式等；按油管与接头的连接方式分，有扩口式、焊接式、卡套式、扣压式、快换式等；此外还有各种满足特殊用途需要的结构形式。

12.2 蓄能器

蓄能器主要用于储存油液多余的压力能，并在需要时释放出来，还可以用作短时供油及吸收系统的震动和冲击。

1. 蓄能器类型

蓄能器主要有重锤式、弹簧式、充气式等种类。

（1）重锤式蓄能器。如图 12-1 所示，利用重物位置的变化来储存和释放能量。重锤 1 通过柱塞 2 作用于液压油 3 上，使之产生压力。当储存能量时，油液从孔 a 经单向阀进入蓄能器内，通过柱塞推动重物上升；释放能量时，柱塞同重物一起下降，油液从 b 孔输出。这种蓄能器结构简单、压力稳定，但容量小、体积大、反应不灵活、易产生泄漏。目前该蓄能器只用于少数大型固定设备的液压系统。

（2）弹簧式蓄能器。如图 12-2 所示，利用弹簧的伸缩来储存和释放能量。弹簧 1 的力通过活塞 2 作用于液压油 3 上，液压作用力的大小取决于弹簧的预紧力和活塞的面积。由于弹簧伸缩时弹簧力会发生变化，所形成的油压随即会发生变化。因此，一般弹簧的刚度不可太大，弹簧的行程也不能过大。这些要求限定了这种蓄能器的工作压力。弹簧式蓄能器具有结构简单、反应较灵敏、容量较小、承压较低的特点。它主要应用于低压、小容量的系统，作为液压系统的缓冲机构。

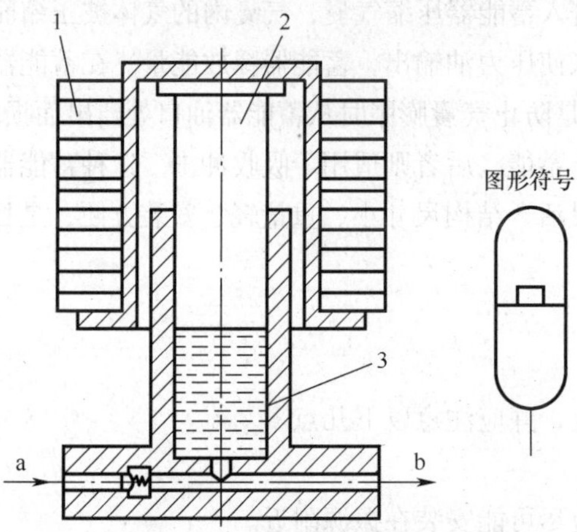

图 12-1　重锤式蓄能器

1—重锤；2—柱塞；3—液压油

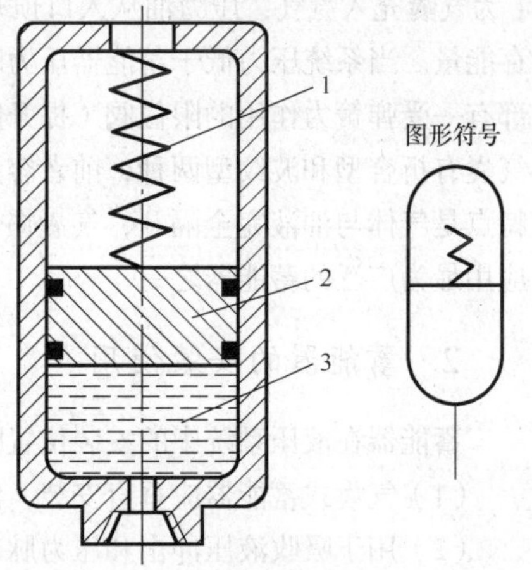

图 12-2　弹簧式蓄能器

1—弹簧；2—活塞；3—液压油

（3）充气式蓄能器。利用所充气体的压缩和膨胀来储存和释放能量的。为了安全，所充气体一般为惰性气体或氮气。常用的充气式蓄能器有活塞式和气囊式两种。

活塞式蓄能器
的工作原理

① 活塞式蓄能器。图 12-3（a）所示为活塞式蓄能器结构，压力油从进油口进入，推动活塞，压缩活塞上腔的气体而储存能量。当系统压力低于蓄能器内压力时，气体推动活塞，释放压力油，满足系统需要。该蓄能器主要用来蓄压。这种蓄能器具有结构简单、动作可靠、维修方便等优点，但缸体的加工精度要求较高、活塞密封易磨损、活塞的惯性及摩擦力的影响，使之具有成本高、易泄漏、反应灵敏度差等缺陷。

② 气囊式蓄能器。图 12-3（b）所示为气囊式蓄能器结构。气囊 2 安装在壳体 3 内，充气阀

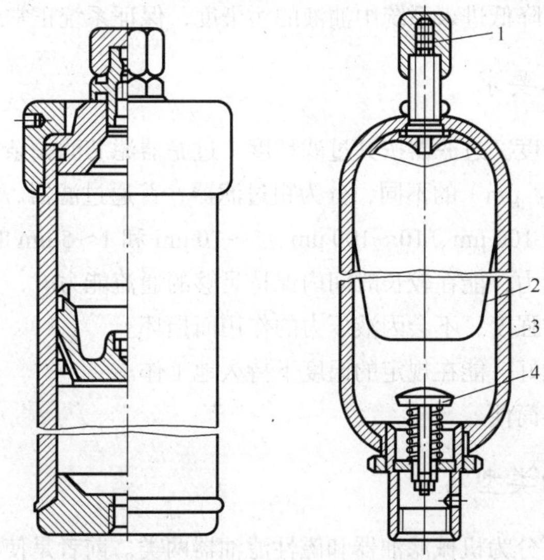

(a) 活塞式蓄能器　　(b) 气囊式蓄能器

图 12-3　充气式蓄能器

1—充气阀；2—气囊；3—壳体；4—限位阀

1 为气囊充入氮气，压力油从入口顶开限位阀 4 进入蓄能器压缩气囊，气囊内的气体被压缩而储存能量。当系统压力低于蓄能器压力时，气囊膨胀使压力油输出，蓄能器释放能量。在蓄能器下部有一受弹簧力作用的限位阀（提升阀），其作用是防止气囊膨胀时从蓄能器油口处凸出而损坏。气囊有折合型和波纹型两种，前者容量较大适用于蓄能，后者则适用于吸收冲击。这种蓄能器的特点是气体与油液完全隔开，气囊惯性小、反应灵活、结构尺寸小、重量轻、安装方便，是目前应用最为广泛的蓄能器之一。

2. 蓄能器的安装使用

蓄能器在液压系统中的安装位置随其功用而定，并应注意以下几点。

（1）气囊式蓄能器应垂直安装，油口向下。

（2）用于吸收液压冲击和压力脉动的蓄能器应尽可能安装在振源附近。

（3）装在管路上的蓄能器须用支板或支架固定。

（4）蓄能器与液压泵之间应安装单向阀，防止液压泵停止工作时，蓄能器储存的液压油倒流而使泵反转；蓄能器与管路之间也应安装截止阀，供充气和检修之用。

（5）拆装及搬运蓄能器时应先排出压缩气体。

（6）蓄能器应定期检修、保养。

12.3 过滤器

在液压系统中，由于系统内的生成或系统外的侵入，液压油中会存在污染物。这些污染物的颗粒不仅会加速液压元件的磨损，堵塞阀件的小孔，卡住阀芯，划伤密封件，而且还会使液压阀控制失灵，导致系统产生故障。因此，必须对液压油中的杂质和污染物颗粒进行清理。目前，控制液压油洁净程度的最有效方法就是采用过滤器（滤油器）。其功用是过滤液压油液中的杂质，控制液压油的洁净程度，降低进入系统中油液的污染度，保证系统正常地工作。

1. 过滤器的基本要求

（1）有足够的过滤精度。过滤器按其过滤精度（过滤器滤芯滤去杂质的颗粒度大小，以其直径 d 为公称尺寸，单位为 μm）的不同，分为粗过滤器、普通过滤器、精过滤器和特精过滤器 4 种，它们分别能滤去大于 100 μm、10～100 μm、5～10 μm 和 1～5 μm 的杂质。

（2）有足够的过滤能力，能在较长时间内保持足够的通流能力。

（3）滤芯具有足够的强度，不会因液压力的作用而损坏。

（4）滤芯抗腐蚀性能好，能在规定的温度下持久地工作。

（5）滤芯清洗或更换简便。

2. 常用过滤器的类型

过滤器按过滤机理可分为机械滤油器和磁性滤油器两类。前者是使液压油通过滤芯的孔隙时将污物的颗粒阻挡在滤芯的一侧，后者用磁性滤芯将所通过的液压油内的铁磁颗粒吸附在滤芯上。一般液压系统中常用机械过滤器，要求较高的系统可将上述两类过滤器联合使用。按滤芯材料的过滤机制来分，有表面型过滤器、深度型过滤器和吸附型过滤器 3 种。

（1）表面型过滤器。过滤作用是由一个几何面来实现的。滤芯材料具有均匀的标准小孔，大于小孔尺寸的杂质被截留在滤芯元件靠油液上游的一面。由于污染杂质积聚在滤芯表面上，因此它很容易被阻塞住。滤网式滤芯、线隙式滤芯属于这种类型。

（2）深度型过滤器。滤芯材料为多孔可透性材料，内部具有曲折迂回的通道。大于滤芯表面孔径的杂质直接被截留在外表面，较小的污染杂质进入滤材内部，撞到通道壁上，由于吸附作用而得到滤除。滤材内部曲折的通道有利于污染杂质的沉积。纸芯、毛毡、烧结金属、陶瓷和各种纤维制品等属于这种类型。

（3）吸附型过滤器。滤芯材料把油液中的有关杂质吸附在其表面上。磁芯即属于此类。

3. 过滤器的安装

过滤器在液压系统中的安装位置通常有以下几种。

（1）安装在泵的吸油口处。泵的吸油路上一般都安装有表面型滤油器，目的是滤去较大的杂质微粒以保护液压泵，此外滤油器的过滤能力应为泵流量的两倍以上，压力损失小于 0.02MPa。

（2）安装在泵的出口油路上。此处安装滤油器的目的是用来滤除可能侵入阀类等元件的污染物。其过滤精度应为 10～15μm，且能承受油路上的工作压力和冲击压力，压力降应小于 0.35MPa。同时应安装安全阀以防滤油器堵塞。

（3）安装在系统的回油路上。起间接过滤作用。一般与过滤器并连安装一背压阀，当过滤器堵塞达到一定压力值时，背压阀打开。

（4）安装在系统分支油路上。支路上安装一小规格过滤器，对油液起滤清作用。

（5）和液压泵组成单独过滤系统。大型液压系统可专设一液压泵和滤油器组成独立过滤回路。

液压系统中除了整个系统所需的过滤器外，常常在一些重要元件（如伺服阀、精密节流阀等）的前面单独安装一个专用的精过滤器来确保它们的正常工作。

12.4 油箱

1. 油箱的功用

油箱是液压系统中用来储存油液、散热（在周围环境温度较低的情况下则是保持油液热量）、释放出混在油液中的气体、沉淀和过滤油液中杂质以及作为其他液压元件安装平台的一个重要部件。

2. 油箱的结构

液压系统中的油箱可分为开式结构和闭式结构两种。开式结构油箱中的油液具有与大气相同的自由液面，常用于各种固定设备；闭式结构油箱中的油液与大气是隔绝的，常应用于行走设备及车辆。

油箱的典型结构如图 12-4 所示。油箱内部用隔板 7、9 将吸油管 1 与回油管 4 隔开，油箱顶部、侧部和底部分别装有滤油网 2、液位计 6 和排放污油的放油阀 8。液压泵及其驱动电机的安装板 5 上盖则固定在油箱顶面上。

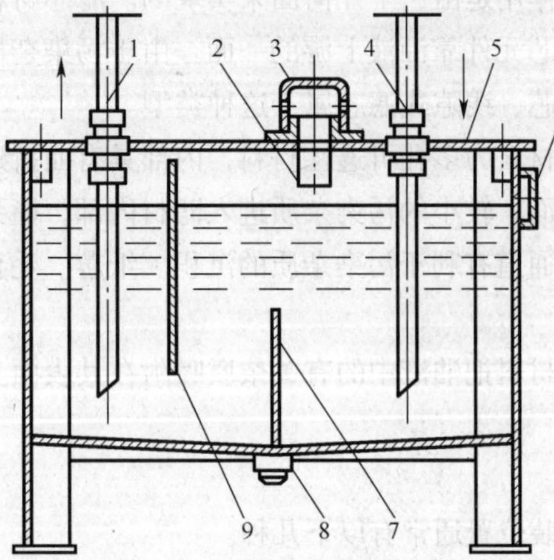

图 12-4　油箱

1—吸油管；2—滤油网；3—盖；4—回油管；5—上盖；6—油位计；7、9—隔板；8—放油阀

12.5 压力表

压力表可以观测液压系统和各局部回路压力的大小，以便调整和控制液压系统及各工作点的压力。

1. 压力表类型

压力表根据工作原理分，主要有弹簧式、液柱式和电气式压力表等。此外，还有特殊用途的压力仪表，例如，为了测量试验系统中某处真空度的真空表以及由压力值控制触点开闭的电接点压力表。

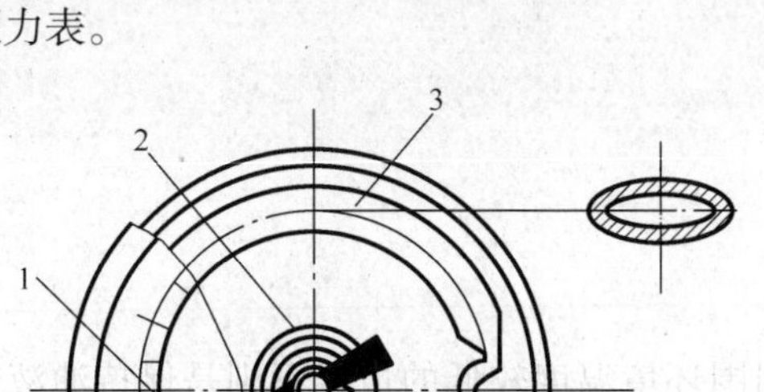

图 12-5　弹簧管式压力计

1—指针；2—弹簧；3—波登管；4—连杆；5—摆轮

（1）弹簧管压力计。图 12-5 所示为弹簧管式压力计的结构，波登管的一端固定，另一端封闭但能够自由移动。当压力油从表的接头流入波登管后，管由椭圆趋向圆形，管的截面发生变化，从而在管的自由端产生与压力成正比的位移。此位移经过传动机构后转变成旋转运动，带动中心轮上的指针转动，并指示出压力值。

（2）电接点压力表。图 12-6 所示为电接点压力表结构，电接点压力表实际上是在弹簧管压力表的基础上增加了电接触装置。该装置可以在系统压力达到最高或最低工作压力时接通或切断电路，这使电接点压力表除了用作普通压力表测量压力外，还可用来限制系统的最高和最低工作压力。

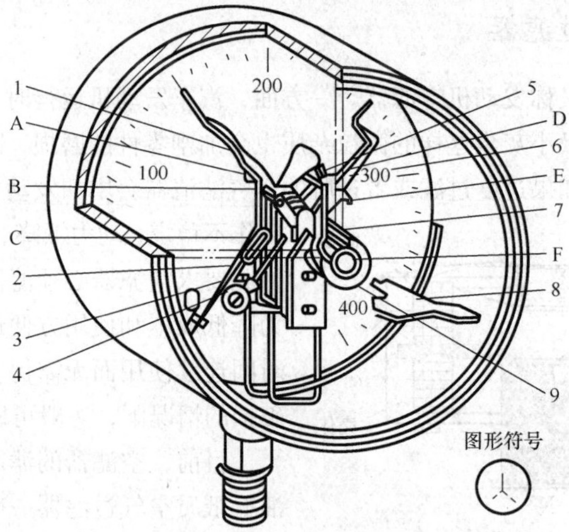

图 12-6　电接点压力表

1—下限指针；2—指针；3—下限触头；4—动触头；5—上限触头；6—上限指针；7—拔针；8—钥匙；9—弹簧

2. 压力表开关

压力表开关用于接通或断开压力表与液压系统多个测量点的通路，按照结构及工作原理分，有单点式、多点式、限压式、卸荷式等。

图 12-7 所示为多点式压力表开关，此种类型的压力表开关采用转阀式结构。P_1～P_6 是各测压口的接口，各测量点的压力靠间隙密封隔开。测压时，先拉出手柄 7 卸压后，转动手柄至相应测压点的位置，再推入测压。该类型压力表开关的各测量点压力在高压情况下很容易串通，因此，该类型压力表一般只用于低压系统，如机床液压系统。

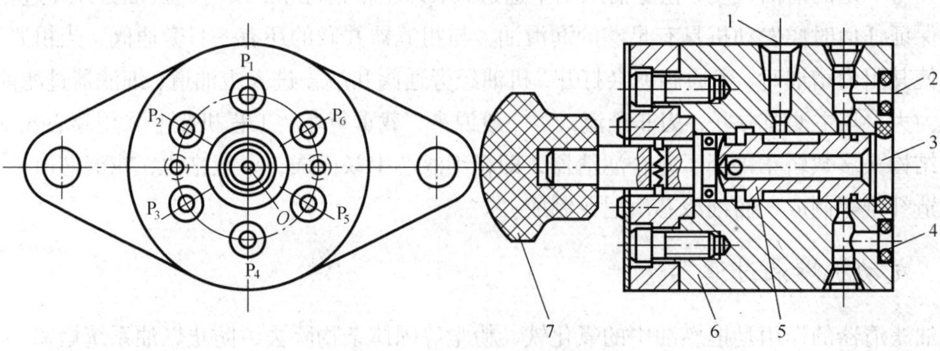

图 12-7　多点式压力表开关

1—压力表接口；2、4—测量点；3—回油腔；5—阀杆；6—阀体；7—手柄

能力训练与拓展

汽车发动机过滤器有好几种，但其作用都是过滤液体或者气体中杂质的。比较常见的汽车发动机过滤器有发动机进气过滤器、发动机机油过滤器和发动机燃油过滤器。它们常称为发动机“三滤”。它们的结构和具体功能又如何呢？

1. 发动机进气过滤器

发动机进气过滤器又称发动机空滤器。一方面，汽车发动机运行时，各部件配合精度较高，即使吸入的空气中含有极小灰尘这样的微粒杂质也会加剧零件的磨损，降低发动机的运行性能和使用寿命；另一方面，如果过度过滤或者过脏的空气滤清器会增加发动机进气的阻碍，使发动机工作不稳定，动力下降、耗油量增加的现象发生。因此要求空滤器必须滤清效率高、流动阻力低。为降低成本和使用方便还要求空气滤清器能较长时间连续使用而无需保养。目前轿车空滤器在不破损的情况下，一般可以行驶 3 万公里左右。

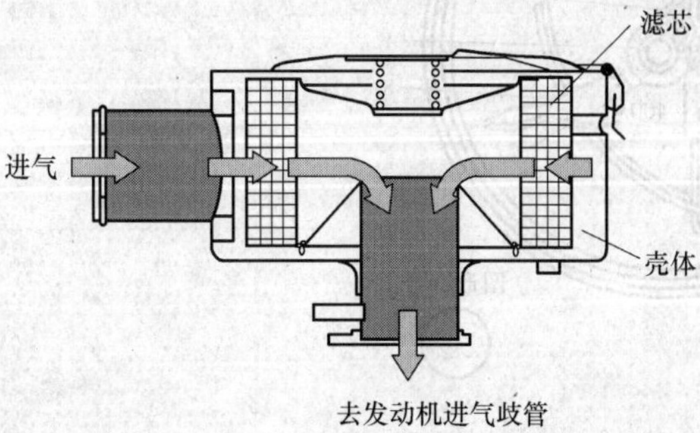

图 12-8　柴油机空滤器结构示意图

目前，空滤器的滤芯大部分采用纸质的。汽油机纸质空气过滤器一般是将纸质滤芯放入相应的壳体中，柴油机的结构稍复杂一些，如图 12-8 所示。

为提醒人们及时保养滤芯，在空滤器出口端装有真空报警器，报警器外壳接地，空滤器保养指示灯安装在仪表板上。当空滤芯灰粒过多时，进气阻力增大，进气歧管侧真空度升高，当真空度超过某一设定值时，指示灯闪烁，提醒保养滤芯。

2. 发动机机油过滤器

一般来说，发动机机油过滤器主要有集滤器、粗滤器、细滤器以及复合滤清器。集滤器大多采用滤网式结构，装在机油泵前端位于机油油面以下，以滤去粗大的颗粒杂质并防止吸入泡沫；大多数粗滤器采用旋转式折叠而成的纸质滤芯结构，有封闭式外壳，直接旋装于滤清器上。为了使机油具有一定的清洁程度，粗滤器采用全通过式，即正常情况下，所有的机油必须经过粗滤器；同时为保证任何时候发动机具有足够的润滑油，与粗滤器并联的还有一只旁通阀，当粗滤器滤芯堵塞而使其阻力增加时，旁通阀就会打开，机油经旁通阀和端盖进入主油道；细滤器过滤能力强，流动阻力大，与主油道并联，为非全流式。一般说来，载重货车、工程机械上采用离心式细滤器；为简化结构大多数轿车采用了复合滤清器，即粗细滤芯串联而成，一般来说，粗滤芯由棉花、毛绒、人造纤维等制成，而细滤芯由尼龙制成。

3. 发动机燃油过滤器

燃油滤清器的作用是把燃油中的氧化铁、粉尘等固体杂物除去，防止燃油系统堵塞（尤其是喷油嘴），同时减少机械磨损，确保发动机稳定运行，提高可靠性。

电控式汽油发动机的汽油滤清器位于输油泵的出口一侧，工作压力较高，通常采用金属外壳。汽油滤清器的滤芯多采用滤纸，也有使用尼龙布、高分子材料的。

柴油滤清器又有油水分离器和柴油精滤器之分。油水分离器的重要功能就是分离柴油中的水，防止发动机锈蚀、磨损、卡死甚至恶化柴油的燃烧过程等现象发生；柴油精滤器是用来过滤柴油中细小的颗粒，在国Ⅲ以上排放的柴油发动机主要是针对 3~5μm 颗粒的过滤效率。电控柴油机由于喷射压力更高，油雾更细，对过滤器的要求更高，有兴趣的读者可自己查阅资料。

复习思考题

12-1　举例说明常用油管的种类及使用范围。

12-2　简述油箱的结构及功能?

12-3　过滤器有哪几种类型?安装过滤器时应考虑哪些问题?

12-4　蓄能器有哪些用途?安装和使用蓄能器时应考虑哪些问题?

12-5　安装、使用油箱时应注意哪些问题?

12-6　简述压力表的功能及结构。

第13章 基本控制回路

【知识准备】

液压泵、液压马达、液压缸、单向阀、液控单向阀、换向阀、节流阀、调速阀、溢流阀、顺序阀、减压阀、滤油器、蓄能器、油箱等液压元件的职能符号及工作原理。

【学习以及能力目标】

（1）掌握：常用方向、压力和速度控制回路的组成及工作原理。

（2）了解：液压基本回路的运行调试及分析方法。

（3）能分析一般复杂程度的液压传动系统。

【教学建议】

（1）教具：液压试验台、多媒体课件。

（2）建议：利用液压试验台、结合工程案例和动画讲解和分析液压基本回路组成、工作原理、特点及应用。

现代机械的液压传动系统虽然越来越复杂，但总不外乎由一些基本回路所组成。液压基本回路是由相关液压元件组成，能实现某一特定功能的基本油路。这些特定功能包括调整系统的工作压力，调节执行元件的运动速度，以及改变运动方向等。

液压基本回路按其在系统中的功用可分为：方向控制回路；压力控制回路；速度控制回路。掌握这些基本回路的组成及功能，对于分析各种机械设备的液压系统包括汽车液压系统将很有帮助。

13.1 方向控制回路

控制进入液压系统中液压油的通、断和流动方向，以达到使执行元件启动、停止、换向以及锁紧等目的的回路称为方向控制回路。

13.1.1　换向回路

换向回路的作用是变换执行元件的运动方向。系统对换向回路的基本要求是换向可靠、灵敏、平稳、换向精度合适。

换向阀换向回路

换向回路是利用二位四通、二位五通、三位四通或三位五通等换向阀来改变液压系统中压力油的流动方向，达到改变执行元件运动方向的目的的回路。各种操纵方式的换向阀都可以组成换向回路，只是所组成回路的性能和使用场合不同。

图 13-1 所示为采用限位开关控制电磁换向阀动作的换向回路，该换向回路操作方便，易于实现自动化，但换向时间短，故换向冲击较大，适用于小流量、平稳性要求不高的场合。

图 13-2 所示为双向变量泵换向回路，利用双向变量泵直接改变输油方向来实现执行元件的换向。该换向回路较普通换向阀换向平稳，适用于压力较高、流量较大的场合。

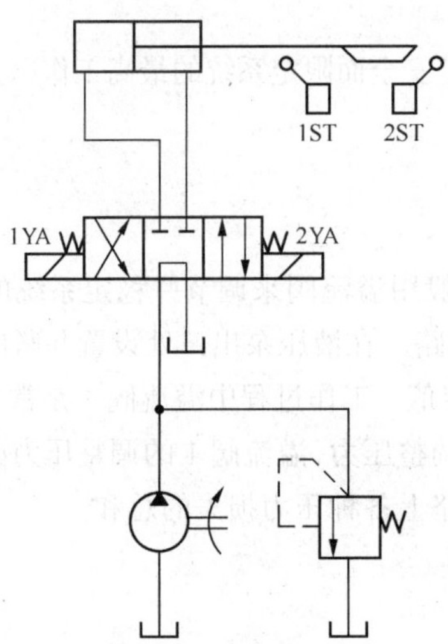

图 13-1　电磁换向阀组成的换向回路

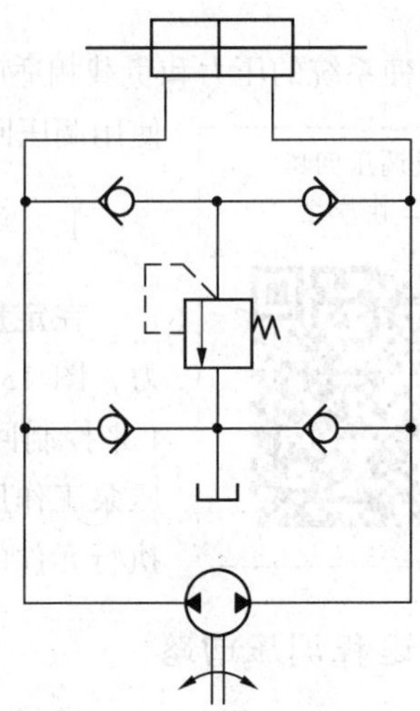
图 13-2　双向变量泵换向回路

13.1.2　锁紧回路

锁紧回路是采用封闭执行元件的油口，并利用液压油的极小可压缩性使执行元件停止在任意的位置上，且停止后不会在外力的作用下移动，来达到双向锁紧执行元件目的的回路。

采用三位换向阀的中位机能也能封闭执行元件的油口，实现双向锁紧，如 O 形或 M 形中位机能，但由于滑阀的泄漏量较大，故锁紧性能差。

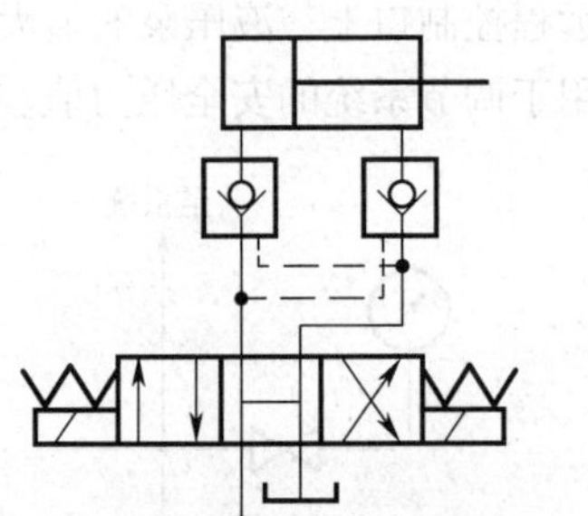
图 13-3　液控单向阀锁紧回路

图 13-3 所示为液控单向阀构成的锁紧回路。在液压缸的两油路上串接液控单向阀，它能在液压缸不工作时，使活塞在两个方

向的任意位置上迅速、平稳、可靠且长时间地锁紧。其锁紧精度主要取决于液压缸的泄漏，而液控单向阀本身的密封性很好。两个液控单向阀做成一体时，称为双向液压锁。

采用液控单向阀锁紧的回路，必须注意换向阀中位机能的选择。如图 13-3 所示，采用 H 形机能，换向阀中位时能使两控制油口直接通油箱，液控单向阀立即关闭，活塞停止运动。如采用 O 形或 M 形中位机能，活塞运动途中换向阀中位时，由于液控单向阀控制腔的压力油被封住，液控单向阀不能立即关闭，直到控制腔的压力油卸压后，才能关闭，因而影响其锁紧的位置精度。这种回路广泛应用于工程机械、起重运输机械等有较高锁紧要求的场合。

13.2 压力控制回路

压力控制回路利用压力控制阀来控制液压系统的工作压力，以满足执行元件驱动负载的要求，实现调压、稳压、减压、增压、卸荷以及平衡等目的。

13.2.1 调压回路

为了使系统的压力和负载相适应并保持稳定，或为了安全而限定系统的最高工作压力，都要使用调压回路。

单级调压回路的工作原理

1. 单级调压回路

在定量液压泵系统中，一般用溢流阀来调节并稳定系统的工作压力，图 13-4 所示为单级调压回路。在液压泵出口处设置并联的溢流阀 1 来控制回路的最高压力为恒定值，工作过程中溢流阀 1 是常开的，液压泵工作压力决定于溢流阀 1 调整压力，溢流阀 1 的调整压力必须大于执行元件的最大工作压力与管路上各种压力损失的总和。

2. 远程调压回路

图 13-5 所示为远程调压回路。将远程调压阀（或小流量溢流阀）2 接在先导型主溢流阀 1 的远程控制口上，液压泵的最大工作压力即可由远程调压阀 2 作远程调压（$p_2<p_1$），主溢流阀 1 还用于调节系统的安全压力值。

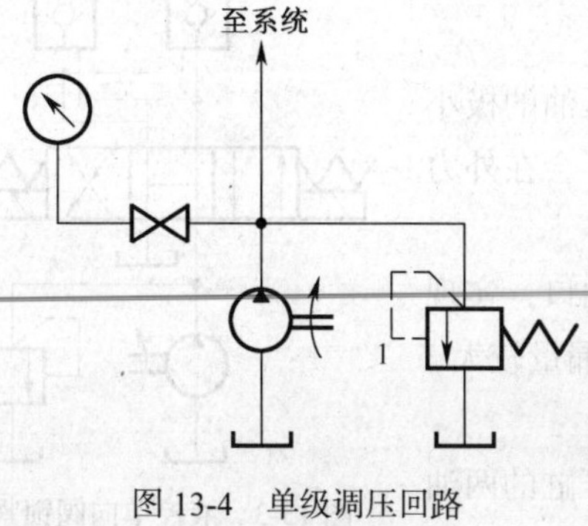

图 13-4 单级调压回路

1—溢流阀

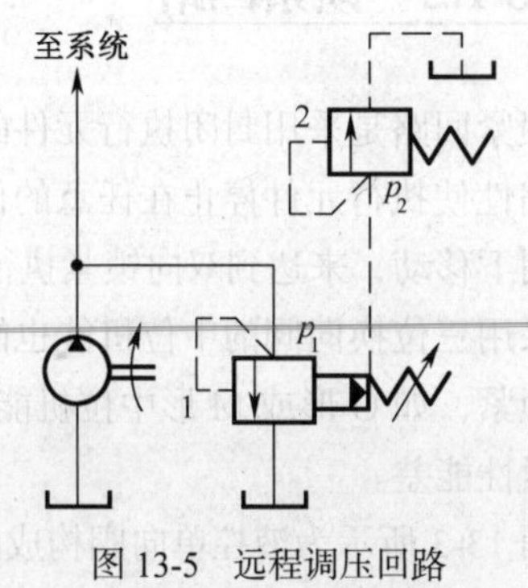

图 13-5 远程调压回路

1—主溢流阀；2—远程调压阀

3. 多级调压回路

当系统需要多级压力控制时，可采用多级调压回路。图 13-6 所示为三级调压回路，主溢流阀 1 的远程控制口通过三位四通换向阀 4 分别接具有不同调定压力的远程调压阀 2 和 3，当换向阀左位时，压力由远程调压阀 2 调定；换向阀右位时，压力由远程调压阀 3 调定；换向阀中位时，由主溢流阀 1 来调定系统最高的压力。远程调压阀 2、3 的调定压力值必须小于主溢流阀 1 的调定压力值。

二级调压回路的工作原理

压力控制回路

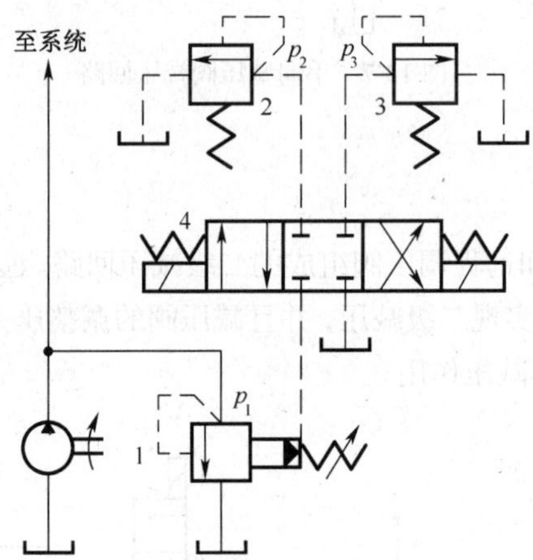

图 13-6　三级调压回路

1—主溢流阀；2、3—远程调压阀；4—三位四通换向阀

13.2.2　减压回路

减压回路用来使某个执行元件或某一支路获得比溢流阀所调定的压力低的稳定工作压力，即从调定压力的液压源处获得一级或几级较低的稳定工作压力。

1. 单向减压阀减压回路

最常见的减压回路是在所需低压的支路上串接定值减压阀，图 13-7 所示为采用单向减压阀的减压回路。液压泵所提供的油液通过单向减压阀获得低于系统压力的某一稳定压力。

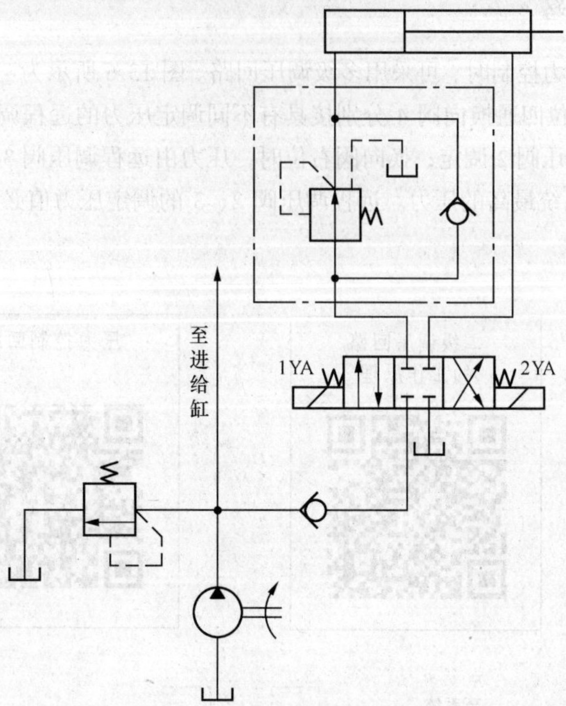

图 13-7　单向减压阀减压回路

2. 二级减压回路

图 13-8 所示为由减压阀和远程调压阀组成的二级减压回路。远程调压阀 5 的调整压力必须低于减压阀 3 的调整压力，才能实现二级减压，并且减压阀的调整压力应低于溢流阀 2 的调整压力，才能保证减压阀正常工作，起减压作用。

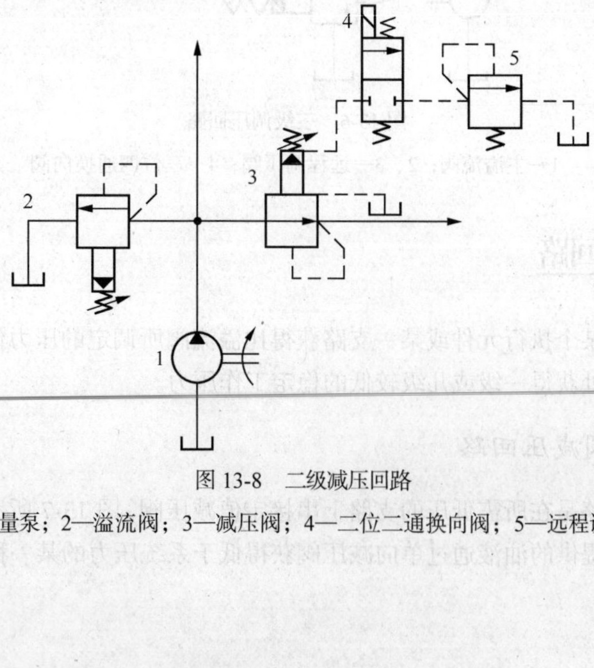

图 13-8　二级减压回路

1—定量泵；2—溢流阀；3—减压阀；4—二位二通换向阀；5—远程调压阀

13.2.3　卸荷回路

卸荷回路是在液压泵不停止转动的情况下，使液压泵在零压或很低的压力下运转，以减小系统功率损耗、噪声等，延长液压泵的工作寿命。所谓卸荷，就是液压泵以很小的输出功率运转，即液压泵的功率损耗接近于零的运转状态。功率等于流量与压力的乘积，流量和压力两者任意一项近似为零，功率就接近于零，因此卸荷有流量卸荷和压力卸荷两种方法。

流量卸荷用于变量液压泵，一般变量液压泵的工作压力高到某数值时，其输出流量就为零，压力卸荷是指液压泵在接近于零压下工作。下面介绍几种常见的卸荷回路。

1. 采用换向阀的卸荷回路

图 13-9 所示为采用换向阀中位机能的卸荷回路。当三位四通电磁换向阀处于中位时，液压泵的供油在近似无负载的状态下经换向阀流回油箱，达到液压泵的卸荷。M 和 H 形中位机能的三位换向阀都具有此功能。

图 13-10 所示为采用二位二通阀的旁路卸荷回路。当二位二通阀电磁铁通电时，液压泵卸荷。因为液压泵的输出流量全部要通过二位二通阀流回油箱，故二位二通阀的额定流量必须要等于液压泵的输出流量。

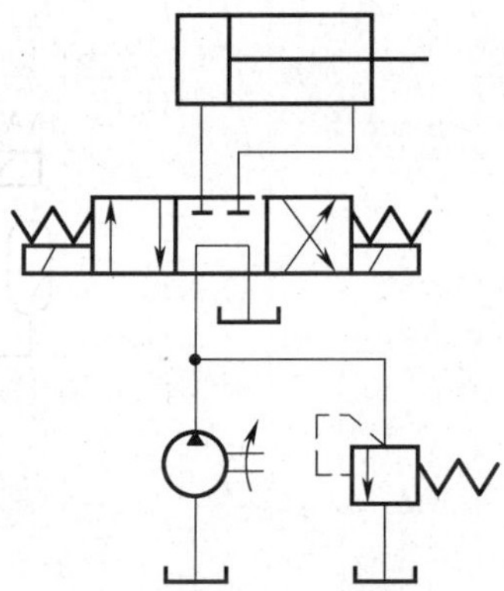

图 13-9　换向阀中位机能卸荷回路

卸荷回路——利用二位二通阀旁路

卸荷回路——利用换向阀

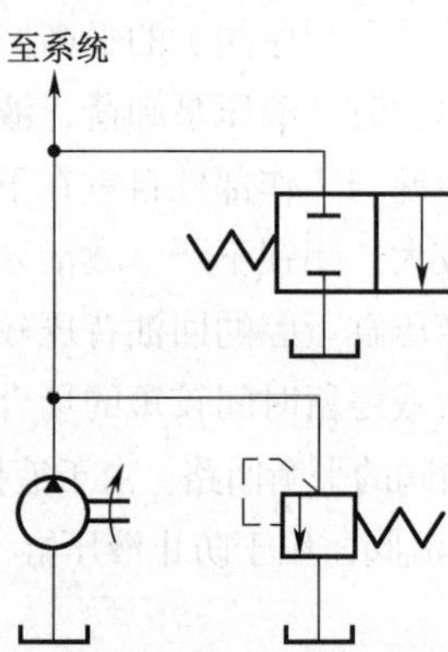

图 13-10　二位二通阀旁路卸荷回路

卸荷回路——利用溢流阀

2. 先导式溢流阀卸荷回路

图 13-11 所示为采用先导式溢流阀和小流量二位二通电磁换向阀组成的卸荷回路。接通电磁换向阀，将先导式溢流阀的远程控制口接通油箱，溢流阀打开，液压泵的供油通过溢流阀流回油箱而卸荷。先导式溢流阀卸荷回路性能较好，适用于大流量的液压回路。

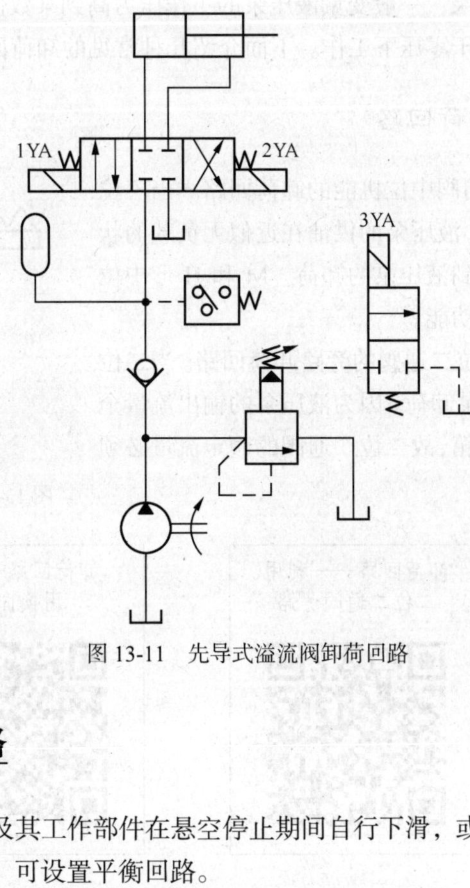

图 13-11 先导式溢流阀卸荷回路

13.2.4 平衡回路

为了防止立式液压缸及其工作部件在悬空停止期间自行下滑，或在下行运动中由于自重而造成失控超速的不稳定运动，可设置平衡回路。

图 13-12（a）所示为采用平衡阀（单向顺序阀）的平衡回路。在立式液压缸下腔的回油路上串接平衡阀，当三位四通换向阀处于中位时，液压泵卸荷，液压缸下腔的回油被平衡阀闭锁，此时平衡阀的调定压力应稍大于液压缸活塞与工作部件自重在下腔产生的压力，以防止活塞因自重而下落。该回路由于平衡阀本身泄漏较大，闭锁不严，故活塞不能够长时间停留。此外，当自重较大时，平衡阀的调定压力较高，使液压缸下腔的回油背压较高，活塞下行时功率损耗较大，因此这种回路只适用于工作部件重量不大或停留时间较短的场合。

图 13-12（b）所示为采用液控单向阀的平衡回路。由于液控单向阀是锥面密封，泄漏极小，因此其闭锁性能好。回油路上串联单向节流阀，用于防止液压缸下行时产生震动和冲击，也可控制流量，起到调速作用。

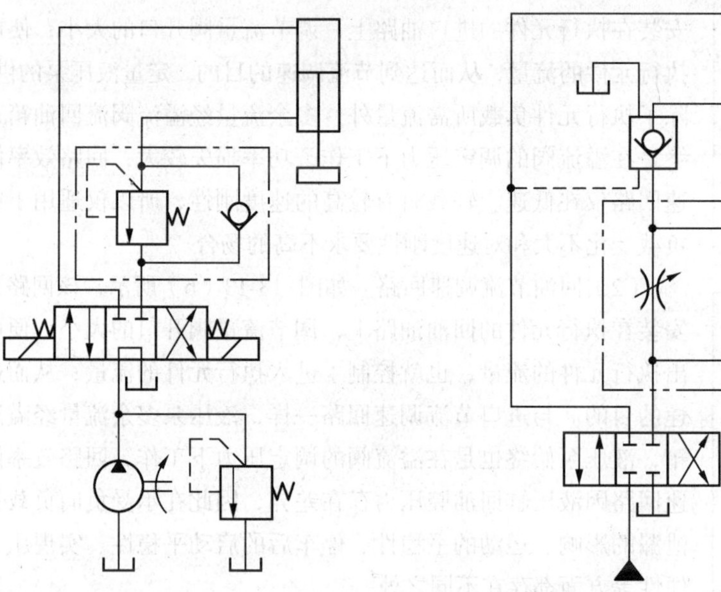

（a）　　（b）

图 13-12 平衡回路

13.3 速度控制回路

速度控制回路用来控制执行元件运动速度，包括调速回路、增速回路和速度换接回路。

速度控制回路

13.3.1 调速回路

调速回路是用来调节执行元件的运动速度。在不考虑泄漏及液压油可压缩性的情况下，执行元件中液压缸的速度表达式为 $v = q_v / A$；液压马达的速度表达式为 $n = q_v / V$。从式中可知，改变输入液压执行元件的流量 q_v、液压缸的有效工作面积 A 或液压马达的排量 V 都可调节液压元件的速度。

对液压缸而言，其有效工作面积在工作中一般是无法改变的，改变排量对于变量液压马达很容易实现，而用得最普遍的还是改变输入执行元件的流量。目前液压系统的调速回路可分为节流调速回路、容积调速回路和容积节流调速回路。

1. 节流调速回路

节流调速回路是利用流量阀控制流入或流出液压执行元件的流量来实现对执行元件速度调节。按照流量阀在液压回路中的位置不同，节流调速回路可以分为进油节流调速、回油节流调速和旁路节流调速三种基本回路（见图 13-13）。

进油节流调速回路

（1）进油节流调速回路。如图 13-13（a）所示，该回路是将流量阀安装在执行元件的进口油路上，调节流量阀开口的大小，便可控制进入执行元件的流量，从而达到节流调速的目的。定量液压泵的供油流量中，除了执行元件负载所需流量外，多余流量经溢流阀流回油箱，液压泵始终是在溢流阀的调定压力下工作，功率损失较大，回路效率低。这种调速回路仅在低速、轻载时有较高的速度刚性，所以仅适用于低速轻载、负载变化不大和对速度刚性要求不高的场合。

回油节流调速回路

（2）回油节流调速回路。如图 13-13（b）所示，该回路是将流量阀安装在执行元件的回油油路上，调节流量阀开口的大小，便可以控制流出执行元件的流量，也就控制了进入执行元件的流量，从而达到节流调速的目的。与进口节流调速回路一样，液压泵多余流量经溢流阀流回油箱，液压泵始终也是在溢流阀的调定压力下工作，回路效率低。两种调速回路因液压缸回油腔压力存在差异，因此在承受负向负载的能力、对泄漏的影响、运动的平稳性、停车后的启动平稳性、实现压力控制的方便性等方面都存在不同之处。

旁路节流调速回路

（3）旁路节流调速回路。如图 13-13（c）所示，该回路是将流量阀安装在与执行元件并联的支路上，用流量阀调节流回油箱的流量，从而调节进入执行元件的流量，达到节流调速的目的。正常工作时，溢流阀是关闭的，液压泵的输出压力低于溢流阀的调定压力，溢流阀作为安全阀使用，起到过载保护，液压泵的输出压力随负载的变化而改变，回路效率较串联节流调速高，并且可以选用规格较小的流量阀。旁路节流调速宜用于负载变化小，对运动平稳性要求不高的高速、大功率场合。

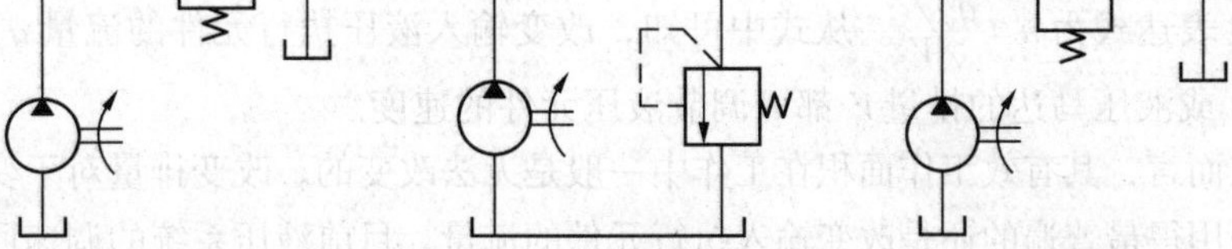

（a）进油节流调速　　（b）回油节流调速　　（c）旁路节流调速

图 13-13　节流调速回路

在上面三种节流调速回路中，执行元件可以是液压缸也可以是液压马达，流量阀可采用节流阀也可采用调速阀。使用节流阀的节流调速回路，其速度刚性都比较低，在负载变动下的运动平稳性也都较差，这主要是由于负载变化引起节流阀前后压力差变化而产生的后果。如果用调速阀代替节流阀，调速阀中的定差减压阀可使节流阀前后压力差保持基本恒定，故可提高节流调速回路的速度刚性和运动平稳性。

2. 容积调速回路

节流调速回路结构简单，使用维护方便，但不可避免地存在着节流损失和溢流损失，功率损耗大，回路效率低，发热量大，只适用于小功率调速系统。在容积调速回路中，液压泵的输出流量总是与执行元件负载所需的流量相一致，不存在节流损失和溢流损失，且液压泵的工作压力随负载的变化而改变，故这种回路效率高，发热量小，可广泛用于工程机械、矿山机械、农业机械和大型机床等大功率液压系统。

容积调速回路利用液压泵或液压马达，或两者有效工作容积的改变来实现对执行元件速度的调节。按照变量形式不同，可分为变量液压泵—定量液压马达（或液压缸）回路、定量液压泵—变量液压马达回路和变量液压泵—变量液压马达回路 3 种（见图 13-14）。

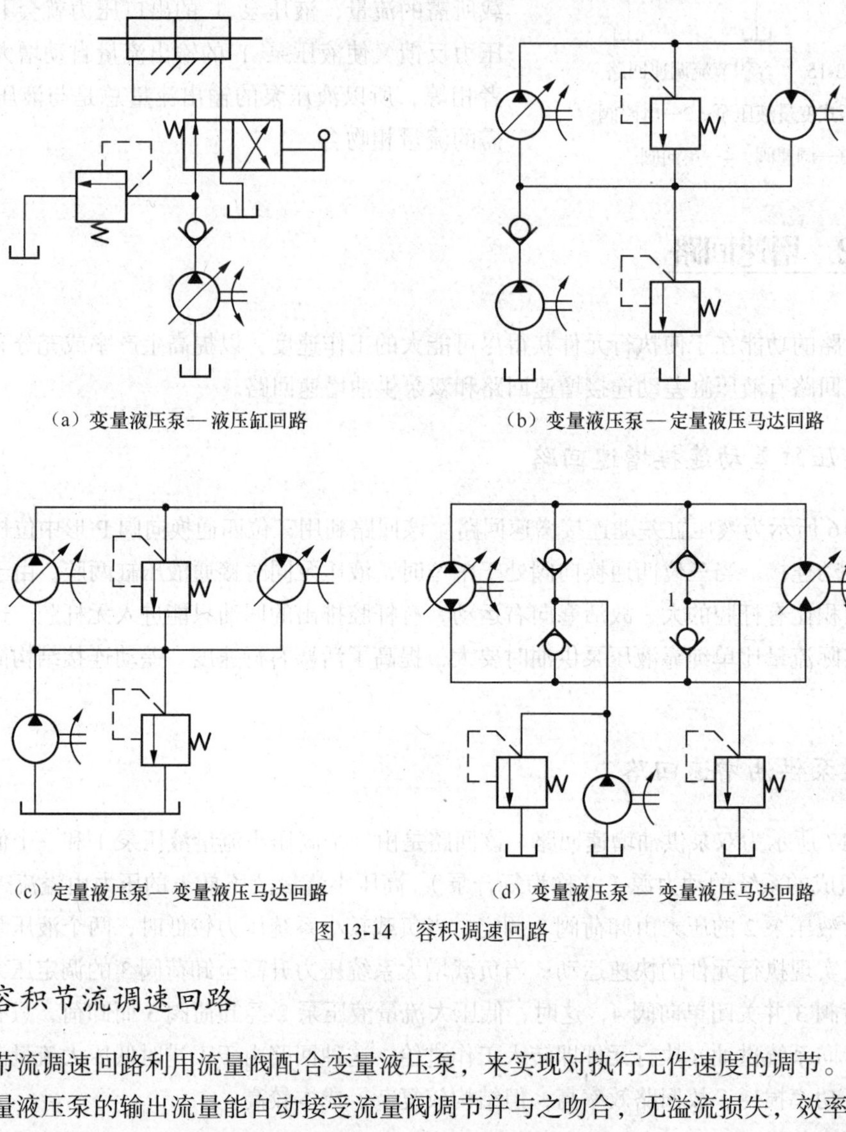

(a) 变量液压泵—液压缸回路　(b) 变量液压泵—定量液压马达回路

(c) 定量液压泵—变量液压马达回路　(d) 变量液压泵—变量液压马达回路

图 13-14　容积调速回路

3. 容积节流调速回路

容积节流调速回路利用流量阀配合变量液压泵，来实现对执行元件速度的调节。这种回路的特点是变量液压泵的输出流量能自动接受流量阀调节并与之吻合，无溢流损失，效率高；同时变量液压泵的泄漏通过压力反馈而得到补偿，进入执行元件的流量由流量阀控制，故速度的稳定性较好。该回路适用于负载变化较大，要求速度稳定与高效率的场合。

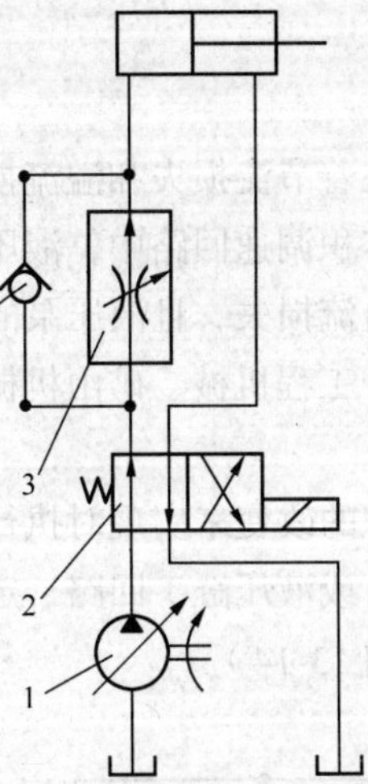

图 13-15　容积节流调速回路
1—限压式变量液压泵；2—电磁阀；
3—调速阀；4—单向阀

图 13-15 所示为容积节流调速回路。该回路采用限压式变量液压泵 1 与调速阀 3 相配合，液压泵 1 输出的压力油经调速阀 3 进入液压缸，工作速度由调速阀 3 来控制，调节调速阀 3 开口的大小，可改变进入液压缸的流量，从而实现液压缸工作速度的调节。若液压泵 1 的输出流量大于液压缸负载所需的流量，由于回路中没有溢流阀，多余的油液没有出路，液压泵 1 的出口压力就会上升。由限压式变量液压泵工作原理可知，通过压力反馈可使液压泵 1 的流量自动减小，直至二者相等。如果液压泵 1 的输出流量小于液压缸负载所需的流量，液压泵 1 的出口压力就会下降，通过压力反馈又使液压泵 1 的输出流量自动增大，直至二者相等，所以液压泵的输出流量总是与液压缸负载所需的流量相吻合。

13.3.2　增速回路

增速回路的功能在于使执行元件获得尽可能大的工作速度，以提高生产率或充分利用功率。常用的增速回路有液压缸差动连接增速回路和双泵供油增速回路。

1. 液压缸差动连接增速回路

图 13-16 所示为液压缸差动连接增速回路。该回路利用三位四通换向阀 P 形中位机能来实现液压缸的差动连接。当三位四通换向阀处于中位时，液压泵同时接通液压缸两腔，由于无杆腔的有效工作面积比有杆腔的大，故活塞向右运动，有杆腔排出的回油只能进入无杆腔。这样，进入无杆腔的实际流量比单纯靠液压泵供油时要大，提高了活塞右行速度。差动连接结构简单、应用广泛。

2. 双泵供油增速回路

图 13-17 所示为双泵供油增速回路。该回路是由一个高压小流量液压泵 1 和一个低压大流量液压泵 2 组成的系统的动力源（又称为复合泵），高压小流量液压泵 1 的压力由溢流阀 5 调定，低压大流量液压泵 2 的压力由卸荷阀 3 调定。当负载较小系统压力较低时，两个液压泵同时向系统供油，以实现执行元件的快速运动；当负载增大系统压力升高至卸荷阀 3 的调定压力时，压力油打开卸荷阀 3 并关闭单向阀 4，这时，低压大流量液压泵 2 经卸荷阀 3 而卸荷，只有高压小流量液压泵 1 向系统供油，执行元件即转入工作进给。这种回路由于工进时低压大流量液压泵 2 卸荷，减少了功率损耗，故回路效率高，但结构较复杂，成本较高。

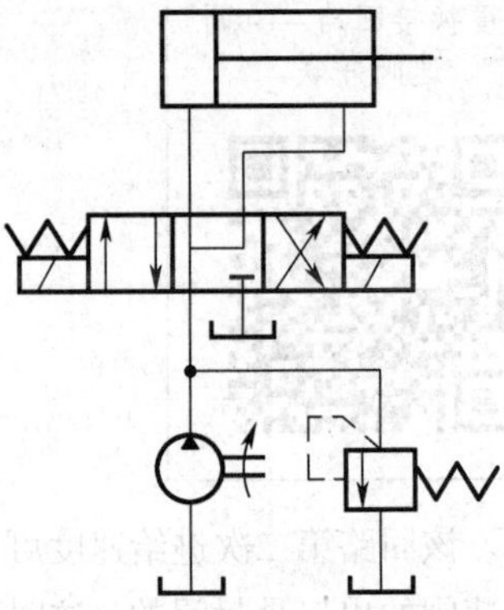

图 13-16　液压缸差动连接增速回路

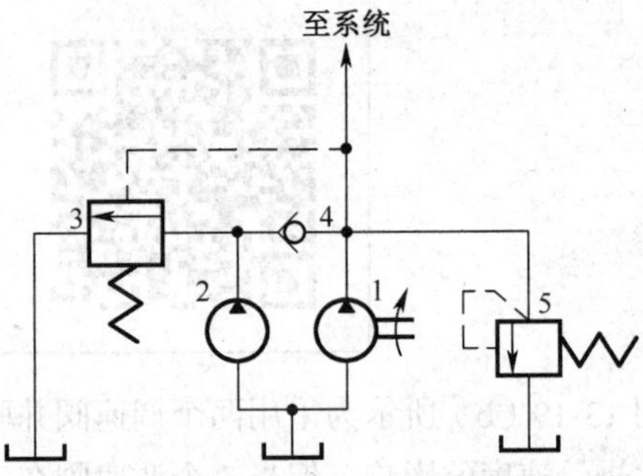

图 13-17　双泵供油增速回路

1—高压小流量液压泵；2—低压大流量液压泵；3—卸荷阀；4—单向阀；5—溢流阀

能力训练与拓展

设备的工作部件在自动循环工作过程中，需要进行速度转换。速度换接回路可实现执行元件速度的切换。

1. 快、慢速换接回路

图 13-18 所示为采用行程换向阀实现的快、慢速换接回路。该回路将行程换向阀 1 和单向调速阀 2 并联接在液压缸的回油路上。当液压缸活塞右行时，连接于活塞杆上的行程挡块在压下行程换向阀 1 之前，液压泵的输出流量全部进入液压缸左腔，右腔的回油通过行程换向阀 1 流回油箱，活塞快速进给；当行程挡块压下行程换向阀 1 后，右腔的回油只能经单向调速阀 2 回油箱，这时活塞慢速进给，实现节流减速，调节调速阀开口的大小，就可调节减速程度。活塞回程时，不管行程换向阀 1 是否被压下，压力油都可以通过单向阀进入液压缸右腔，活塞快速退回。这种回路速度换接比较平稳，但行程换向阀必须安装在运动部件附近，有时管路的连接较长且较为复杂。

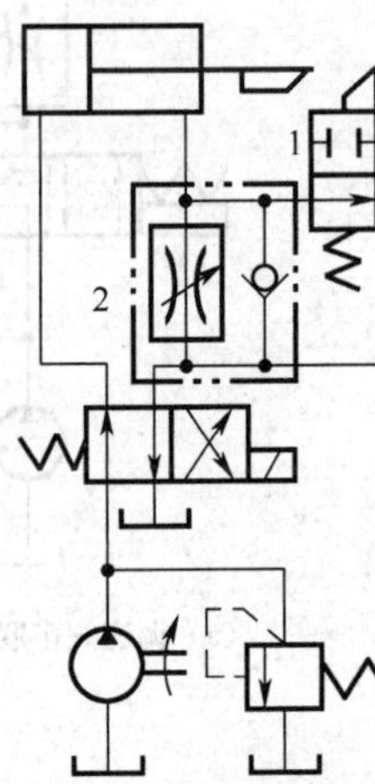

图 13-18　行程阀速度换接回路

1—行程换向阀；2—单向调速阀

速度换接回路——行程阀

2. 两种慢速的换接回路

某些工作部件有时要求工作行程中有两种工作进给速度，一般第一次进给速度大于第二次进给速度。为实现二次进给，常用两个调速阀串联或并联在油路中，利用换向阀进行切换。

图 13-19（a）所示为采用两个调速阀串联的二次进给回路。该回路第二次进给速度只能小于第一次进给速度，速度换接较平稳，不会出现较大的冲击，但功率损耗较大。

速度换接回路——调速阀串联

速度换接回路——调速阀并联

图 13-19（b）所示为采用两个调速阀并联的二次进给回路。该回路第二次进给速度可以不受第一次进给速度的影响，但当一个调速阀在工作时，另一个调速阀的出口是封闭的，这时该调速阀内的减压阀开口处于最大位置，二位三通阀换向时，因该调速阀内的减压阀还来不及反应，使该调速阀的通过流量在换向的瞬间过大，造成进给部件突然前冲。因此，这种回路较少用于二次进给速度的换接。

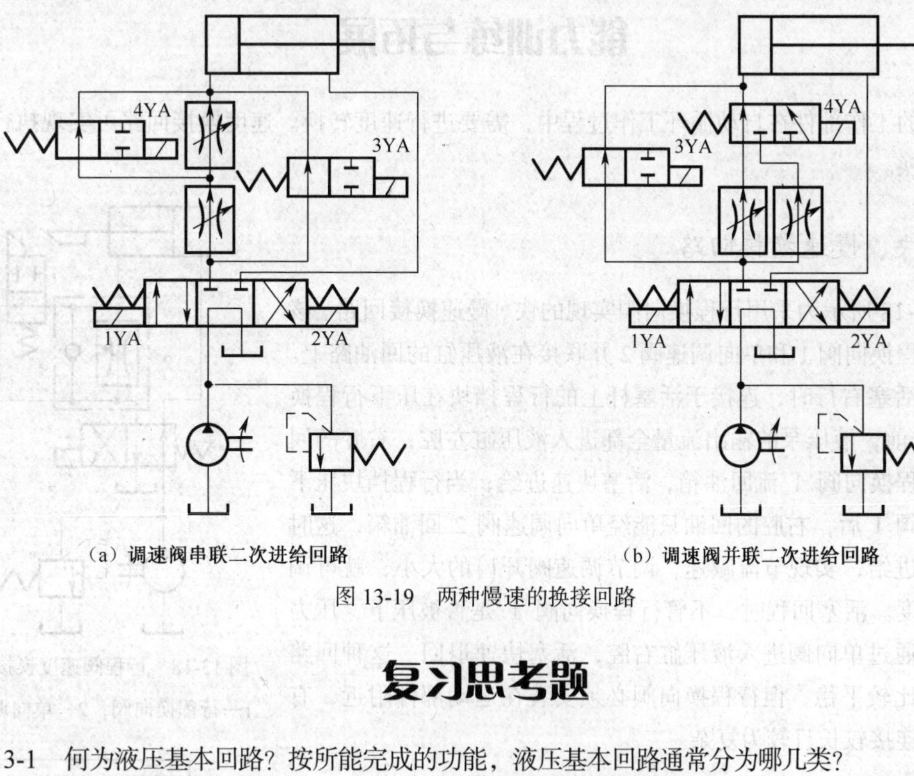

（a）调速阀串联二次进给回路　　（b）调速阀并联二次进给回路

图 13-19　两种慢速的换接回路

复习思考题

13-1　何为液压基本回路？按所能完成的功能，液压基本回路通常分为哪几类？

13-2　何为压力控制回路？压力控制回路有几种？各有何功用？

13-3　在液压系统中，当执行元件短时间停止工作后，使液压泵卸荷有什么好处？常用的卸荷方法有哪些？

13-4　何谓速度控制回路？速度控制回路有几种？各有何功用？

13-5　在容积节流调速回路中，流量阀和变量液压泵之间是如何实现流量匹配的？

13-6　液压缸差动连接为什么能实现活塞快速动作？怎样实现液压缸差动连接？

13-7　在锁紧回路中，三位换向阀的中位机能是否可以任意选择？为什么？

13-8　试分析图 13-20 所示的顺序动作回路是如何实现①→②→③→④顺序动作的，在液压元件数目不增加的前提下，如何实现①→②→④→③的顺序动作？

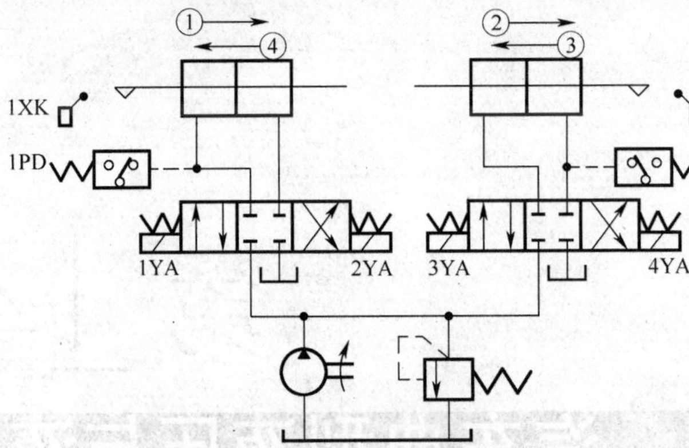

图 13-20　题 13-8 图

第14章 汽车典型液压与液力系统

【知识准备】

液压泵、液压马达、液压缸、单向阀、液控单向阀、换向阀、节流阀、调速阀溢流阀、顺序阀、减压阀的职能符号以及工作原理；滤油器、蓄能器、油箱的职能符号；换向阀的控制方式以及职能符号；已经进行简单方向、速度、压力控制回路的分析。

【学习以及能力目标】

（1）掌握：常见液压转向助力系统、汽车液压制动系统、汽车液压 ABS 系统的组成、各部件及系统的功用；汽车合格制动液特征；汽车制动回路的布置形式。

（2）了解：汽车主动油气悬架系统、自卸车液压系统、垃圾车液压系统、汽车起重机液压系统、推土机液压系统的组成以及各部件的功用；液力传动的原理；液力耦合器、液力变矩器的组成、分类和功用。

（3）能独立完成：一般复杂程度液压系统回路工作过程分析、各部件功用分析。

【教学建议】

（1）教具：汽车液压转向助力系统、汽车液压制动系统、汽车液压 ABS 实物；多媒体课件。

（2）建议：尽量利用汽车专业学生对汽车的兴趣，参照液压转向助力系统、汽车液压制动系统、汽车液压 ABS 系统等实物，结合多媒体课件观察、讲解、分解和分析。

14.1 汽车液压转向助力系统

14.1.1 汽车转向系统概述

汽车转向系统对车辆的使用性能影响很大，直接影响行车安全。汽车转向系统主要用于保持汽车直线行驶并根据需要灵活地改变行驶方向，为保证行车安全，汽车转向系统还应该转向轻便、迅速，改善驾驶员的劳动强度。

为减少驾驶员操作转向盘的操纵力，减轻驾驶员长时间行车的疲劳，并在低速时尤其是停放汽车时转向轻便，汽车通常采用了液压转向助力系统。它是在机械转向的基础上，增加一套助力液压系统。液压转向系统装置一般由机械转向器、转向动力缸和转向控制阀三大主要部分组成，其组成如图 14-1 所示。

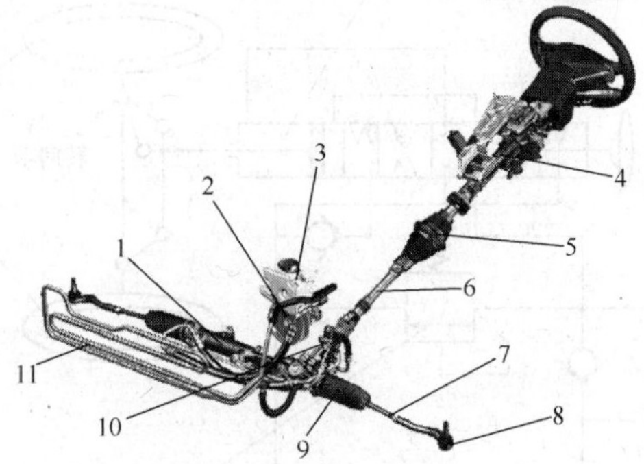

图 14-1 动力转向装置示意图

1—转向动力缸；2—转向助力油泵；3—储油罐；4—转向柱；5—万向节；6—转向传动轴；7—转向横拉杆；8—转向球头；9—转向器及防护套；10—转向控制阀；11—回油管

14.1.2 汽车液压转向助力系统分析

液压转向助力装置按液流形式可分为常流式和常压式。所谓常流式是指机械不转向时，或者说液压助力系统处于静止状态时，系统内的油是低压，即转向控制阀处于中间位置，系统呈现控制阀的 H 形中位机能特性，如图 14-2 所示。此时油液从油泵流出，经控制阀回油管流回油箱，一直处于常流状态。所谓常压式指机械不转向时，或者说液压助力系统处于静止状态时，系统内的液压油为高压油，即转向控制阀处于中间位置，系统呈现控制阀的 O 形中位机能特性，

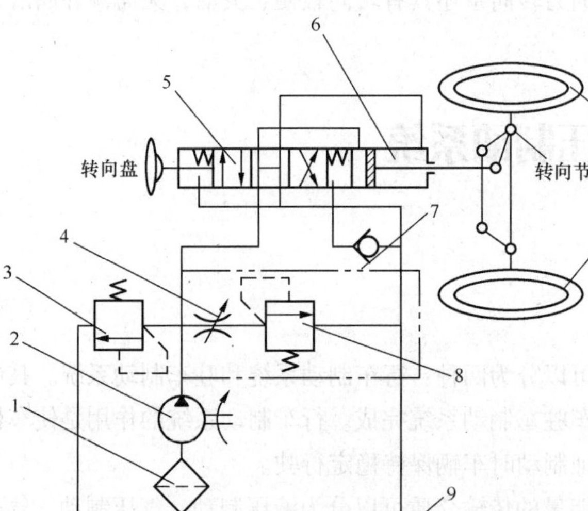

图 14-2 常流式液压助力转向系统

1—粗滤油器；2—液压泵；3—安全阀；4—节流孔；5—转向控制阀；6—转向动力缸；7—流量阀；8—溢流阀；9—储油罐

如图 14-3 所示。常压式需要蓄能器，油泵泵出的高压油储存在蓄能器中，达到一定压力后，油泵泄压空转。无论是那种液压转向助力装置，转向控制阀都是由方向盘控制的。当转向盘左转时，控制阀控制液压油向左助力；当转向盘右转时，控制阀控制液压油向右助力。

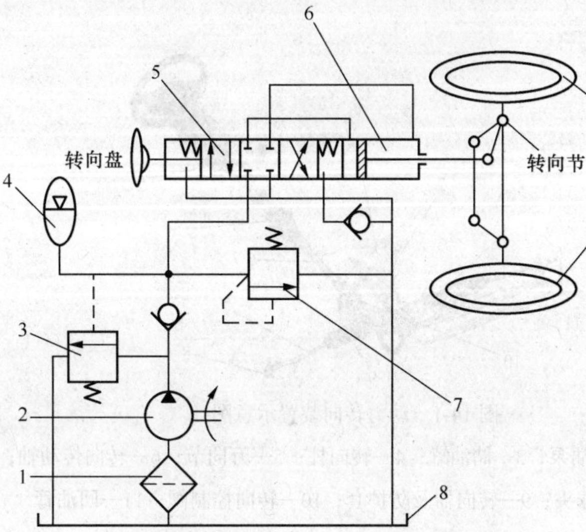

图 14-3　常压式液压助力转向系统

1—粗滤油器；2—液压泵；3—卸载阀；4—蓄能器；5—转向控制阀；6—转向动力缸；7—溢流阀；8—储油罐

液压助力转向系工作压力较高，一般为 7～16MPa。液压助力转向油一般每 2 年或者 3 万千米更换一次。值得注意的是：液压助力转向油含有致癌物质，有腐蚀性，如果有沾染应及时清洗；在使用过程中应尽量避免把转向盘长时间打死，因为这样会烧蚀助力转向油泵。

总之，液压助力转向系部件尺寸小，为进一步节省空间通常将几个元件集成，所以液压转向系结构紧凑、质量轻；液压助力转向系还具有转向轻便、灵活，无需额外润滑，能够吸收路面冲击的特点。

14.2 汽车液压制动系统

14.2.1 概述

汽车制动系统按其功用可以分为两种：行车制动系统和驻车制动系统。其中使已静止的车辆在各种工况下稳定驻车由汽车驻车制动系统完成。行车制动系统的作用是使车辆按驾驶员的要求进行强制减速或停车，且保证制动时车辆保持稳定行驶。

现代汽车制动装置按照能量的传输介质可以分为液压制动、气压制动、气—液联合制动。液压制动结构简单、制动力不大，适合自重小于 5t 的小汽车。气压制动则制动力大，但结构复杂，需要空压机、气罐等辅助设备，适用于重型汽车。本节将重点讲述行车液压制动系统。

1. 制动液

汽车制动液性能直接影响行车安全。因此制动液性能必须满足我国现行的强制性制动液标准《机动车辆制动液》(GB 12981—2003)。GB 12981—2003 共有 14 项技术指标要求，分别是外观、平衡回流沸点、湿平衡回流沸点、运动黏度(100℃、−40℃)、pH 值、液体稳定性、腐蚀性、低温流动性和外观、蒸发性能、容水性、液体相容性、抗氧化性、橡胶相容性和行程模拟性能。

汽车制动(刹车)液是用于液压制动系统中传递压力以制止车轮转动的一种功能性液体。汽车制动系统制动工作压力一般为 2MPa，高时可达 8～9MPa。为达到制动系统液压建立快，动作灵敏的性能要求，所有制动液体不可压缩。

总之，合格达标的制动液有下面几个特性。

(1)黏温性好，凝固点低，低温流动性好。

(2)沸点高，高温下不产生气阻。

(3)对制动系统的金属和非金属材料没有腐蚀性。

(4)吸水性差、溶水性好。也就是说，它能使很少量渗入其中的水汽均匀混合，否则会在制动液中形成水泡而大大降低汽化温度，从而不能保证在高温、严寒、高速、湿热等工况条件下保证灵活、有效地传递制动力。

(5)能够有效润滑制动系统的运动部件，延长制动分泵和皮碗的使用寿命。

(6)使用过程中品质变化小，并不引起金属件和橡胶件的腐蚀和变质。

制动液有蓖麻油—醇型、合成型和矿油型三种。蓖麻油—醇型由于沸点低，低温时性质不稳定。目前醇型制动液正在被合成型制动液所代替；合成型用醚、醇、酯等掺入润滑、抗氧化、防锈、抗橡胶溶胀等添加剂制成；矿油型用精制的轻柴油馏分加入稠化剂和其他添加剂制成。按照《机动车辆制动液》(GB 12981—2003)，将制动液分为 HZY3、HZY4、HZY5，分别对应国际上的 DOT3、DOT4、DOT5。

制动液的使用有以下需要注意的事项。

(1)购买合格的制动液，并应按照车辆使用手册选用相应的制动液。一般情况下，微型、中低档汽车适宜选取符合 HZY3 标准的制动液，而中高档车建议选择 HZY4 标准的制动液。

不同类型和不同品牌的制动液不要混合使用，对有特殊要求的制动系统，应加注特定牌号的刹车油。

(2)制动液具有吸水特性，会出现沸点降低、污染及不同程度的氧化变质，制动液一般两年或者 4 万千米必须更换一次。

(3)使用过程中注意观察。例如，观察制动报警指示灯是否闪亮，冬季制动效果是否下降，油中是否有杂质或沉淀物，制动时是否忽轻忽重，制动分泵皮碗是否膨胀过大等。如果发现异常及时检修制动系统或更换制动液。

2. 汽车制动回路及工作原理

为了可靠制动，汽车行车制动系统普遍采用了“冗余”回路，即双回路制动。双回路制动的布置形式常见的有五种：II 形，X 形，HI 形，LL 形，HH 形，如图 14-4 所示。

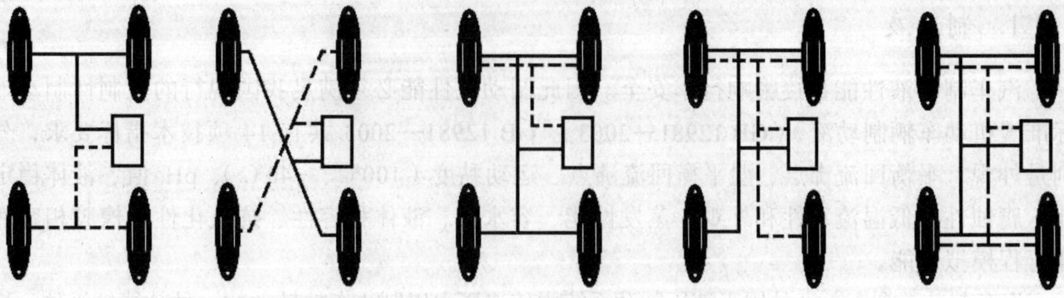

图 14-4　汽车制动回路布置形式

轿车常规制动系通常由真空增压器（或者真空助力器）、制动器和液压传动两部分组成，如图 14-5 所示。真空助力器是利用发动机产生的真空对制动踏板进行助力（见图 14-5）；而真空增压器的作用是利用发动机产生的真空对制动主缸进行增压（见图 14-5）。液压部分的作用是将传动制动力，使车轮制动器的旋转部分（图 14-5 中的制动鼓 6）与固定部分（图 14-5 中的制动底板 11、制动蹄转动销 10、制动摩擦片 8）紧密贴合从而产生制动摩擦力使旋转的车轮静止下来。

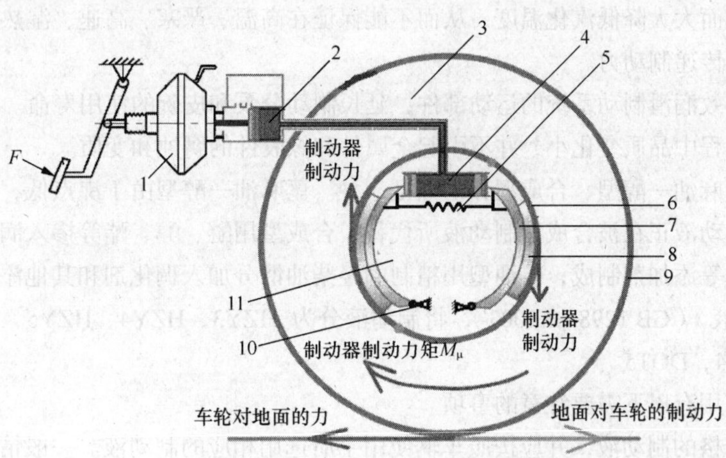

图 14-5　制动系统工作原理示意图

1—真空助力器；2—制动踏板；3—制动主缸；4—制动轮缸；5—制动蹄复位弹簧；6—制动鼓；7—制动蹄；8—制动摩擦片；9—车轮；10—制动蹄转动销；11—制动底板（用螺栓与转向节凸缘或桥壳凸缘固连）

14.2.2　制动传动装置

1. 真空助力器

真空助力器连接在制动踏板和制动主缸之间，它主要由真空伺服气室和控制阀组成，结构如图 14-6 所示。真空助力器共有下面三个工作状态。

（1）自然状态（又称非工作状态）下，发动机运行产生的真空将真空阀吸开，控制阀弹簧使控制阀皮碗与空气阀座紧密接触，从而关闭空气阀口。此时助力器的真空气室和应用气室分别通过活塞体的真空气室通道与应用气室通道经控制阀腔处相通，并与外界大气相隔绝。发动机起动后，发动机的进气歧管处的真空度（发动机的负压）将上升至约为-0.0667MPa（即气压值为0.0333MPa，与大气压的气压差为 0.0667MPa）。随之，助力器的真空、应用气室的真空度均上升至-0.0667MPa，并处于随时工作的准备状态。

（2）制动状态下，制动踏板被踏下，踏板力经杠杆放大后作用在控制阀推杆上。首先，控制阀推杆回位弹簧被压缩，控制阀推杆连同空气阀柱前移。当控制阀推杆前移到控制阀皮碗与真空阀座相接触的位置时,真空阀口关闭。此时，助力器的真空、应用气室被隔开。空气阀柱端部刚好与反作用盘的表面相接触。随着控制阀推杆的继续前移，空气阀口将开启。外界空气经过滤气后通过打开的空气阀口及通往应用气室的通道，进入到助力器的应用气室（右气室），伺服力产生。由于反作用盘的材质（橡胶件）有受力表面各处的单位压强相等的物理属性要求，使得伺服力随着控制阀推杆输入力的逐渐增加而成固定比例（伺服力比）增长。由于伺服力资源的有限性，即应用气室的真空度为零时（即一个标准大气压），当达到最大伺服力时，伺服力将成为一个常量，不再发生变化。此时，助力器的输入力与输出力将等量增长。

（3）松开制动踏板，制动推杆向后回位，首先关闭空气阀，继续向后则打开真空阀。助力器左右腔相通，真空重新建立为下次制动做准备。

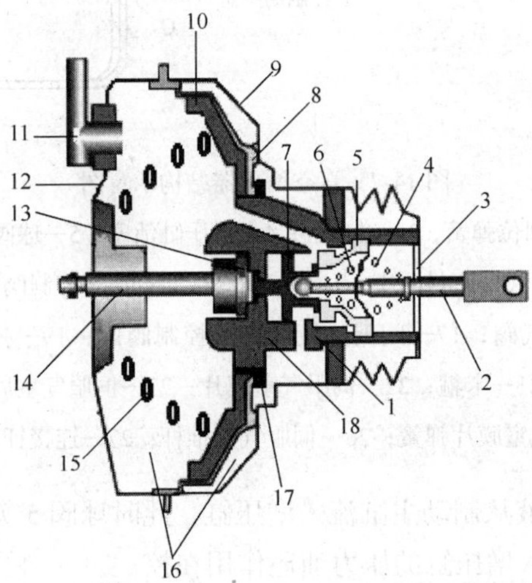

图 14-6　真空助力器工作原理示意图

1—真空阀座；2—助力器推杆；3—空气滤清器；4—助力器推杆弹簧；5—真空阀；6—阀门弹簧；7—空气阀；8—气室膜片；9—右外壳体；10—气室膜片隔板；11—真空管（设有单向阀）；12—左外壳体；13—橡胶反作用盘；14—制动主缸推杆；15—气室膜片回位弹簧；16—真空气室（左）和应用气室（右）；17—控制阀；18—毛毡（过滤空气，消噪）

简单地说，就是在推杆作用下，由控制阀控制真空阀关闭，空气阀打开，使图 14-6 所示的左右两腔产生压力差,再通过伺服气室膜片回位弹簧 15 将增大的压力传递制动主缸推杆上，起到助力的作用。

2. 真空增压器

真空增压器装在制定主缸之后。它主要由真空伺服气室、控制阀和增压缸组成，如图 14-7 所示。

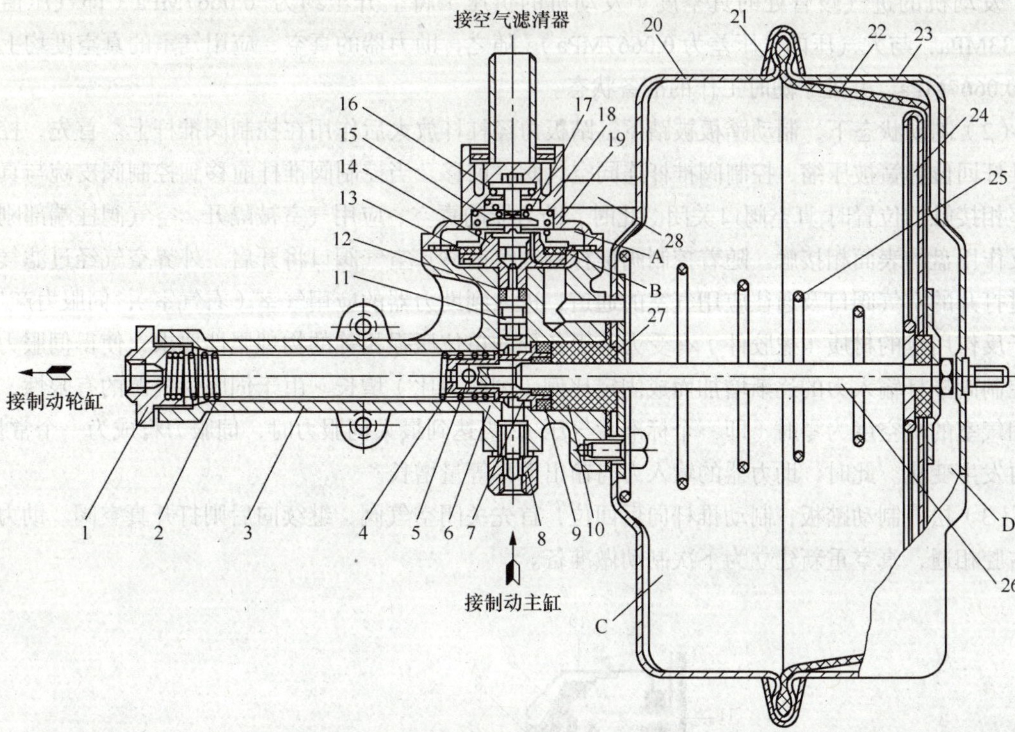

图 14-7 真空增压器结构示意图

1—出油管接头；2—增压缸活塞回位弹簧；3—增压缸；4—增压缸活塞；5—球阀；6、12—皮圈；7—活塞限位座；8—进油接头；9—密封圈；10—密封圈座；11—控制阀柱塞；13—控制阀膜片；14—控制阀膜片座；15—真空阀；16—空气阀；17—阀门弹簧；18—控制阀体；19—控制阀膜片回位弹簧；20—伺服气室前壳体；21—卡箍；22—伺服气室膜片；23—伺服气室后壳体；24—膜片托盘；25—伺服气室膜片弹簧；26—伺服气室推杆；27—连接杆；28—气管

踩下制动踏板，制动油液从制动主缸流入增压缸，此时球阀 5 关闭，制动液由增压缸上的孔进入各制动轮缸。同时，进入增压缸的压力油还作用在控制阀柱塞 11 上，推动控制阀膜片 13 上移，将真空阀 15 关闭，使控制阀的上下腔（即图 14-7 中 A、B 腔）隔绝。然后打开空气阀，控制阀进入控制阀上腔和伺服气室右腔使其压力升高，而 B、C 两腔的真空度不变，在 C、D 两腔的压力差作用下，伺服气室膜片 22 带动推杆 26 向左移，使球阀抵靠在增压缸活塞 4 的阀座上，并使增压缸左腔与制动主缸隔绝。这时，作用在增压缸活塞上的力有两个：制动主缸的液压力和推杆传来的力。因此增压缸和各轮缸压力高于主缸压力，起到了增压作用。

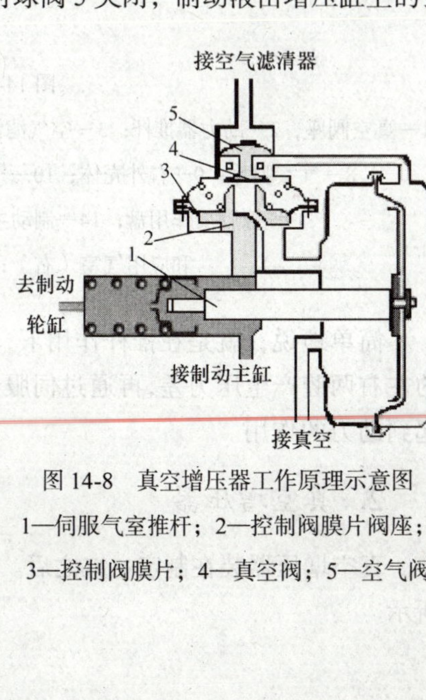

图 14-8 真空增压器工作原理示意图

1—伺服气室推杆；2—控制阀膜片阀座；3—控制阀膜片；4—真空阀；5—空气阀

简单地说，就是在推杆作用下，由控制阀控制真空阀关闭，空气阀打开，使图 14-8 所示的左右两腔产生压力差，再通过伺服气室膜片将增大的压力传递伺服气室推杆上，进而传递到各轮缸上起到增压的效果。

3. 制动主缸

制动主缸的作用是将踏板输入的机械推力转化为液压力，所以它又称为制动总泵。图 14-9 所示为串联双腔补偿孔式制动主缸工作原理图。

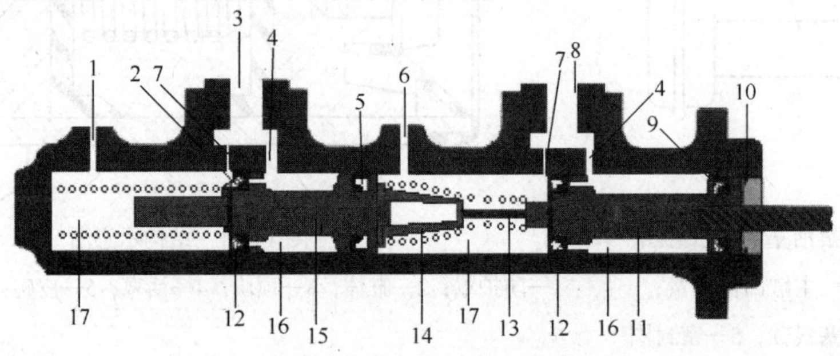

图 14-9　串联双腔补偿孔式制动主缸工作原理图

1、6—出油孔；2—主皮碗；3、8—进油孔；4—供油孔；5—隔离皮碗；7—补偿油孔；9—密封圈；10—挡圈；11—第一活塞；12—活塞皮碗座；13—调节螺杆；14—限位底座；15—第二活塞；16—进油腔；17—压力油腔

自由状态（非工作状态）时，主皮碗 2 位于供油孔 4 和补偿油孔 7 之间，压力油腔和进油腔通过这两个孔相通。踩下制动踏板后，推动第一、第二活塞组件向右移动，主皮碗将两个补偿油孔封闭，进油腔和压力油腔隔离；继续推动活塞，由于第二活塞的回位弹簧比第一活塞的回位弹簧软，因此第二缸压力油腔 17 制动液先被压缩，建立起油压。此时由于第一缸制动液未被压缩，故没有建立起油压；再继续推动活塞，第二活塞压力腔的油液压力作用在第二缸活塞上，再加上第二缸活塞弹簧力，这两个两个力均传递到第一活塞上，且大于第一活塞弹簧抗力，第一活塞压力油腔 17 的制动液被压缩，也建立起油压。

当制动踏板松开后，活塞杆迅速回缩，这时在压力油腔容易形成真空。为此，必须让进油腔的制动液迅速补充到压力油腔。同时活塞上的供油孔使进油腔的制动液流到压力油腔，使得压力油腔的压力降低。

制动主缸活塞结构如图 14-10 所示。它中间较细，一段有密封圈，防止制动液泄漏。活塞头部的一端带有皮碗，皮碗有柔性唇紧贴在缸壁上，皮碗的柔性唇既可以封闭活塞右腔的制动油液，也可以弯曲让活塞左腔的制动液通过周边流向右腔。

装备有 ABS 的制动系统，在行车制动时，由于制动压力调节器的作用使主缸内的压力波动，主缸活塞产生串动，其变化频率为 4～10 次/s，缸内可产生 20MPa 的高压。这样处于补偿油孔和进油孔之间活塞主皮碗就会过度磨损，甚至会发生切断现象。为此取消了补偿油孔和进油孔，而用中心单向阀代替两孔的作用。

4. 制动轮缸

制动轮缸的作用是将从制动主缸输入的液压能转变为机械能，以使制动器进入工作状态。制动轮缸有单活塞式和双活塞式两种。而双活塞式制动轮缸应用较广。

上海桑塔纳采用的是双活塞制动轮缸，结构如图 14-11 所示。缸体固定在制动底板上。缸内两只相对安装的密封皮碗在弹簧的作用下紧靠在活塞上，活塞凸台孔内有顶块与制动蹄上端顶紧。

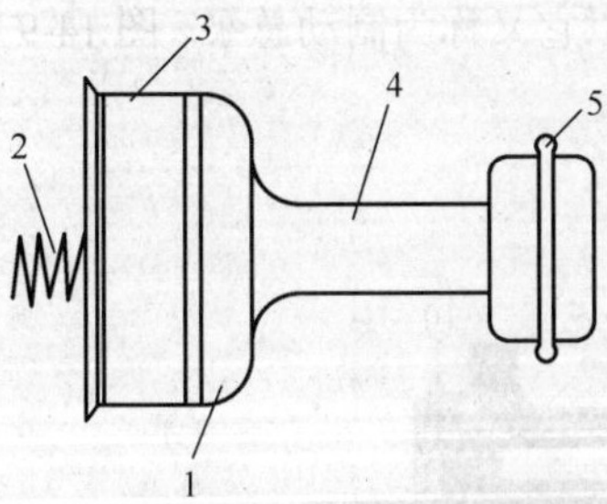

图 14-10　制动主缸活塞结构示意图

1—活塞头部；2—主缸回位弹簧；3—主皮碗；4—活塞线轴；5—密封圈

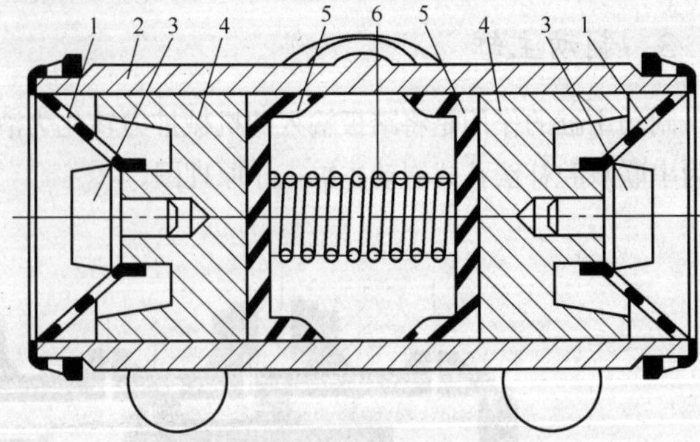

图 14-11　结构示意图

1—防护罩；2—缸体；3—顶块；4—活塞；5—皮碗；6—活塞回位弹簧

14.2.3　制动器

汽车制动系统所用的制动器是利用从制轮缸接受到的液压力产生制动力矩的部件，大多是摩擦式的，它可分为两大类：鼓式和盘式。鼓式制动器摩擦副中的旋转元件为制动鼓，其工作表面为圆柱面；盘式制动器的旋转元件则为旋转的制动盘，以端面为工作表面。

鼓式制动器根据制动蹄促进装置的不同又有两种：液压轮缸式和凸轮式。液压轮缸式鼓式制动器根据其结构都不同，又分为双向自增力蹄式制动器、双领蹄式制动器、领从蹄式制动器、双从蹄式制动器等。由于这几种制动器在制动时的正压力、摩擦表面积以及制动散热情况的差异，所以它们的制动稳定性、制动效能有所差异。与盘式制动器相比，鼓式制动器的制动效能高于盘式制动器，而其制动稳定性低于盘式制动器。由于篇幅有限，这里不介绍。

14.3　汽车 ABS 液压系统

14.3.1　ABS 概述

当汽车在制动过程中，车轮出现转动停止而在路面上拖滑的现象，称为车轮抱死。此时，车轮会失去对横向作用的抗力，易发生侧滑　甩尾、转向不受控制等，造成大的事故和危害，因此必须防止车轮抱死。同时，实验表明：汽车制动过程中，始终保持某一范围的滑移率，可以使汽车制动时获得最佳的制动效能，保持很好的方向稳定性、转向控制能力。

防抱死制动系统（ABS，Antilock Brake System），就是汽车上的这样一种主动安全装置。其主要功用是汽车制动时防止车轮抱死拖滑，以提高汽车制动过程中的方向稳定性、转向控制能力并缩短制动距离，充分发挥汽车的制动效能（制动效能即制动距离与制动减速度，是指在良好路面上，汽车以一定初速制动到停车的制动距离或制动时汽车的减速度，是制动性能最基本的评价指标）。

无论是液压制动系统还是气压制动系统，ABS 均是在普通制动系统基础上增加了传感器、

ABS 执行装置以及 ABS 控制单元三部分。其中液压 ABS 系统（本节主要内容）广泛用于轿车和轻载货车上，而气压 ABS 系统（见本书第 15 章）主要用于中、重型货车上。

1. ABS 的组成

ABS 主要由传感器、电子控制单元（Electronic Control Unit，ECU）和执行器三大部分组成。其中传感器主要是轮速传感器，有的还有汽车减速传感器、横向加速度传感器及一些相关的开关信号。执行器主要指制动压力调节器，如图 14-12 所示。

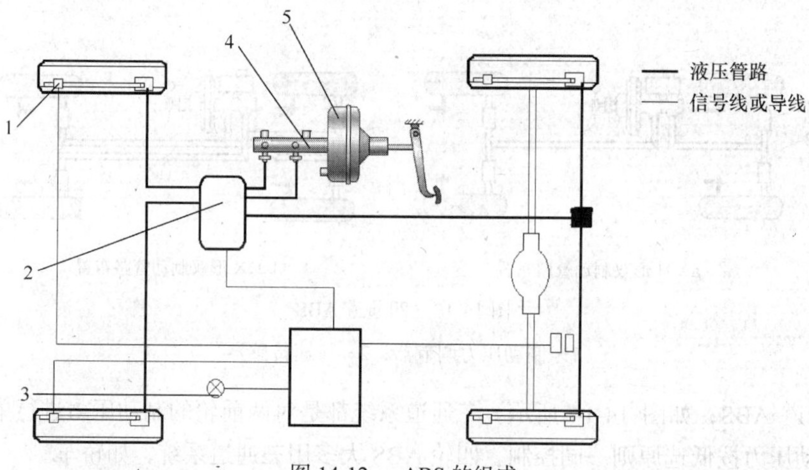

图 14-12 ABS 的组成

1—轮速传感器；2—制动压力调节器；3—制动警示灯；4—制动主缸；5—真空助力器

2. ABS 工作原理

制动过程中，ABS 控制单元不断从车轮速度传感器获取车轮的速度信号，并加以处理，进而判断车轮是否即将被抱死。如果判断车轮没有抱死，制动压力调节装置不参加工作，制动力将继续增大；如果判断出某个车轮即将抱死，ECU 向制动压力调节装置发出指令，关闭制动缸与制动轮缸的通道，使制动轮的压力不再增大；如果判断出车轮出现抱死拖滑状态，则向制动压力调节装置发出指令，使制动轮缸的油压降低，减少制动力。

3. ABS 的分类

ABS 的分类方式有很多，这里主要介绍三种：按控制通道和传感器数目分类、按制动压力调节器调压方式分类、按制动压力调节器与制动主缸的结构分类。

（1）按控制通道和传感器数目分类。ABS 系统中，能够独立进行制动压力调节的制动管路称为控制通道。如果对某车轮的制动压力可以进行单独调节，这种控制方式称为独立控制；如果对两个（或两个以上）车轮的制动压力一同进行调节，则称这种控制方式为一同控制。在两个车轮的制动压力进行一同控制时，如果以保证附着力较大的车轮不发生制动抱死为原则进行制动压力调节，称这种控制方式为按高选原则一同控制；如果以保证附着力较小的车轮不发生制动抱死为原则进行制动压力调节，则称这种控制方式为按低选原则一同控制。

按照控制通道数目的不同，ABS 系统分为四通道、三通道、双通道和单通道四种形式，而其布置形式却多种多样。

① 四通道 ABS。对应于双制动管路的 H 形（前后）或 X 形（对角）两种布置形式，四通道 ABS 也有这两种布置形式，如图 14-13 所示。为了对四个车轮的制动压力进行独立控制，在每个车轮上各安装一个转速传感器，并在通往各制动轮缸的制动管路中各设置一个制动压力调节通道。由于四通道 ABS 可以最大程度地利用每个车轮的附着力进行制动，因此汽车的制动效能最好。但在附着系数分离（两侧车轮的附着系数不相等）的路面上制动时，由于同一轴上的制动力不相等，使得汽车产生较大的偏转力矩而导致制动跑偏。所以 ABS 通常不对四个车轮进行独立的制动压力调节。总之，因采用四通道的成本高、制动过程方向稳定性差，故实际应用较少。

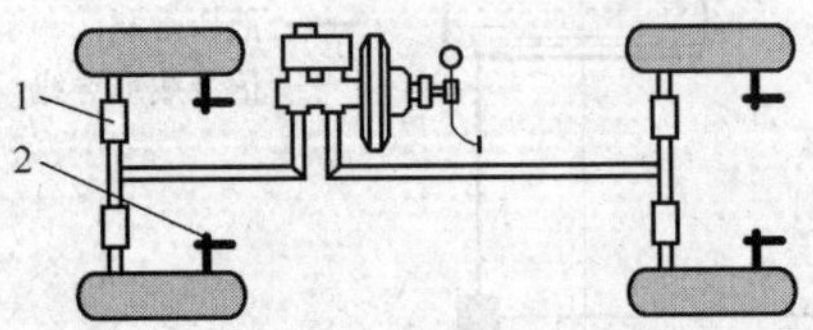

（a）H 形双制动管路布置

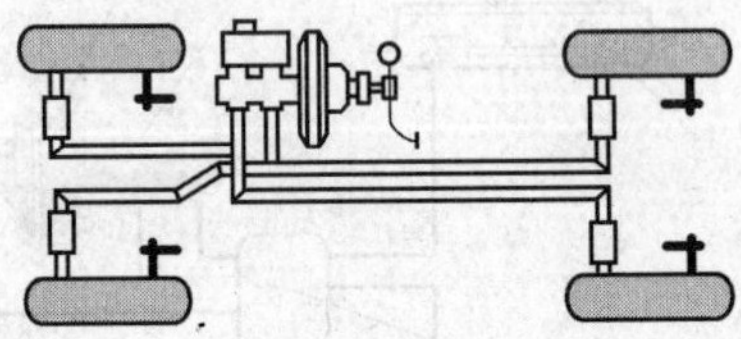

（b）X 形双制动管路布置

图 14-13　四通道 ABS

1—制动压力调节器；2—轮速传感器

② 三通道 ABS，如图 14-14 所示。三通道系统都是对两前轮的制动压力进行单独控制，对两后轮的制动压力按低选原则一同控制。四轮 ABS 大多用三通道系统，如轿车。

按对角布置的双管路制动系统中，虽然在通往四个制动轮缸的制动管路中各设置一个制动压力调节分装置，但两个后制动压力调节分装置却是由电子控制装置一同控制的，实际上仍是三通道 ABS。由于三通道 ABS 对两后轮进行一同控制，对于后轮驱动的汽车可以在变速器或主减速器中只设置一个转速传感器来检测两后轮的平均转速。

汽车紧急制动时，会发生很大的轴荷转移(前轴荷增加，后轴荷减小)，使得前轮的附着力比后轮的附着力大很多（前置前驱动汽车的前轮附着力占汽车总附着力的 70%～80%）。对前轮制动压力进行独立控制，可充分利用两前轮的附着力对汽车进行制动，有利于缩短制动距离，并且汽车的方向稳定性却得到很大改善。

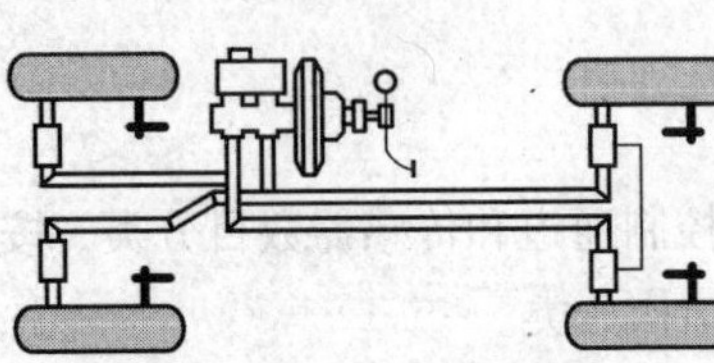

（a）前后布置四轮速传感器

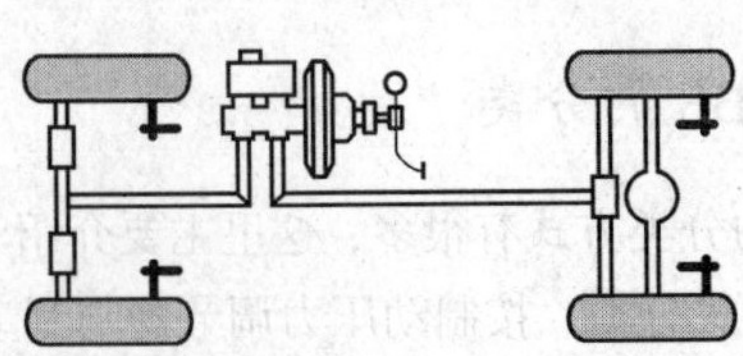

（b）前后布置三轮速传感器

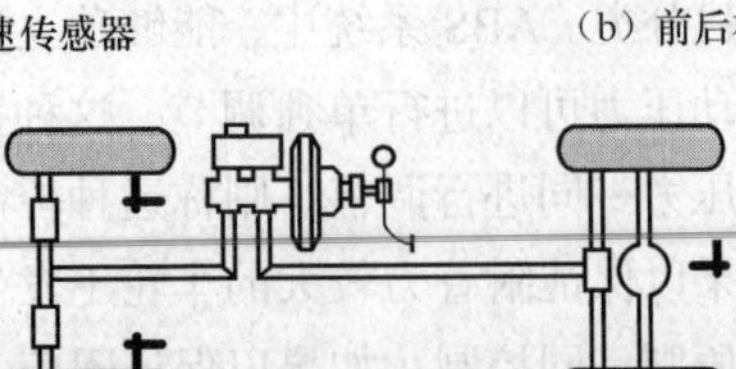

（c）对角布置四轮速传感器

图 14-14　三通道 ABS

③ 双通道 ABS，如图 14-15 所示。双通道 ABS 在按前后布置的双管路制动系统的前后制动管路中各设置一个制动压力调节分装置，分别对两前轮和两后轮进行一同控制。两前轮可以根据附着条件进行高选和低选转换，两后轮则按低选原则一同控制。

对于后轮驱动的汽车，可以在两前轮和传动系中各安装一个转速传感器。当在附着系数分离的路面上进行紧急制动时，两前轮的制动力相差很大，为保持汽车的行驶方向，驾驶员会通过转动转向盘使前轮偏转，以求用转向轮产生的横向力与不平衡的制动力相抗衡，保持汽车行驶方向的稳定性。但是在两前轮从附着系数分离路面驶入附着系数均匀路面的瞬间，以前处于低附着系数路面而抱死的前轮的制动力因附着力突然增大而增大，由于驾驶员无法在瞬间将转向轮回正，转向轮上仍然存在的横向力将会使汽车向转向轮偏转方向行驶，这在高速行驶时是一种无法控制的危险状态。

双通道 ABS 多用于制动管路对角布置的汽车上，两前轮独立控制，制动液通过比例阀（P 阀）按一定比例减压后传给对角后轮。对于采用此控制方式的前轮驱动汽车，如果在紧急制动时离合器没有及时分离，前轮在制动压力较小时就趋于抱死，而此时后轮的制动力还远未达到其附着力的水平，汽车的制动力会显著减小。而对于采用此控制方式的后轮驱动汽车，如果将比例阀调整到正常制动情况下前轮趋于抱死时，后轮的制动力接近其附着力，则紧急制动时由于离合器往往难以及时分离，导致后轮抱死，使汽车丧失方向稳定性。由于双通道 ABS 难以在方向稳定性、转向操纵能力、制动距离等方面得到兼顾，因此目前很少被采用。

④ 单通道 ABS，如图 14-16 所示。所有单通道 ABS 都是在前后布置的双管路制动系统的后制动管路中设置一个制动压力调节装置，在后桥主减速器上安装一个轮速传感器。它的特点是制动距离缩短不明显，制动时容易出现前轮抱死的情况，因而转向操纵性改善也不大，但能有效改善制动时的方向稳定性，同时其结构简单、成本低，常在一些轻型货车上使用。

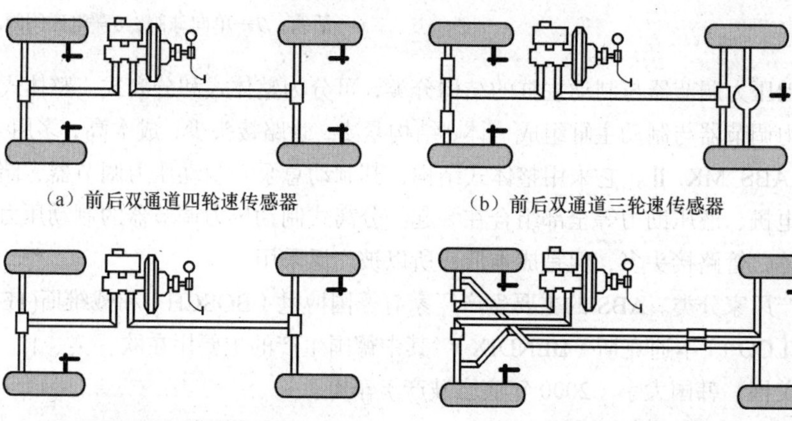

（a）前后双通道四轮速传感器　（b）前后双通道三轮速传感器

（c）前后双通道两轮速传感器　（d）对角双通道三轮速传感器

图 14-15　双通道 ABS

（2）按制动压力调节器调压方式分类，可分为流通式（循环式和环流式）和变容式。目前市场上小轿车的液压 ABS 压力调节器多采用流通式。

变容式的代表是德尔科 ABS Ⅵ型，它两前轮是独立控制，两后轮是一同控制。液压调节结构是通过螺栓与制动主缸相连，制动压力调节器的驱动机构是三个直流电机通过一级齿轮传动（见图 14-17 中 2，3 两个齿轮）带动球面螺杆转动，螺杆再带动调压活塞上下运动。当需要减压制动时，调压活塞下移，单向阀和电磁阀关闭，轮缸中的制动液回流到活塞下移后的上部空间内；常规制动时，电机通过齿轮带动活塞上行直到将位于压力调节器顶端的单向阀顶开，电磁阀不通电处于开启状态，轮缸与主缸相通，可以实现常规制动；当需要加压制动时，调压活塞上移，主缸中的制动液流向制动轮缸，轮缸压力增加；保压时，电机失电，维持不动，制动压力维持。其电机采用的是高速双向、带有电磁制动器（或弹簧制动器），能够快速准确定位的直流电机。变容式制动压力调节器构造原理，如图 14-17 所示。

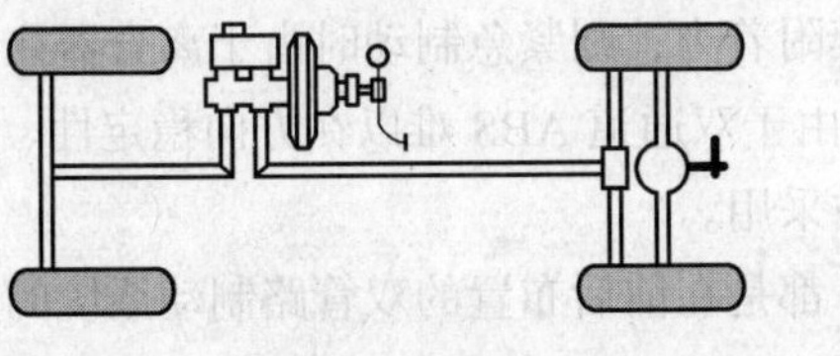

图 14-16　单通道 ABS

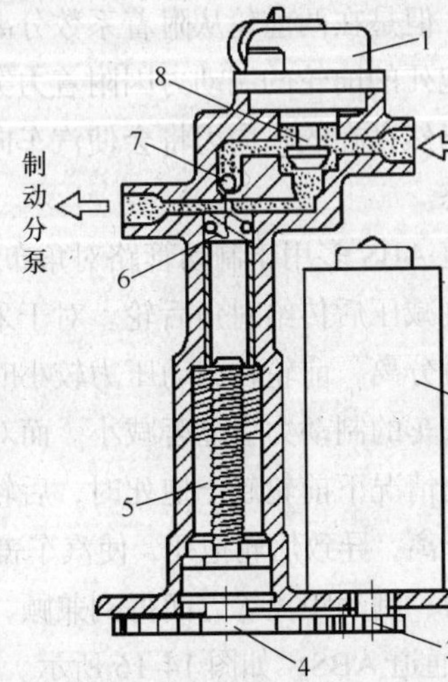

图 14-17　德尔科 ABS Ⅵ前轮制动压力调节器（变容式）构造示意图

1—电磁阀；2—双向直流电机；3—主动齿轮（小齿轮）；4—从动齿轮（大齿轮）；5—球面螺杆泵；6—活塞；7—单向球阀；8—电磁阀阀芯结构

（3）按制动压力调节器与制动主缸的结构分类，可分为整体式和分离式。整体式制动压力调节器的制动压力调节器与制动主缸组成一体，结构紧凑，管路接头少，成本高，多用于高级轿车。例如，戴维斯 ABS MK Ⅱ，它采用整体式结构，其制动总泵、制动压力调节器、储液罐、蓄压器、液压泵及电机、液压助力等全部组合在一起。分离式制动压力调节器的制动压力调节器与制动主缸自成一体，管路接头多，但是成本低，所以被广泛采用。

（4）按生产厂家分类。ABS 的主要生产厂家有德国博世（BOSCH）和戴维斯(TEVES)、美国的德尔科（DELCO）、本迪克斯（BENDIX）。其中德国生产的主要用在欧、美、日、韩轿车上，后者主要用于美国、韩国大宇（2000 年底已破产）车上。

14.3.2　博世 ABS 液压系统分析

博世 ABS 有很多种，其中博世 ABS 2 使用较早也较为广泛。它属于典型的分离式装置，采用前两轮独立控制、两后轮按低选同一原则控制的三通道控制。其液压系统主要由制动压力调节器总成、制动管路等组成。博世 ABS 制动压力调节器总成主要由三个三位三通电磁阀和一个电动回液泵、两储液器（低压蓄能器）等组成。在制动压力调节器总成的壳体上还插有一个电磁继电器和一个电动回液泵继电器，为防止污染这两个继电器用同一外罩封闭。

电动回液泵采用直流电机和双联柱塞泵组成。ABS 工作时，电动回液泵将储液器和制定分泵的制动液泵回制动总泵。博世 ABS 制动压力调节器液压系统如图 14-18 所示。

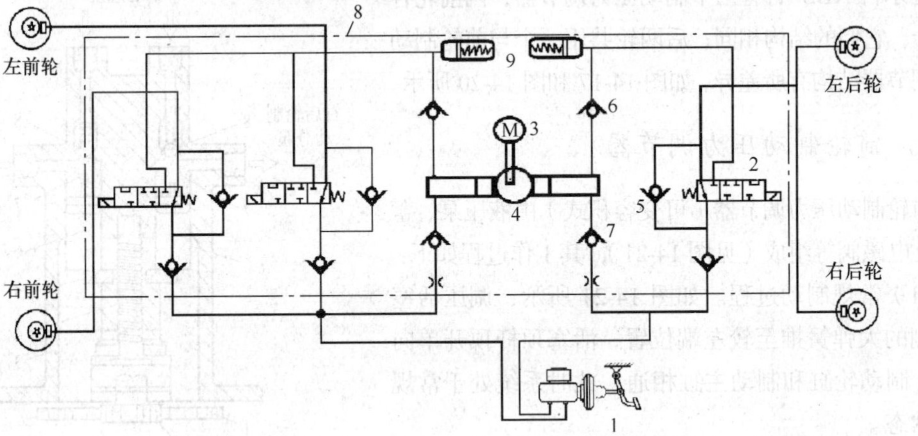

图 14-18　博世 ABS 制动压力调节器液压系统图

1—制动助力器和制动总泵；2—三位三通电磁阀；3—直流电机；4—双联柱塞泵；5—旁通单向阀；6—泵进油阀；7—泵出油阀；8—制动压力调节器；9—储液罐（低压蓄能器）

如图 14-18 所示，其工作情况为：当电磁线圈不得电时，电磁阀在内部弹簧的作用下保持在常态位置，即制动轮缸和制动主缸相通；当电磁线圈得电但电流较小时（约 2A 的电流），电磁阀在内部弹簧和电磁力的共同作用下，阀芯上移，使电磁阀的三个油口均堵死，即制动轮缸、制动主缸和储液罐之间均不相通，制动力保持不变；当电磁线圈得电且电流较大时（约 5A 的电流），电磁阀在内部弹簧和电磁力的共同作用下，阀芯继续上移，使电磁阀的两个油口导通，即制动轮缸、储液罐之间相通，轮缸压力减小，制动力也减小。三位三通电磁阀（图 14-18 中元件 2）状态及得失电情况见图 14-19。

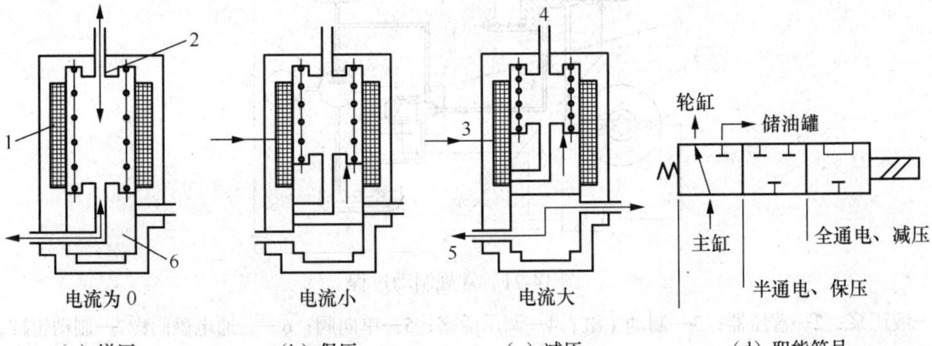

图 14-19　三位三通电磁阀工作过程

1—电磁线圈；2—回位弹簧；3—电磁线圈通电导线；4—制动主缸接口；5—制动轮缸接口；6—衔铁

14.3.3　德尔科 ABS Ⅵ液压系统分析

德尔科 ABS Ⅵ在美国轿车上使用较广泛，该系统是一种对两前轮采用独立控制、两后轮按低选同一原则控制的三通道四轮制动的 ABS 系统。采用变容式制动压力调节器，结构简单、可靠性高，成本低。

德尔科 ABS Ⅵ有三个制动压力调节器，两前轮各有一个，它们的结构相同；后两轮共用一个与前轮制动压力调节器结构有所差异，如图 14-17 和图 14-20 所示。

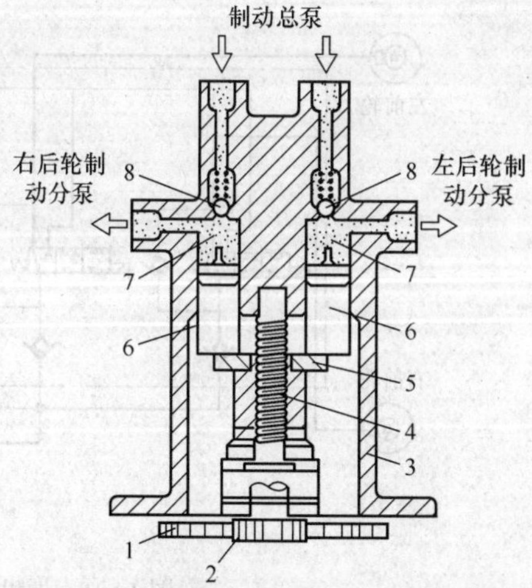

图 14-20 德尔科 ABS Ⅵ后轮制动压力调节器（变容式）构造示意图

1—从动齿轮（大齿轮）；2—主动齿轮（小齿轮）；3—调压缸体；4—螺杆；5—螺母；6—活塞；7—压力腔；8—单向球阀

1. 前轮制动压力调节器

前轮制动压力调节器（可变容积式）由液压泵、蓄压器、电磁阀等组成（见图 14-21），其工作过程如下：

（1）常规制动过程。如图 14-21 所示，调压活塞被右侧的大弹簧推至较左端位置，活塞顶杆顶开单向阀 5，制动轮缸和制动主缸相通，此时系统处于常规制动状态。

（2）减压过程。如图 14-22 所示，ABS ECU 对电磁阀通入较大电流，电磁阀的柱塞向右移，蓄压器中高压制动液通过管路从调压活塞左侧向右推动调压活塞，单向阀关闭，制动轮缸与制动主缸的油路被阻断。同时由于调压活塞右移使轮缸侧的容积增加，制动力减少。减少的幅度取决于轮缸侧管路容积的增加量。

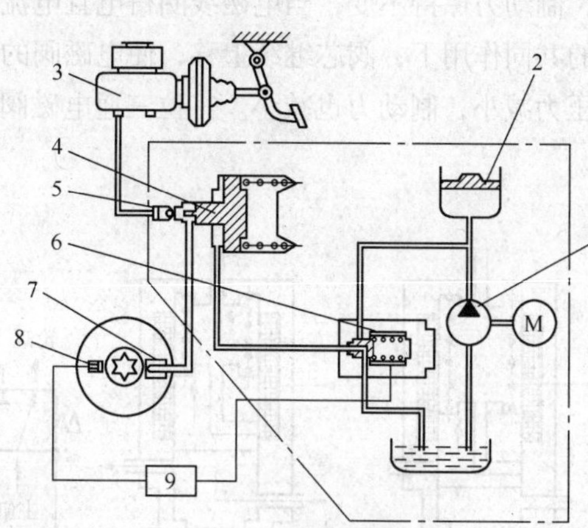

图 14-21 常规制动过程

1—液压泵；2—蓄压器；3—制动主缸；4—调压活塞；5—单向阀；6—三通电磁阀；7—制动轮缸；8—轮速传感器；9—ABS 电控单元

（3）保压过程。如图 14-23 所示，ABS ECU 对电磁阀通入较小电流，电磁阀的柱塞向左移，调压活塞左侧的高压制动液油路被阻断，调压活塞静止在当前位置，管路容积不再发生变化。制动压力得以保持。

（4）增压过程。如图 14-24 所示，ABS ECU 对电磁阀断电，柱塞回到最初的最左端的位置，作用在调压活塞左侧的高压被解除，调压活塞左移，调压活塞左侧的制动液泄入储液罐中，同时主缸和轮缸制动油路相通。由于调压活塞左移使轮缸侧的容积减少，制动力增加。增加的幅度取决于轮缸侧管路容积的减少量。

除上述构造之外，德尔科 ABS Ⅵ前轮制动压力调节器的控制阀由单向球阀和电磁阀组成，用来控制制动总泵与分泵间的制动液通断。单向球阀由螺杆活塞顶部控制，平时活塞位于总顶端的位置，将球阀顶开，使制动总泵与分泵处于常通状态。前轮制动压力调节器单向球阀与电磁阀并联的原因在于防止 ABS 失效无法顶开单向球阀时，常开电磁阀处于导通状态也可以使制动总泵与分泵处于常通状态，如图 14-17 所示。

在前轮制动压力调节器电动机上方各有一个电磁制动器，受 ABS ECU 控制。其作用在于电磁线圈不得电时，固定在电机轴上的金属圆盘被里面的弹簧弹力夹紧，可消除电机的任何转动，保证常规制动时，液压活塞不下移。电磁线圈得电时，固定在电机轴上的金属圆盘被松开，电机的可以双向转动，液压活塞得以上下移动。

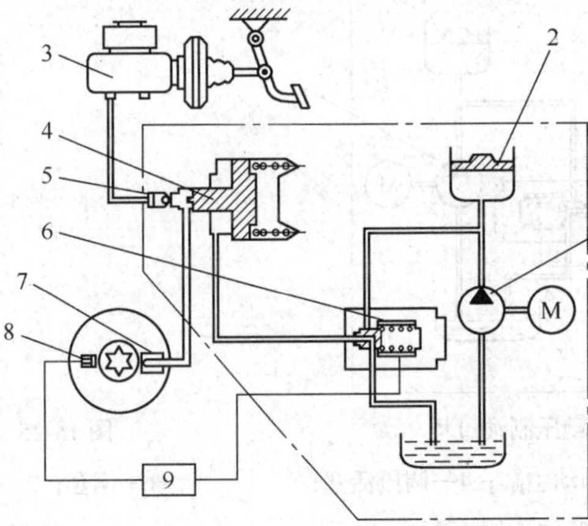

图 14-22　减压制动过程

1—液压泵；2—蓄压器；3—制动主缸；4—调压活塞；5—单向阀；6—三通电磁阀；7—制动轮缸；8—轮速传感器；9—ABS 电控单元

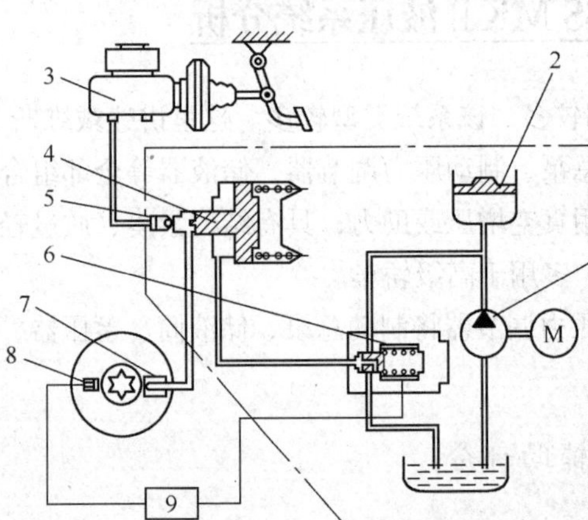

图 14-23　保压制动过程

1—液压泵；2—蓄压器；3—制动主缸；4—调压活塞；5—单向阀；6—三通电磁阀；7—制动轮缸；8—轮速传感器；9—ABS 电控单元

2. 后轮制动压力调节器

后轮制动压力调节器与前轮制动压力调节器工作原理相同，但结构略有差别，如图 14-20 所示。在后轮制动器电动机下方，有一个机械式膨胀制动装置（见图 14-25），它在电机不得电时，将电机转轴锁紧在最高位置顶开单向球阀，保持制动主缸与制动轮缸的常通状态。但是防抱死制动过程中电机得电转动时，弹簧会在钢套内收缩，电机就会驱动螺杆转动从而带动活塞上下移动，产生调压作用。

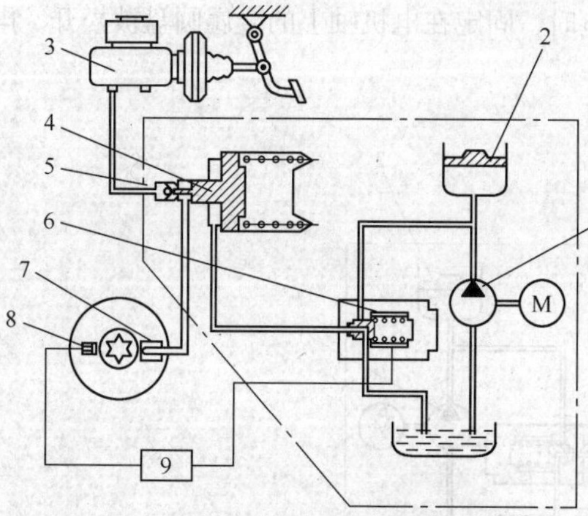

图 14-24　增压制动过程

1—液压泵；2—蓄压器；3—制动主缸；4—调压活塞；
5—单向阀；6—三通电磁阀；7—制动轮缸；
8—轮速传感器；9—ABS 电控单元

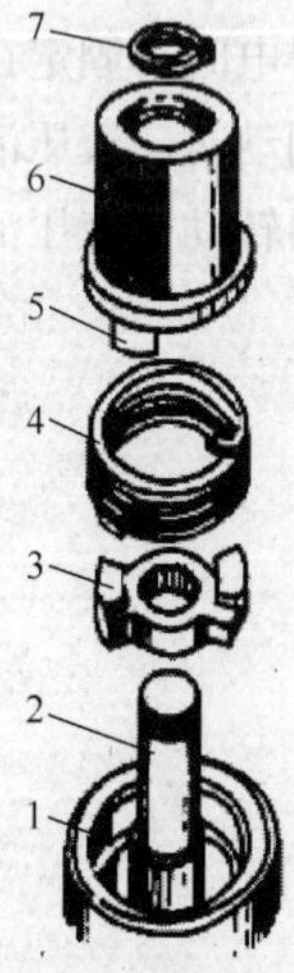

图 14-25　机械机械式膨胀制动装置

1—钢套；2—电机转轴；3—电机驱动凸块；
4—制动弹簧；5—传动齿轮；
6—驱动齿轮；7—卡环

14.3.4　戴维斯 ABS MKⅡ液压系统分析

戴维斯 ABS 在欧美使用较多，该系统类型较多。这里讲述戴维斯 ABS MKⅡ型。它是一种典型的整体式结构，其制动总泵、制动压力调节器、储液器等全部组合在一起，属于流通式调压结构；采用液压助力、不使用真空增压或助力；具有结构紧凑、质量轻、体积小、管路简单、安装便捷的特点，但价格较高，多用于高级轿车。

戴维斯 ABS MKⅡ制动压力调节器将制动总泵、储液筒、蓄压器、液压泵、控制电磁阀集成一体，如图 14-26 所示。

1. 制动压力调节器辅助部分

（1）储液筒。储液筒为白色半透明容器，有四个接口：两个接口向制动总泵内部储液腔和液压泵供油，另两个用来储存来自制动分泵和液压助力器回流的制动液。储液筒内有双向液位开关，当上面的触点闭合时，点亮红色制动；下面的触点断开时，切断了 ABS　ECU 的电路，点亮黄色 ABS 警示灯。

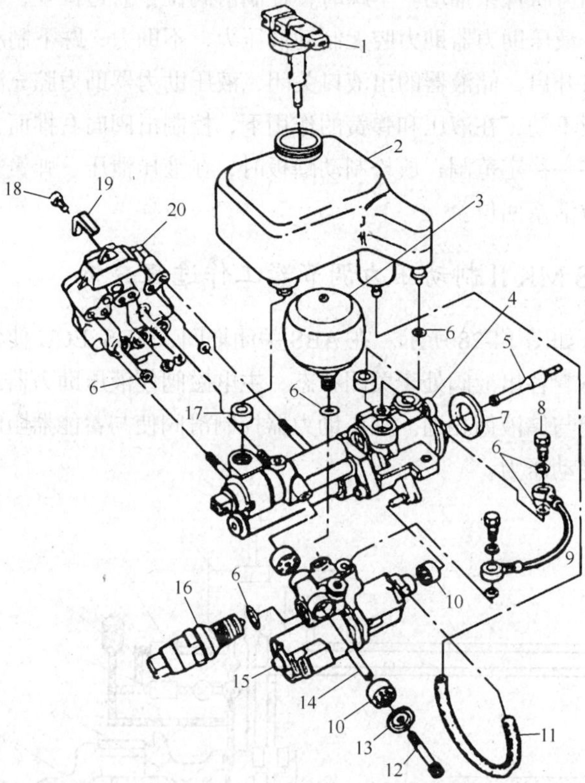

图 14-26　戴维斯 ABS MKⅡ制动压力调节器总成

1—液位开关；2—储液筒；3—蓄能器；4—制动总泵及液压助力器总成；5—制动踏板推杆；6—O 形密封圈；7—密封圈；8—高压管接头；9—高压管；10—隔离套；11—回液管；12—泵固定螺栓；13—垫圈；14—螺栓套筒；15—液压泵总成；16—组合压力开关；17—密封套管；18—固定螺钉；19—储液筒支架；20—电磁阀体总成

（2）蓄能器和液压泵。蓄能器和液压泵是整个液压系统的供能装置。蓄能器为囊式，有上下两个腔，上腔装满氮气，下腔由电动泵泵入高压制动液蓄能。

液压泵为回转球阀活塞泵，它由压力组合开光控制，当压力低于 15MPa 时，电动泵工作；当压力高于 18MPa 时。本书主要介绍双活塞式的制动总泵。

（3）制动总泵。制动总泵和液压助力器组合在一起，总泵在前，助力器在后。制动总泵有单活塞式和双活塞式。本书主要介绍双活塞式的制动总泵。

（4）主电磁阀。双活塞式制动总泵的上方设有一个主控电磁阀，它受 ABS ECU 的控制。其结构如图 14-27 所示。主电磁阀电磁线圈失电时，储液筒与内部储液腔相通；主电磁阀电磁线圈得电时，内部储液腔与液压助力腔相通。

（5）电磁阀体总成。电磁阀体总成设有三对进、出液二位二通电磁阀。它也同样受 ABS ECU 的控制。

（6）液压助力器。液压助力器直接利用来自蓄能器的高压制动液进行制动助力。制动过程中，通过 ABS ECU 的控制作用使高压制动液作用于两后轮制动轮缸。液压助力器中的

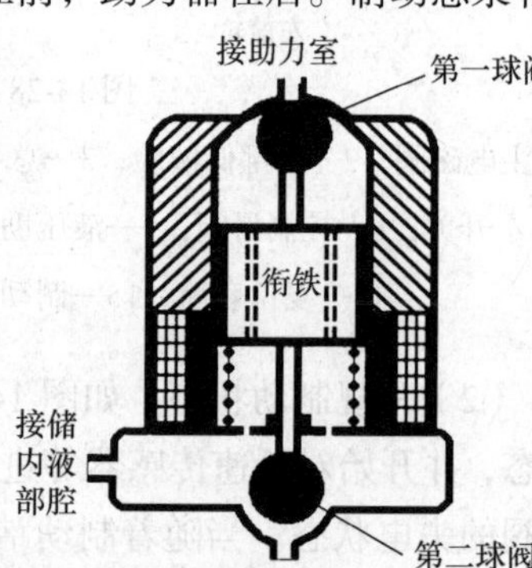

图 14-27　二位三通电磁阀结构图

控制滑阀由制动踏板和剪状杆系推动。不踩时，控制滑阀位于右边位置，蓄能器的进液口关闭、储液器的出液口开启，液压助力器助力腔无制动液压力，不助力；踩下制动踏板时，控制滑阀向左移，蓄能器的进液口开启、储液器的出液口关闭，液压助力器助力腔充满高压制动液，进行制动助力；踩住制动踏板不动，在液压和弹簧的作用下，控制滑阀向右推而关闭出液口，出液口此时仍关闭，保持液压在一稳定范围；放松制动踏板时，在液压泄压、弹簧复位以及复位套筒的作用下，制动踏板和复位活塞回位。

2. 戴维斯 ABS MKⅡ制动压力调节器工作过程分析

（1）未制动状态，如图 14-28 所示。在 ABS 关闭期间，ABS ECU 使各个电磁阀均不得电。各进液阀处于开启状态，各出液阀处于关闭状态；主电磁阀使液压助力器助力腔与内部储液腔之间不相通，内部储液腔与储液筒相通。液压助力器控制滑阀使与蓄能器阻断，助力腔与储液筒相通。各条控制通道无制动压力。

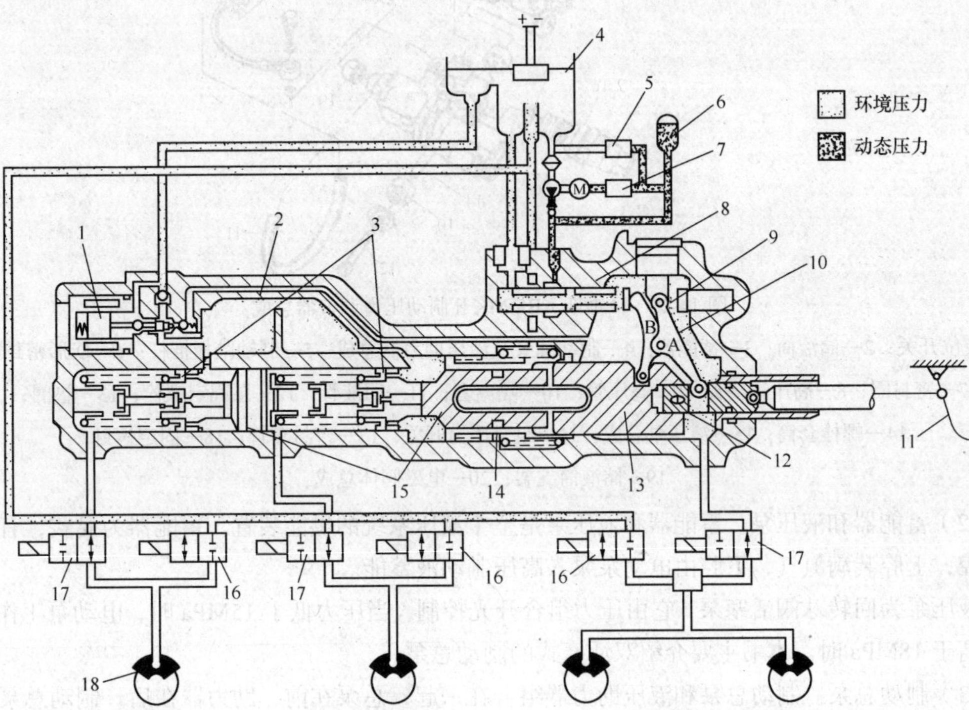

图 14-28 戴维斯 ABS MKⅡ制动压力调节器未制动时

1—主电磁阀；2—内部储液腔；3—总泵密封圈；4—储液筒；5—限压阀；6—蓄能器；7—压力控制开关及压力警示开关；8—控制滑阀；9—液压助力器；10—剪状杆系；11—制动踏板；12—感压活塞；13—助力活塞；14—复位套筒；15—制动总泵活塞；16—常闭出液阀；17—常开进液阀；18—制动卡钳

（2）常规制动状态，如图 14-29 所示。当踩下制动踏板时，ABS ECU 判定汽车已进入制动状态，并开始对轮速传感器等进行数据处理，若判定车轮没有趋于抱死，则 ECU 仍保持各个电磁阀的失电状态。当随着制动踏板的踩下，制动压力调节器的推杆推动剪状杆系 10 的杠杆 B 上端控制助力控制滑阀左移，助力液压腔（图 14-29 中剪状杆系 10 所在的位置）与蓄能器 6 导通，蓄能器中较高压力的制动液进入助力液压腔（通常把蓄能器中较高压力的制动液提供的压力称为动压力)。进入助力液压腔的动压制动液有两个出口，即发挥两个作用：一方面是向左推动助力活塞，再通过复位套筒 14，推动制动总泵第一活塞、第二活塞(图 14-29 中 15)使制动总泵第一腔、第二腔中压力增加，分别进入常开进液阀 17(图 14-29 中左侧的两个 17)到左前轮和右前轮的制动轮缸中；另一方面是向下通过常开进液阀 17(图 14-29 中右侧的 17)，再分别进入后轮制动轮缸。此时系统处于常规制动的初步状态。注意左前轮和右前轮的制动轮缸中制动液压力不是蓄能器提供，而是由活塞向左运动产生的，常称为静压力。随着制动踏板的行程增加，制动静压力就越大。在常规制动过程中，助力控制滑阀始终保持与蓄能器的导通，截断助力液压腔与储液罐之间的管路。因此当制动踏板控制在某一位置不动时，制动压力也保持一定值。

如果在液压助力器发生故障时，则制动踏板 11 的推杆通过感压活塞 12，在消除感压活塞 12 与助力活塞的间隙后，推动推动制动总泵第一活塞、第二活塞(图 14-29 中 15)使制动总泵第一腔、第二腔中压力增加，分别进入常开进液阀 17(图 14-29 中左侧的两个 17)到左前轮和右前轮的制动轮缸中。由于一般说来，轿车在制动过程中，前两轮的制动占到总制动力的一半以上，所以此时轿车仍具有制动能力，只是制动力有所减小。

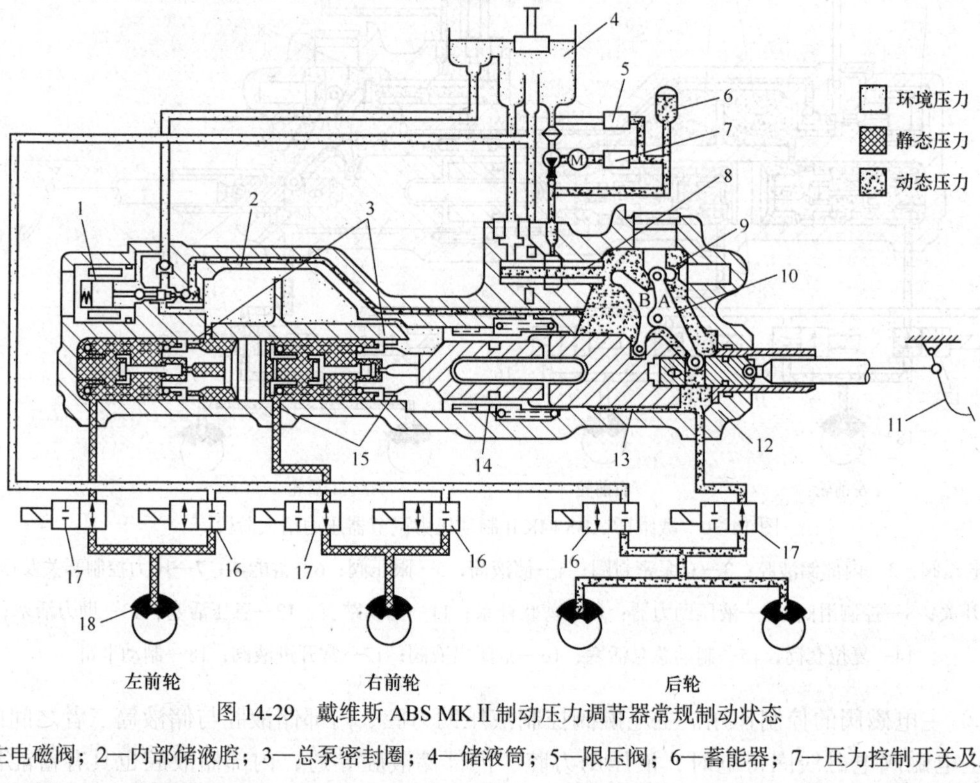

图 14-29　戴维斯 ABS MKⅡ制动压力调节器常规制动状态

1—主电磁阀；2—内部储液腔；3—总泵密封圈；4—储液筒；5—限压阀；6—蓄能器；7—压力控制开关及压力警示开关；8—控制滑阀；9—液压助力器；10—剪状杆系；11—制动踏板；12—感压活塞；13—助力活塞；14—复位套筒；15—制动总泵活塞；16—常闭出液阀；17—常开进液阀；18—制动卡钳

(3)防抱死工作状态，如图 14-30 所示。

① 制动压力调节状态。在制动过程中，ABS ECU 根据输入信号判定各个车轮的具体状态。若任一车轮趋于抱死状态，ABS ECU 就进入该车轮控制通道的制动调压过程。

若判定左前轮趋于抱死状态时，则使左前轮的进液电磁阀 17 电磁线圈和出液电磁阀 16 电磁线圈得电（即其电压为蓄电池电压）。此时会出现：进液电磁阀关闭，出液电磁阀，左前轮制动分泵中部分制动液流回储液筒，制动压力迅速减小，即进入制动压力减小状态；若 ABS ECU 判定其抱死状态开始消除，车轮滑移率控制在合适的范围时，出液电磁阀电磁线圈失电，出液电磁阀关闭，制动压力保持当前值；由于惯性作用左前轮加速，当 ABS ECU 判定车轮滑移率低于其合适范围，且车轮不在抱死状态时，进液电磁阀电磁线圈失电，进液电磁阀关闭回到常态，左前轮制动液回路导通，制动液进入左前轮制动分泵，制动压力增加。

总之，ABS ECU 通过分别控制进、出液电磁阀 17、16 来分别三个控制通道制动压力。它可以使趋于抱死车轮的制动分泵进行制动压力减小、保持、增大的反复调压，其频率可达 15 次/s。从而将各车轮的滑移率控制在合适的范围，直到汽车停车或汽车降速到很低为止。

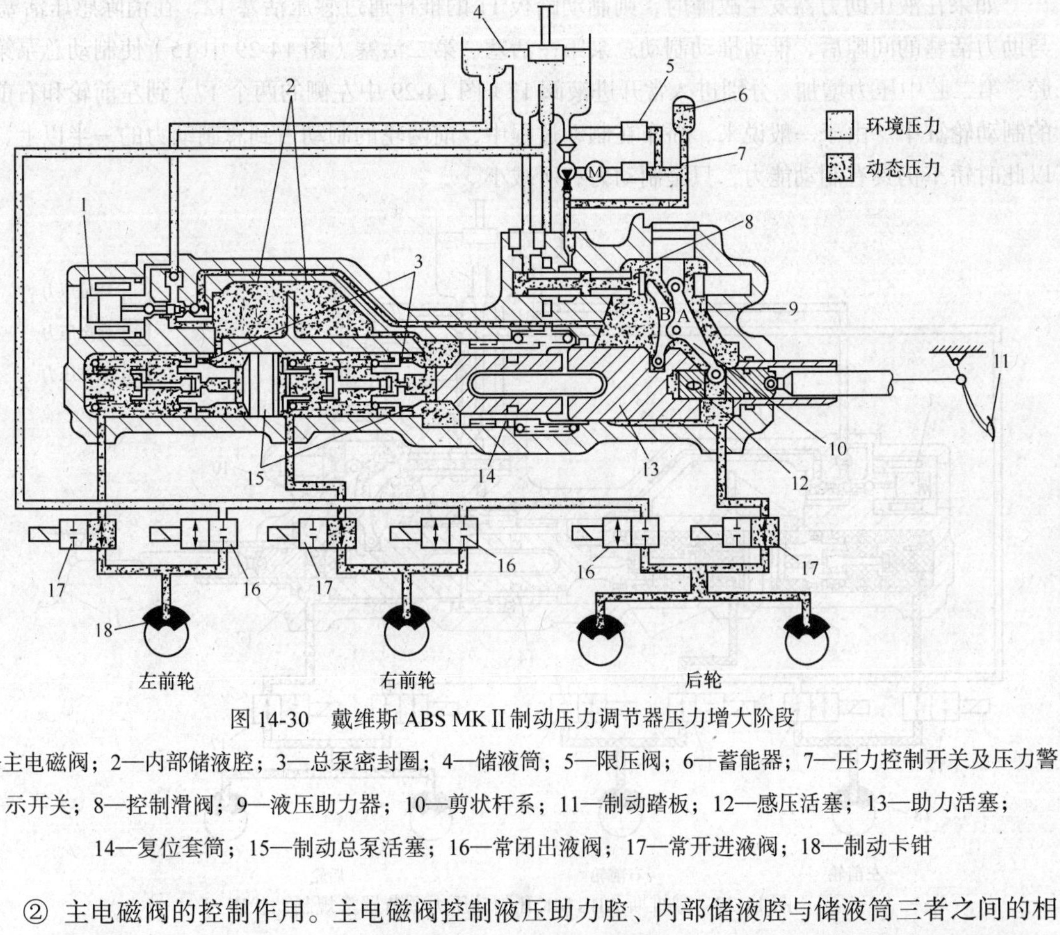

图 14-30　戴维斯 ABS MK Ⅱ制动压力调节器压力增大阶段

1—主电磁阀；2—内部储液腔；3—总泵密封圈；4—储液筒；5—限压阀；6—蓄能器；7—压力控制开关及压力警示开关；8—控制滑阀；9—液压助力器；10—剪状杆系；11—制动踏板；12—感压活塞；13—助力活塞；14—复位套筒；15—制动总泵活塞；16—常闭出液阀；17—常开进液阀；18—制动卡钳

② 主电磁阀的控制作用。主电磁阀控制液压助力腔、内部储液腔与储液筒三者之间的相通。主电磁阀电磁线圈得电时，液压助力腔、内部储液腔导通，内部储液腔也具有蓄能器提供的动态压力，这样具有动态压力的制动液会通过其内部的孔进入两级活塞的背后，将两级活塞的前端回液阀推开，再经其中央的孔进入制动总泵的两腔中。此时两前轮控制通道也具有动态压力。

另外，主电磁阀得电后，制动液由内部储液腔进入与第一级活塞背后的制动液与液压助力腔中的制动液具有相同的压力。而作用在第一级活塞左端的承压面积大于作用在助力活塞右端的承压面积，这使得第一级活塞会推动助力活塞右移，直到其推力平衡。助力活塞会停留在右端的 1/3 行程处，在助力活塞右移的过程中，制动踏板也会发生相应的抬升，此后助力器会失效。即使如此，制动总泵仍保留其总行程的后 2/3，从而使人力踩动制动踏板时，仍能保持制动效能，保持制动的可靠性。

14.4 自卸车液压系统

14.4.1 自卸车概述

自卸车，又称翻斗车。它通过液压或机械举升而自行卸载货物。它由汽车、液压举升机构、车厢和取力装置等部件组成。自卸车的发动机、底盘及驾驶室的构造和一般载重汽车相同。自卸车的车厢分后向倾翻和侧向倾翻两种，通过操纵系统控制活塞杆运动，后向倾翻较普遍，推动活塞杆使车厢倾翻，少数双向倾翻。

自卸车举升机构有两种：直推式和连杆组合式。多角度自卸车的举升机构采用后者，其基本布置形式又有两种：油缸前推式和油缸后推式，如图 14-31 所示。

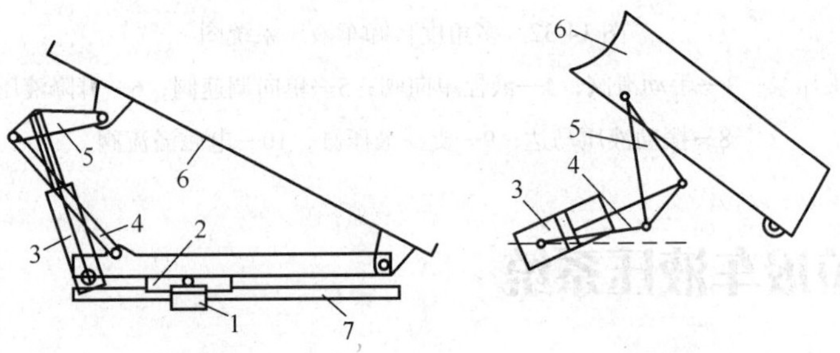

（a）油缸前推式　　（b）油缸后推式

图 14-31　多角度自卸车举升机构

1—液压马达；2—回转支撑；3—举升缸；4—连杆；5—三角板；6—车厢；7—汽车副梁

14.4.2 自卸车液压系统分析

自卸车车厢举升液压系统通过变速器、取力装置驱动液压泵，高压油经分配阀、油管进入举升液压缸，推动活塞杆使车厢倾翻。通过操纵系统控制活塞杆运动，可使车厢停止在任何需要的倾斜位置上。车厢利用自身重力和液压控制复位。

自卸车车厢举升液压系统如图 14-32 所示。车厢举升回路采用液控单向阀，可以在车厢举升后防止车厢因自重而下滑失控。车厢旋转回路的双向液压锁，可保证车厢转动的稳定性，并停稳在任何位置。同时液压马达在手到控制阀的控制下，也可以实现车厢的双向旋转。

支腿回路的双向液压锁可以锁紧回路，防止“软腿”现象。

三条液压回路采用并联设计，且控制阀均采用了“Y”形中位，可以同时实现多个动作，也可分别控制、顺序控制。

由于这种自卸车的装载车厢能自动倾翻多角度卸料，大大节省卸料时间和劳动力，缩短运输周期，提高生产效率，降低运输成本，所以被广泛用作运输专用车辆。

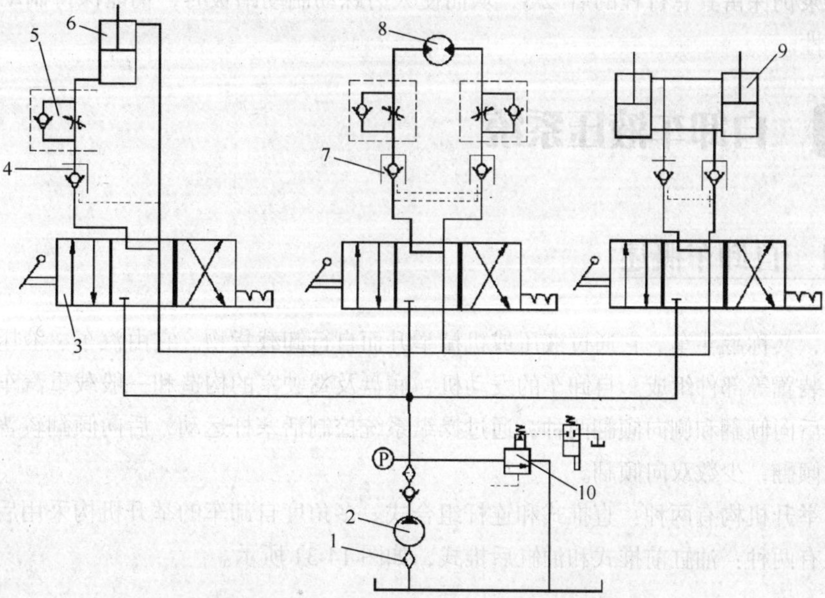

图 14-32　多角度自卸车液压系统图

1—滤油器；2—液压泵；3—手动滑阀；4—液控单向阀；5—单向调速阀；6—升降液压缸；7—液压锁；8—摆动液压马达；9—支撑液压缸；10—电磁溢流阀

14.5　垃圾车液压系统

14.5.1　垃圾车概述

垃圾车主要用于城市环卫以及大型厂矿运输各种废弃物。而随着城市的发展，垃圾量也在不断增加，降低垃圾处理运输成本是必然。这里将介绍的压缩式垃圾车采用机、电、液联合控制技术，通过车厢、装填器、推铲等专用装置，实现垃圾倒入、压碎或压扁、强力装填等，大大提高了垃圾车的装载质量，且动力性、环保性好整车利用率高，还容易实现作业自动化。

14.5.2　垃圾车液压系统分析

由图 14-33 分析压缩式垃圾车具有以下几个特点。

① 回路并联控制，可以实现两个动作同时进行，加快了作业速度，且边装车变压缩也有利于进一步提高装载质量。

② 本系统采用的手动控制具有成本低，维修方便的特点。除此之外，如果进一步改善操作可以很容易实现控制阀的自动化。

③ 装料斗采用分流阀可以避免装料时，两液压缸动作、速度不一致而导致垃圾桶倾斜而出现的二次污染。

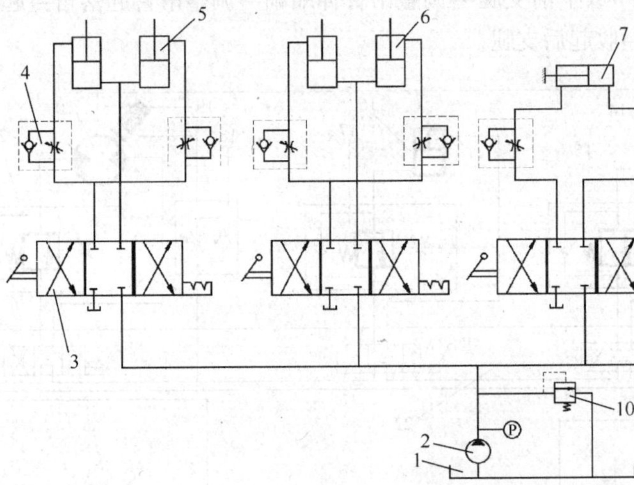

图 14-33　压缩式垃圾车液压系统图

1—油箱；2—液压泵；3—换向阀；4—单向调速阀；5—废弃物装车液压缸；6—压缩液压缸；7—废弃物推卸缸；8—分流阀；9—装料斗升降缸；10—安全阀

14.6 汽车起重机液压系统

14.6.1　汽车起重机概述

汽车起重机（外形如图 14-34 所示）是以汽车底盘为基础的一种行走式起重设备，具有很好的机动性，广泛用于建筑、货站一级野外吊装作业等，可在冲击、震动、温度变化大和环境差的条件下工作。它能够执行起升和回转的简单复合动作，位置精度要求不高，因此一般采用中、高压手动控制液压系统。由于起重负载较大，故障可能会造成重大的生命或财产损失，因此系统必须安全可靠。本书将对 QY-8 型汽车起重机进行介绍。QY-8 型汽车起重机外形如图 14-34 所示。它的起重量为 8t（幅度为 3m 时），最大起重高度为 11.5m，属于起重装置可连续旋转的小型起重机。

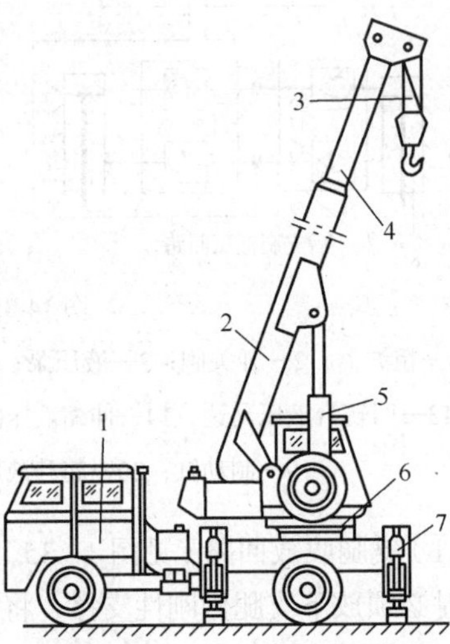

图 14-34　QY-8 型汽车起重机外形

1—汽车；2—基本臂；3—起升机构；4—伸缩臂；5—吊臂变幅液压缸；6—液压转台；7—液压支腿

14.6.2　QY-8 型汽车起重机液压系统分析

QY-8 型汽车起重机液压系统原理如图 14-35 所示。该系统液压泵的额定工作压力为 21MPa，泵的额定转速为 1500 转/分，泵的额定排量为 40mL/r。回转台的转速为 1～3 转/分。QY-8 型汽车起重机的动作顺序为放下后支腿→放下前支腿→调整吊臂伸缩幅→调整吊臂起落角→起吊重物→回转→落下重物→收起前支腿→收起后支腿。

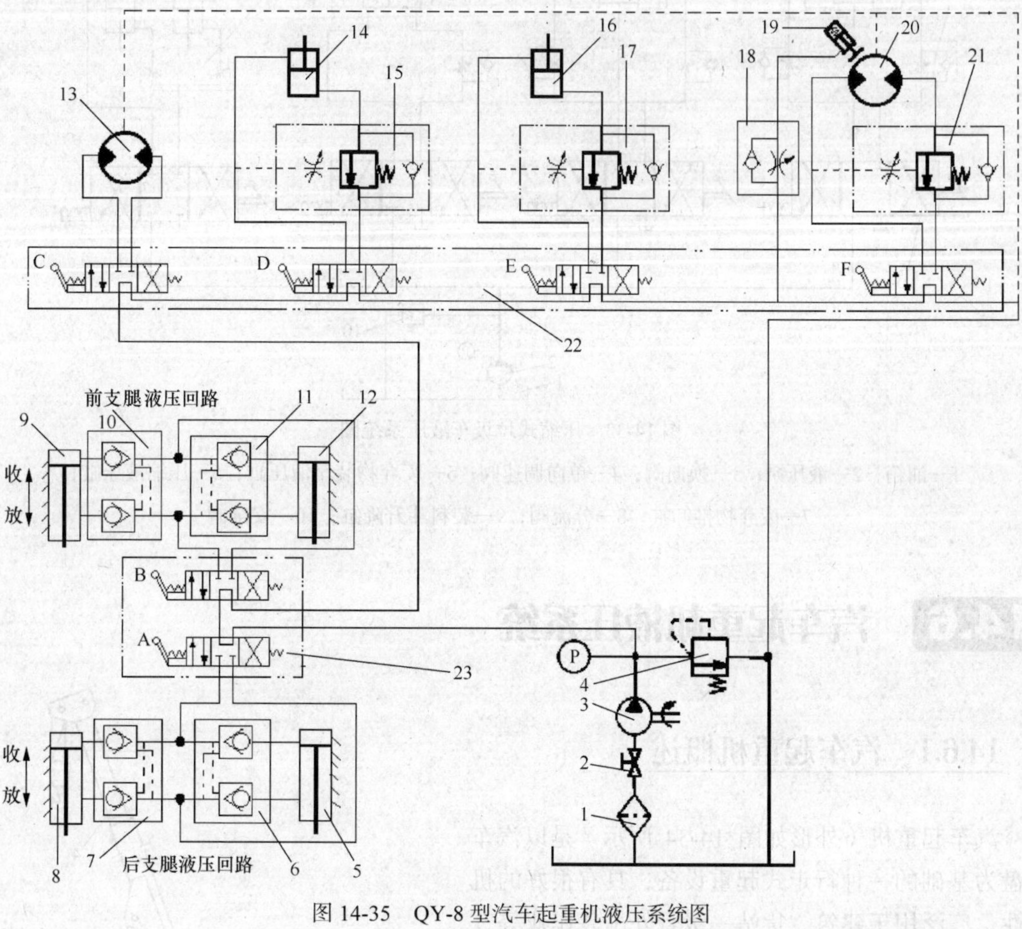

图 14-35 QY-8 型汽车起重机液压系统图

1—粗滤器；2—开关阀；3—液压泵；4—安全阀；5、7、10、12—液压锁；6、8、9、11—支腿油缸；13—回转台液压马达；14—伸缩液压缸；15、17、21—平衡阀；16—变幅液压缸；18—单向节流阀；19—制动缸；20—起升液压马达；22—支腿换向阀组；23—吊装动作换向阀组

（1）支腿收放回路（见图 14-35，主要由元件 5～12、23 组成）。由于汽车轮胎承载能力有限，吊装时必须放下支腿做刚性支撑，将轮胎悬空。汽车行驶时才将其收起。为保证汽车起重机的稳定性，后支腿先放后收。前后支腿各用一只三位四通手动换向阀控制。每条支腿油缸均配有一只双向液压锁，既可以保证支腿可靠地锁紧，防止作业过程中出现“软腿”现象，又可以在油路软管出现爆管或支腿油缸泄漏时，支腿保持高度不变。为防止对支腿回路的误操作，支腿回路控制阀组不布置在吊装操作室内。同时支腿回路串联，且有双向液压锁的锁紧作用，因此前后支腿可以进行分别调整，满足不同地坪条件下的吊装作业。

（2）起升机构回路（见图 14-35，主要由元件 18～22 组成）。起升机构是汽车起重机吊装时的主要执行机构，它对液压系统的要求是满足最大起重量和起升速度；调速性能好；升降平稳；无爬行且不得超速升降。为此采用了低速大转矩马达（图中元件 20）带动卷扬机运行。起升液压马达的方向由吊装动作控制阀组中的手动控制阀 22 完成。起升速度主要通过调节发动机油门来完成。在马达控制重物下降的回油路上设置有平衡阀 12(有改进的顺序阀和单向阀并联而成)，以防止重物因自重而下落，并限制超速下降。平衡阀使得升起液压马达只有在其进油路压力建立之后才能下放重物，这也有利于液压马达运转的平稳性，同时也避免了重物开始下降瞬间的“点头”现象。又因为液压马达的泄漏较大，尽管回路中设有平衡阀，但仍有可能出现“溜车”现象（指重物不受控制的缓慢下滑的现象），因此在上设置了制动缸。当液压马达停转时，制动缸的弹簧使闸块将驱动轴锁住；当起升机构工作时，在系统油压的作用下，制动缸闸块松开液压马达的驱动轴正常转动。悬空的重物再次提升时，制动缸突然松闸，液压马达 20 由于油压建立时间不足，会出现在重物重力作用下反转而失控下滑的现象。为此制动缸回路上设置了单向节流阀 18。

单向节流阀使得液压马达停转时，制动缸的弹簧迅速抱闸；而在液压马达转动提升时，制动缸松闸缓慢进行（松闸快慢由单向节流阀 18 调节）。

（3）回转机构回路。回转机构采用液压马达通过减速器来驱动转盘回转，回转转盘的速度为 1～3 转/分，引起转动惯性小，不必设置制动回路。由于回转所需功率小，故其运动时其他机构可以同时动作，如起升、变幅和伸缩。但是不同角度的操作应按 QY-8 型汽车起重机吊装操作规范进行。

（4）伸缩回路（见图 14-35，主要由元件 16、17、22 组成）。吊臂伸缩机构由基本臂和伸缩臂组成，伸缩臂套装在基本臂内。此外，还有一节附加臂。为防止吊装臂因自重下滑也在其回路中设置有平衡阀。

（5）变幅回路（见图 14-35，主要由元件 14、15、22 组成）。起重臂的俯仰角改变既可以改变起重高度也可以改变作业半径。变幅就是改变起重臂的俯仰角，变幅液压缸的伸缩可以调整起重臂的俯仰角。与前述一样，为防止吊装臂因自重下滑，在马达控制重物下降的回油路上设置有平衡阀。

总之，QY-8 型汽车起重机液压系统具有以下特点。

① 因为系统采用了中位机能为 M 形的三位四通换向阀，使得在其不工作时，系统卸荷，减少功率损失，也与起重机间歇工作相适应。

② 系统采用的锁紧回路、平衡回路、制动回路等，使得系统工作可靠安全，稳定。

③ 系统回路采用了各执行元件串联的连接方式，降低了系统造价，还可以在系统不满载时，实现复合动作。

14.7 推土机液压系统

14.7.1 推土机概述

推土机用途十分广泛，是铲土运输机械中最常用的作业机械之一，在土方施工中占有重要地位。它是一种在履带式拖拉机或轮胎式牵引车的前面安装推土装置及操纵机构的自行式施工机械，主要用来开挖路堑、构筑路堤、回填、铲除障碍、消除积雹，也可完成短距离松散物料的铲运和堆积作业。但由于铲刀没有蘑板，容量有限，在运土过程中会造成两侧的泄漏，故运距不宜太长，否则会降低生产效率。通常中小型推土机的运距为 30～100m，大型推土机的运距一般不应超过 150m。

推土机配备松土器，可翻松硬土、软石或凿裂层岩，以便铲运机和推土机进行铲掘作业，也可利用推土机的铲刀直接顶推铲运机以增加铲运机的铲土能力（即所调推土机助铲），还可协助平地机或铲运完成施工作业，以提高这些机械的作业效率。

这里介绍的 TY160 型推土机是一台履带式液力机械传动式推土机。它采用液力变矩器与动力换挡变速器组合传动装置，具有自动无级变速变扭、自动适应外负荷变化、其发动机不易熄火、可负载换挡、换挡次数少、操纵轻便、作业效率高等特点，是现代应用较多的一种大中型推土机。

14.7.2 推土机液压系统分析

TY160 型推土机液压系统包括换挡操作液压系统、转向液压系统和工作装置液压系统。本文将介绍其工作装置液压系统，如图 14-36 所示。

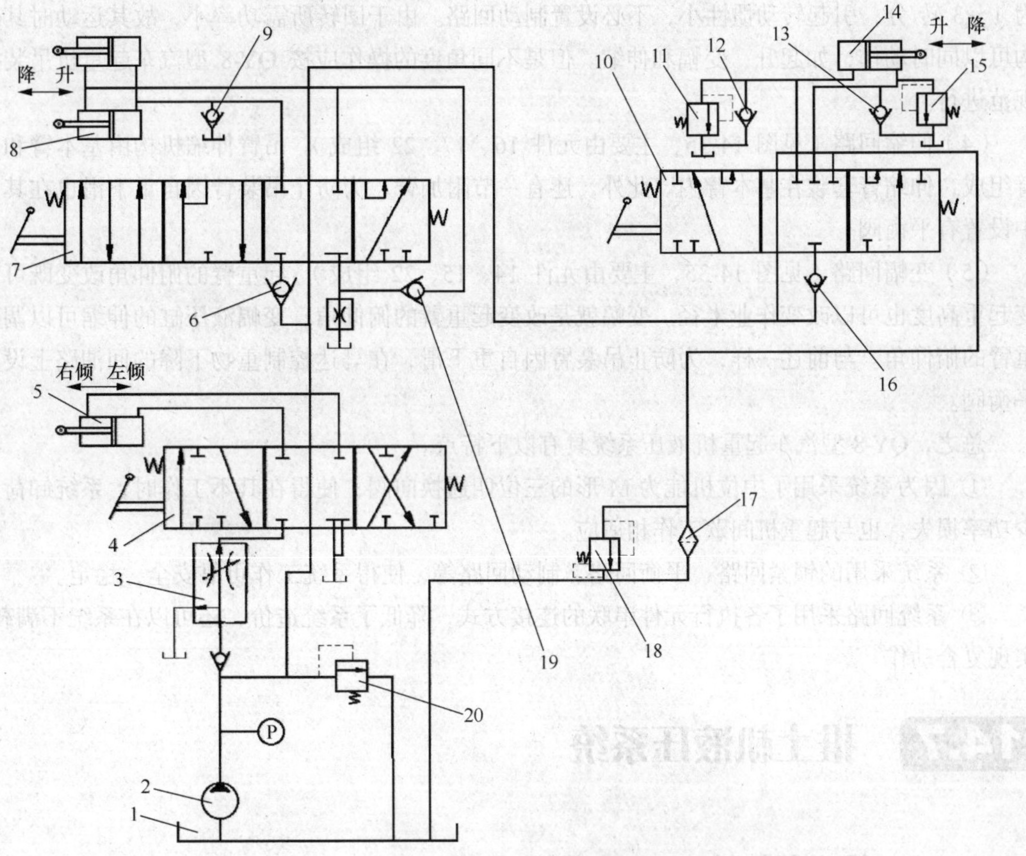

图 14-36 TY160 型推土机工作装置液压系统

1—油箱；2—液压泵；3—流量控制阀；4—倾斜控制阀；5—倾斜油缸；6、16—单向阀；7—推土铲升降控制阀；8—推土板升降油缸；9—提升补油阀；10—松土器控制阀；11—松土器下降过载阀；12—松土器下降补油阀；13—松土器提升补油阀；14—松土器油缸；15—松土器提升过载阀；17—滤油器；18—旁通阀；19—下降补油阀；20—系统安全阀

TY160 型推土机工作装置采用齿轮式液压泵的额定压力小于 13.7MPa，推土作业效率约为 1.3m^3/h。该系统共有三个油缸分别完成推土、松土倾斜和推土板升降的动作。

当松土器动作或推土板下降时，为避免运动速度过快，可能引起供油不足使液压缸形成局部真空，发生气蚀现象。此时在进油腔压力下降，形成一定压力差，克服单向阀弹簧的调定压力，使补油阀 9、10、12、13 打开，从油箱中补油至进油腔，以避免真空并使液压缸动作平稳。

松土器液压缸运行过程中常会遇到突然受到载荷，为防止由于其载荷突然陡增，液压缸闭锁而设置有过载阀 11、15。过载阀的设置原则是靠近执行元件，以是载荷突然变化能迅速反应到阀上。一般过载阀的调定压力大于系统安全阀调定压力 15%～25%，TY160 型推土机松土器过载阀的调定压力为 16MPa。

推土板控制阀采用四位流通手动控制阀有上升、固定、下降和浮动四个工作状态。浮动位置是推土板液压两腔进、回油路相通，推土板自由支地，随地形而浮动。

14.8 液力传动及其装置

以液体为工作介质，靠叶轮与液体之间的液体动力作用来传递能量的流体传动叫液力传动。叶轮将动力机（内燃机、电动机、涡轮机等）输入的转速、力矩加以转换，经输出轴带动机器的工作部分，液体与装在输入轴、输出轴、壳体上的各叶轮相互作用，产生动量矩的变化，从而达到传递能量的目的，如图 14-37 所示。液力传动与靠液体压力能来传递能量的液压传动在原理、结构和性能上都有很大差别。液力传动的输入轴与输出轴之间只靠液体为工作介质联系，构件间不直接接触，是一种非刚性传动。液力传动装置常见的有液力耦合器和液力变矩器。

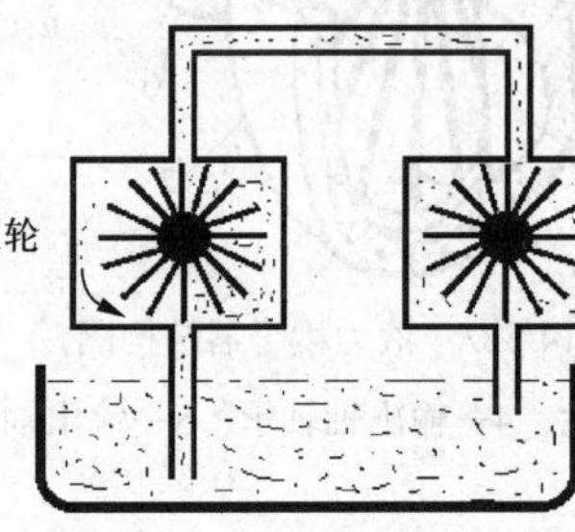

图 14-37　液力传动工作原理图

14.8.1　液力耦合器

液力耦合器的结构如图 14-38 所示。液力耦合器主要由壳体（图 14-38 中元件 1 和 7）、泵轮 2、涡轮 3 三个主要元件构成。在驱动轴的凸缘上，固定着耦合器外壳。与外壳刚性连接并随驱动轴一起旋转的叶轮，组成耦合器的主动元件，称为泵轮。与从动轴相连的叶轮，为耦合器的从动元件，称为涡轮。泵轮与涡轮统称为工作轮。在工作轮的环状壳体中，径向排列着许多叶片。涡轮装在密封的外壳中，其端面与泵轮端面相对，两者之间留有 3～4mm 的间隙。由此，泵轮和涡轮组成了一个可使液体循环流动的密闭工作腔。

液力耦合器的壳体和泵轮在驱动轴（由电动机或者发动机驱动）的带动下旋转，叶片间的工作液在泵轮带动下一起旋转。随着发动机转速的提高，离心力作用将使工作液从叶片内缘向外缘流动。因此，叶片外缘处压力较高，而内缘处压力较低，其压力差取决于工作轮半径和转速。

由于泵轮和涡轮的半径是相等的，故当泵轮的转速大于涡轮时，泵轮叶片外缘的液力大于涡轮叶片外缘。于是，工作液不仅随着工作轮绕其轴线做圆周运动，并且在上述压力差的作用下，沿循环圆依箭头所示方向作循环流动。液体质点的流线形成一个首尾相连的环形螺旋线。这样泵轮接受驱动机传动来的机械能，传给工作液，使其提高动能，然后再由工作液将动能传给涡轮。因此，液力耦合器实现传动的必要条件是工作液在泵轮和涡轮之间有循环流动。而循环流动的产生，是由两个工作轮转速不等，使两轮叶片的外缘产生液力差所致。因此，液力耦合器在正常工作时，泵轮转速总是大于涡轮转速。如果二者转速相等，液力耦合器则不起传动作用。

液力耦合器曾应用于早期的汽车半自动变速器及自动变速器中。液力耦合器的泵轮与发动机的飞轮相连接，动力由发动机曲轴传入。在有些时候，耦合器严格上讲是飞轮的一部分，在这种情况下，液力耦合器又被称为液力飞轮。涡轮与变速器的输入轴相联。液体在泵轮与涡轮间循环流动，使得力矩从发动机传至变速器，驱动车辆的前进。在这方面，液力耦合器的作用非常类似于手动变速器中的机械离合器。由于液力耦合器无法改变转矩的大小，现已被液力变矩器所取代。

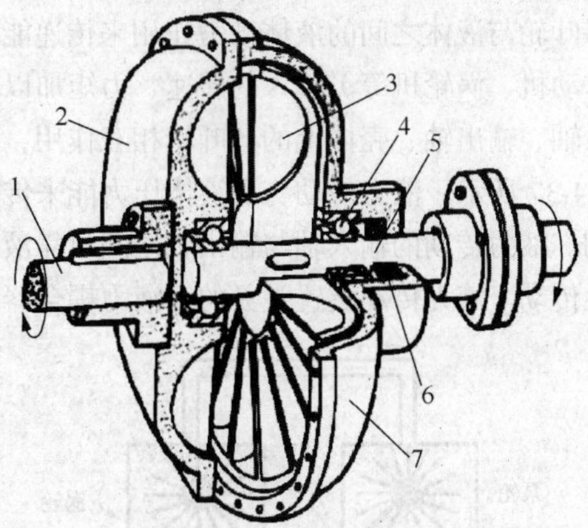

图 14-38　液力耦合器结构图

1—输入轴；2—泵轮；3—涡轮；4—输出轴轴承；5—输出轴；6—密封圈；7—壳体

14.8.2　液力变矩器

1. 液力变矩器的组成、结构

液力变矩器通常由泵轮、涡轮和导轮三个基本元件组成，如图 14-39 和图 14-40 所示，称为三元件液力变矩器。液力变矩器常安装在轿车自动变速器与发动机之间，起离合和变矩的作用。若采用两个导轮，则称为四元件液力变矩器。这种四元件液力变矩器可增大其高效率的工作范围，但结构复杂，成本高，在国产红旗 CA770 使用过。但近年来已经很少使用。

2. 液力变矩器工作原理

液力变矩器工作时，壳体内充满 ATF，发动机带动壳体旋转，壳体带动泵轮旋转，泵轮的叶片将 ATF 带动起来，并冲击到涡轮的叶片；如果作用在涡轮叶片上冲击力大于作用在涡轮上阻力，涡轮将开始转动，并使机械变速器的输入轴一起转动。由涡轮叶片流出的 ATF 经过导轮后再流回到泵轮，形成如图 14-41 所示的循环流动。因此实现了转矩从泵轮到涡轮传递。液力变矩器中液流除按图 14-42 循环外还做螺旋运动，有时还会产生涡流，如图 14-42 所示。

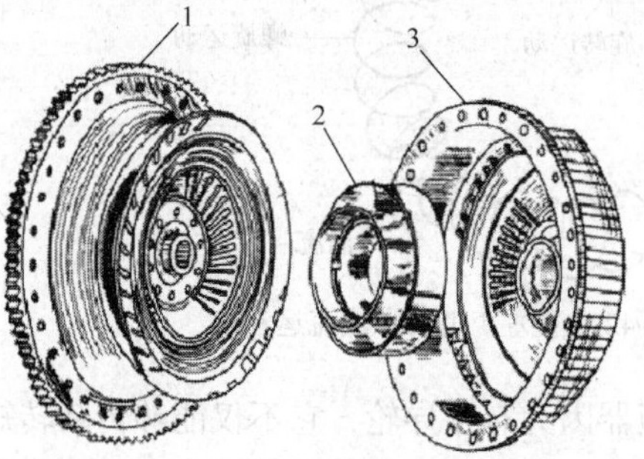

（a）三元件实物图

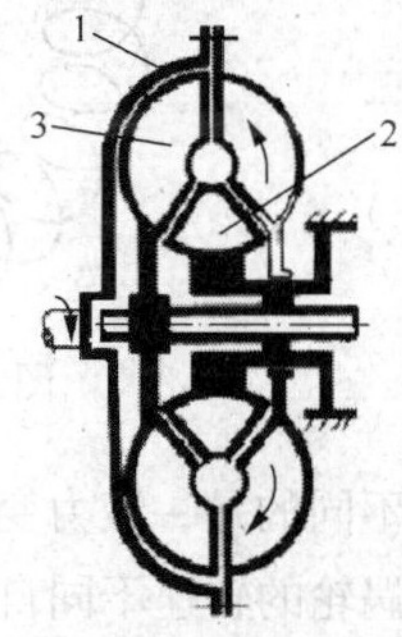

（b）装配关系简图

图 14-39　液力变矩器的组成

1—泵轮；2—导轮；3—涡轮

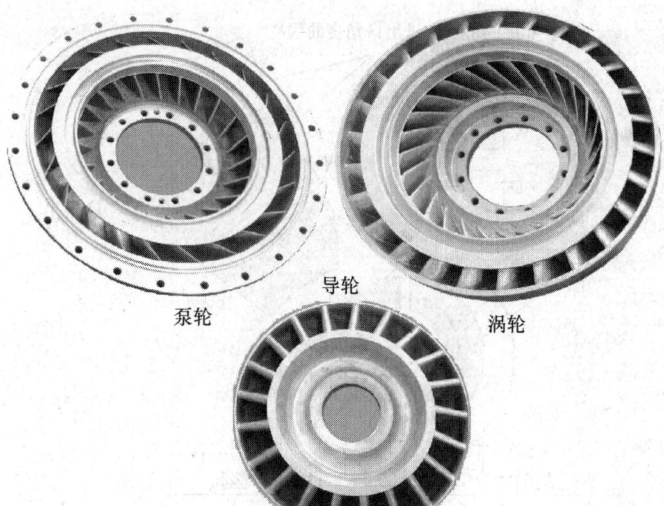

图 14-40　液力变矩器工作轮结构图

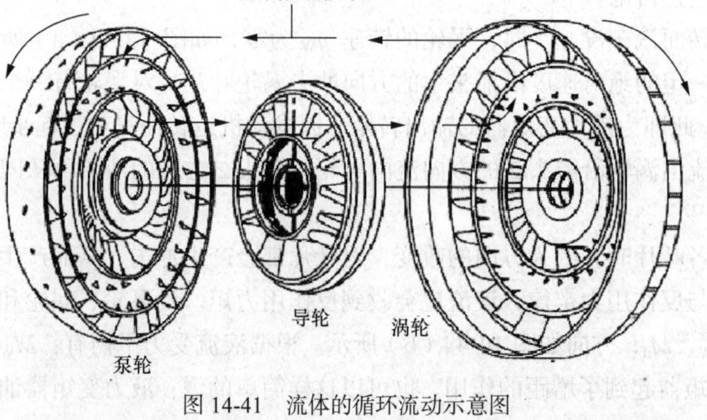

图 14-41　流体的循环流动示意图

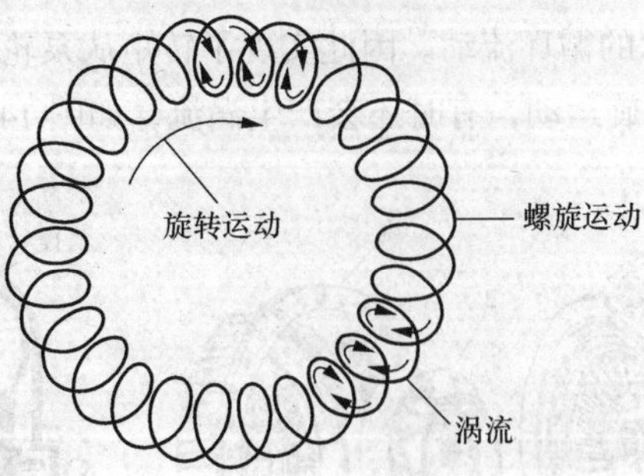

图 14-42　液力变矩器中液流运动

与液力耦合器不同的是，液力变矩器因为有了导轮，它不仅能够传动转矩，还能在泵轮转矩不变的情况下，岁涡轮的转速不同自动改变涡轮所输出的转矩值，即“变矩”。

以液力变矩器的工作轮展开图来说明液力变矩器的工作原理。如图 14-43 所示，工作轮循环圆中间流线将三个工作轮叶片假想展开，得到泵轮、涡轮和导轮的环形平面图，各叶轮叶片形状和进出口角度如图 14-43 中的曲线所示。

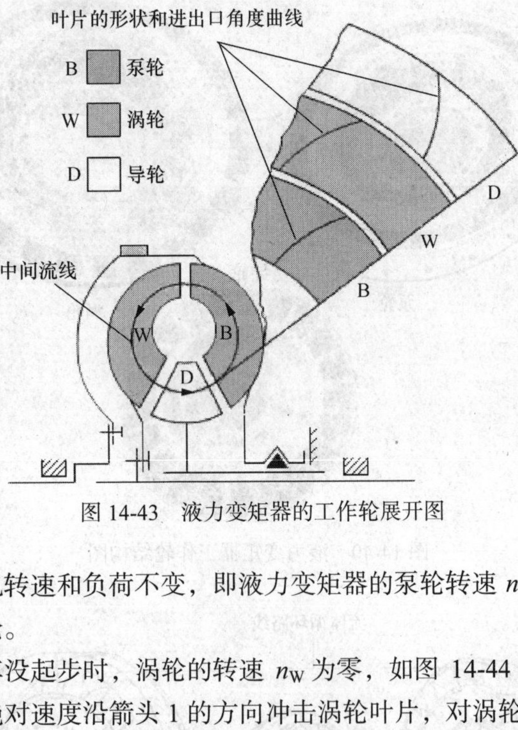

图 14-43　液力变矩器的工作轮展开图

为简单起见，发动机转速和负荷不变，即液力变矩器的泵轮转速 n_b 和转矩 M_b 恒定，且以汽车起步工况为例进行讨论。

当发动机运转而汽车没起步时，涡轮的转速 n_W 为零，如图 14-44（a）所示。变速器油在泵轮的带动下，以一定的绝对速度沿箭头 1 的方向冲击涡轮叶片，对涡轮有一个作用力，产生绕涡轮轴的转矩 M_W，此即为液力变矩器的输出转矩。因发动机运转而汽车没起步时，涡轮的转速 n_W 为零，所以液流流出涡轮沿箭头 2 的方向流向导轮。箭头 2 方向的液流再从固定不动的导轮沿箭头 3 流回泵轮。

当液流流过各叶片时，因为方向的改变，对叶片都会产生冲击，从而产生对叶轮轴的转矩。同时根据作用力与反作用力定律，液流也会收到反作用力矩。设泵轮、涡轮和导轮对液流的力矩分别为：M_b，M_W，M_d，方向如图 14-44（b）所示。根据液流受力平衡有：$M_W=M_b+M_d$。显然 $M_W \geqslant M_b$，即液力变矩器起到了增距的作用。也可以这样简单的说：液力变矩器油从涡轮流入导轮后方向会改变，当油液再流回到泵轮时，其流动方向变得与泵轮运动方向相同，这就加强了泵轮的转动力矩，进而也就增大了输出转矩。

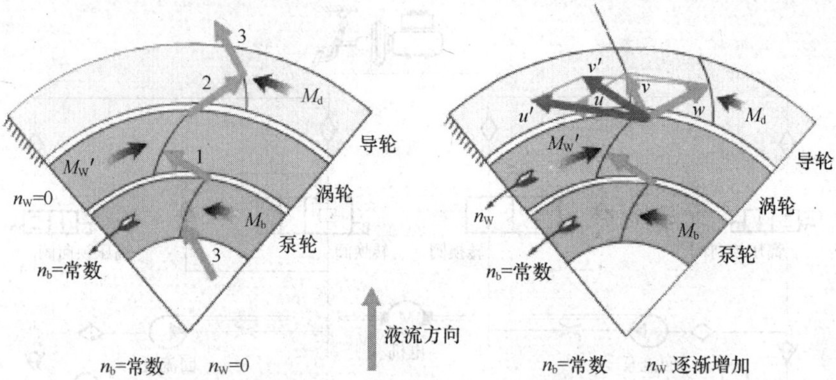

（a）速度分析图　　（b）力矩分析图

图 14-44　液力变矩器工作原理分析图

能力训练与拓展

宝马自主开发的动态稳定控制系统（Dynamic Stability Control System，DSCS）中集成了自动稳定控制系统（Automatic Stabilization Control System，ASCS）和牵引力控制系统（Traction control system，TCS），能够通过对出现滑转趋势的驱动轮进行选择制动来控制驱动轮的滑转状态，从而相应地对车辆起到稳定作用。

宝马 DSCS 除具有 ABS 的功能之外，还具有以下几项功能。

（1）增强了车辆在湿滑路面上行驶的安全性，例如，在突发性操作过程中或当车辆转弯出现不稳定趋势时，DSCS 通过对各个车轮单独施加制动而使车辆恢复稳定性；从雨量探测器或风窗玻璃刮水器接收到下雨的信息，则以一定的预定周期使制动摩擦片与制动盘发生接触，清除制动盘上的水膜，确保任何时候进行制动时都足够迅速，为车辆在湿滑路面上的制动争取到了时间。

（2）DSCS 中的双级制动蹄摩擦片磨损指示器与车辆电动转向柱锁直接相连，既能够更精确地确定需要更换制动摩擦片的时间，又能在接收到车辆进入系统的许可指令之前始终处于锁止状态。

（3）BMW 330i 车型上的 DSCS 能够更加精确地计算、施加和调节车轮制动器的制动力，进一步提高行驶安全性和驾乘舒适性。

（4）可以根据制动器的工作温度调整制动力，从而抵消高温状态下的制动效应衰减趋势，使相同制动踏板作用力所对应的制动效应和制动力保持同一水平。

（5）当 DSCS 预测到驾驶者可能进行制动操作时（例如，当驾驶者迅速释放加速踏板时），将立即减少供给制动钳的制动液流量，以缩小制动摩擦片之间的间隙，从而让驾驶者获得更快的制动响应，为紧急情况下争取了制动时间。

（6）DSCS 的起步辅助功能：在斜坡道路上，当驾驶者解除制动后，起步辅助功能仍能暂时使车辆保持原位，这样无论驾驶者选择前进挡还是倒挡，系统都能够使车辆舒适而平稳地起步，车辆既不会向后滑行，驾驶者也无需使用驻车制动器。

图 14-45 所示为宝马 E83 底盘车型 DSCS 的液压系统图。读者可以查阅相关资料分析其工作过程。

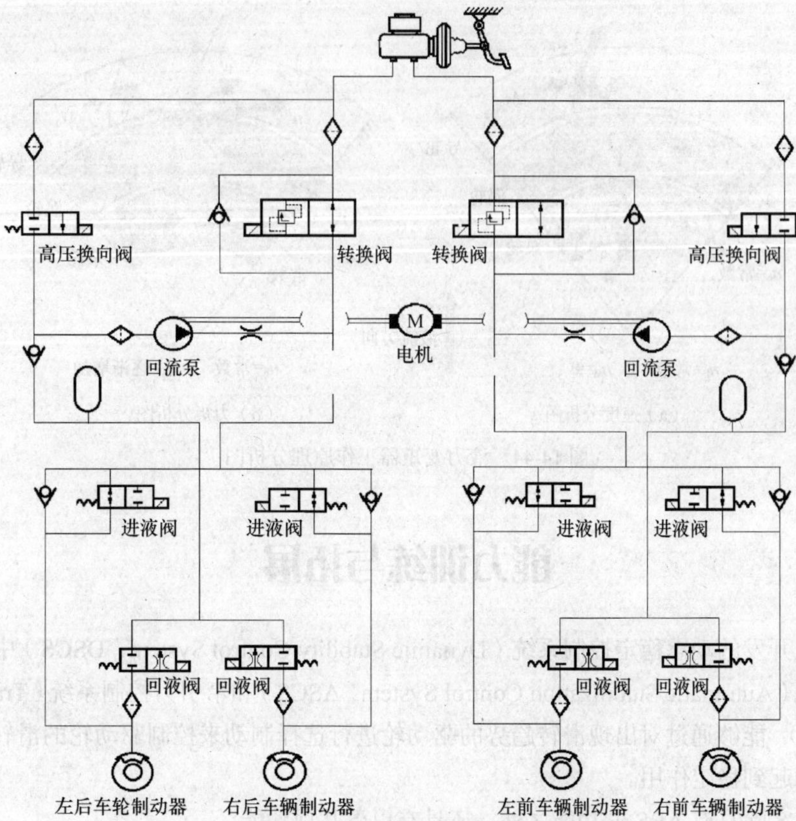

图 14-45　宝马 E83 底盘车型 DSCS 液压回路

复习思考题

14-1　汽车转向系的作用有哪些？

14-2　汽车液压转向助力装置有哪几种？各有何特点？

14-3　分析常流式和常压式汽车液压转向助力系统的油路。

14-4　为何常流式和常压式汽车液压转向助力系统的换向阀均选择型中位机能？

14-5　简述制动液的特性。

14-6　选择和使用制动液时有哪些是用户需要注意的？

14-7　汽车制动回路有哪几种？思考它们各有什么特点？

14-8　真空助力器和真空增压器有何差异？它们各采用哪些控制阀门？

14-9　制动主缸的作用是什么？串联双腔补偿孔式制动主缸的结构特点是什么？

14-10　ABS 串联双腔制动主缸与普通串联双腔制动主缸有何差异？

14-11　制动器有哪几种？各有何结构特点？

14-12　简述汽车 ABS 的作用。

14-13　简述汽车 ABS 的分类。

14-14　分析博世 ABS 液压系统工作过程。

14-15　分析德尔科 ABS Ⅵ液压系统工作过程

14-16　分析戴维斯 ABS MKⅡ液压系统工作过程。

14-17　简述汽车悬架系统的作用。

14-18　简述油气弹簧悬架的组成和功用。

14-19　分析油气弹簧悬架的工作过程。

14-20　简述自卸车液压系统各元器件的功用。

14-21　分析自卸车液压系统的工作过程。

14-22　简述垃圾车液压系统各元器件的功用。

14-23　分析垃圾车液压系统的工作过程。

14-24　简述汽车起重机 QY-8 型起重液压系统各元器件的功用。

14-25　分析汽车起重机 QY-8 型起重液压系统的工作过程。

14-26　简述 TY160 型推土机推土液压系统各元器件的功用。

14-27　分析 TY160 型推土机推土液压系统的工作过程。

14-28　液力耦合器与液力变矩器的组成有何不同？其工作过程有何差异？

14-29　液力变矩器是如何改变输出转矩的？

14-30　汽车上常用的液力变矩器有哪几种结构？各有何特点？

第15章 气动技术

【知识准备】

理想气体状态方程。

【学习以及能力目标】

（1）掌握：气源装置的组成、工作过程、各部件功用和职能符号；气缸、气马达、气动控制元件以及气动各辅助元件的结构、功用和职能符号；汽车气压制动系统的组成、特点。

（2）了解：汽车空气悬架系统的组成、特点。

（3）能独立完成：汽车气压制动系统、汽车空气悬架系统、汽车车门气动安全操纵系统的工作过程分析。

【教学建议】

（1）教具：汽车空气悬架系统、汽车气压制动系统、汽车车门安全操纵系统的实物；多媒体课件。

（2）建议：尽量利用汽车专业学生对汽车的兴趣，参照汽车气压制动系统、汽车空气悬架系统、汽车车门安全操纵系统等实物，结合多媒体课件观察、讲解和分析。

15.1 气源装置与辅助元件

15.1.1 气源装置

气压动力元件是气动系统的动力源，即空气压缩机（简称空压机）。空气压缩机将电动机输出的机械能转换成气体的压力能输送给气动系统，是气动系统的动力源。

由空气压缩机产生的压缩空气，虽然在压力、流量方面能满足气压传动系统中气动装置工作时压力和流量的要求，但仍不能直接供气动装置使用。因为空气压缩机从大气中吸入含有水分和灰尘等杂质的空气，加上气缸中的润滑油经压缩后部分变成了气态。这样，油分、水分以及灰尘等便形成一种混合的胶体微雾，与压缩空气一起排出。如果将这种低品质的压缩空气直接输送给气动系统，供气动装置使用，将会对其产生危害。因此，必须设置压缩空气净化装置和用于改善压缩空气性能的辅助元件。

1. 空气压缩机分类

空气压缩机的种类很多，但按工作原理主要可分为容积式和速度式（叶片式）两大类。在气压传动中，一般多采用容积式空气压缩机，它是通过机件的运动，使密封容积大小发生周期性的变化，从而完成对空气的吸入和压缩过程。对于速度式空气压缩机，气体压力的提高是由于气体分子在高速流动时突然受阻而停滞下来，使动能转化为压力能而达到的。

容积式空气压缩机按结构不同又可分为活塞式、膜片式、螺杆式等。其中，最常用的容积式空气压缩机是活塞式空气压缩机。下面简单介绍活塞式空气压缩机的工作原理。

2. 活塞式空气压缩机的工作原理

图 15-1 所示为活塞式空气压缩机的工作原理图。曲柄由原动机（电动机）带动旋转，通过曲柄连杆机构 4、活塞杆 3，带动气缸活塞 2 在缸体内作直线往复运动。当活塞向右运动时，缸内密封容积增大，形成部分真空，外界空气在大气压力下作用下打开吸气阀 5 进入气缸中，此过程称为吸气过程；当活塞向左运动时，吸气阀关闭，缸内密封容积减小，空气受到压缩而使压力升高，此过程为压缩过程。当压力增大到排气管路中的压力时，排气阀 6 打开，气体被排出，并经排气管输送到储气罐中，此过程为排气过程。曲柄每旋转一周，活塞就往复运动一次，完成一个工作循环。图 15-1 中仅表示了一个活塞一个缸的空气压缩机，大多数空气压缩机是多缸多活塞的组合。

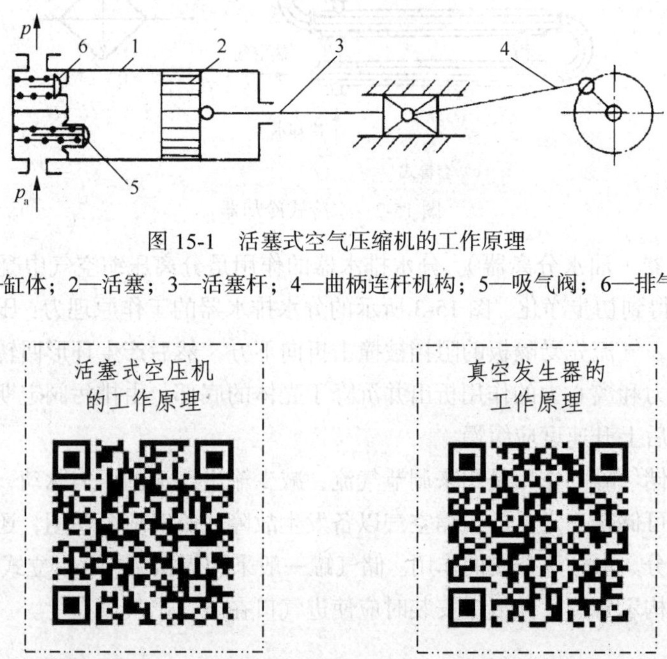

图 15-1　活塞式空气压缩机的工作原理

1—缸体；2—活塞；3—活塞杆；4—曲柄连杆机构；5—吸气阀；6—排气阀

活塞式空压机的工作原理

真空发生器的工作原理

15.1.2 辅助元件

1. 气源净化元件

（1）后冷却器。后冷却器的作用是将空气压缩机排出的压缩空气温度由 140℃～170℃降至 40℃左右，使压缩空气中的油雾和水汽迅速达到饱和析出，凝结成水滴和油滴，以便经除油器排出。后冷却器有空冷式和水冷式两种，小型的多为空冷式，大型的多为水冷式。空冷式后冷却器的结构与翅片管式汽车散热器相同，由排气扇送风冷却，生成的冷凝水经自动排水器排出。水冷却式后冷却器的结构形式有蛇管式、列管式、套管式等，如图 15-2 所示。水冷式后冷却器的作用都是通过强制循环水使压缩空气降温，生成的冷凝水经自动排水器排出。

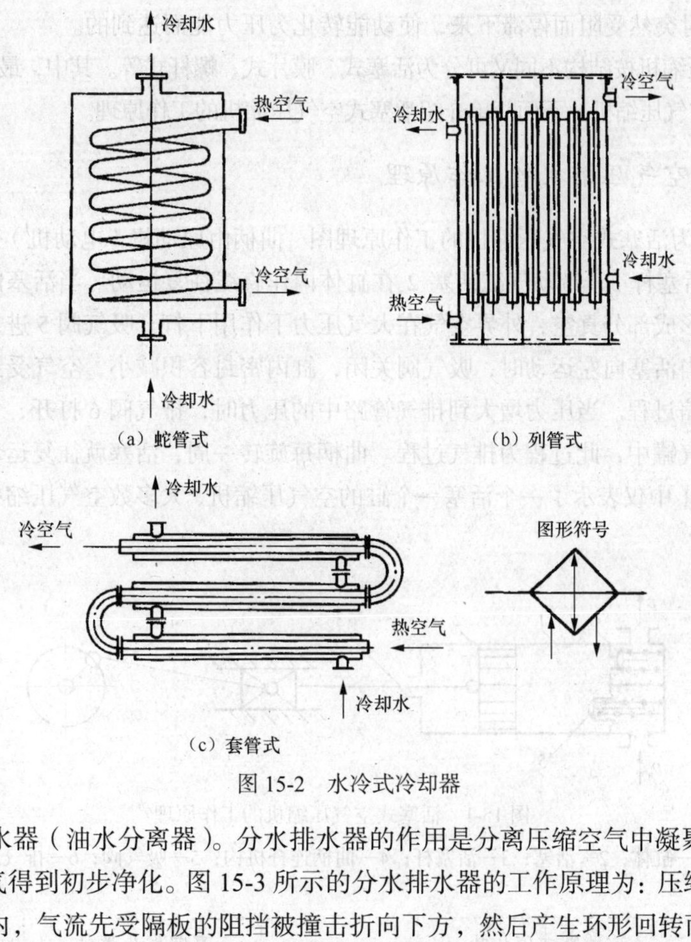

图 15-2　水冷式冷却器

（2）分水排水器（油水分离器）。分水排水器的作用是分离压缩空气中凝聚的水分和油分等杂质，使压缩空气得到初步净化。图 15-3 所示的分水排水器的工作原理为：压缩空气自入口进入分水排水器壳体内，气流先受隔板的阻挡被撞击折向下方，然后产生环形回转而上升，油滴、水滴等杂质由于惯性力和离心力的作用析出并沉降于壳体的底部，由排污阀定期排出。为达到较好的效果，气流回转后上升速度应缓慢。

（3）储气罐。储气罐的作用是用来调节气流，减少输出气流的压力脉动，使输出气流流量连续、气压稳定。它可储存一定量的压缩空气以备发生故障或临时应急使用，还可以起到进一步分离压缩空气中的油分、水分等杂质的作用。储气罐一般采用焊接结构，以立式居多。图 15-4 所示为立式储气罐的结构示意图。储气罐安装时应使进气口在下，出气口在上。

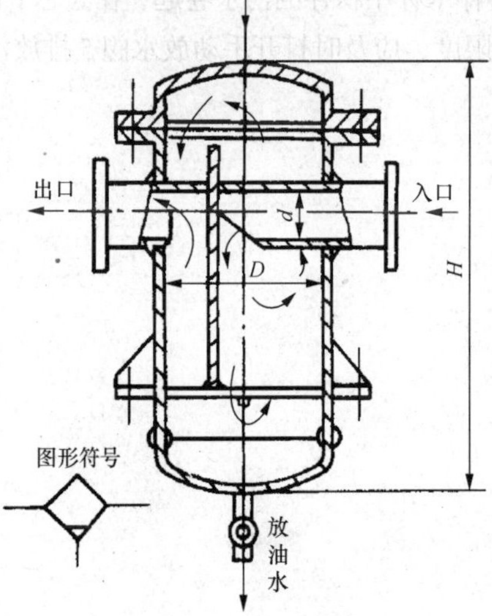

图 15-3　分水排水器

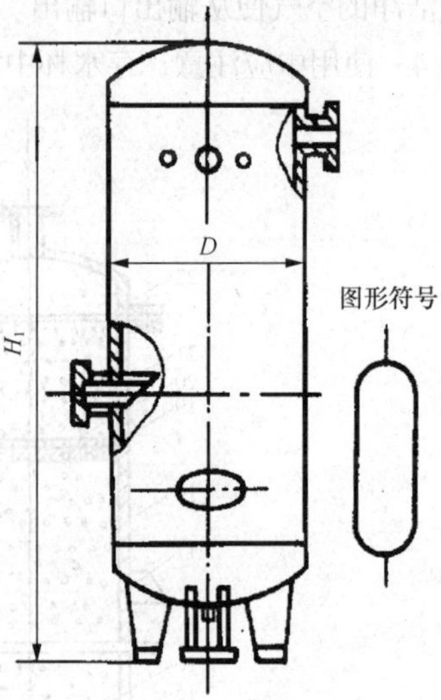

图 15-4　立式储气罐

（4）空气干燥器。从空压机产生的压缩空气，经后冷却器、分水排水器及储气罐的冷却和初步净化后，已可满足一般气压传动系统的要求，但对某些要求高的精密气动装置和仪表，压缩空气还必须经过干燥、过滤等进一步净化处理后才能使用。目前工业上常用的干燥方法主要是吸附法和冷冻法，吸附法是干燥处理中应用最普遍的一种方法。

冷冻式空气干燥器的工作原理

图 15-5 所示吸附式干燥器的工作原理为：压缩空气从湿空气进气管 1 进入干燥器，经过上吸附剂层 21、铜丝过滤网 20、上栅板 19 和下吸附剂层 16 后，压缩空气中所含的水分被吸附剂吸收而变得很干燥；然后再经过铜丝过滤网 15、下栅板 14、毛毡层 13 和铜丝过滤网 12，干燥洁净的压缩空气便从干燥空气输出管 8 排出。

当吸附剂使用一段时间后，吸附湿空气中的水分达到饱和状态时，吸附剂将失去继续吸湿的能力，所以需要将吸附剂中的水分去除，使吸附剂恢复到干燥状态。其具体做法是先将压缩空气的湿空气进气管 1 和干燥空气输出管 8 关闭，然后从再生空气进气管 7 向干燥器内输入干燥热空气（温度一般高于 180℃），热空气通过吸附层后，将吸附剂中的水分蒸发成水蒸气并随热空气流由再生空气排气管 4 和 6 排入大气中。经过一定再生时间后，吸附剂被干燥，恢复继续吸湿的能力，再将再生空气进气管和排气管关闭，压缩空气的进气管和输出管打开，干燥器便进入继续工作状态。

吸附式空气干燥器的工作原理

（5）空气过滤器。空气过滤器的作用是进一步滤除压缩空气的水分、油滴及杂质，以达到气压系统所要求的净化程度。常用的过滤器有三种：一次过滤器（即简易过滤器），滤灰率为 50%～70%；二次过滤器，滤灰率为 70%～90%；高效过滤器，滤灰率大于 99%。图 15-6 所示为在气源装置的出口使用的普通空气过滤器（也称分水过滤器，属于二次过滤器）。其工作原理为：压缩空气从输入口进入后，被引入旋风叶子 1，旋风叶子上有很多呈一定角度的缺口，迫使空气沿切线方向运动产生强烈的旋转，夹杂在空气中的较大水滴、油滴、灰尘在离心力的作用下与存水杯 3 的内壁碰撞，并从空气中分离出来沉积到杯底。而微粒灰尘和雾状水汽则通过滤芯 2 时被拦截滤去，洁净的空气便从输出口输出。为防止气体旋转将存水杯中积存的污水卷起，在滤芯下部设有挡水板 4。使用中应注意，存水杯中积存的水量有一定限度，应及时打开手动放水阀 5 排放污水。

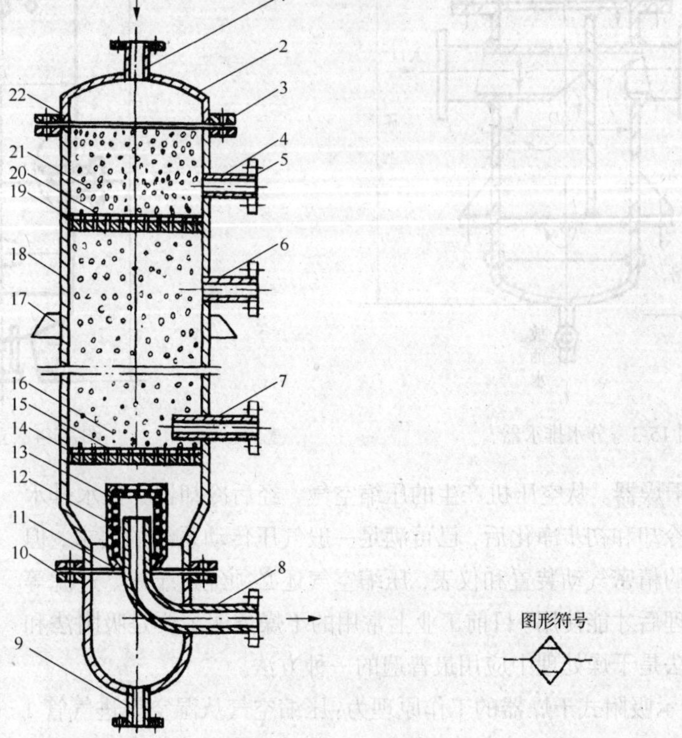

图 15-5　吸附式干燥器

1—湿空气进气管；2—顶盖；3、5、10—法兰；4、6—再生空气排气管；7—再生空气进气管；8—干燥空气输出管；9—排水管；10—密封垫；11、22—密封垫；12、15、20—铜丝过滤网；13—毛毡层；14—下栅板；16、21—吸附剂层；17—支撑板；18—壳体；19—上栅板

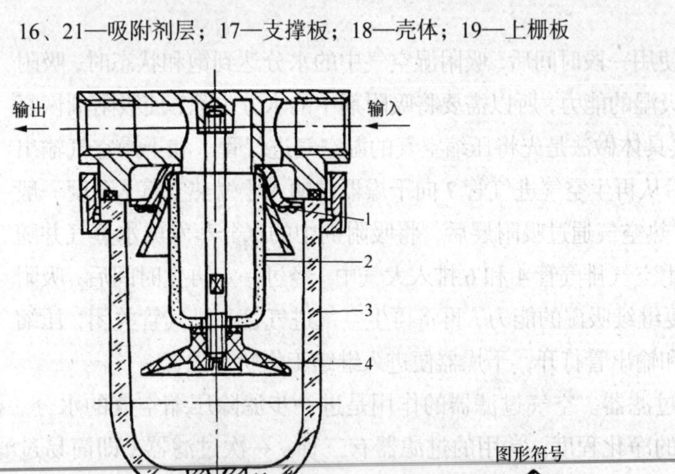

图 15-6　空气过滤器

1—旋风叶子；2—滤芯；3—存水杯；4—挡水板；5—手动放水阀

（6）油雾分离器（除油器）。空气过滤器不能分离悬浮油雾粒子，这是由于处于干燥状态的微小（2～3μm）油粒很难附着于固体表面。要分离这种油雾，需要使用带凝聚式滤芯的油雾过滤器。

图 15-7 所示的油雾分离器，其除滤芯为凝聚式滤芯外，与普通的分水过滤器基本相同。当含有油雾的压缩空气由内向外通过凝聚式滤芯时，微小粒子因布朗运动受阻发生相互碰撞或粒子与纤维碰撞，粒子便聚合成较大油滴而进入泡沫塑料层，在重力作用下沉降到滤杯底而被清除，如图 15-8 所示。

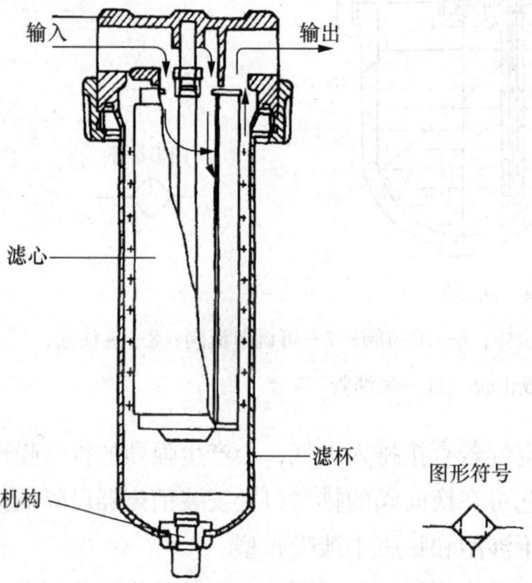

图 15-7　油雾分离器

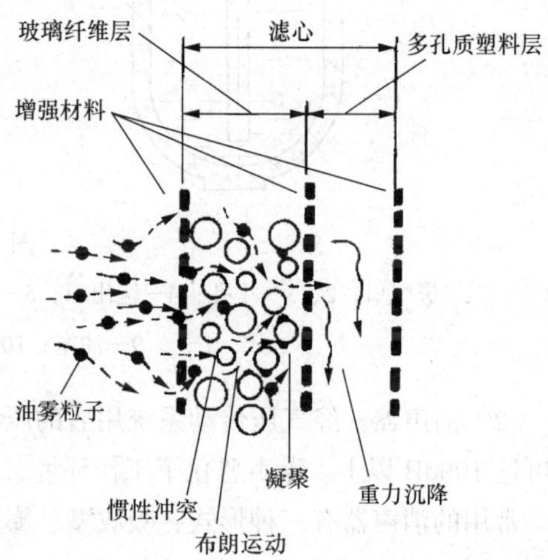

图 15-8　凝聚式滤芯结构原理

凝聚式滤芯的材料，通常用与油脂有较好亲和性的玻璃纤维、纤维素和陶瓷等材料。过滤精度有 1μm 、0.3 μm 、0.01 μm 等几种。

2. 其他辅助元件

（1）油雾器。油雾器是一种特殊的注油装置。它的作用是使润滑油雾化后注入空气中，随空气进入需要润滑的部件中，达到润滑的目的。图 15-9 所示油雾器的工作原理为：压缩空气从进气口 1 进入后，绝大部分从输出口 4 流出，有一小部分压缩空气由小孔 2 进入截止阀 10，克服弹簧力推开钢球，压缩空气可进入储油杯 5 的上腔 A，使油面受压缩空气的压力作用，从而油液经吸油管 11、单向阀 6 和可调节流阀 7 进入透明的视油帽 8 内，然后再滴入喷嘴小孔 3，最后被主管道通过的气流引射出来，雾化后随气流由输出口 4 输出。通过视油帽 8 可以观察滴油量，滴油量可用可调节流阀 7 调节。当需要不停气加油时，拧开油塞 9，储油杯内 A 腔的气压降为大气压力，压缩空气克服截止阀的弹簧力把钢球压到下限位置，截止阀处于反向截止状态，封住了油杯的进气道，同时由于单向阀 6 的作用，压缩空气也不可能从吸油管倒流入油杯，即可保证在不停气的情况下从加油孔（即油塞 9）加油，而不致于使油液因高压气体的流入从加油孔处喷出。加油完成，把油塞 9 旋紧后，由于截止阀有少许漏气，油杯 A 腔的气压力逐渐上升，油雾器又可重新正常工作。上述过程必须在气源压力大于一定数值时才能实现，否则会由于截止阀关不严，压缩空气进入储油杯，使油液从油塞口喷出。

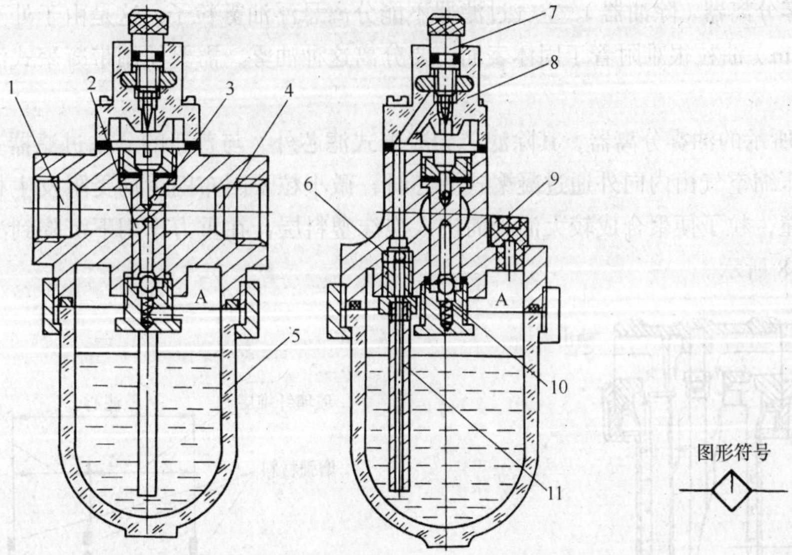

图 15-9　油雾器

1—进气口；2、3—小孔；4—输出口；5—储油杯；6—单向阀；7—可调节流阀；8—视油帽；9—油塞；10—截止阀；11—吸油管

（2）消声器。经气压传动系统用后的压缩空气若直接排入大气，会产生强烈的排气噪声，有时可达 100dB 以上。噪声恶化了工作环境，为此可在换向阀的排气口处安装消声器以降低排气噪声。常用的消声器有三种形式：吸收型、膨胀干涉型和膨胀干涉吸收型。

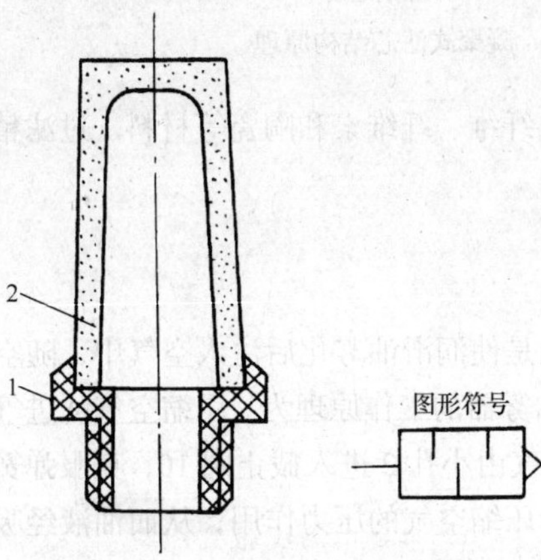

图 15-10　吸收型消声器

1—消声罩；2—连接螺栓

① 吸收型消声器。图 15-10 所示为吸收型消声器结构图，当气流通过由聚苯乙烯颗粒或铜珠烧结而成的消声罩时，气流受到阻碍，并与消声材料的细孔相摩擦，声能被部分吸收转化为热能，从而降低了噪声强度。这种消声器可良好地消除中、高频噪声。

② 膨胀干涉型消声器。这种消声器的结构很简单，消声器的直径比排气孔径大，当气流通过时，让气流在其内部扩散、膨胀、碰壁撞击、反射、互相干涉而消声。这种消声器主要用于消除中、低频噪声，尤其是低频噪声。它的缺点是结构较大，不够紧凑。

③ 膨胀干涉吸收型消声器。膨胀干涉吸收型消声器是上面两种消声器的组合，也称混合型消声器。它的端盖开有许多斜孔，气流由斜孔引入，在一室扩散、减速、碰壁撞击后，使噪声消除一部分，然后反射到另一室，气流束互相冲撞、干涉，进一步减速，再通过敷设在消声器内壁的吸声材料排向大气。此种消声器消声效果好，低频可消声 20dB，高频可消声约 45dB。

消声器的选择主要依据是排气孔口直径的大小及噪声频率的范围。

（3）转换器。在气动控制系统中，也与其他自动控制装置一样，有发信、控制和执行部分，其控制部分工作介质为气体，而信号传感部分和执行部分可能用电或液体传输，这就要通过转换器来转换。常用的转换器有气—电、电—气、气—液等，如图 15-11 和图 15-12 所示。

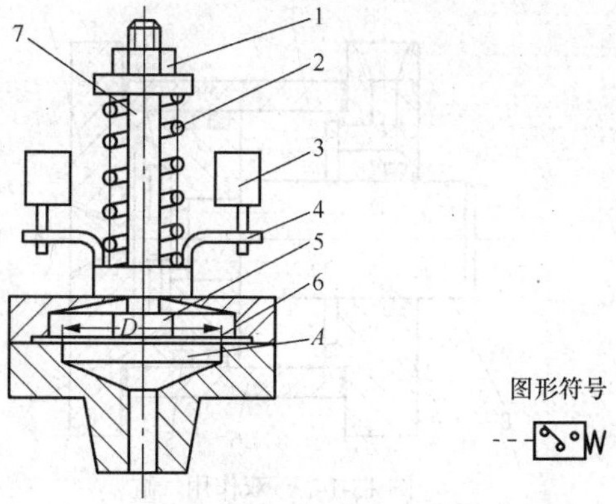

图 15-11　高压型气—电转换器

1—螺母；2—弹簧；3—微动开关；4—爪枢；
5—圆盘；6—膜片；7—顶杆

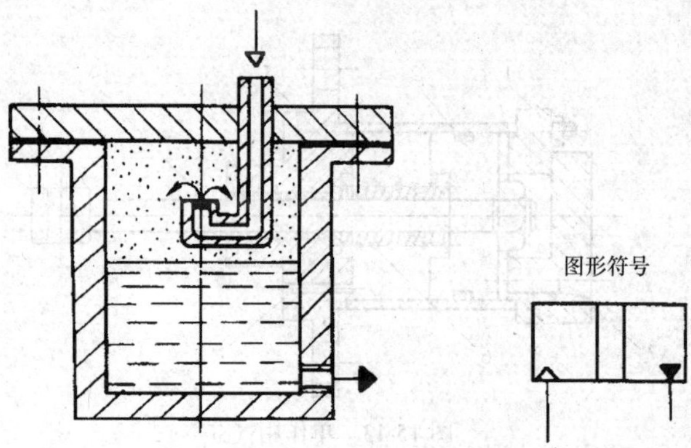

图 15-12　气—液转换器

15.2 气动执行元件

气动执行元件能将压缩空气的压力能转化为机械能，驱动机构实现直线往复运动、摆动、旋转运动等，输出力或转矩。气动执行元件可以分为气缸和气马达两大类。

15.2.1　气缸

气缸是气动系统中常用的气动执行元件，它将压缩空气的压力能转化为机械能，输出力来驱动机构做往复直线运动或通过机械机构转化为旋转运动。

气缸的分类方法也很多，常用的有以下几种。

（1）按压缩空气作用在活塞端面上的方向数可分为单作用气缸和双作用气缸。

（2）按结构特点可分为活塞式气缸、叶片式（摆动式）气缸、薄膜式气缸、伸缩式气缸、气液阻尼缸等。

（3）按安装方式可分为固定式气缸、轴销式气缸、回转式气缸、嵌入式气缸等。

（4）按气缸的功能可分为普通气缸和特殊气缸。普通气缸包括单作用气缸和双作用气缸。特殊气缸仅用于有特殊要求的场合，包括气液阻尼气缸、薄膜式气缸、冲击气缸、伸缩式气缸、摆动式气缸等，本小节仅对普通气缸做简单介绍。

普通气缸用于无特殊要求的场合，例如，一般的驱动，定位、夹紧装置的驱动等。

① 单作用气缸。单作用气缸的特点是压缩空气只能使活塞向一个方向运动，另一个方向的运动则需要借助外力，如重力、弹簧力等。单作用气缸的结构如图 15-13 所示。通气孔 5 的作用是使气缸右腔始终与大气相通。

② 双作用气缸。双作用气缸的特点是压缩空气可使活塞向两个方向运动。双作用气缸的结构如图 15-14 所示。

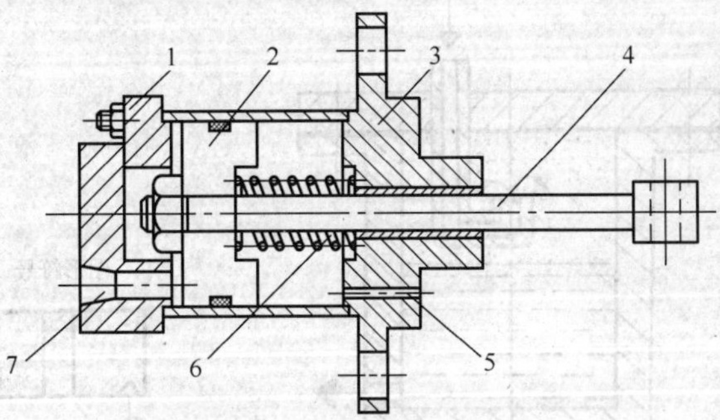

图 15-13　单作用气缸

1—后缸盖；2—活塞；3—前缸盖；4—活塞杆；

5—通气孔；6—弹簧；7—进排气孔

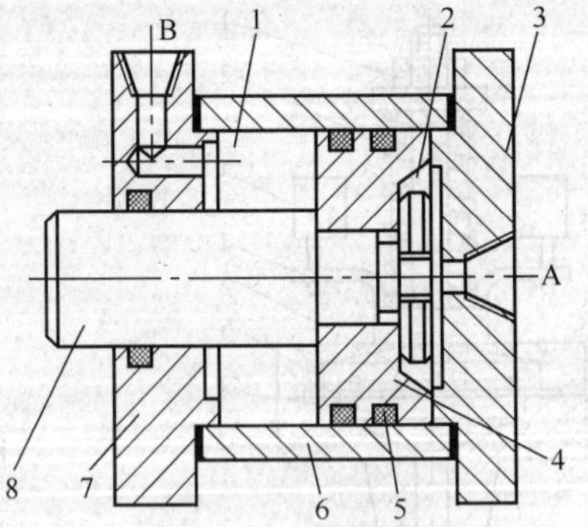

图 15-14　双作用气缸

1—有杆腔；2—无杆腔；3—后缸盖；4—活塞；

5—密封圈；6—缸筒；7—前缸盖；8—活塞杆

15.2.2　气马达

气马达的作用是将压缩空气的的压力能转换成回转形式或摆动形式的机械能。

1. 气马达的分类和工作原理

气动系统最常用的是容积式气马达。容积式气马达按其结构可分为叶片式、活塞式、齿轮式以及摆动式。

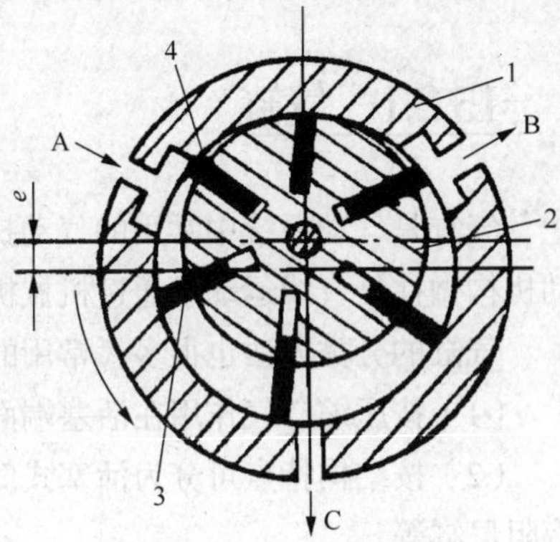

图 15-15　叶片式气马达

1—定子；2—转子；3、4—叶片

现以最常用的叶片式气马达为例简要介绍气马达的工作原理。如图 15-15 所示，叶片式气马达由定子 1、转子 2、叶片 3 和叶片 4 等零件构成。定子上有进、排气用的配气槽或孔，转子上铣有长槽，槽内有叶片。定子两端有密封盖，密封盖上有弧形槽与进气孔 A、排气孔 B 及叶片底部沟通。转子的外表面、叶片（两叶片之间）、定子的内表面及两端密封盖就形成了若干个密封工作容积。转子与定子偏心安装，偏心距为 e。压缩空气由 A 孔输入时，分为两路：一路经定子两端密封盖的弧形槽进入叶片底部，将叶片推出，叶片就是靠此气压推力和转子转动时的离心力的作用而保证运转过程中较紧密地抵在定子内壁上。压缩空气另一路经 A 孔进入相应的密封容积。压缩空气作用在叶片 3 和 4 上，各产生相反方向的转矩，但由于叶片 3 伸出较长（与叶片 4 伸出相比），作用面积大，产生的转矩大于叶片产生的转矩，因此转子在相应叶片上产生的转矩差作用下按逆时针方向旋转，做功后的气体由定子孔 C 排出，剩余残气经孔 B 排出。改变压缩空气的输入方向（如由 B 孔输入），则可改变转子的转向。

叶片式气马达的工作原理

2. 气马达的特点和应用

（1）气马达的特点。由于气马达具有下达一些特点，在某些工业场合，其比电机或液压马达更适用。

① 工作安全具有防爆炸性能。由于气马达工作介质（空气）的特性和结构设计的考虑，能够在工作中不产生火花，故适合于有爆炸、高温、多尘等场合，并能用于空气极潮湿的环境，而无漏电的危险。

② 能长期满载工作，温升较小，具有过载保护功能，过载时能自动停车，故适用于载荷变化较大或经常超载的场合。

③ 气马达的转数，可以从每分钟几十转到上万转，利用简单的节流装置，即可实现无级调速。可瞬时反转、获得高速度并易于实现调速。

④ 具有较高的启动转矩，能带载启动。

⑤ 和电动机相比，单位功率尺寸小，重量轻，适用于安装在位置狭小的场合及手工工具上。

⑥ 操纵方便，维修简单。

气马达的主要缺点是效率低、噪声大、易产生震动。

（2）气马达的应用。由气马达的工作特性和特点可知，气马达工作适应性很强，可适用于无级调速、启动频繁、经常换向、易燃易爆、高温潮湿、带载启动、不便人工操纵及有可能过载的场合。

目前，气马达主要应用于矿山机械、专业性的机械制造业、油田、化工、造纸、炼钢、航空、船舶、工程机械等行业。许多气动工具如风钻、风扳手、风砂轮、风动铲刮机等均装有气马达。随着气压传动的发展，气马达的应用将日趋广泛。

15.3 气动控制元件

气动控制元件在气动系统中是控制和调节压缩空气的压力、流量、方向等的气动控制元件，按照其作用和功能分为方向控制阀、压力控制阀和流量控制阀。

15.3.1 方向控制阀

气动回路中，方向控制阀的作用是控制气流通道的通、断和改变压缩空气的流动方向。方向控制阀主要有单向型和换向型两大类。

1. 单向型方向控制阀

（1）单向阀。单向阀的功能、工作原理及图形符号与液压单向阀相同。如图 15-16 所示，正向进气时，进、排气口 P、A 接通；反向进气时，P、A 截止，弹簧的作用是复位并增加阀的密封性能，防止低压的泄漏。

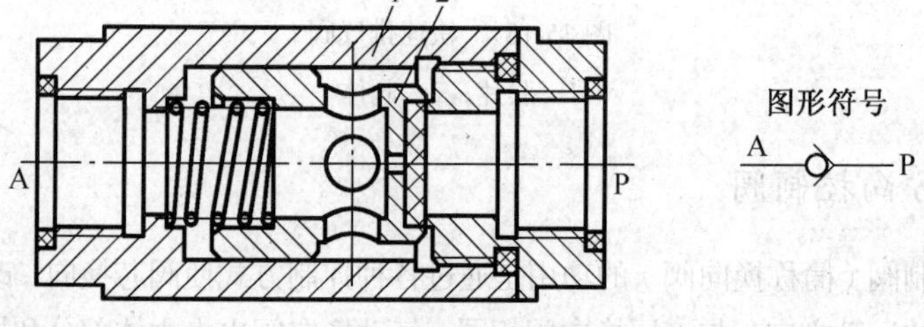

图 15-16　单向阀

1—阀体；2—阀芯

或门元件的工作原理

（2）或门型梭阀。或门型梭阀相当于两个反向串接的单向阀组合而成的。如图 15-17 所示，P_1、P_2 是输入口，A 是输出口。当 P_1 进气而 P_2 通大气时，阀芯被推向右边，气流从 P_1 进入 A，P_2 被封闭。当 P_2 进气，P_1 通大气时，阀芯被推向左边，气流从 P_2 进入 A，P_1 被封闭。若 P_1、P_2 都有压缩空气，当两边压力相等时，阀芯可以随机停在左边或右边，这要由压力加入的先后次序而定；若两边压力不等，则哪端压力高，A 就与哪端相通，另一端则被封闭。

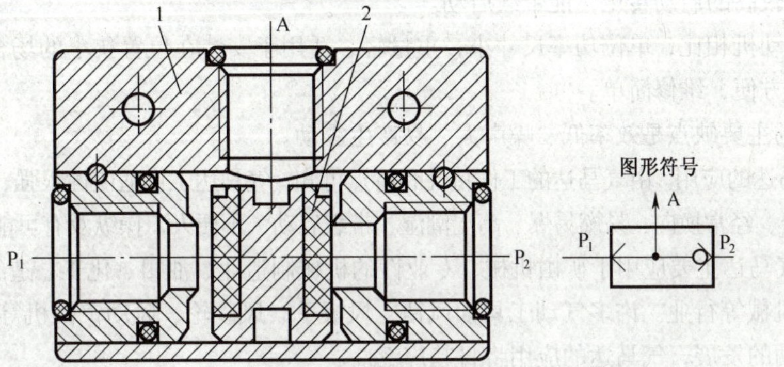

图 15-17　或门型梭阀

1—阀体；2—阀芯

（3）快速排气阀。快速排气阀是为了加快气缸运动速度做快速排气用的。如图 15-18 所示，当压缩空气进入进气口 P，使膜片 1 受压变形下移，P 与 A 的通道被打开，同时排气口 O 被关闭；当 P 口没有压缩空气进入时，在 A 口和 P 口压差作用下，膜片向上恢复，P 口关闭，使 A 口气体通过 O 口快速排气。

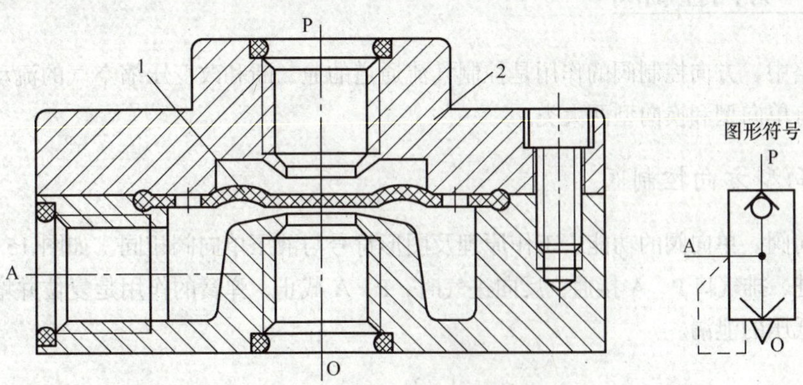

图 15-18　快速排气阀

1—膜片；2—阀体

2. 换向型方向控制阀

换向型方向控制阀（简称换向阀）的功用是通过各种控制方式使阀芯换向，改变气流方向，从而改变气动执行元件的运动方向。与液压换向阀相同，气动换向阀也由主体部分和操纵部分（手动、机控、电磁、气控、电—气控等）组成。

气压控制换向阀的工作原理

（1）气控换向阀。气控换向阀是以压缩空气为动力切换主阀，使气路换向或通断的阀。按照控制方式，可分为加压控制、泄压控制、差压控制和时间控制四种方式。气压控制阀的用途很广，适用于易燃、易爆、潮湿、粉尘大、高温等恶劣工作环境。

加压控制是指加在阀芯上的控制信号的压力值是逐渐升高的，当控制信号增加到切换动作压力时，阀换向；泄压控制是指加在阀芯上的控制信号的压力值是逐渐降低的，当压力降至某一值时，阀便切换；差压控制是利用阀芯两端所受气压作用的有效面积不等，在作用力的差值作用下使阀切换；时间控制是利用气流经过小孔或缝隙被节流后再向气室内充气，经过一定的时间，当气室内压力升至一定值后再推动阀芯迅速移动换向。

图 15-19 所示为二位三通单气控截止式换向阀的结构原理图。图 15-19（a）所示为无气控信号时阀的状态：阀芯在弹簧和 P 腔压力作用下处于上端位置，阀口 A 与 P 截止，A 与 O 接通，阀处于排气状态；图 15-19（b）所示为输入气控信号 K 时阀的状态，由于气压力的作用，阀芯克服弹簧力下移，使阀口 A 与 O 断开，P 与 A 接通。

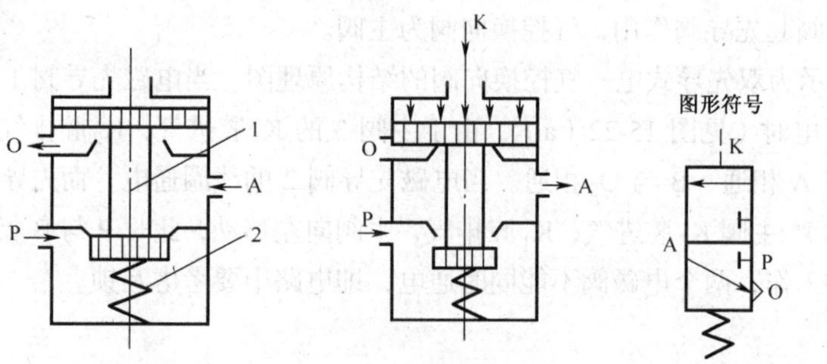

（a）常态　　（b）动作状态

图 15-19　单气控截止式换向阀结构原理图

1—阀芯；2—弹簧

（2）电磁控制换向阀。电磁控制换向阀由电磁铁和阀的主体组成，利用电磁铁的吸力驱动阀芯移位进行换向。因为利用电信号操纵，故可进行远距离控制，且响应速度快。

图 15-20 所示为单电控电磁阀的结构原理图。图 15-20（a）所示为常态位置，即线圈不通电，此时阀在复位弹簧的作用下处于上端位置，其通路状态为 A 与 O 相通，此时阀排气。当通电时，如图 15-20（b）所示，电磁铁 1 推动阀芯 2 向下移，气路换向，其通路状态为 P 与 A 相通，此时阀进气。

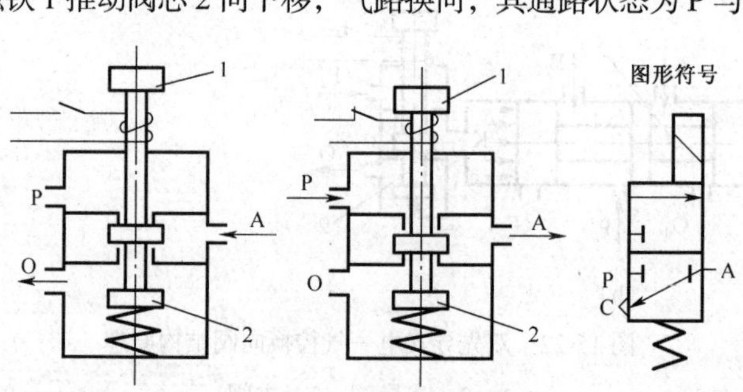

（a）　　（b）

图 15-20　单电控电磁阀结构原理图

1—电磁铁；2—阀芯

图 15-21 所示为双电控电磁阀的结构原理图。当电磁铁线圈 1 通电、电磁铁线圈 2 断电时（见图 15-21（a）），阀芯被推向右端，其通路状态是 P 与 A 相通、B 与 O_2 相通；当电磁铁线圈 1 断电时，阀芯仍处于原有状态；当电磁铁线圈 2 通电、电磁铁线圈 1 断电时（见图 15–21（b）），阀芯被推向左端，其通路状态为 P 与 B 相通、A 与 O_1 相通。

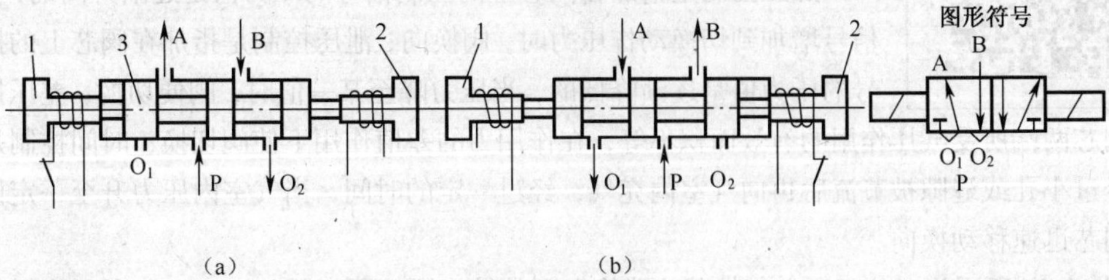

15-21　双电控电磁阀结构原理图

1、2—电磁铁；3—阀芯

（3）电—气控换向阀。电—气控换向阀由电磁控制和气压控制组合而成的复合控制的换向阀，其中，电磁换向阀起先导阀作用，气控换向阀为主阀。

图 15-22 所示为双先导式电—气控换向阀的结构原理图。当电磁先导阀 1 的线圈通电，而先导阀 2 的线圈断电时（见图 15-22（a）），由于主阀 3 的 K_1 腔进气，K_2 腔排气，使主阀阀芯向右移动，此时 P 与 A 相通、B 与 O_2 相通。当电磁先导阀 2 的线圈通电，而先导阀 1 的线圈断电时（见图 15-22（b）），主阀 K_2 腔进气，K_1 腔排气，主阀向左移动，此时 P 与 B 相通、A 与 O_1 相通。为保证主阀正常工作，两个电磁阀不能同时通电，即电路中要考虑互锁。

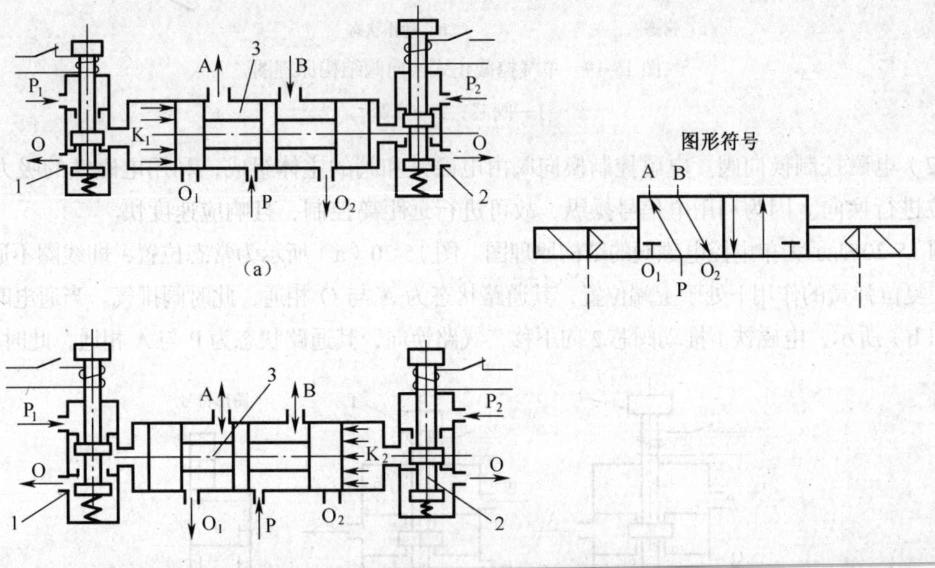

图 15-22　双先导式电—气控换向阀结构原理

1、2—先导阀；3—主阀

15.3.2　压力控制阀

压力控制阀利用空气压力和弹簧力的平衡原理来工作的，主要用来控制气动系统中的压力，满足气动系统各种压力的要求。它可分为减压阀、溢流阀和顺序阀等。

1. 减压阀

减压阀的作用是将较高的输入压力调整到低于输入压力的稳定的调定压力输出，以保证气动系统或装置的工作压力稳定，不受输出空气流量变化和气源压力波动的影响。

与液压系统的减压阀类似，气压系统减压阀的调压方式也有直动式和先导式两种。直动式是借助弹簧力直接操纵的调压方式；先导式是用预先调整好的气压来代替直动式调压弹簧进行调压的。一般来说，先导式减压阀的流量特性比直动式的好

图 15-23 所示为一种常用的直动式减压阀结构原理图。当顺时针方向调整手轮 1 时，调压弹簧 2 和调压弹簧 3 推动膜片 5 和进气阀芯 9 向下移动，使阀口开启，气流通过阀口后压力降低。与此同时，有一部分气流由阻尼管孔 7 进入膜片室，在膜片下面产生一个向上的推力与弹簧力平衡，减压阀便有了稳定的输出压力。当输入压力升高时，输出压力也随之升高，使膜片下面的压力也升高，将膜片向上推，阀芯便在复位弹簧 10 的作用下向上移动，从而阀口开度减小，节流作用增强，使输出压力降低到调定值，反之，若输入压力下降引起输出压力下降，通过自动调节，最终也能使输出压力回升到调定压力，以维持压力稳定。

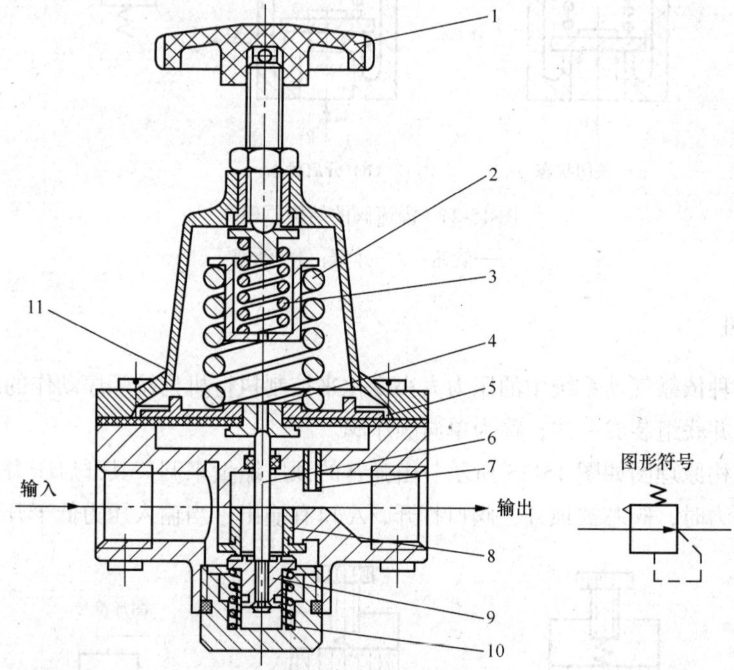

图 15-23　直动式减压阀

1—手轮；2、3—调压弹簧；4—溢流口；5—膜片；6—阀杆；7—阻尼管孔；8—阀座；9—进气阀芯；10—复位弹簧；11—排气口

先导式减压阀是使用预先调整好压力的空气来代替直动式调压弹簧进行调压的。其调节原理

和主阀部分的结构与直动式减压阀相同。

为使气压系统结构紧凑，安装调试方便，工程实际中通常将空气减压阀、过滤器、油雾器组合在一起，形成“气动三联件”。其中过滤器位于减压阀之前，它将压缩空气中的水和固体颗粒分离出去，净化后再送到减压阀。减压阀将压缩空气调整到设备需要的压力。最后由油雾器加入雾化的润滑油来润滑设备或仪器，延长其使用寿命。

安全阀

2. 溢流阀

溢流阀的作用是当系统中的压力超过调定值时，使部分压缩空气从排气口溢出，并在溢流过程中保持系统中的压力基本稳定，从而起过载保护作用（安全阀）。

图 15-24 所示为溢流阀的结构原理图。当系统中的气体压力在调定范围内时，由于作用在活塞 3 上的气压产生的作用力小于弹簧 2 的力，阀处于关闭状态，如图 15-24（a）所示；当系统压力升高，达到或超过阀的调定压力时，则活塞 3 上移，开启阀门排气，如图 15-24（b）所示，直到系统压力降至调定范围以下时，阀口又重新关闭。溢流阀的开启压力可由旋钮 1、调整弹簧 2 的预压缩量确定。

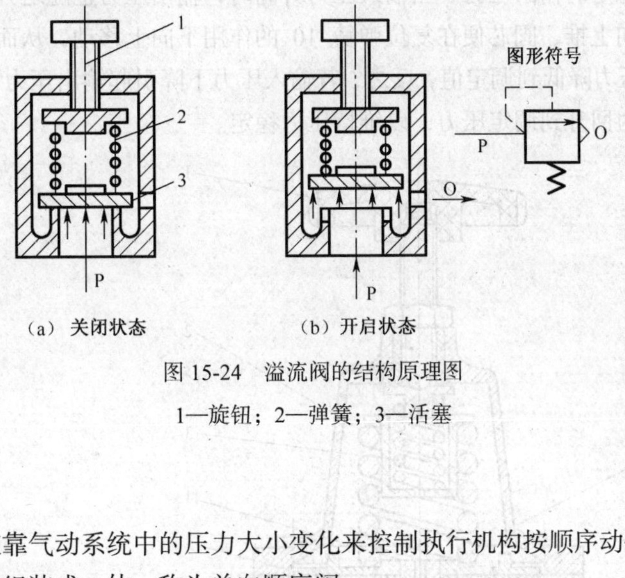

图 15-24 溢流阀的结构原理图

1—旋钮；2—弹簧；3—活塞

3. 顺序阀

顺序阀是一种依靠气动系统中的压力大小变化来控制执行机构按顺序动作的压力控制阀。顺序阀常与单向阀并联组装成一体，称为单向顺序阀。

顺序阀的结构原理图如图 15-25 所示。由弹簧的预压缩量来调节其开启压力，当输入压力达到或超过开启压力时，阀芯被顶开，阀口打开，A 口有输出；当输入压力低于开启压力时，阀芯

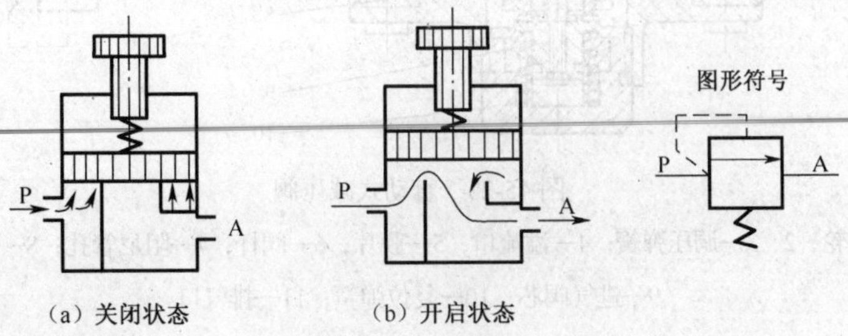

图 15-25 顺序阀的结构原理图

复位，阀口关闭，A 口无输出。

15.3.3 流量控制阀

与液压流量控制阀一样，气压系统中的流量控制阀也是通过改变阀的通流面积来实现流量控制的，进而改变执行元件的运动速度。常用的流量控制阀包括节流阀、单向节流阀、排气节流阀等。节流阀和单向节流阀的工作原理与液压系统中的同类型阀相类似，故不再重复。

图 15-26 所示为排气节流阀结构原理图和图形符号图。通过调节手轮 3 可调节节流口 1 的开度，以此改变来自 A 口的排气流量，从而调节执行元件的速度，消声套 2 用来降低排气噪声。排气节流阀装在执行元件的排气口处，调节进入大气的气体流量。该阀结构简单、安装方便，能简化回路，故应用广泛。

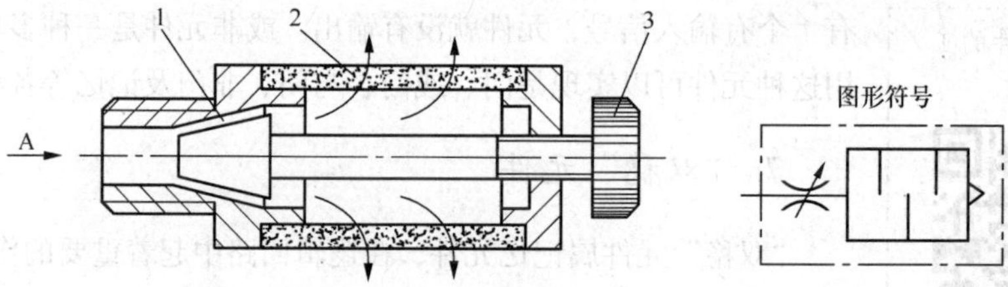

图 15-26 排气节流阀结构原理图

1—节流口；2—消声套；3—手轮

15.3.4 气动逻辑元件

气动逻辑元件能在系统中完成一定的逻辑功能。在输入信号作用下，逻辑元件的输出信号状态只有“0”或“1”（“开”或“关”“有”或“无”）两种状态，属于开关元件。逻辑元件以压缩空气为介质，在控制信号作用下，通过其内部可动部件（如膜片、阀芯）的动作来改变气流流动方向而实现各种逻辑功能。

气动逻辑元件按逻辑功能来分，可分为“是门”元件、“与门”元件、“或门”元件、“非门”元件、“禁门”元件、“或非”元件、“双稳”元件等。

1. “是门”元件

元件的输入信号和输出信号之间始终保持相同的状态，即没有输入时，就没有输出；有输入时才能输出。

2. “与门”元件

元件有两个输入口和一个输出口，只有两个输入口同时输入时才有输出。它常用于两个或多个输入信号互锁控制，起到安全保护作用。

3. “或门”元件

元件有两个输入口和一个输出口，只要有一个输入信号或同时有两个输入信号时，元件都有输出。它常用于多种操作形式的选择控制。

4. “非门”元件

元件的输入信号和输出信号之间始终保持相反的状态，即有输入时，无输出；而无输入时有输出。它常用作反相控制。

“或非”元件的工作原理

5. “禁门”元件

元件只要有信号 a 存在，就禁止 b 信号输出，只要 a 不存在，才有 b 输出。它常用于对某信号的允许或禁止控制。

6. “或非”元件

当所有的输入端都没有输入信号时，元件才有输出，只要输入端中有 1 个有输入信号，元件就没有输出。或非元件是一种多功能逻辑元件，用这种元件可以实现是门、或门、与门、非门及记忆等各种逻辑功能。

“双稳”元件的工作原理

7. “双稳”元件

“双稳”元件属记忆元件，在逻辑回路中起着重要的作用。但在使用中不能在双稳元件的两个输入端同时加输入信号，否则，元件将处于不定工作状态。

15.4 气动压力控制回路

气动压力控制回路的主要功能是调节和控制气动系统的供气压力以及过载保护。

1. 调压回路

图 15-27 所示为常用的一种调压回路，在气源出口上串接带压力表的气动三联件（空气过滤器、减压阀和油雾器），利用减压阀来实现对气动系统气源的压力控制。需要注意，供给逻辑元件的压缩空气应自油雾器之前引出，即不要对逻辑元件加入润滑油。

图 15-28 所示为可提供两种压力的调压回路。它由 2 个减压阀和换向阀构成，气缸有杆腔和无杆腔工作压力由两个减压阀分别调定。

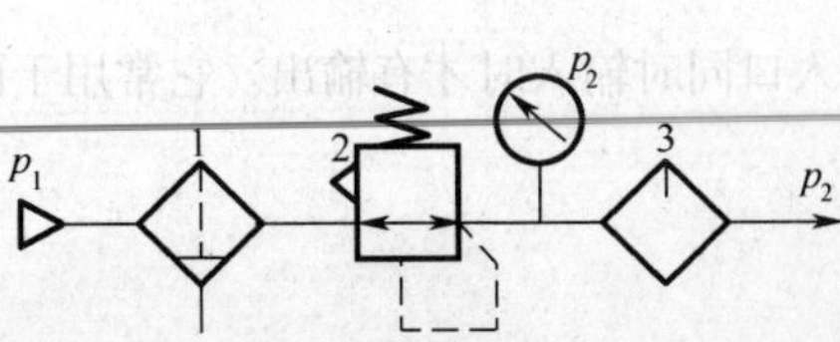

图 15-27 调压回路（一）

1—空气过滤器；2—减压阀；3—油雾器

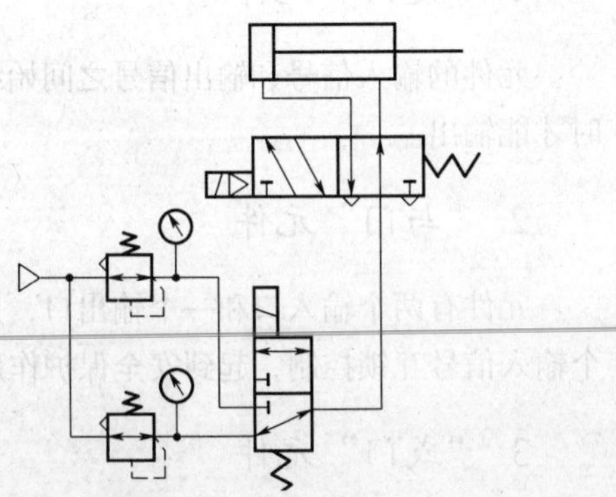

图 15-28 调压回路（二）

2. 过载保护回路

图 15-29 所示为过载保护回路，此回路用于防止系统过载而损坏元件。操作手动换向阀 1 使二位五通换向阀处于左位时，活塞前进，直至杆上挡块压下行程阀 5，使其上位接入，则压缩空气经梭阀 4 使主控阀 2 换向，右位接入，活塞杆缩回，完成一个工作循环。当气缸过载，左腔压力升高，超过预定值时，顺序阀 3 打开，控制气体可经梭阀 4 将主控阀 2 切换至右位（图示位置），使活塞退回，气缸左腔的压力经主控阀 2 排掉，防止系统过载，实现过载保护。

过载保护回路

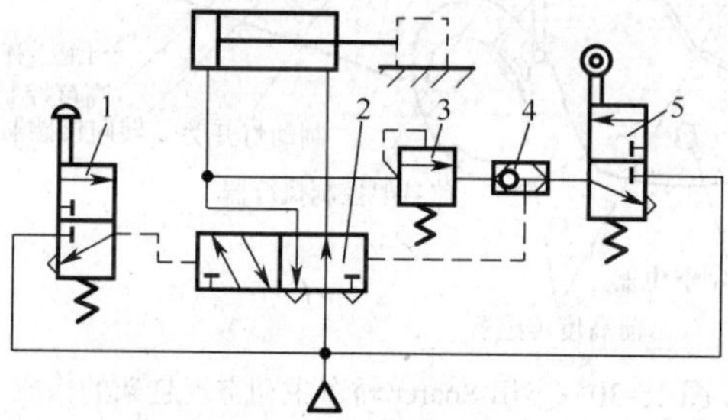

图 15-29　过载保护回路

1—手动换向阀；2—主控阀；3—顺序阀；4—梭阀；5—行程阀

15.5 汽车典型气动系统

15.5.1 汽车主动空气悬架系统

1. 主动空气悬架系统的工作原理

图 15-30 所示为丰田 Soarer 高级轿车电子控制主动式空气悬架系统的构成图。它主要由空气压缩机、干燥器、空气电磁阀、车身高度传感器、带有减震器的空气弹簧、悬架控制执行器、悬架控制选择开关及电子控制单元等组成。空气压缩机由直流电机驱动形成压缩空气，压缩空气经干燥器干燥后由空气管道经空气电磁阀送至空气弹簧的主气室。当车身需要升高时，电子控制单元控制空气电磁阀使压缩空气进入空气弹簧的主气室（见图 15-31（a）），使空气弹簧伸长，车身升高；当车身需要降低时，电子控制单元控制电磁阀使空气弹簧主气室中压缩空气排到大气中去（见图 15-31（b）），空气弹簧压缩，车身降低。在空气弹簧的主、辅气室之间有一连通阀，空气弹簧的上部装有悬架控制执行器。电子控制单元根据各传感器输出信号，控制悬架执行器，一方面使空气弹簧主、辅气室之间的连通阀发生改变，使主、辅气室之间的气体流量发生变化，因而改变悬架的弹簧刚度；另一方面，执行器驱动减震器的阻尼力调节杆，使减震器的阻尼力也得以改变。

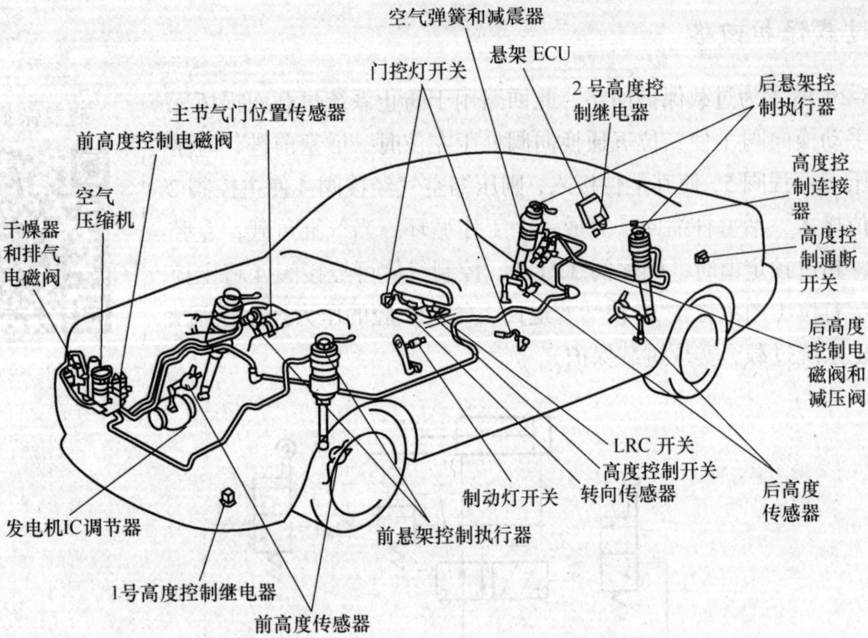

图 15-30　丰田 Soarer 轿车主动空气悬架的构成

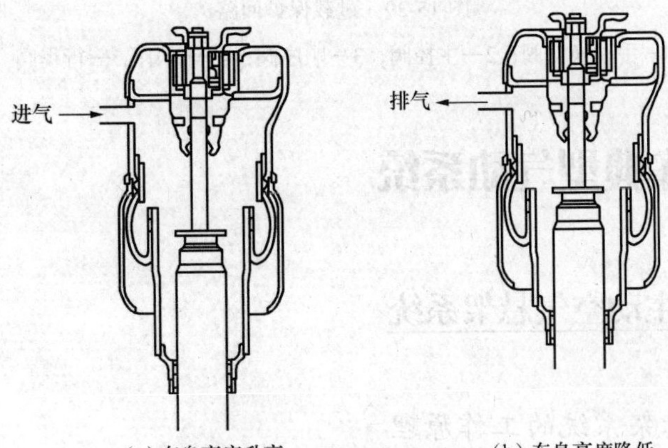

图 15-31　车身高度调节

2. 主动空气悬架控制模式

丰田 Soarer 轿车采用的主动空气悬架系统中，车高、弹簧刚度和减震器阻尼力可同时得到控制，且各自可以取三种数值，其所取数值由电子控制单元根据当时的运行条件和驾驶员选定的控制方式决定。驾驶员可以任意选择四种自动控制模式，即控制车身高度的“常规值自动控制”和“高值自动控制”，以及控制弹簧刚度和减震器阻尼力的“常规值自动控制”和“高速行驶时自动控制”，具体控制内容如下：

（1）利用弹簧刚度/减震器阻尼力进行控制

① 抗后坐：通过传感器检测加速踏板移动速度和位移。当车速低于 20km/h 且加速度大时（急起步加速），ECU 通过执行器将弹簧刚度和减震器阻尼力调到高值，从而抵抗汽车起步时车身后坐。如果此时驾驶员选择了“常规值自动控制”状态，则弹簧刚度和减震器阻尼力由软调至硬；

如果此时驾驶员选择了"高速行驶自动控制"状态，则刚度和阻尼力由中调至硬。

② 抗侧倾：由装于转向轴的光电式转向传感器检测转向盘的操作状况。在急转弯时，ECU 通过执行器使弹簧刚度和减震器阻尼力转换到高（硬）值，以抵抗车身侧倾。

③ 抗"点头"：在车速高于 60 km/h 时紧急制动，ECU 通过执行器使弹簧刚度和减震器阻尼力调到高（硬）值，而不管驾驶员选择了何种控制状态，以抵抗车身前部的下俯。

④ 高速感应：当车速大于 110km/h 时，系统将使弹簧刚度和减震器阻尼力调至中间值，从而提高高速行驶时操纵稳定性。既使驾驶员选择了"常规值自动控制"状态（刚度和阻尼处于低、软值），系统也将刚度和阻尼力调至中间值。

⑤ 前、后关联控制：车速在 30～80 km/h 时，若前轮车高传感器检测出路面有小凸起（例如，前轮通过混凝土路面接缝等），则在后轮越过该凸起之前，系统将使弹簧刚度和减震器阻尼力调至低（软）值，从而提高汽车乘坐舒适性。此时既使驾驶员选择了高速行驶状态（刚度和阻尼力为中间值），系统仍将刚度和阻尼力调至低（软）值。为了不影响高速时的操纵稳定性，这种动作在车速为 80km/h 以下才发生。

⑥ 坏路、俯仰、震动感应：车速在 40～100km/h 时，当前轮车高传感器检测出路面有较大凸起时（例如，汽车通过损坏的铺砌路面等），系统将弹簧刚度和减震器阻尼力调至中间值，以抑制车体的前后颠簸、震动等大动作，从而提高汽车的乘坐舒适性和通过性，而不管驾驶员选择了何种控制状态。

车速高于 100km/h 时，系统将使刚度和阻尼力调至高（硬）值。

⑦ 良好路面正常行驶：弹簧刚度和减震器阻尼力由驾驶员选择，"常规值自动控制"状态时，刚度和阻尼力处于低（软）值；"高速行驶时自动控制"状态时，则刚度和阻尼力为中间值。

（2）车身高度控制。由左右前轮和左后轮三个车身高度传感器发出车高信号，ECU 发出指令来进行车身高度调整。车身高度控制系统气路如图 15-32 所示。车身高度控制主要模式有下面两种。

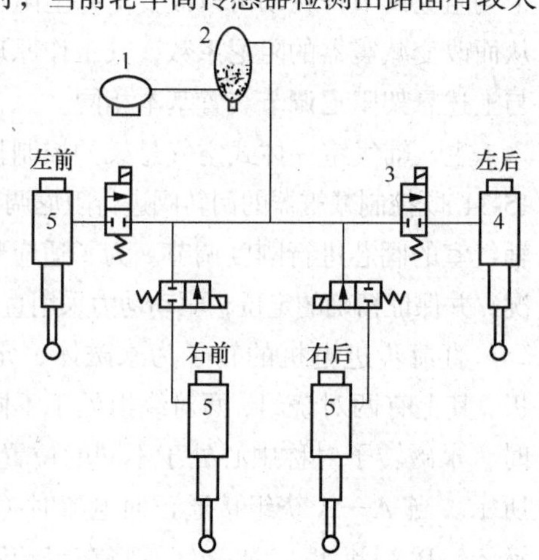

图 15-32　车身高度控制系统气路

1—压缩机；2—干燥器；3—高度控制电磁阀；4—气动缸

① 高速感应：当车速高于 90km/h 时，将车身高度降低一级，以减小风阻，提高行驶稳定性。如果驾驶员选择了"常规值自动控制"状态，则车身高度值由中间值（标准值）调至低值；如果驾驶员选择了"高值自动控制"状态，则车高由高值调至中间值（标准值）。在车速为 60km/h 时，车高恢复原状。

② 连续坏路面感应：汽车在坏路面上连续行驶，车高信号持续 2.5s 以上有较大变动，且超过规定值时，将车高升高一级，使来自路面的突然抬起感减弱，并提高汽车的通过性能。

连续坏路且车速大于 40km/h 小于 90km/h 时，不论驾驶员选择了何种控制状态，都将车高调至高值，以减小路面不平感，确保足够的离地间隙，提高乘坐舒适性。车速小于 40km/h 时，车高则完全由驾驶员选择，选择"常规值自动控制"时，车高为中间值（标准值）；选择"高值自动控制"时，车高为高值。

在连续坏路面上，车速高于 90km/h 时，不管驾驶员选择了何种控制状态，车高都将调至中间值，这样做是为了避免车身过高对高速行驶稳定性产生不利影响。

另外，汽车主动空气悬架系统还具有驻车时车高控制功能。当汽车处于驻车状态时，为了使车身外观平衡，保持良好的驻车姿势，在点火开关断开后，ECU 即发出指令，使车身高度处于常规模式的低状态。

3. 主动空气悬架主要部件的构造

（1）主、辅气室一体式空气悬架主要部件构造。主、辅气室设计为一体的气动缸结构如图 15-33 所示，悬架的上端与车身相连，下端与车轮相连，随着车身与车轮的相对运动，主气室的容积在不断地变化。主气室与辅气室之间通过一个通路有气体相互流动，改变主、辅气室之间气体通路的大小，使主气室被压缩的空气量发生变化，就可改变空气悬架的刚度。减震器的活塞通过中心杆和悬架控制执行器连接，执行器带动阻尼调节杆转动可以改变活塞上阻尼孔的大小，从而改变减震器的阻尼系数，其工作原理与基本结构与上述悬架阻尼调节装置基本相同。

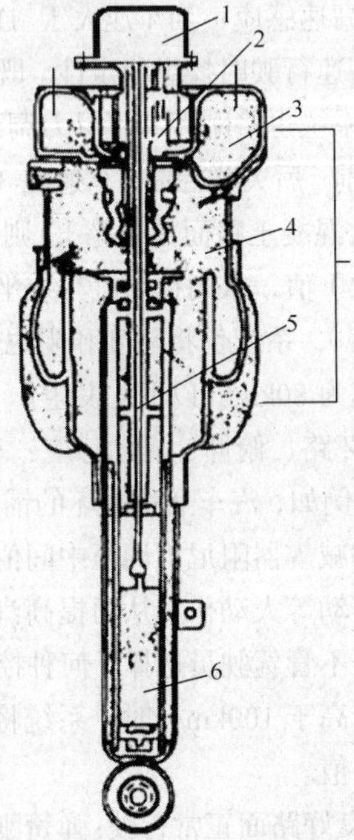

图 15-33　主、辅气室一体式空气悬架结构示意图

1—悬架控制执行器；2—空气阀；3—辅气室；4—主气室；5—旋转滑阀控制杆；6—减震器；7—气动缸

主、辅气室一体式空气悬架的控制执行器（见图 15-34）既控制减震器的回转阀进行阻尼调节，又驱动主、辅气室的阀芯进行刚度调节。为了适应频繁变化的工况，并保证精确的定位，驱动动力采用直流步进电机。

直流步进电机的转子为永磁体，定子有两对磁极，其上有两对绕组，两对绕组处于不同的通电状态时，永磁转子对称中心处于不同的位置，如图 15-35 所示。当 A—B 绕组接通正向电流时（电流从 A 端流入，B 端流出），永磁转子将在定子磁极磁场的作用下，处于图 15-35（a）所示的“低状态”位置；当 A—B 绕组不通电，C—D 绕组接通电源时，永磁转子处于图 15-35（b）“中状态”的位置；当 A—B 绕组接通反向电流（电流从 B 端流入，A 端流出）时，与“低状态”时相比，左右磁极磁性相反，于是永磁转子处于图 15-35（c）示的“高状态”位置。

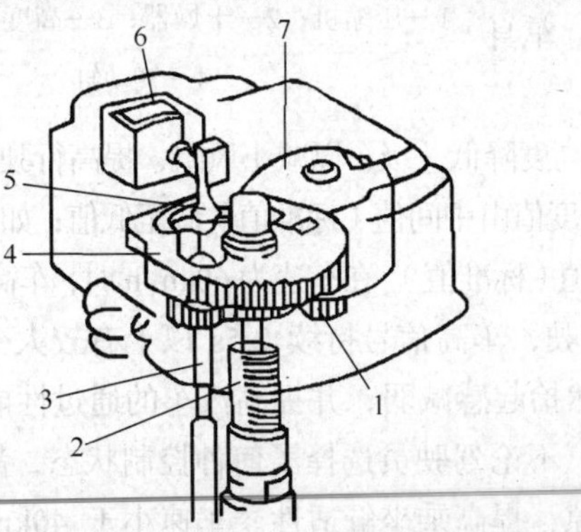

图 15-34　主、辅气室一体式空气悬架控制执行器结构示意图

1—小齿轮；2—阻尼调节杆；3—气阀控制杆；4—扇形齿轮；5—扇形齿轮制动杆；6—ECU；7—步进电机

步进电机带动小齿轮驱动扇形齿轮转动，与扇形齿轮同轴的阻尼调节杆带动回转阀转动，使阻尼孔开闭的数量变化，从而调节减震器的阻尼。在调节阻尼的同时，齿轮系带动与气室阀芯相连接的刚度调节杆转动，随着气室阀芯角度的改变，悬架的刚度也得以调节。电磁线圈控制的电磁制动开关松开时，制动杆处于扇形齿轮的滑槽内，扇形齿轮可以转动；电磁制动开关吸合时，制动杆往回

拉，齿轮系处于锁住状态，各转阀均不能转动，使悬架的参数保持在相对稳定的状态下。

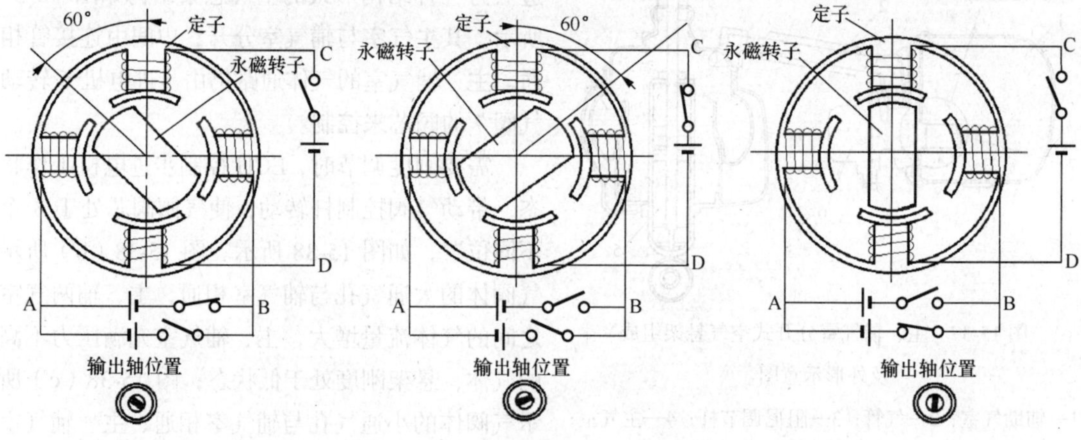

图 15-35 步进电机工作原理及动作位置

主、辅气室分开式空气悬架刚度调节原理如图 15-36 所示。主、辅气室之间的气阀体上有大小两个通路。悬架控制步进电机驱动齿轮带动气阀控制杆 4 转动，使阀芯转过一个角度，改变通路的大小，就可以改变主、辅气室之间的气体流量，使悬架刚度发生变化。

悬架的刚度可以在低、中、高三种状态下变化。阀芯的开口转到对准图 15-36（b）所示的低位置时，气体通路的大气体通路被打开，主气室的气体经阀芯的中间孔、阀体的侧面孔通道与辅气室的气体相通，两气室之间的流量大，相当于参与工作的气体容积增大，悬架刚度处于低状态；阀芯的开口转到对准图 15-36（b）所示的中位置时，气体通路的小气体通路被打开，两气室之间的气体流量小，悬架刚度处于中状态；阀芯的开口转到对准图 15-36（b）所示的高位置时，两气室之间的气体通路全部被封住，两气室间的气体不能相互流动，可压缩的气体容积减小。悬架在震动过程中，只有主气室的气体单独承担缓冲的任务，所以悬架的刚度处于高状态。

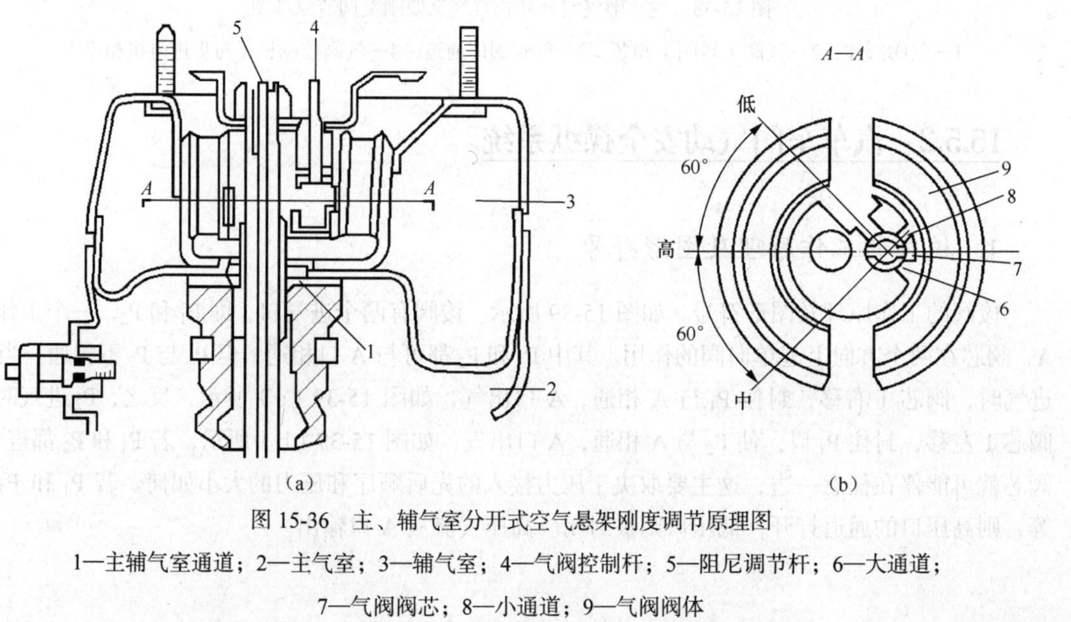

图 15-36 主、辅气室分开式空气悬架刚度调节原理图

1—主辅气室通道；2—主气室；3—辅气室；4—气阀控制杆；5—阻尼调节杆；6—大通道；7—气阀阀芯；8—小通道；9—气阀阀体

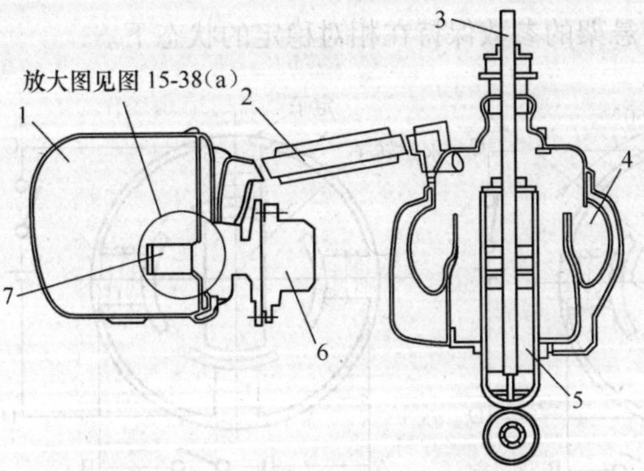

图 15-37 主、辅气室分开式空气悬架组成及外形示意图

1—辅助气室；2—气管；3—阻尼调节杆；4—主气室；5—减震器；6—步进电机；7—气阀

（2）主、辅气室分开式空气悬架主要部件构造。另一种结构形式的空气悬架结构如图 15-37 所示。其主气室与辅气室分开，中间由连接管相通。主、辅气室的气体通路仍由步进电机 6 转动气阀 7 的阀芯来控制。

需要刚度调节时，ECU 控制步进电机工作状态，带动气阀控制杆转动，使气阀阀芯处于 3 个不同位置，如图 15-38 所示。图 15-38（b）所示气阀体的大通气孔与辅气室相通，主、辅两气室之间的气体流量增大，主、辅气室充满压力不高的气体，悬架刚度处于低状态；图 15-38（c）所示气阀体的小通气孔与辅气室相通，主、辅气室间气体流通有阻尼存在，主气室中气体压力较高，所以悬架刚度处于中状态，；图 15-38（d）所示气阀体完全关闭，只有主气室气体压力很高，辅气室气体很低，所以悬架刚度处于高状态。

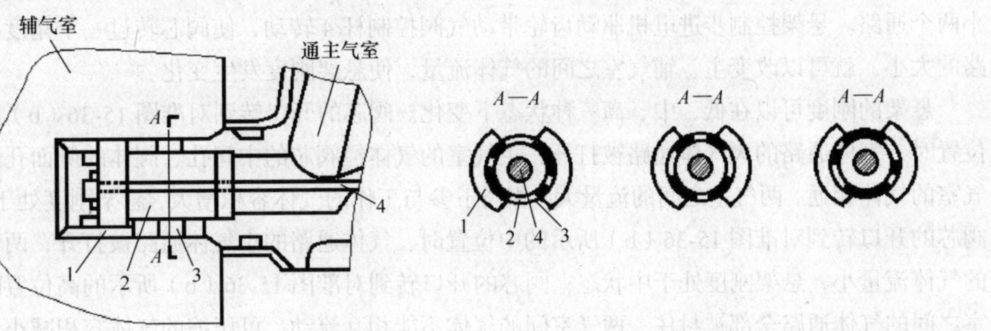

（a）主辅气室通道放大图　（b）低状态　（c）中状态　（d）高状态

图 15-38 主、辅气室分开式空气悬架刚度调节原理图

1—气阀阀体；2—气阀（转阀）阀芯；3—气阀阀体通道；4—气阀控制杆（与步进电机相连）

15.5.2 汽车车门气动安全操纵系统

1. 梭阀的工作原理及图形符号

梭阀的工作原理及图形符号，如图 15-39 所示。梭阀有两个进气口，即 P_1 和 P_2，一个工作口 A，阀芯在两个方向上起单向阀的作用。其中 P_1 和 P_2 都可与 A 口相通，但 P_1 与 P_2 不相通。当 P_1 进气时，阀芯 1 右移，封住 P_1 与 A 相通，A 口出气，如图 15-39（a）所示，反之，P_2 进气时，阀芯 1 左移，封住 P_1 口，使 P_2 与 A 相通，A 口出气，如图 15-39（b）所示，若 P_1 和 P_2 都进气，阀芯就可能停在任意一边，这主要取决于压力接入的先后顺序和压力的大小如何。若 P_1 和 P_2 不等，则高压口的通道打开，低压口则被封闭。高压气流从 A 口输出。

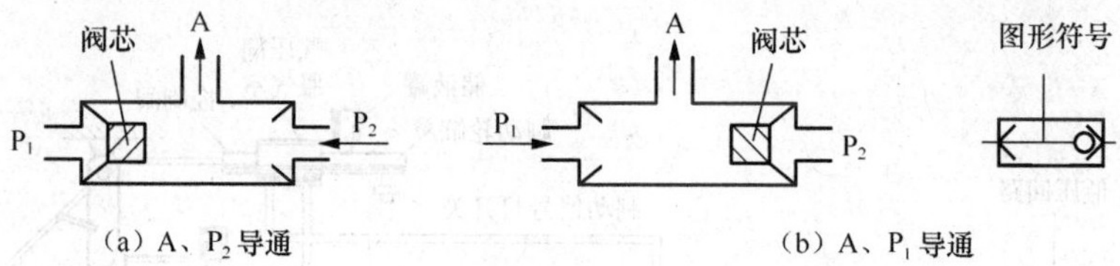

图 15-39　梭阀的工作原理及图形符号

2. 车门气动安全操纵系统分析

图 15-40 所示为汽车车门安全操纵系统。该系统能够实现汽车车门的开关控制，且当车门在关闭过程中遇到障碍时，能使车门自动开启，起到保护乘客的作用。

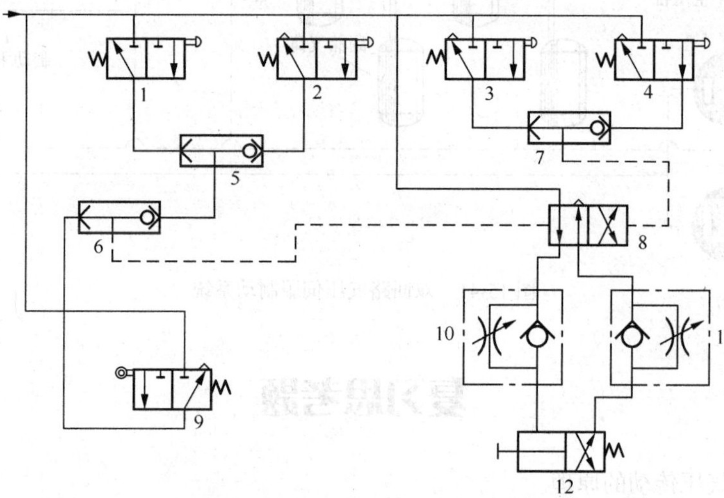

图 15-40　汽车车门安全操纵系统

1～4—按钮式二位三通控制阀；5～7—梭阀；8—气控换向阀；9—机动换向阀；10、11—单向节流阀；12—气缸

需要开门时，操作按钮换向阀 1 或 2，压缩空气便经按钮换向阀 1 或 2 到梭阀 5 和 6 把气压信号送到气控换向阀 8 的左侧。压缩空气经气控换向阀 8 左位和单向节流阀 10 的单向阀流到气缸 12 的有杆腔，推动活塞使车门打开。

需要关门时，操作按钮换向阀 3 或 4，压缩空气便经按钮换向阀 3 或 4 到梭阀 7 把气压信号送到气控换向阀 8 的右侧。压缩空气经气控换向阀 8 右位和单向节流阀 11 的单向阀流到气缸 12 的无杆腔，推动活塞使车门关闭。

若关门过程中遇到障碍，便推动机动换向阀 9，使压缩空气经机动换向阀 9 把控制信号送到梭阀 6，再把气压信号送到气控换向阀 8 的左侧。压缩空气经气控换向阀 8 左位和单向节流阀 10 的单向阀流到气缸 12 的有杆腔，推动活塞使车门重新打开。如果换向阀 3 和 4 处于按下的开启状态，则机动换向阀 9 不能在遇到障碍时自动开启车门。

能力训练与拓展

与液压制动回路相同，气压制动单回路系统由于安全原因，现已很少采用。双回路气压制动系统的组成如图 15-41 所示。

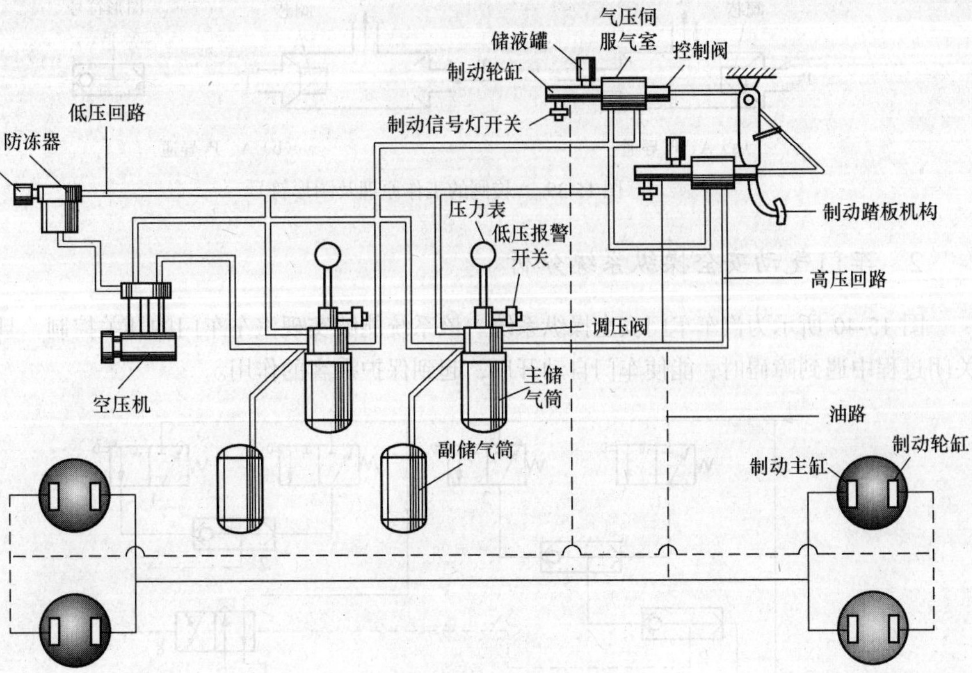

图 15-41　双回路气压伺服制动系统

复习思考题

15-1　简述气压传动的原理。

15-2　气压传动系统有哪些部分组成？各部分功用如何？

15-3　为什么气源装置必须净化？它有哪些净化装置？

15-4　油雾器的作用是什么？

15-5　什么是气动三联件？它们各有什么作用？

15-6　什么是气动逻辑元件？试述“是”“与”“非”“或”的概念。

15-7　“或”门梭阀的动作原理如何？画出图形符号。

15-8　请画出快速排气阀、直动式减压阀、单电控二位二通常通直动电磁换向阀、双电控二位五通电磁先导换向阀、单向顺序阀和排气节流阀的图形符号。

附录

液压气动元件图形符号（摘自 GB/T 786.1—2009）

1. 基础符号

名　称	符　号	说　明	名　称	符　号	说　明
液压源		一般符号	消声器	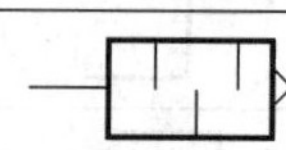	气动
气压源	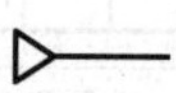	一般符号	直接排气	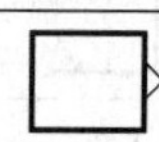	不带连接措施
电动机	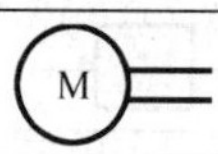		带连接排气	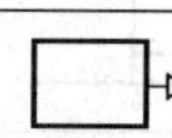	
原动机	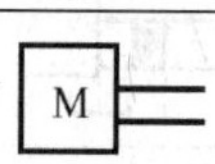	电动机除外	报警器	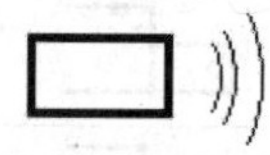	气动
压力计			气液转换器	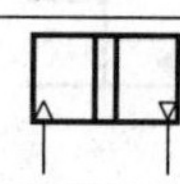	
液面计			行程开关	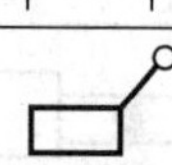	一般符号
温度计			模拟传感器	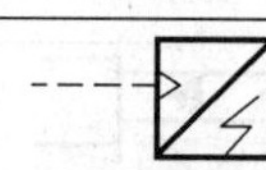	气动
流量计	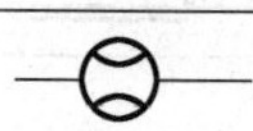		转速仪	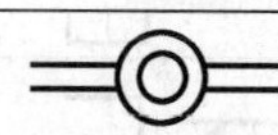	
压力继电器	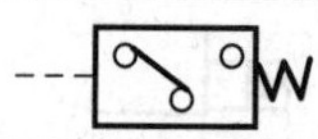	一般符号	转矩仪	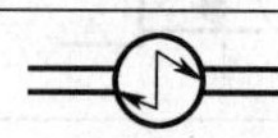	

2. 管路、管路连接和管接头符号

名　　称	符　　号	说　　明	名　　称	符　　号	说　　明
工作管路			组合元件线	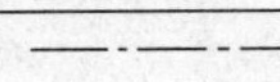	
控制管路	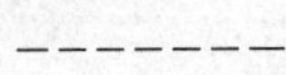		快换接头	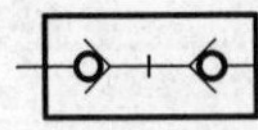	带单向阀
连接管路	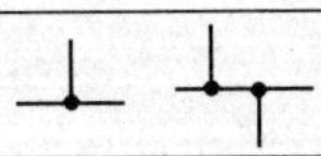		快换接头	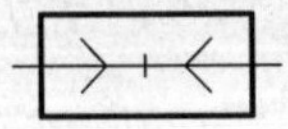	无单向阀
交叉管路			旋转接头	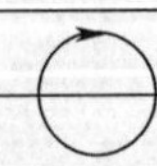	单通路
柔性管路			旋转接头	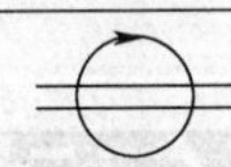	三通路

3. 控制方法符号

名　　称	符　　号	说　　明	名　　称	符　　号	说　　明
人力控制	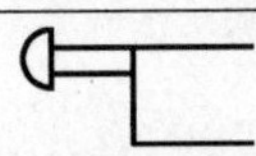	按钮式	电气控制	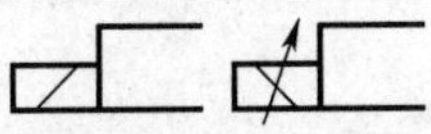	单作用电磁铁
	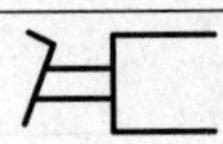	踏板式		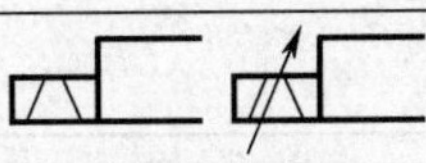	双作用电磁铁
机械控制	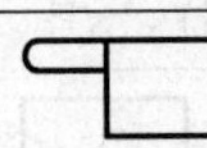	顶杆式	压力控制	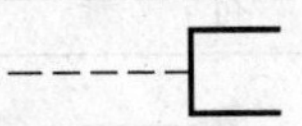	加压或卸压
	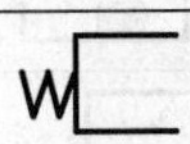	弹簧式		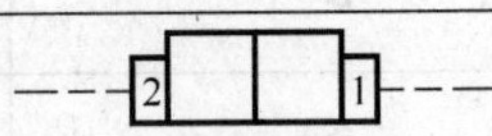	差动控制
	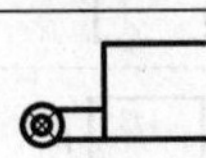	滚轮式		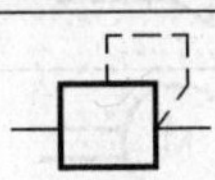	内部压力
加压控制	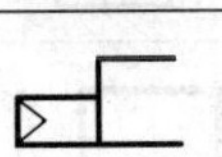	气压先导内控	卸压控制	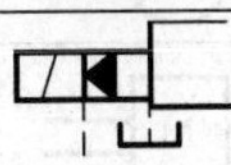	电源先导外控
	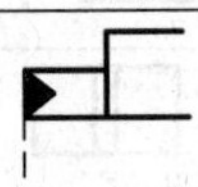	液压先导外控		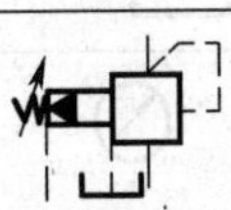	先导压力遥控
	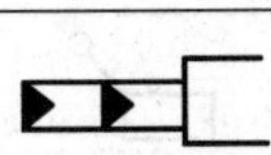	液压先导二级内控		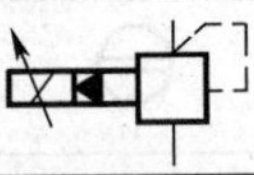	先导比例电控
	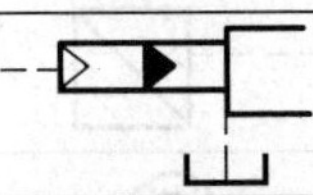	气液先导外控	外反馈	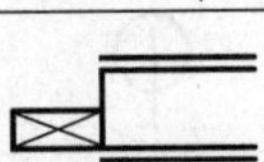	电反馈
		电液先导外控	卸压控制	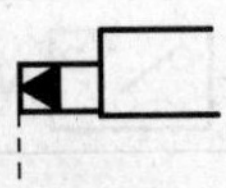	液压先导内控
	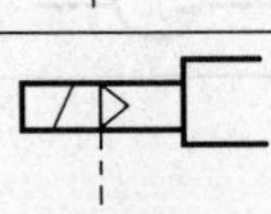	电气先导外控			

4. 泵和马达符号

名　称	符　号	说　明	名　称	符　号	说　明
液压泵		一般符号	液压泵		单向
气马达		一般符号	变量泵		双向
定量泵		单向	定量马达		单向
定量泵		双向	定量马达	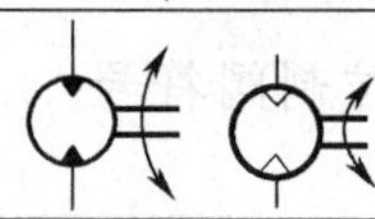	双向
变量马达	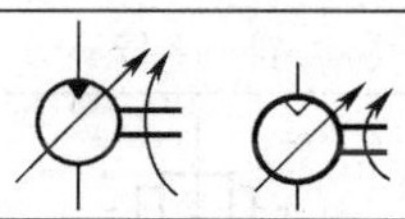	单向	传动装置		液压整体式
变量马达	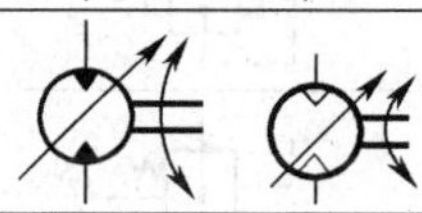	双向	摆动马达	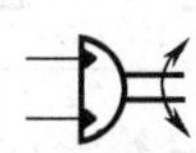	

5. 缸符号

名　称	符　号	说　明	名　称	符　号	说　明
弹簧复位缸	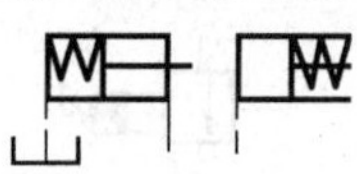	单作用	缓冲缸	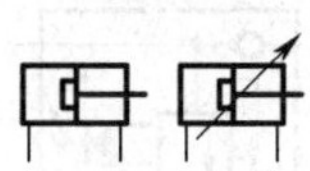	单向
伸缩缸	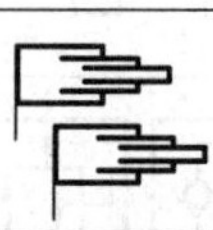	单作用	缓冲缸	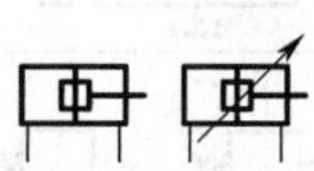	双向
单活塞缸	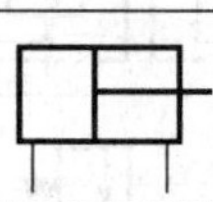	双作用	伸缩缸	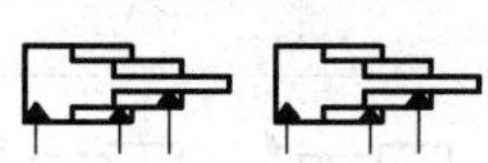	双作用
双活塞缸	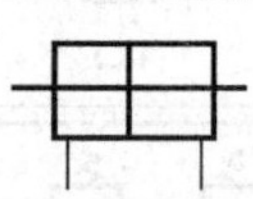	双作用	增压器	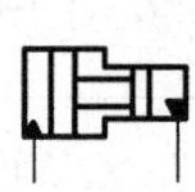	

6. 方向控制阀符号

名　称	符　号	说　明	名　称	符　号	说　明
单向阀			与门型梭阀	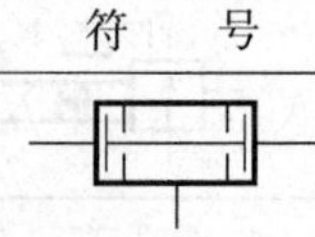	与门

续表

名　称	符　号	说　明	名　称	符　号	说　明
液控单向阀	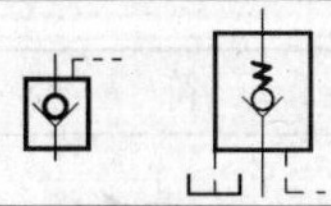		快速排气阀	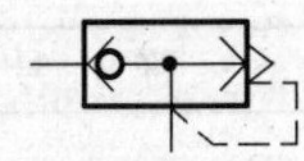	
或门型梭阀		或门	二位二通换向阀	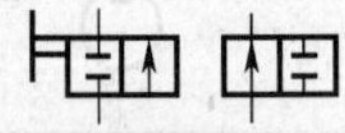	手动
二位三通换向阀		电动	三位四通换向阀		通用
二位五通换向阀	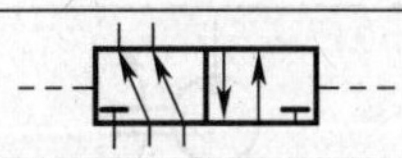	液动	三位五通换向阀	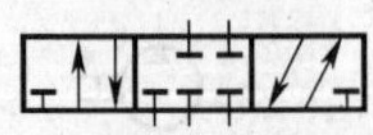	通用

7. 压力控制阀符号

名　称	符　号	说　明	名　称	符　号	说　明
溢流阀	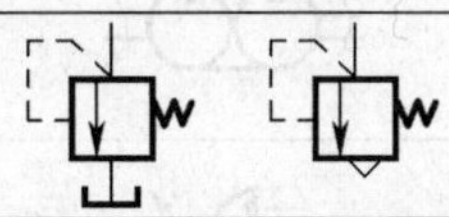	直动式	定比减压阀	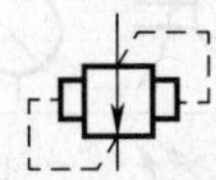	
溢流阀	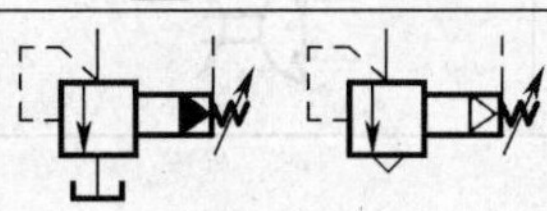	先导式	定差减压阀	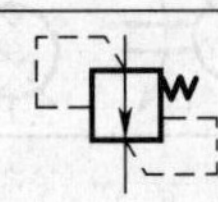	
电磁比例溢流阀	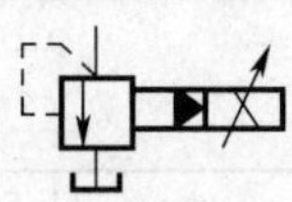	先导式	顺序阀	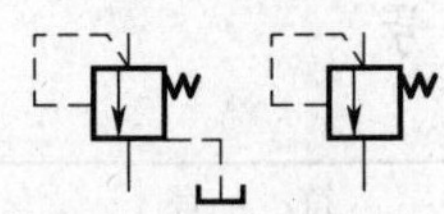	直动式
卸荷溢流阀	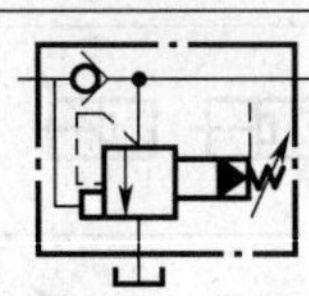		顺序阀	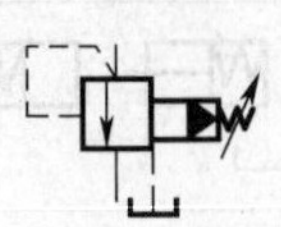	先导式
减压阀	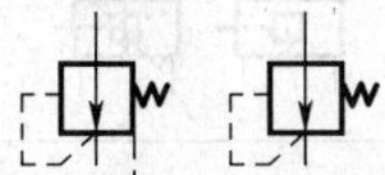	直动式	单向顺序阀	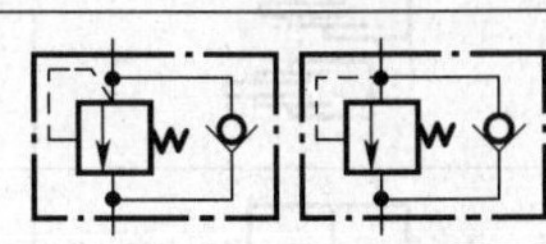	平衡阀
减压阀	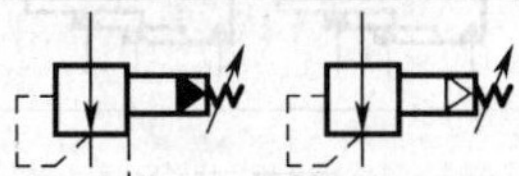	先导式	卸荷阀	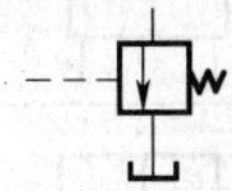	直动阀
溢流减压阀	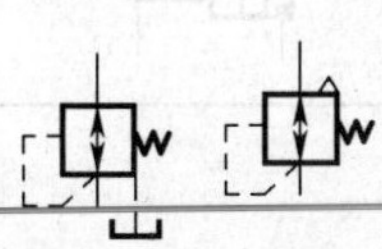		制动阀	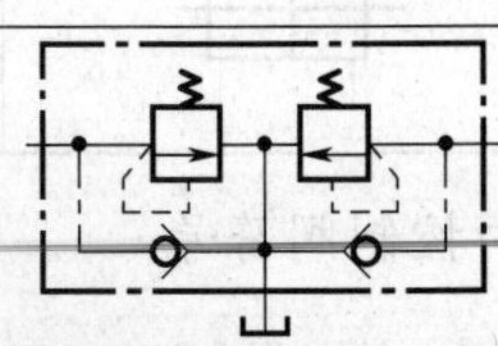	
比例电磁式溢流阀	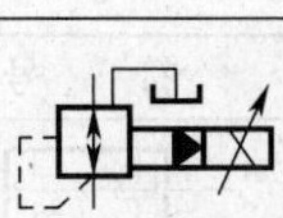	先导式	三位四通换向阀	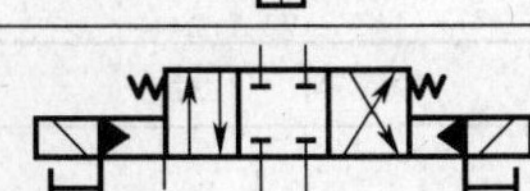	电液动

8. 流量控制阀符号

名　称	符　号	说　明	名　称	符　号	说　明
节流阀		可调	旁通型调速阀	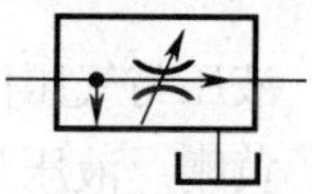	
单向节流阀	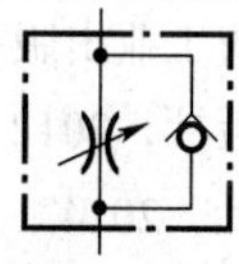	可调	单向调速阀	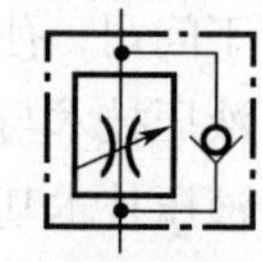	
消声节流阀	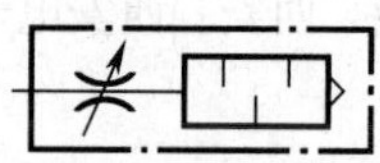	带消声器	分流阀	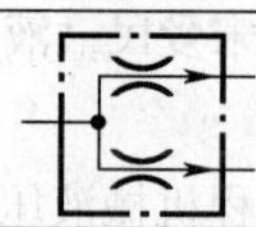	
调速阀	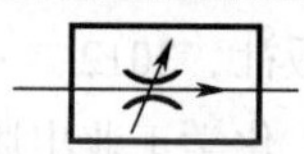		温度补偿调速阀	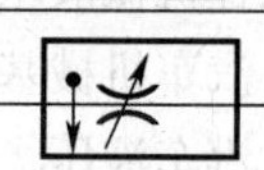	

9. 辅助元件符号

名　称	符　号	说　明	名　称	符　号	说　明
油箱		管口在箱上	过滤器	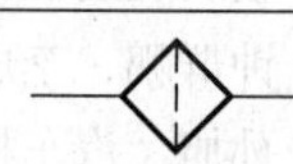	一般符号
空气过滤器	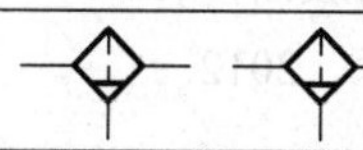		分水排水器	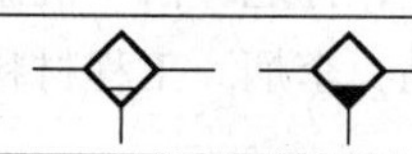	
除油器	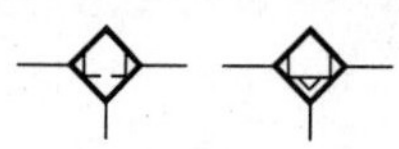		蓄能器（竖直绘制）		一般符号
空气干燥器	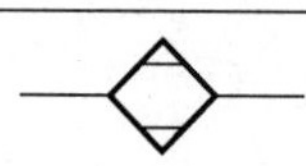				重锤式
油雾器	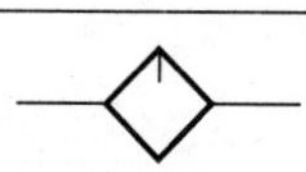				弹簧式
气源调节装置	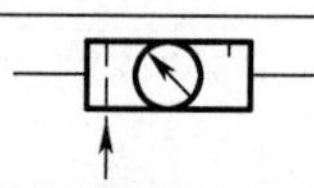		辅助气瓶		竖直绘制
冷冻器	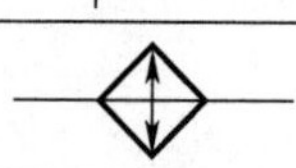		气罐	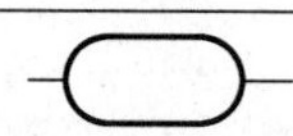	
加热器	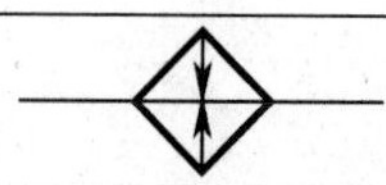				

参考文献

[1] 冯锦春. 液压与气压传动技术[M]. 第2版. 北京：人民邮电出版社，2014.

[2] 黄志昌，黄鹏. 液压与气动技术[M]. 第2版. 北京：电子工业出版社，2010.

[3] 李异河，丁问司，孙海平. 液压与气动技术[M]. 北京：国防工业出版社，2006.

[4] 邱国庆. 液压技术与应用[M]. 第3版. 北京：人民邮电出版社，2012.

[5] 周长城. 液压技术基础[M]. 第2版. 北京：机械工业出版社，2014.

[6] 梁洪洁，宋爱民. 液压与气动传动案例教程[M]. 第2版. 西安：西安电子科技大学出版社，2015.

[7] 王强. 工程机械液压传动[M]. 北京：国防工业出版社，2013.

[8] 朱秀琳. 汽车机械基础[M]. 第3版. 北京：电子工业出版社，2012.

[9] 齐晓杰. 汽车液压、液力与气压传动[M]. 第3版. 北京：化学工业出版社，2014.

[10] 秦海滨. 汽车底盘电控技术[M]. 第2版. 大连：大连理工大学出版社，2010.

[11] 何勇灵. 汽车电子控制技术[M]. 北京：北京航空航天大学出版社，2013.

[12] 张玉龙. 常用非金属材料速查速算手册[M]. 北京：化学工业出版社，2007.

[13] 韩德伟. 金属硬度检测技术手册[M]. 第2版. 长沙：中南大学出版社，2007.

[14] 师昌绪，钟群鹏，李成功. 材料工程基础要览[M]. 北京：化学工业出版社，2009.

[15] 王党生，孙旭. 汽车机械基础[M]. 北京：清华大学出版社，2011.

[16] 王正品，李炳. 工程材料[M]. 北京：机械工业出版社，2012.